本书列入中国科学技术信息研究所学术著作出版计划

国家创新型城市创新能力评价报告 2023

中国科学技术信息研究所 著

·北京·

图书在版编目（CIP）数据

国家创新型城市创新能力评价报告 . 2023 / 中国科学技术信息研究所著 . —北京：科学技术文献出版社，2023.12

ISBN 978-7-5235-1126-8

Ⅰ . ①国… Ⅱ . ①中… Ⅲ . ①城市建设—国家创新系统—研究报告—中国—2023 Ⅳ . ① F299.21

中国国家版本馆 CIP 数据核字（2023）第 235514 号

国家创新型城市创新能力评价报告 2023

| 策划编辑：周国臻 | 责任编辑：李 鑫 | 责任校对：王瑞瑞 | 责任出版：张志平 |

出 版 者　科学技术文献出版社
地　　址　北京市复兴路 15 号　邮编　100038
编 务 部　（010）58882938，58882087（传真）
发 行 部　（010）58882868，58882870（传真）
邮 购 部　（010）58882873
官方网址　www.stdp.com.cn
发 行 者　科学技术文献出版社发行　全国各地新华书店经销
印 刷 者　北京地大彩印有限公司
版　　次　2023 年 12 月第 1 版　2023 年 12 月第 1 次印刷
开　　本　889×1194　1/16
字　　数　357 千
印　　张　21
书　　号　ISBN 978-7-5235-1126-8
定　　价　138.00 元

版权所有　违法必究

购买本社图书，凡字迹不清、缺页、倒页、脱页者，本社发行部负责调换

《国家创新型城市创新能力评价报告 2023》编写组

组　　长　杨朝峰　张志娟

成　　员　郭铁成　程如烟　张翼燕　王开阳

　　　　　郗海拓　杨　扬　谭文喆　虎嘉欣

　　　　　徐　轶　尚雁洁　庞林花　张艳秋

　　　　　王胤杰　王崇锦

前　言

创新型城市是创新环境良好、创新资源丰富、创新活动活跃，科技创新成为经济社会高质量发展的核心驱动力，在高水平科技自立自强和中国式现代化建设进程中发挥引领示范作用的城市。建设创新型城市，既是贯彻落实习近平总书记"尊重科技创新的区域集聚规律，因地制宜探索差异化的创新发展路径，加快打造具有全球影响力的科技创新中心，建设若干具有强大带动力的创新型城市和区域创新中心"的要求，也是新时代城市发展的内在需求。自 2010 年以来，科技部会同有关部门先后共支持 103 个城市（区）开展创新型城市建设（名单见附录），成效显著。103 个创新型城市（区）占全国 1/8 的国土面积、一半的人口，汇聚了全国 85% 的研发经费投入和 72% 的地方财政科技投入，拥有全国 88% 的有效发明专利，培育了全国 85% 的高新技术企业，产出了全国 2/3 的 GDP，取得了一批创新发展的好经验、好做法，辐射带动区域乃至全国高质量发展。从 2010 年开始，中国科学技术信息研究所持续开展创新型城市建设的重大问题及监测评价指标体系研究，为科技部指导地方开展创新型城市建设提供工作支撑。2017 年 4 月 19 日，科技部和国家统计局联合印发《国家创新调查制度实施办法》，对创新能力监测和评价工作进行了完善和规范。经科技部同意，《国家创新型城市创新能力评价报告》正式纳入国家创新调查制度。

创新型城市的任务是通过营造良好的创新环境集聚创新资源，开展基础研究、技术开发、产业化等科技创新活动，支撑引领经济社会高质量发展。本报告总体上延续了上一年的做法，以习近平总书记"创新是引领发展的第一动力"这一论断为核心，根据创新型城市建设任务，构建了一个包含 5 个维度（创新治理力、原始创新力、技术创新力、成果转化力、创新驱动力）、30 个具体指标的城市创新能力评价指标体系。其中，创新治理力反映城市创新创业生态环境，引导城市转变科技管理职能，深化科技体制改革，形成支持全面创新的基础制度，加快集聚资金、人才等创新资源；原始创新力反映城市产出重大原创性科技成果的能力，引导城市强化战略科技力量，加强原创性、引领性科技攻关，抢占科技制高点；技术创新力反映城市改进或创造新技术的能力，引导城市强化企业创新主体地位，提供高质量技术供给；成果转化力反映城市推动科技成果向现实生产力转化的能力，引导城市完善创新创业服务，加快科技成果熟化、中试和孵化；创新驱动力反映科技创新对经济社会发展的支撑引领能力，引导城市强化科技赋能，推动高质量发展。创新治理力和创新驱动力是创新型城市建设的共性要求，原始创新力、技术创新力、成果转化力则体现不同创新能级城市的主体创新功能，各城市应根据经济社会发展需求和创新资源禀赋情况开展相应的科技创新活动。

在遵循评价结果动态可比的原则下，本报告根据政府统计制度的变化、数据可获得性等最新情况，对部分指标进行了调整。一是将"科创板和北交所主板上市企业数"调整为"上市科技型中小企业数"；二是将"国家级科学与工程研究类科技创新基地数"、"国家级科技成果奖数"和"国家级技术创新类科技创新基地数"分别调整为"高水平科学与工程研究类科技创新基地数"、"高水平科技成果数"和"高水平技术创新类科技创新基地数"。

本报告对101个国家创新型城市的创新能力进行了统一评价和分类评价（由于数据可获得性及可比性问题，4个直辖市城区以直辖市代替，2个县级市未包含在内），并对每一个城市的创新能力进行了剖析，力图找出其创新发展的优势及短板，为其下一步的创新发展提供决策支撑。此外，为推动落实《国家中长期科学和技术发展规划纲要（2021—2035年）》中"发展创新型城市和城市群"的要求，编写组在对国家创新型城市创新能力进行评价的基础上，还对全国288个地级及以上城市、19个城市群的创新能力进行了评价，给出了全国城市创新能力百强榜和全国19个城市群创新能力评价排名，便于地方和公众全面了解我国区域创新发展情况。

为保持统计口径一致，《国家创新型城市创新能力评价报告》测算所涉及数据来源于国家统计局、科技部、财政部等权威部门的统计和调查。本报告主要采用2021年数据，高层次科技人才数、上市科技型中小企业数等指标采用截至2023年9月数据。

评价城市的创新能力，总结凝练城市创新发展的经验和存在的问题，推进创新型城市建设，是一个需要不断探索和深入研究的课题。《国家创新型城市创新能力评价报告2023》仍有一些不足之处，欢迎社会各界批评指正，以助我们进一步修改完善，为促进我国建设世界科技强国贡献绵薄之力。

《国家创新型城市创新能力评价报告》编写组

2023年12月

目 录

第一章 创新型城市创新能力指数表现·······················1

一、评价指标体系、评价方法及数据来源·······················1
（一）评价指标体系·······················1
（二）评价方法·······················3
（三）数据来源·······················3

二、创新型城市创新能力评价·······················4
（一）国家创新型城市创新能力评价排名·······················4
（二）全国城市创新能力百强榜·······················6
（三）全国城市群创新能力评价排名·······················8

三、创新型城市创新能力分类评价·······················10
（一）创新策源地·······················12
（二）创新增长极·······················13
（三）创新应用区·······················14

第二章 创新型城市创新发展画像·······················15

一、东部地区·······················15
（一）北京·······················15
（二）天津·······················18
（三）石家庄·······················20
（四）唐山·······················22
（五）秦皇岛·······················24
（六）邯郸·······················26
（七）保定·······················28
（八）上海·······················30

（九）南京 ································· 32

（十）无锡 ································· 34

（十一）徐州 ······························· 36

（十二）常州 ······························· 38

（十三）苏州 ······························· 40

（十四）南通 ······························· 42

（十五）连云港 ···························· 44

（十六）淮安 ······························· 46

（十七）盐城 ······························· 48

（十八）扬州 ······························· 50

（十九）镇江 ······························· 52

（二十）泰州 ······························· 54

（二十一）宿迁 ···························· 56

（二十二）杭州 ···························· 58

（二十三）宁波 ···························· 60

（二十四）温州 ···························· 62

（二十五）嘉兴 ···························· 64

（二十六）湖州 ···························· 66

（二十七）绍兴 ···························· 68

（二十八）金华 ···························· 70

（二十九）台州 ···························· 72

（三十）福州 ······························· 74

（三十一）厦门 ···························· 76

（三十二）泉州 ···························· 78

（三十三）龙岩 ···························· 80

（三十四）济南 ···························· 82

（三十五）青岛 ···························· 84

（三十六）淄博 ···························· 86

（三十七）东营 ···························· 88

（三十八）烟台 ···························· 90

（三十九）潍坊 ···························· 92

（四十）济宁···94
　　（四十一）威海···96
　　（四十二）日照···98
　　（四十三）临沂···100
　　（四十四）德州···102
　　（四十五）广州···104
　　（四十六）深圳···106
　　（四十七）汕头···108
　　（四十八）佛山···110
　　（四十九）东莞···112
　　（五十）海口···114
二、中部地区···116
　　（一）太原···116
　　（二）长治···118
　　（三）合肥···120
　　（四）芜湖···122
　　（五）蚌埠···124
　　（六）马鞍山···126
　　（七）铜陵···128
　　（八）滁州···130
　　（九）南昌···132
　　（十）景德镇···134
　　（十一）萍乡···136
　　（十二）新余···138
　　（十三）郑州···140
　　（十四）洛阳···142
　　（十五）新乡···144
　　（十六）南阳···146
　　（十七）武汉···148
　　（十八）黄石···150

(十九) 宜昌 ·· 152

(二十) 襄阳 ·· 154

(二十一) 荆门 ·· 156

(二十二) 长沙 ·· 158

(二十三) 株洲 ·· 160

(二十四) 湘潭 ·· 162

(二十五) 衡阳 ·· 164

三、西部地区 ·· 166

(一) 呼和浩特 ·· 166

(二) 包头 ·· 168

(三) 南宁 ·· 170

(四) 柳州 ·· 172

(五) 重庆 ·· 174

(六) 成都 ·· 176

(七) 德阳 ·· 178

(八) 绵阳 ·· 180

(九) 贵阳 ·· 182

(十) 遵义 ·· 184

(十一) 昆明 ·· 186

(十二) 玉溪 ·· 188

(十三) 拉萨 ·· 190

(十四) 西安 ·· 192

(十五) 宝鸡 ·· 194

(十六) 汉中 ·· 196

(十七) 兰州 ·· 198

(十八) 西宁 ·· 200

(十九) 银川 ·· 202

(二十) 乌鲁木齐 ·· 204

四、东北地区 ·· 206

(一) 沈阳 ·· 206

（二）大连 ·· 208
（三）营口 ·· 210
（四）长春 ·· 212
（五）吉林 ·· 214
（六）哈尔滨 ·· 216

第三章　创新能力各维度及部分指标排名 ·· 218

一、创新能力各维度得分及排名 ·· 218

（一）创新治理力得分及排名 ·· 218
（二）原始创新力得分及排名 ·· 219
（三）技术创新力得分及排名 ·· 220
（四）成果转化力得分及排名 ·· 221
（五）创新驱动力得分及排名 ·· 222

二、创新能力部分指标排名 ·· 223

（一）创新治理力部分指标排名 ·· 223
（二）原始创新力部分指标排名 ·· 226
（三）技术创新力部分指标排名 ·· 228
（四）成果转化力部分指标排名 ·· 232
（五）创新驱动力部分指标排名 ·· 235

第四章　创新发展典型经验 ·· 238

一、科技创新治理 ·· 238

（一）南通：市县一体深化科创委领导体制改革 ························· 238
（二）成都：构建完善的科技金融服务体系 ······························· 240
（三）温州：探索"先投后股"新模式 ······································· 241
（四）西安：探索推行"技术交易信用贷" ································· 243
（五）湘潭：开展知识价值信用贷款改革 ·································· 244
（六）日照：探索"投贷联动"机制 ·· 245
（七）南京：构建惠企政策直达机制 ··· 247
（八）湖州：打造基于"企业画像"的科技"奖—投—贷"平台 ····· 249
（九）广州：打造"广州科技大脑"信息平台 ···························· 250

（十）德州：打造"互联网+科技平台" ……251

二、科技人才"培、引、用" ……252
（一）东莞：探索产教融合人才培养模式 ……252
（二）南京：创新实施"宁聚计划" ……254
（三）洛阳：建立全周期跟进人才扶持金融服务体系 ……257
（四）嘉兴：优化海外人才招引生态 ……258
（五）绍兴：建设外国专家工作站 ……260
（六）威海：建设外国专家驿站 ……261

三、创新平台载体建设 ……263
（一）南京：建设紫金山实验室 ……263
（二）常州：建设科教城 ……264
（三）长春：建设"长春芯光产业园" ……266
（四）潍坊：高新区科技体制"加减乘"改革 ……267
（五）南宁：市校"联姻"打造产教融合基地 ……268
（六）西宁：打造科技"服务型"农业科技园区 ……269
（七）福州：打造科创走廊 ……271

四、创新主体培育 ……272
（一）无锡：打造"高能级"新型研发机构 ……272
（二）长沙：提升科技型企业核心竞争力 ……273
（三）济南：搭建企业创新积分平台 ……275
（四）淮安："四项举措"推进高新技术企业培育 ……276
（五）包头：实施科技体检、科技特派员服务企业工作 ……278

五、科技攻关 ……279
（一）沈阳：建立"卡脖子"关键核心技术攻坚制度 ……279
（二）佛山：创新科技攻关模式 ……280
（三）青岛：探索发展"云端研发"新模式 ……281
（四）保定：打造"揭榜挂帅"保定样板 ……283

六、科技成果转化 ……285
（一）合肥：打造集成性科技成果转化系统 ……285
（二）深圳：加速科技成果产业化 ……286

（三）大连：构建科技成果本地转化全链条促进机制……288
　　（四）武汉：探索科技成果转化联络员制度……290
　　（五）厦门：开展科技成果所有权或长期使用权试点……292
　　（六）哈尔滨：探索科技成果转化新模式……292

七、科技支撑经济社会高质量发展……294
　　（一）杭州：聚焦校地融合发展"高校经济"……294
　　（二）苏州：建设创新联合体……295
　　（三）温州：探索创新联合体"瓯海模式"……297
　　（四）烟台：构建产业创新创业共同体……298
　　（五）宁波：打造"科教产共同体"……300
　　（六）金华："教科人"一体化支持高质量发展……301
　　（七）德阳："五大模式"助力转型发展……303
　　（八）蚌埠："所地合作"助推经济高质量发展……304
　　（九）兰州：探索科技创新引领产业升级新路径……306
　　（十）玉溪：推动生物医药产业集聚发展……308

八、开放协同创新……310
　　（一）广州：实施科研用物资跨境自由流动试点改革……310
　　（二）芜湖：打造"科创飞地"……311
　　（三）新余：探索"研发飞地"新模式……312
　　（四）马鞍山：建设"研发飞地"……313

附　录……315

一、国家创新型城市名单……315

二、指标解释及数据来源……316
　　（一）创新治理力……316
　　（二）原始创新力……317
　　（三）技术创新力……318
　　（四）成果转化力……319
　　（五）创新驱动力……320

三、工业行业大类简称对照表……321

第一章 创新型城市创新能力指数表现

一、评价指标体系、评价方法及数据来源

（一）评价指标体系

创新型城市是创新环境良好、创新资源丰富、创新活动活跃，科技创新成为经济社会高质量发展的核心驱动力，在高水平科技自立自强和中国式现代化建设进程中发挥引领示范作用的城市。创新型城市的任务是通过营造良好的创新环境集聚创新资源，开展基础研究、技术开发、科技成果产业化等科技创新活动，引领支撑经济社会高质量发展。本报告总体上延续了上一年的做法，以习近平总书记"创新是引领发展的第一动力"这一论断为核心，根据创新型城市建设任务，构建了一个包含5个维度（创新治理力、原始创新力、技术创新力、成果转化力、创新驱动力）、30个具体指标的城市创新能力评价指标体系。其中，创新治理力反映城市创新创业生态环境，引导城市转变科技管理职能，深化科技体制改革，形成支持全面创新的基础制度，加快集聚资金、人才等创新资源；原始创新力反映城市产出重大原创性科技成果的能力，引导城市强化战略科技力量，加强原创性、引领性科技攻关，抢占科技制高点；技术创新力反映城市改进或创造新技术的能力，引导城市强化企业创新主体地位，提供高质量技术供给；成果转化力反映城市推动科技成果向现实生产力转化的能力，引导城市完善创新创业服务，加快科技成果熟化、中试和孵化；创新驱动力反映科技创新对经济社会发展的支撑引领能力，引导城市强化科技赋能，推动高质量发展。

在遵循评价结果动态可比的原则下，《国家创新型城市创新能力评价报告 2023》根据政府统计制度的变化、数据可获得性等最新情况，对部分指标进行了调整。一是将"科创板和北交所主板上市企业数"调整为"上市科技型中小企业数"；二是将"国家级科学与工程研究类科技创新基地数"、"国家级科技成果奖数"和"国家级技术创新类科技创新基地数"分别调整为"高水平科学与工程研究类科技创新基地数"、"高水平科技成果数"和"高水平技术创新类科技创新基地数"。

调整后的国家创新型城市创新能力评价指标体系如表 1-1 所示。

表 1-1　国家创新型城市创新能力评价指标体系

一级指标	序号	二级指标
创新治理力	1	创新治理体系和治理能力现代化水平
	2	全社会研发经费支出与地区生产总值之比/%
	3	财政科技支出占公共财政支出比重/%
	4	万名就业人员中研发人员/(人年/万人)
	5	万人普通高校在校学生数/(人/万人)
	6	人均实际使用外资额/(美元/人)
原始创新力	7	基础研究经费占研发经费比重/%
	8	高层次科技人才数/人
	9	"双一流"建设学科数/个
	10	中央级科研院所数/个
	11	高水平科学与工程研究类科技创新基地数/个
	12	高水平科技成果数/项当量
技术创新力	13	规上工业企业研发经费支出与营业收入之比/%
	14	上市科技型中小企业数/家
	15	高新技术企业数/家
	16	高水平技术创新类科技创新基地数/个
	17	万人发明专利拥有量/(件/万人)
	18	技术输出合同成交额与地区生产总值之比/%
成果转化力	19	技术输入合同成交额与地区生产总值之比/%
	20	国家级科技企业孵化器、大学科技园、双创示范基地数/个
	21	国家级科技企业孵化器、大学科技园新增在孵企业数/家
	22	高新技术企业营业收入与规上工业企业营业收入之比/%
	23	规上工业企业新产品销售收入与营业收入之比/%
	24	国家高新区营业收入与地区生产总值之比/%
创新驱动力	25	人均地区生产总值/(万元/人)
	26	地区生产总值与固定资产投资之比
	27	城乡居民人均可支配收入之比
	28	单位地区生产总值能耗/(吨标准煤/万元)
	29	PM2.5 年平均浓度/(微克/立方米)
	30	居民人均可支配收入/(万元/人)

（二）评价方法

本报告中定性指标得分由专家根据相关材料打分得出，定量指标得分的计算采用国际上通用的标杆法。标杆法是目前国际上广泛应用的一种评价方法，在国内的相关评价中也经常采用，其原理是：对被评价对象给出基准值，并以此标准去衡量所有被评价对象，得到单项指标的得分。各城市创新能力指数通过综合加权平均计算得出。

本报告对国家创新型城市进行统一评价和分类评价，相对应的一级指标权重如表1-2所示。

表 1-2 国家创新型城市创新能力评价一级指标的权重

一级指标	统一评价权重/%	分类评价权重/%		
		创新策源地	创新增长极	创新应用区
创新治理力	20	20	20	20
原始创新力	20	40	10	10
技术创新力	20	10	40	10
成果转化力	20	10	10	40
创新驱动力	20	20	20	20

各一级指标下二级指标的权重总体上遵循平均分配的原则。突出目标导向和结果导向，对全社会研发经费支出与地区生产总值之比、财政科技支出占公共财政支出比重、高水平科技成果数、技术合同成交额与地区生产总值之比、高新技术企业数、高新技术企业营业收入与规上工业企业营业收入之比等创新发展的关键指标适当调增权重。

（三）数据来源

《国家创新型城市创新能力评价报告 2023》测算所涉及数据来源于国家统计局、科技部、财政部等权威部门的统计和调查。本报告主要采用 2021 年数据，高层次科技人才数、上市科技型中小企业数等指标采用截至 2023 年 9 月的数据。

二、创新型城市创新能力评价

（一）国家创新型城市创新能力评价排名

截至 2023 年，科技部先后共支持 103 个城市（区）建设国家创新型城市，包括 97 个地级和副省级城市，北京市海淀区、上海市杨浦区、天津市滨海新区、重庆市沙坪坝区 4 个直辖市城区，以及昌吉市、石河子市 2 个县级市。103 个创新型城市（区）占全国 1/8 的国土面积、一半的人口，汇聚了全国 85%的研发经费投入和 72%的地方财政科技投入，拥有全国 88%的有效发明专利，培育了全国 85%的高新技术企业，产出了全国 2/3 的 GDP，取得了一批创新发展的好经验、好做法。由于数据可获得性及可比性问题，编写组仅对 101 个地级及以上国家创新型城市（4 个直辖市城区以直辖市代替，2 个县级市未包含在内）的创新能力进行评价，结果如图 1-1 所示。排名前 10 位的城市依次为北京、上海、深圳、南京、杭州、武汉、广州、西安、苏州、合肥。

北京创新能力计算后赋值得分（指数）95.84，远超其他城市。北京在原始创新力上与其他城市相比，具有碾压性优势，如高层次科技人才达到 815 人，是上海的 5 倍；中央级科研院所近 300 个，是上海的 4 倍多；高水平科技成果数近 1000 项，是上海的 3 倍。上海创新能力得分 86.66，相比排在其后的城市领先幅度较大。上海在开放创新上优势突出，如人均实际使用外资额达到 906 美元/人，远高于北京的 659 美元/人。深圳创新能力得分 79.06，位居第三。深圳在企业和产业创新方面优势明显，如规上工业企业研发强度接近 3%，远超北京（1.09%）和上海（1.54%）。南京创新能力得分 77.23，与深圳差距较小。南京科教资源丰富，高层次科技人才数（89 人）、"双一流"建设学科数（43 个）仅次于北京和上海。杭州创新能力得分 76.98，紧随南京。杭州创新创业活跃，国家级科技企业孵化器、大学科技园新增在孵企业数（996 家）位居全国前列。

与上年相比，大部分城市创新能力排名保持稳定（剔除增加 4 个直辖市因素后排名上下波动在 3 名以内），一部分城市排名波动较大，其中排名提升较快的是保定(+9)、温州(+8)、海口(+7)、重庆(+6)、临沂(+5)、滁州(+5)、绍兴(+5)、东营(+4)、铜陵(+4)、宿迁(+4)等 10 个城市；排名下降较多的是株洲(-16)、景德镇(-7)、包头(-6)、哈尔滨(-6)、济宁(-6)、呼和浩特(-5)、吉林(-4)、泰州(-4)、宝鸡(-4)等 11 个城市（括弧内"+"、"-"及数字表示创新能力排名上升或下降的位数）。

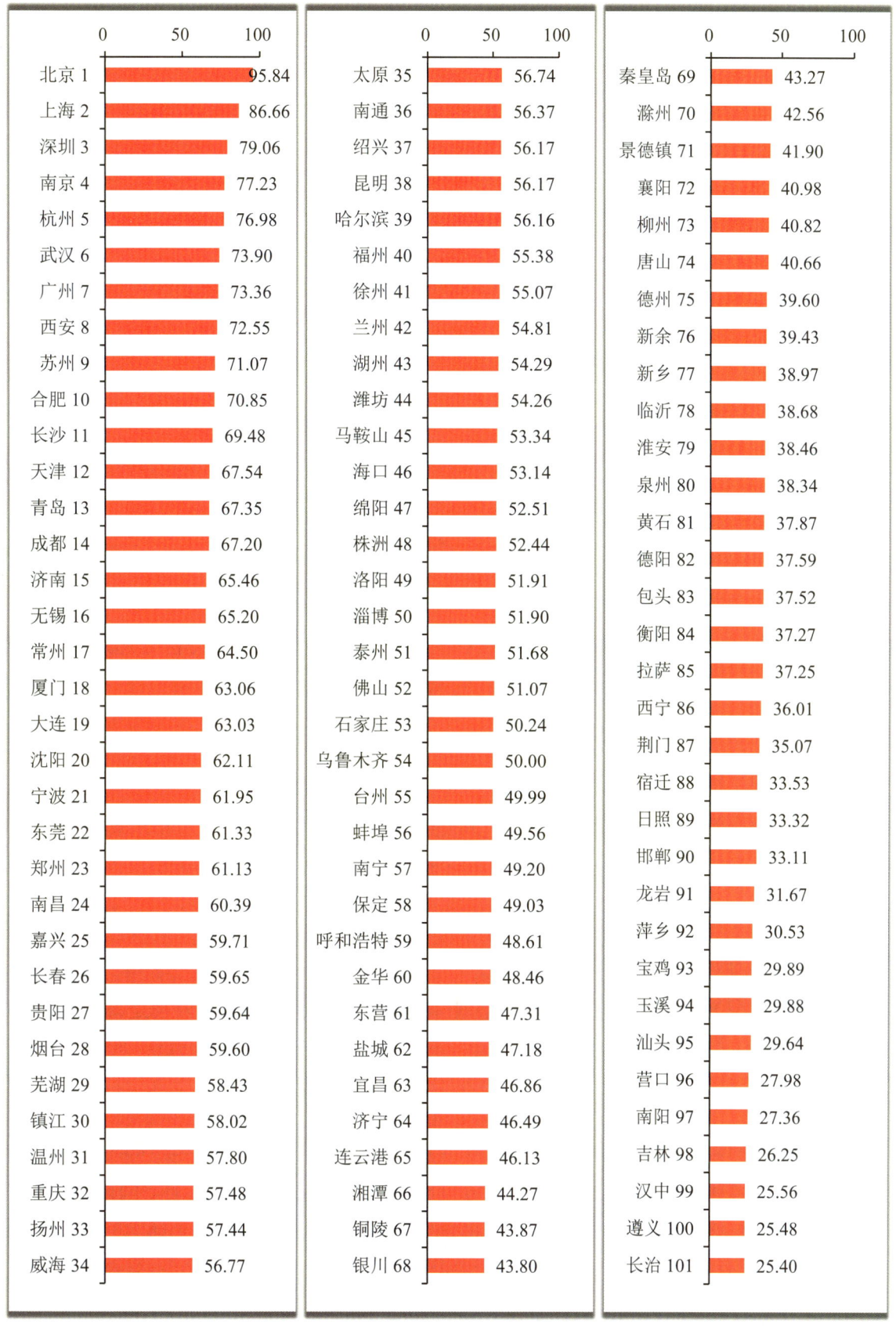

图1-1 国家创新型城市创新能力指数及排名

（二）全国城市创新能力百强榜

我国幅员辽阔、城市众多，地级及以上城市有 297 个（不包括自治州、直辖市辖区）。为了全面把握我国城市创新发展态势，编写组采用与国家创新型城市相同的评价方法对 288 个城市的创新能力进行了评价（海南省三沙市、儋州市，西藏自治区日喀则市、昌都市、林芝市、山南市、那曲市，新疆维吾尔自治区吐鲁番市、哈密市由于数据可得性原因不在评价之列）。根据评价结果，得到全国城市创新能力百强榜（图1-2，图中城市名称后带星号的表示该城市为非创新型城市）。

百强榜中排名居前 10 位的城市依次为北京、上海、深圳、南京、杭州、武汉、广州、西安、苏州和合肥。这 10 个城市以占全国 1.3%的国土面积和 13%的常住人口，集聚了全国 43%的研发经费和 36%的研发人力投入，产出了全国 36%的高水平科技成果，培育了全国 45%的高新技术企业。

从创新能力得分分布看，我国城市创新能力呈明显的"长尾分布"：75%的城市创新能力得分在 60 以下；相比之下，仅有 10%的城市创新能力得分超过 70，其中创新能力得分超过 80 的城市只有 2 个（北京和上海，其中北京创新能力得分超过 90）。这说明，科技创新具有明显的区域集聚效应，越是创新资源富集的城市，往往就越容易集聚更多的创新资源。在区域协调发展的大背景下，科技创新的"马太效应"对区域中心城市的创新辐射带动作用提出了更高的要求。

从区域分布看，上榜城市东部拥有 54 席，中部拥有 23 席，西部和东北分别为 17 席和 6 席，与上年相比，东部和中部各少 1 席，东北增加 2 席。分省看，苏鲁浙粤上榜城市较多，分别为 12 席、11 席、10 席和 8 席，山西、吉林等 9 个省份各仅有 1 个城市上榜，青海则无城市上榜。

部分创新型城市需加倍努力。百强榜中有 14 个非创新型城市，分别是珠海（22）、中山（67）、泰安（68）、衢州（69）、惠州（71）、廊坊（75）、江门（76）、赣州（79）、桂林（83）、三亚（92）、舟山（95）、宣城（98）、鄂尔多斯（99）、大庆（100），其中廊坊、鄂尔多斯、大庆等 3 个城市为新晋百强城市（括弧中数据为创新能力百强榜排名）。部分创新型城市不在百强榜之列，分别是长治、遵义、汉中、吉林、南阳、汕头、玉溪、宝鸡、萍乡、龙岩、邯郸等 16 个城市。这些城市创新资源较为匮乏，需要通过"东西联动""南北互动"等举措来增加科技创新力量，以创新的思维和坚定的信心探索创新驱动发展新路，力争早日进入全国百强榜。

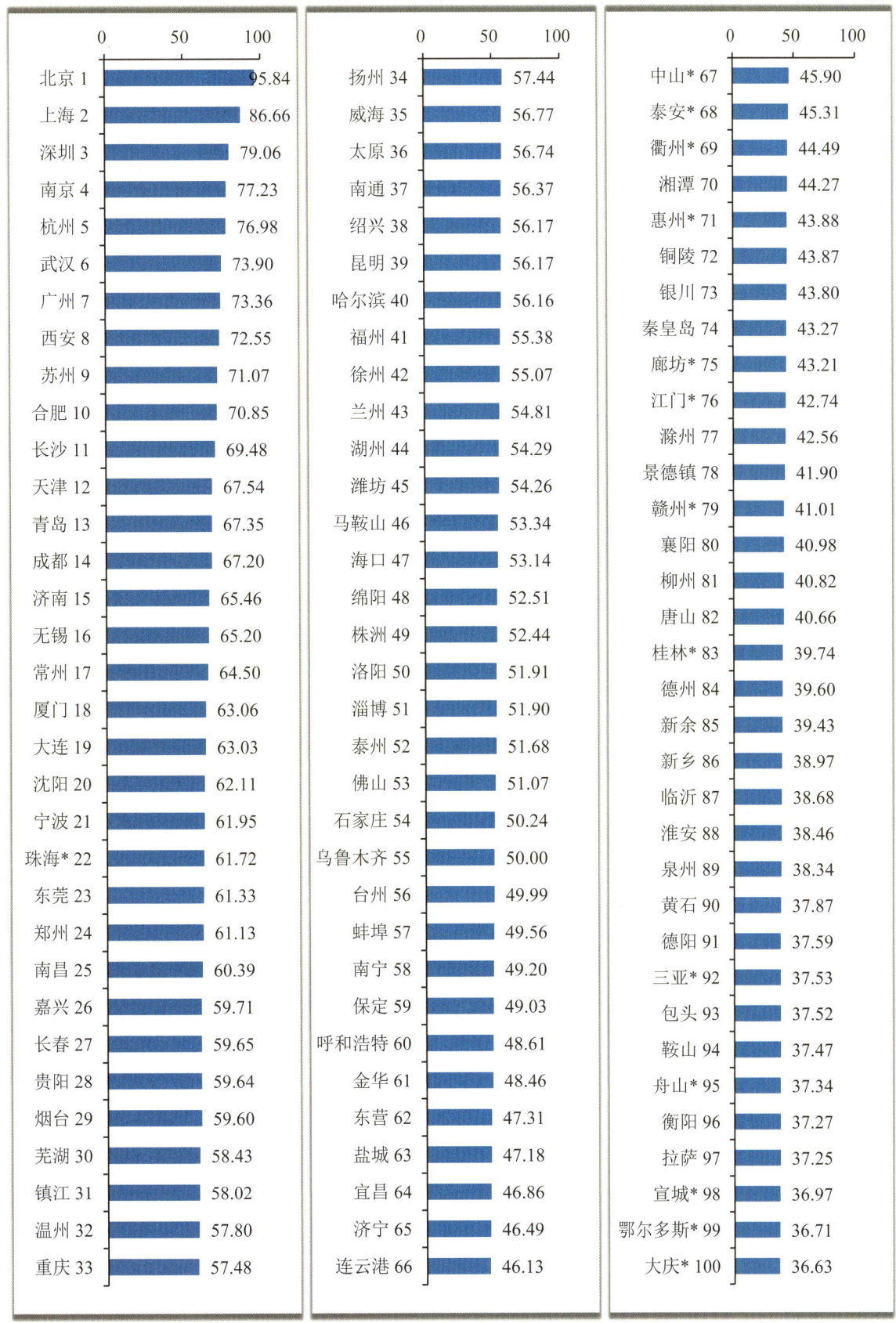

图 1-2　全国城市创新能力百强榜

（三）全国城市群创新能力评价排名

《国家中长期科学和技术发展规划纲要（2021—2035年）》提出"发展创新型城市和城市群，打造一批区域创新共同体，形成支撑国家创新的战略方阵"。为了让地方和公众全面了解区域创新发展情况，编写组不仅对国家创新型城市和全国288个地级及以上城市的创新能力进行了评价，还采用同样的方法对全国城市群的创新能力展开评价。

根据"十四五"城镇化空间格局布局，我国共有19个城市群，分别是京津冀城市群、长三角城市群、珠三角城市群、成渝城市群、长江中游城市群、山东半岛城市群、粤闽浙沿海城市群、中原城市群、关中平原城市群、北部湾城市群、哈长城市群、辽中南城市群、山西中部城市群、黔中城市群、滇中城市群、呼包鄂榆城市群、兰州—西宁城市群、宁夏沿黄城市群、天山北坡城市群。19个城市群占全国1/3的国土面积、85%的常住人口，汇聚了全国97%的研发经费投入和84%的地方财政科技投入，拥有全国97%以上的有效发明专利，培育了全国98%的高新技术企业，产出了全国90%的GDP。19个城市群创新能力评价结果如图1-3所示。

从图1-3可以看出，19个城市群的创新能力可分为三档。

第一档（得分80以上）包括长三角城市群、京津冀城市群、珠三角城市群（因数据缺失原因，暂不包含香港和澳门），这3个城市群集聚了全国一半以上的研发经费和研发人力投入，产出了全国60%的高水平科技成果，培育了全国60%的高新技术企业。

第二档（得分45以上、80以下）包括长江中游城市群、山东半岛城市群、成渝城市群、辽中南城市群、关中平原城市群、哈长城市群、粤闽浙沿海城市群。

第三档（得分45以下）包括滇中城市群、中原城市群、天山北坡城市群、兰州—西宁城市群、山西中部城市群、黔中城市群、北部湾城市群、呼包鄂榆城市群、宁夏沿黄城市群。

为了观察中心城市对所在城市群的辐射带动作用，编写组计算了19个城市群的人均GDP差异系数。测算结果表明，规模较大的城市群中（城市群内城市数量较多，常住人口规模大），成渝城市群、长三角城市群、长江中游城市群、珠三角城市群的发展水平较为均衡，人均GDP差异系数在0.35以下；哈长城市群、山东半岛城市群超过了0.42；相比之下，京津冀城市群发展最为不均衡，人均GDP差异系数超过了0.6，北京和天津对河北省各城市的创新辐射带动作用亟待增强。

图1-3 全国城市群创新能力评价排名

三、创新型城市创新能力分类评价

我国幅员辽阔、地大物博、人口众多，各地区自然资源禀赋差别之大在世界上是少有的。这种差别又导致各地区经济社会发展模式和水平差异显著。当前，我国经济由高速增长阶段转向高质量发展阶段，对区域协调发展提出了新的要求，不能简单要求各地区在经济发展上达到同一水平，而是要根据各地区的条件，走合理分工、优化发展的路子，要形成几个能带动全国高质量发展的新动力源，并通过创新的辐射带动作用促进区域协调发展。同理，要求所有创新型城市在创新发展上"齐步走"也是不合理的，会导致创新资源的低效利用甚至浪费。各城市要根据自身资源禀赋、产业特征、区位优势、发展水平等基础条件，突出自身优势特色，明确创新发展的主攻方向和重点任务，探索各具特色的创新发展道路。

鉴于此，编写组在对创新型城市进行统一评价的基础上，还对创新型城市进行了分类和评价，以便引导创新型城市按照客观经济规律调整完善城市创新体系，发挥各城市创新比较优势，促进各类创新要素合理流动和高效集聚，增强创新发展动力，加快构建全国高质量发展的动力系统，形成创新优势互补、高质量发展的区域经济布局。

在城市创新能力评价的 5 个维度中，创新治理力和创新驱动力是创新型城市建设的共性要求，原始创新力、技术创新力、成果转化力则体现不同创新能级城市的主体创新功能（创新能级）。编写组依据主体创新功能的不同，将 101 个创新型城市分为创新策源地、创新增长极和创新应用区三大类。需要说明的是，任何一个城市的科技创新功能都不是单一的，一个城市的主体创新功能是原始创新，并不意味着该城市只开展原始创新活动，而是指该城市具备开展前沿基础研究和关键核心技术攻关的条件和能力，应当在国家科技自立自强中承担攻坚克难的使命。创新策源地城市也要根据自身经济承载力开展技术创新和成果转化。我国绝大部分创新策源地类别城市同时也是创新增长极城市。创新增长极城市和创新应用区城市要根据自身的条件和产业发展的需要，在特色优势领域开展原始创新，但原始创新显然不是当前这两类城市主要的创新功能。一般而言，创新增长极和创新应用区类别城市不会是创新策源地。

国家创新型城市分类结果如表 1-3 所示。

表 1-3 国家创新型城市分类

类别	城市	分类标准
创新策源地（20个）	北京、上海、南京、武汉、西安、杭州、天津、广州、成都、兰州、合肥、长沙、哈尔滨、长春、青岛、沈阳、大连、深圳、昆明、重庆	重大原创性成果产出较多，原始创新力排名居前20位等
创新增长极（48个）	苏州、济南、无锡、芜湖、威海、绍兴、温州、南通、常州、扬州、郑州、镇江、贵阳、烟台、厦门、淄博、徐州、潍坊、东莞、台州、株洲、洛阳、湖州、泰州、金华、福州、南昌、保定、绵阳、嘉兴、马鞍山、宁波、蚌埠、南宁、宜昌、德州、海口、连云港、石家庄、济宁、太原、临沂、东营、滁州、襄阳、佛山、柳州、铜陵	高新技术产业发展较好，技术创新力排名居前68位等
创新应用区（33个）	乌鲁木齐、景德镇、呼和浩特、黄石、盐城、新余、湘潭、包头、宝鸡、邯郸、西宁、唐山、拉萨、玉溪、新乡、荆门、营口、衡阳、秦皇岛、淮安、吉林、宿迁、银川、遵义、南阳、汕头、德阳、日照、长治、龙岩、泉州、萍乡、汉中	原始创新力和技术创新力较弱

（一）创新策源地

20个创新策源地城市创新能力指数及排名如图1-4所示。

图1-4　创新策源地城市创新能力指数及排名

（二）创新增长极

48个创新增长极城市创新能力指数及排名如图1-5所示。

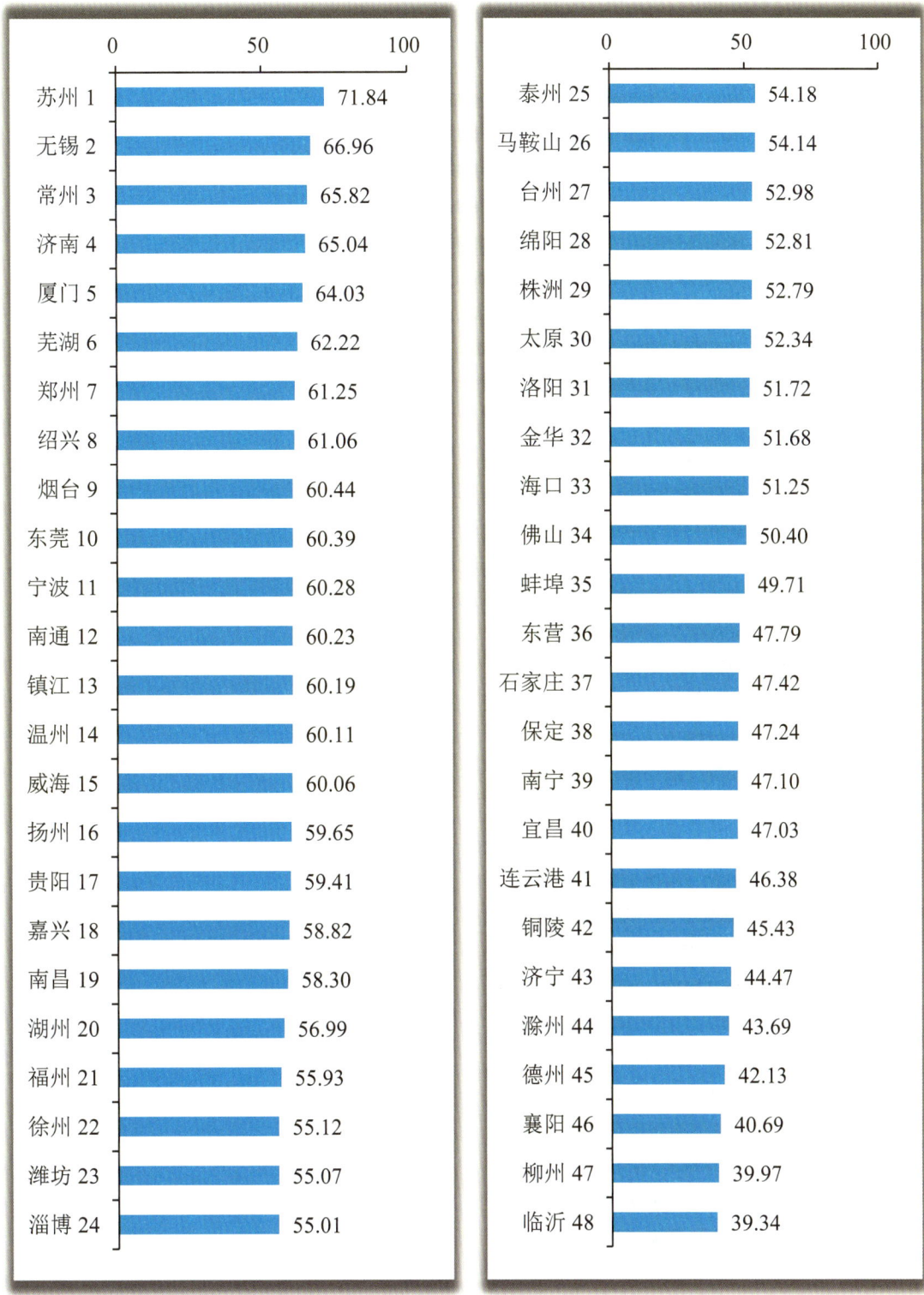

图1-5 创新增长极城市创新能力指数及排名

（三）创新应用区

33个创新应用区城市创新能力指数及排名如图1-6所示。

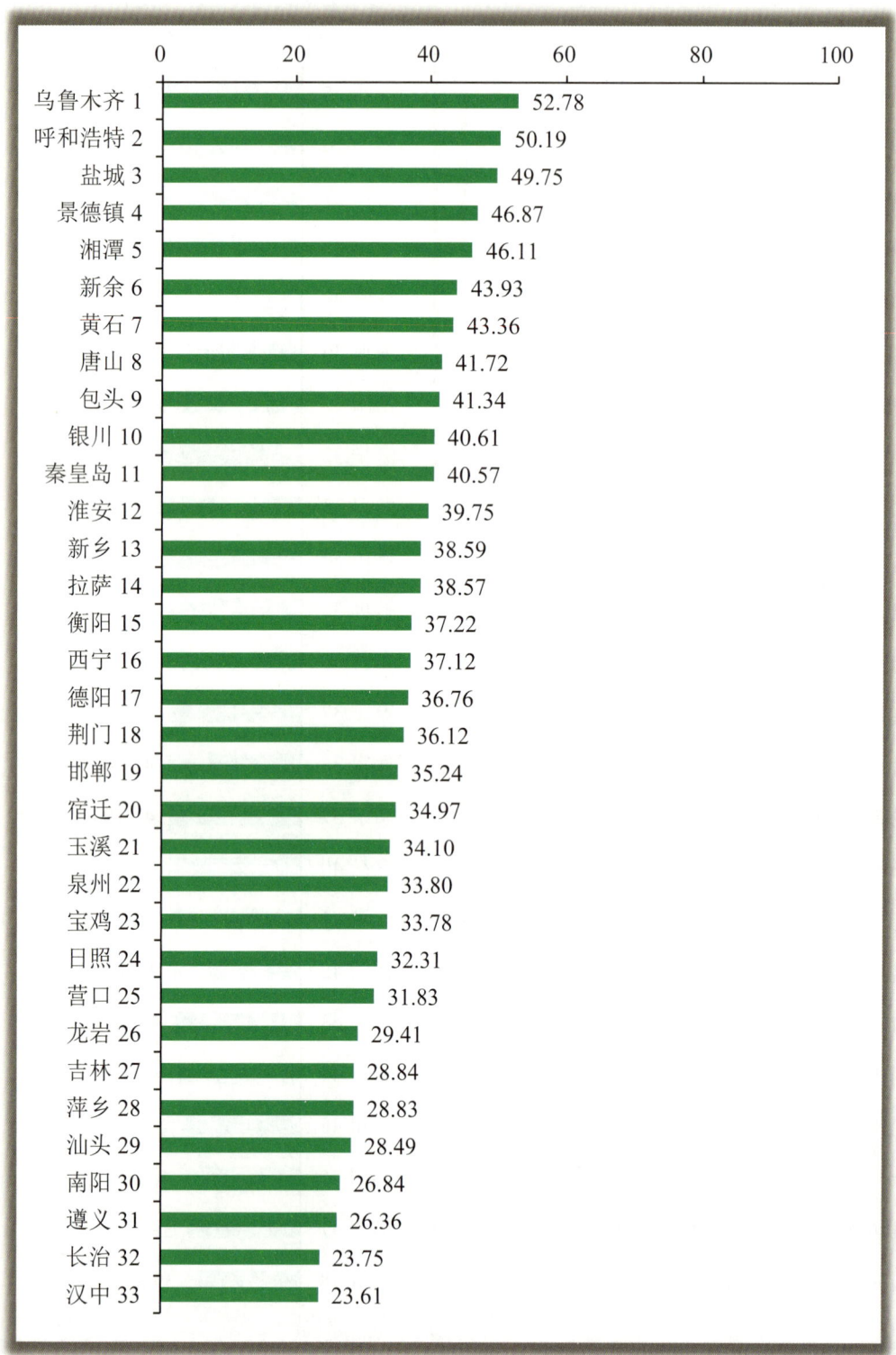

图1-6　创新应用区城市创新能力指数及排名

第二章　创新型城市创新发展画像

一、东部地区

（一）北京

2021年，北京常住人口2189万人，在101个创新型城市中排名居第3位；地区生产总值40270亿元，居创新型城市第2位。三次产业结构为0.3∶18.1∶81.7，与全国（7.3∶39.4∶53.3）相比，第二产业比重偏低。规上工业企业营业收入28745亿元，在创新型城市中排名居第4位；人均规上工业企业营业收入13.1万元，是全国平均水平的1.4倍；规上工业企业营业收入利润率12.8%，是全国平均水平的1.8倍。北京工业主要产业中（营业收入占全市比重较大），医药、电力热力、通用设备、电气、专用设备、汽车等产业利润率高于全国平均水平（图2-1中颜色偏红板块），燃料加工等产业营利能力有待提升（图2-1中颜色偏蓝板块）。

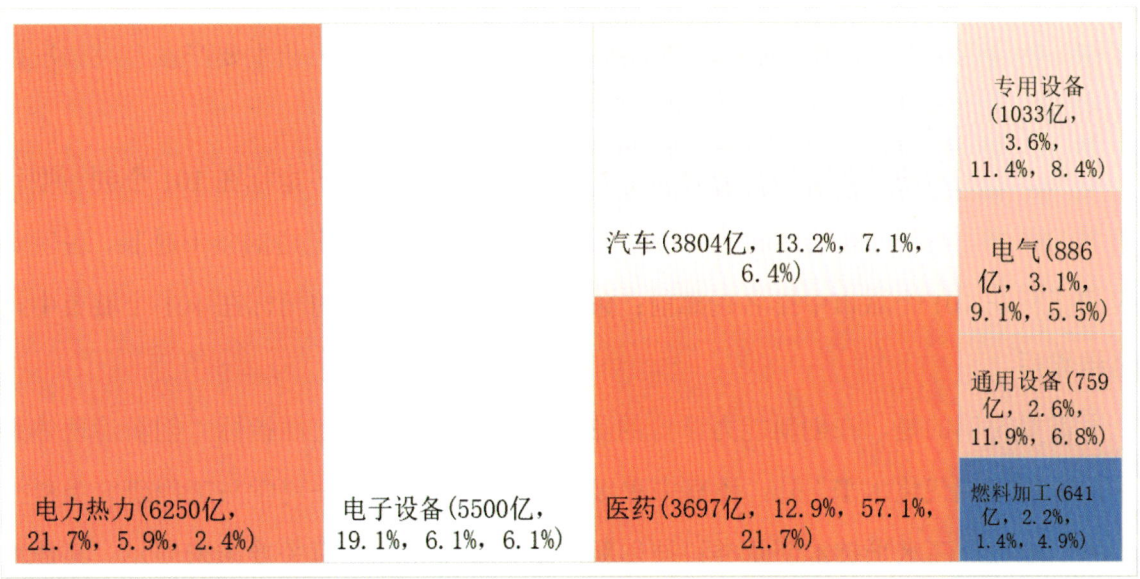

图2-1　北京工业主要产业的营业收入、占全市比重、利润率、全国平均利润率情况

截至2022年底，北京有上市公司468家，在风电整机、中药、能源及重型设备、航空装备、航天装备、轨交设备、面板、半导体设备等细分领域营业收入规模较大，利润率超过细分领域平均水平；在化学制剂、半导体材料、计算机设备、航海装备等细分领域营利能力有待提升。

北京创新能力指数为 95.84，在创新型城市中排名居第 1 位，属于创新策源地类别城市，在 20 个该类别城市中排名居第 1 位。从创新能力构成看，北京创新治理力、原始创新力优势明显，创新驱动力有待提升（见第三章）。从具体指标看，北京在研发人力投入、高层次科技人才引育、高水平学科建设等诸多方面优势突出，在城乡协调发展等方面存在短板。

图 2-1 展示的是北京工业主要产业有关情况。图中数据标签产业名称后括弧内数据分别表示北京该产业规上工业企业营业收入（"亿"是指"亿元"）、该产业规上工业企业营业收入占全市规上工业企业营业收入比重、该产业规上工业企业营业收入利润率，以及全国该产业规上工业企业营业收入利润率；板块面积越大表示该产业规上工业企业营业收入占全市规上工业企业营业收入比重越高；底色红、白、蓝表示产业优势，越红表示北京该产业规上工业企业营业收入利润率与全国该产业规上工业企业营业收入利润率之比越高。图题中"营业收入"是指"该产业规上工业企业营业收入"，"占全市比重"是指"该产业规上工业企业营业收入占全市规上工业企业营业收入比重"，"利润率"是指"该产业规上工业企业营业收入利润率"，"全国平均利润率"是指"全国该产业规上工业企业营业收入利润率"。产业名称为简称，简称所对应的标准名称见附录部分"三、工业行业大类简称对照表"。其他城市工业主要产业有关情况图的内容同此说明。

图 2-2 展示的是北京创新能力 5 个维度各指标的数据及各指标在 101 个创新型城市中的排名。该图直观地展示了城市创新发展的"长短板"：左边的条形越长，说明对应的指标在 101 个城市中排名越靠前；条形越短，说明对应的指标在 101 个城市中排名越靠后。

需要说明的是，在创新能力评价的 30 个指标中，除了定性指标"创新治理体系和治理能力现代化水平"外，还有中央级科研院所数、高水平科学与工程研究类科技创新基地数、高水平技术创新类科技创新基地数 3 个指标按有关要求未展示。其他城市创新能力 5 个维度的指标数据及排名图所展示的情况类似，不再一一说明，图号在正文中也不再一一提及。

排名	指标	类别
1	北京创新能力指数 95.84	
2	全社会研发经费支出与地区生产总值之比 6.53%	创新治理力
13	财政科技支出占公共财政支出比重 6.24%	
1	万名就业人员中研发人员 292.14人年/万人	
49	万人普通高校在校学生数 281.85人/万人	
9	人均实际使用外资额 659.40美元/人	
5	基础研究经费占研发经费比重 16.07%	原始创新力
1	高层次科技人才数 815人	
1	"双一流"建设学科数 166个	
1	高水平科技成果数 979.08项当量	
75	规上工业企业研发经费支出与营业收入之比 1.09%	技术创新力
1	上市科技型中小企业数 220家	
1	高新技术企业数 25071家	
1	万人发明专利拥有量 185.03件/万人	
2	技术输出合同成交额与地区生产总值之比 17.40%	
4	技术输入合同成交额与地区生产总值之比 8.54%	成果转化力
1	国家级科技企业孵化器、大学科技园、双创示范基地数 259个	
1	国家级科技企业孵化器、大学科技园新增在孵企业数 1576家	
1	高新技术企业营业收入与规上工业企业营业收入之比 197.14%	
37	规上工业企业新产品销售收入与营业收入之比 28.71%	
1	国家高新区营业收入与地区生产总值之比 209.59%	
2	人均地区生产总值 18.40万元/人	创新驱动力
2	地区生产总值与固定资产投资之比 4.91	
91	城乡居民人均可支配收入之比 2.45	
3	单位地区生产总值能耗 0.18吨标准煤/万元	
51	PM2.5年平均浓度 33微克/立方米	
2	居民人均可支配收入 8.15万元/人	

图 2-2 北京创新能力指标数据及排名

（二）天津

2021 年，天津常住人口 1373 万人，在 101 个创新型城市中排名居第 7 位；地区生产总值 15695 亿元，居创新型城市第 11 位。三次产业结构为 1.4：37.3：61.3，与全国（7.3：39.4：53.3）相比，第二产业比重适中。规上工业企业营业收入 23043 亿元，在创新型城市中排名居第 10 位；人均规上工业企业营业收入 16.8 万元，是全国平均水平的 1.8 倍；规上工业企业营业收入利润率 6.5%，是全国平均水平的 92.3%。天津工业主要产业中（营业收入占全市比重较大），石油开采、汽车、电子设备等产业利润率高于全国平均水平（图 2-3 中颜色偏红板块），燃料加工、化工、电气、金属制品、钢铁等产业营利能力有待提升（图 2-3 中颜色偏蓝板块）。

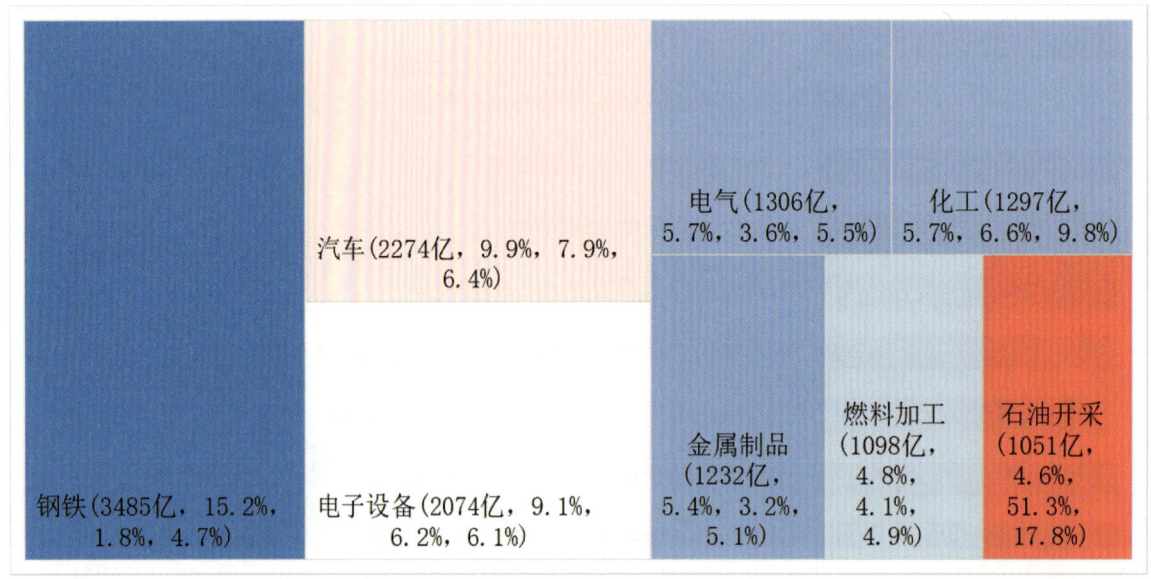

图 2-3　天津工业主要产业的营业收入、占全市比重、利润率、全国平均利润率情况

截至 2022 年底，天津有上市公司 72 家，在计算机设备、能源及重型设备、面板、数字芯片设计、半导体设备、体外诊断、金属制品、电子化学品等细分领域营业收入规模较大，利润率超过细分领域平均水平；在硅料硅片、通信线缆及配套、轨交设备、钢铁管材、电池化学品、原料药、疫苗、医疗耗材等细分领域营利能力有待提升。

天津创新能力指数为 67.54，在创新型城市中排名居第 12 位，属于创新策源地类别城市，在 20 个该类别城市中排名居第 12 位。从创新能力构成看，天津原始创新力优势明显，创新驱动力有待提升（见第三章）。从具体指标看，天津在高水平科研机构建设、技术输出等方面优势突出，在空气质量改善、规上工业企业研发投入等方面存在明显的短板。

排名	指标	维度
12	天津创新能力指数 67.54	
9	全社会研发经费支出与地区生产总值之比 3.66%	创新治理力
38	财政科技支出占公共财政支出比重 3.30%	
15	万名就业人员中研发人员 160.66人年/万人	
31	万人普通高校在校学生数 424.87人/万人	
27	人均实际使用外资额 392.49美元/人	
17	基础研究经费占研发经费比重 10.24%	原始创新力
12	高层次科技人才数 30人	
8	"双一流"建设学科数 15个	
7	高水平科技成果数 86.47项当量	
76	规上工业企业研发经费支出与营业收入之比 1.09%	技术创新力
18	上市科技型中小企业数 23家	
7	高新技术企业数 9118家	
26	万人发明专利拥有量 31.62件/万人	
5	技术输出合同成交额与地区生产总值之比 8.01%	
27	技术输入合同成交额与地区生产总值之比 3.82%	成果转化力
6	国家级科技企业孵化器、大学科技园、双创示范基地数 133个	
10	国家级科技企业孵化器、大学科技园新增在孵企业数 633家	
25	高新技术企业营业收入与规上工业企业营业收入之比 59.64%	
66	规上工业企业新产品销售收入与营业收入之比 20.89%	
59	国家高新区营业收入与地区生产总值之比 33.24%	
32	人均地区生产总值 11.37万元/人	创新驱动力
74	地区生产总值与固定资产投资之比 1.21	
23	城乡居民人均可支配收入之比 1.84	
65	单位地区生产总值能耗 0.52吨标准煤/万元	
77	PM2.5年平均浓度 39微克/立方米	
39	居民人均可支配收入 5.15万元/人	

图 2-4 天津创新能力指标数据及排名

（三）石家庄

2021年，石家庄常住人口1120万人，在101个创新型城市中排名居第14位；地区生产总值6490亿元，居创新型城市第40位。三次产业结构为13：35.6：51.4，与全国（7.3：39.4：53.3）相比，第二产业比重适中。规上工业企业营业收入6601亿元，在创新型城市中排名居第43位；人均规上工业企业营业收入5.9万元，是全国平均水平的63.3%。规上工业企业营业收入利润率6.8%，是全国平均水平的96.6%。石家庄工业主要产业中（营业收入占全市比重较大），钢铁、化工等产业利润率高于全国平均水平（图2-5中颜色偏红板块），非金属制品、燃料加工、食品制造、电力热力等产业营利能力有待提升（图2-5中颜色偏蓝板块）。

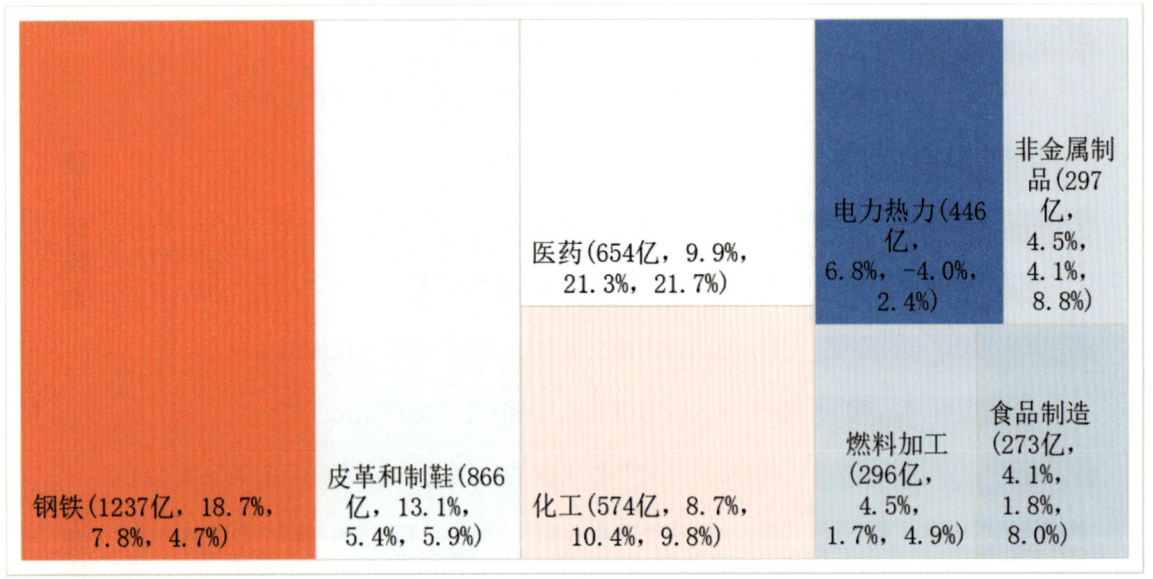

图2-5 石家庄工业主要产业的营业收入、占全市比重、利润率、全国平均利润率情况

截至2022年底，石家庄有上市公司23家，在电池化学品、原料药、中药、通信终端及配件、电源设备等细分领域营业收入规模较大，利润率超过细分领域平均水平；在能源及重型设备、板材、磨具磨料、电网自动化设备、化学制剂、环保设备、计算机设备、面板等细分领域营利能力有待提升。

石家庄创新能力指数为50.24，在创新型城市中排名居第53位，属于创新增长极类别城市，在48个该类别城市中排名居第37位。从创新能力构成看，石家庄创新驱动力、技术创新力有待提升（见第三章）。从具体指标看，石家庄在空气质量改善、人均地区生产总值、规上工业企业研发投入等方面存在明显的短板。

排名	指标	分类
53	石家庄创新能力指数 50.24	
57	全社会研发经费支出与地区生产总值之比 2.23%	创新治理力
83	财政科技支出占公共财政支出比重 1.33%	
85	万名就业人员中研发人员 45.52人年/万人	
20	万人普通高校在校学生数 556.81人/万人	
53	人均实际使用外资额 171.93美元/人	
40	基础研究经费占研发经费比重 3.92%	原始创新力
24	高层次科技人才数 7人	
40	"双一流"建设学科数 0个	
22	高水平科技成果数 27.40项当量	
90	规上工业企业研发经费支出与营业收入之比 0.79%	技术创新力
41	上市科技型中小企业数 8家	
27	高新技术企业数 2862家	
66	万人发明专利拥有量 10.29件/万人	
76	技术输出合同成交额与地区生产总值之比 1.10%	
70	技术输入合同成交额与地区生产总值之比 1.86%	成果转化力
31	国家级科技企业孵化器、大学科技园、双创示范基地数 36个	
41	国家级科技企业孵化器、大学科技园新增在孵企业数 177家	
14	高新技术企业营业收入与规上工业企业营业收入之比 78.76%	
75	规上工业企业新产品销售收入与营业收入之比 15.89%	
56	国家高新区营业收入与地区生产总值之比 38.34%	
92	人均地区生产总值 5.78万元/人	创新驱动力
75	地区生产总值与固定资产投资之比 1.19	
77	城乡居民人均可支配收入之比 2.30	
66	单位地区生产总值能耗 0.53吨标准煤/万元	
96	PM2.5年平均浓度 46微克/立方米	
66	居民人均可支配收入 4.30万元/人	

图 2-6 石家庄创新能力指标数据及排名

（四）唐山

2021年，唐山常住人口770万人，在101个创新型城市中排名居第38位；地区生产总值8231亿元，居创新型城市第27位。三次产业结构为9.5∶46.4∶44，与全国（7.3∶39.4∶53.3）相比，第二产业比重较高。规上工业企业营业收入15426亿元，在创新型城市中排名居第17位；人均规上工业企业营业收入20万元，是全国平均水平的2.2倍；规上工业企业营业收入利润率4.2%，是全国平均水平的59.8%。唐山工业主要产业中（营业收入占全市比重较大），化工、燃气、非金属制品、金属制品、电力热力等产业营利能力有待提升（图2-7中颜色偏蓝板块）。

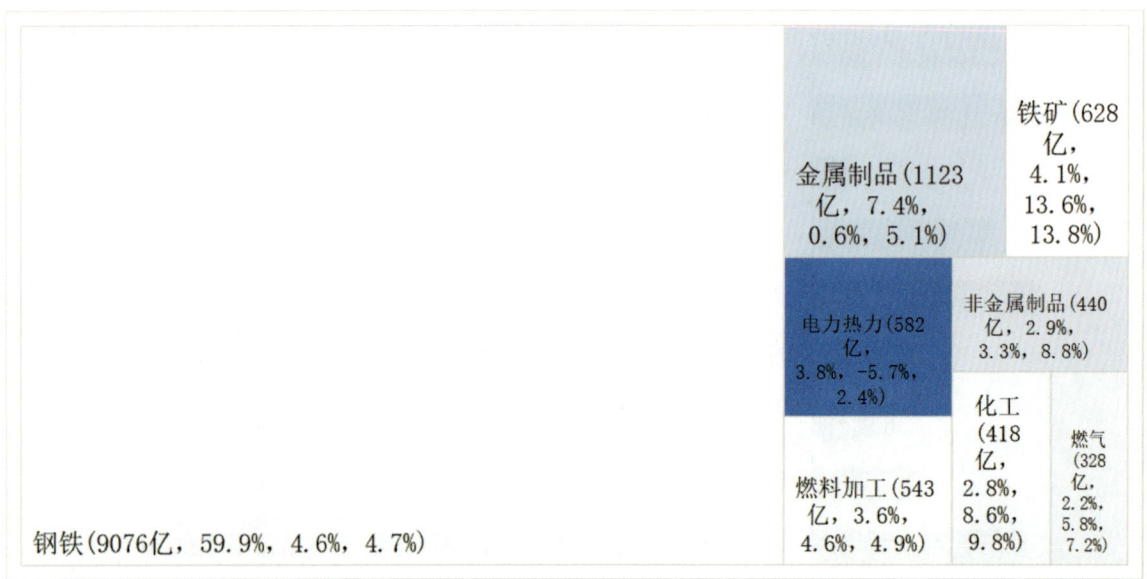

图 2-7　唐山工业主要产业的营业收入、占全市比重、利润率、全国平均利润率情况

截至2022年底，唐山有上市公司13家，在化学原料、数字芯片设计、线缆部件及其他、仪器仪表等细分领域营业收入规模较大，利润率超过细分领域平均水平；在水泥制造、卫浴制品、纯碱、光伏电池组件、专用设备、医疗耗材等细分领域营利能力有待提升。

唐山创新能力指数为40.66，在创新型城市中排名居第74位，属于创新应用区类别城市，在33个该类别城市中排名居第8位。从创新能力构成看，唐山成果转化力、创新驱动力有待提升（见第三章）。从具体指标看，唐山在节能降耗、高新区发展、空气质量改善等方面存在明显的短板。

排名	指标	类别
74	唐山创新能力指数 40.66	
55	全社会研发经费支出与地区生产总值之比 2.26%	创新治理力
81	财政科技支出占公共财政支出比重 1.46%	创新治理力
84	万名就业人员中研发人员 47.47人年/万人	创新治理力
57	万人普通高校在校学生数 230.87人/万人	创新治理力
40	人均实际使用外资额 272.79美元/人	创新治理力
83	基础研究经费占研发经费比重 0.43%	原始创新力
52	高层次科技人才数 0人	原始创新力
40	"双一流"建设学科数 0个	原始创新力
45	高水平科技成果数 6.01项当量	原始创新力
71	规上工业企业研发经费支出与营业收入之比 1.15%	技术创新力
57	上市科技型中小企业数 4家	技术创新力
42	高新技术企业数 1436家	技术创新力
76	万人发明专利拥有量 7.63件/万人	技术创新力
71	技术输出合同成交额与地区生产总值之比 1.29%	技术创新力
65	技术输入合同成交额与地区生产总值之比 2.08%	成果转化力
59	国家级科技企业孵化器、大学科技园、双创示范基地数 14个	成果转化力
66	国家级科技企业孵化器、大学科技园新增在孵企业数 63家	成果转化力
57	高新技术企业营业收入与规上工业企业营业收入之比 42.61%	成果转化力
70	规上工业企业新产品销售收入与营业收入之比 19.26%	成果转化力
91	国家高新区营业收入与地区生产总值之比 2.64%	成果转化力
36	人均地区生产总值 10.68万元/人	创新驱动力
77	地区生产总值与固定资产投资之比 1.18	创新驱动力
58	城乡居民人均可支配收入之比 2.07	创新驱动力
96	单位地区生产总值能耗 1.30吨标准煤/万元	创新驱动力
87	PM2.5年平均浓度 43微克/立方米	创新驱动力
47	居民人均可支配收入 4.73万元/人	创新驱动力

图 2-8　唐山创新能力指标数据及排名

（五）秦皇岛

2021年，秦皇岛常住人口313万人，在101个创新型城市中排名居第82位；地区生产总值1844亿元，居创新型城市第92位。三次产业结构为13.6：39.5：46.9，与全国（7.3：39.4：53.3）相比，第二产业比重适中。规上工业企业营业收入2633亿元，在创新型城市中排名居第87位；人均规上工业企业营业收入8.4万元，是全国平均水平的90.3%。规上工业企业营业收入利润率7.5%，是全国平均水平的1.1倍。秦皇岛工业主要产业中（营业收入占全市比重较大），钢铁、电子设备、专用设备等产业利润率高于全国平均水平（图2-9中颜色偏红板块），非金属制品、食品加工、有色金属冶炼、电力热力等产业营利能力有待提升（图2-9中颜色偏蓝板块）。

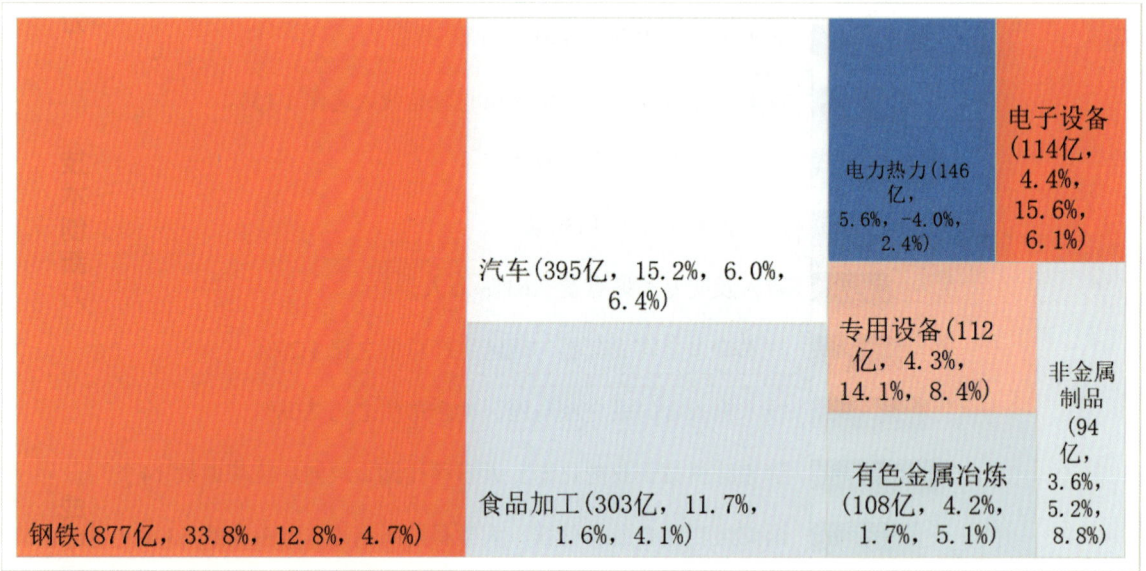

图2-9 秦皇岛工业主要产业的营业收入、占全市比重、利润率、全国平均利润率情况

截至2022年底，秦皇岛有上市公司4家，在地面兵装、医疗设备等细分领域营业收入规模较大，利润率超过细分领域平均水平；在通信工程及服务等细分领域营利能力有待提升。

秦皇岛创新能力指数为43.27，在创新型城市中排名居第69位，属于创新应用区类别城市，在33个该类别城市中排名居第11位。从创新能力构成看，秦皇岛成果转化力、创新驱动力有待提升（见第三章）。从具体指标看，秦皇岛在财政科技投入、高新区发展、节能降耗等方面存在明显的短板。

排名	指标	类别
69	秦皇岛创新能力指数 43.27	
81	全社会研发经费支出与地区生产总值之比 1.68%	创新治理力
93	财政科技支出占公共财政支出比重 0.90%	创新治理力
80	万名就业人员中研发人员 49.68人年/万人	创新治理力
45	万人普通高校在校学生数 309.05人/万人	创新治理力
20	人均实际使用外资额 471.33美元/人	创新治理力
23	基础研究经费占研发经费比重 7.96%	原始创新力
35	高层次科技人才数 2人	原始创新力
40	"双一流"建设学科数 0个	原始创新力
29	高水平科技成果数 17.44项当量	原始创新力
86	规上工业企业研发经费支出与营业收入之比 0.89%	技术创新力
72	上市科技型中小企业数 2家	技术创新力
84	高新技术企业数 358家	技术创新力
55	万人发明专利拥有量 14.37件/万人	技术创新力
36	技术输出合同成交额与地区生产总值之比 2.98%	技术创新力
89	技术输入合同成交额与地区生产总值之比 1.16%	成果转化力
72	国家级科技企业孵化器、大学科技园、双创示范基地数 9个	成果转化力
69	国家级科技企业孵化器、大学科技园新增在孵企业数 58家	成果转化力
48	高新技术企业营业收入与规上工业企业营业收入之比 45.89%	成果转化力
67	规上工业企业新产品销售收入与营业收入之比 20.03%	成果转化力
92	国家高新区营业收入与地区生产总值之比 0	成果转化力
89	人均地区生产总值 5.88万元/人	创新驱动力
13	地区生产总值与固定资产投资之比 3.05	创新驱动力
87	城乡居民人均可支配收入之比 2.39	创新驱动力
89	单位地区生产总值能耗 0.90吨标准煤/万元	创新驱动力
56	PM2.5年平均浓度 34微克/立方米	创新驱动力
71	居民人均可支配收入 4.26万元/人	创新驱动力

图 2-10 秦皇岛创新能力指标数据及排名

（六）邯郸

2021年，邯郸常住人口937万人，在101个创新型城市中排名居第27位；地区生产总值4115亿元，居创新型城市第61位。三次产业结构为11.8∶36.7∶51.5，与全国（7.3∶39.4∶53.3）相比，第二产业比重适中。规上工业企业营业收入7536亿元，在创新型城市中排名居第35位；人均规上工业企业营业收入8万元，是全国平均水平的86.4%。规上工业企业营业收入利润率3.5%，是全国平均水平的50.0%。邯郸工业主要产业中（营业收入占全市比重较大），燃料加工、金属制品、食品加工等产业利润率高于全国平均水平（图2-11中颜色偏红板块），钢铁、电力热力、电气、煤炭开采等产业营利能力有待提升（图2-11中颜色偏蓝板块）。

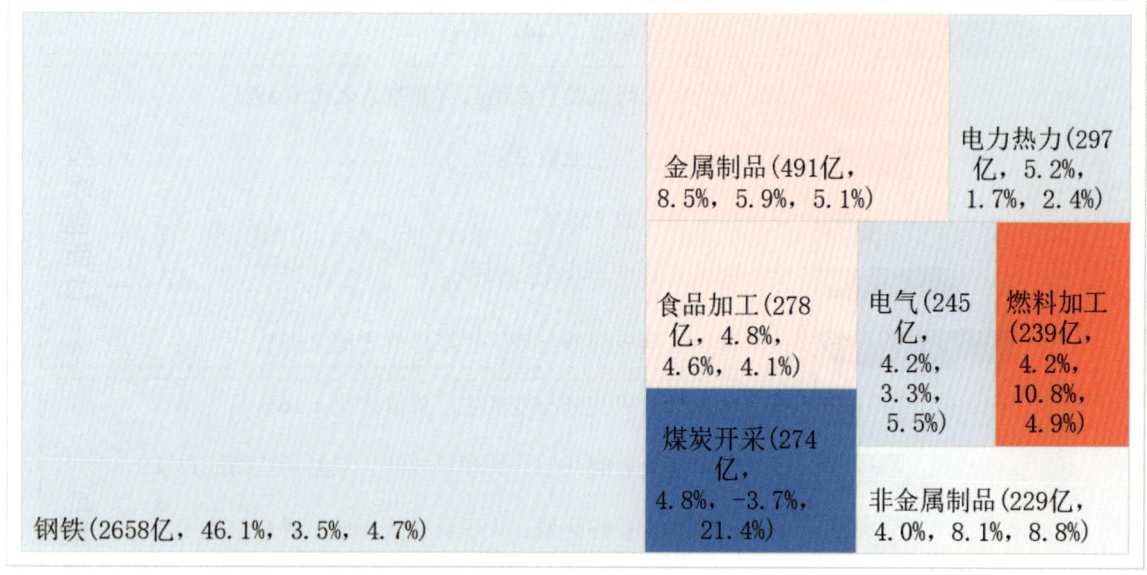

图2-11 邯郸工业主要产业的营业收入、占全市比重、利润率、全国平均利润率情况

截至2022年底，邯郸有上市公司5家，在农产品加工、金属制品、半导体材料、钢铁管材、化学制品等细分领域营业收入规模较大，利润率超过细分领域平均水平。

邯郸创新能力指数为33.11，在创新型城市中排名居第90位，属于创新应用区类别城市，在33个该类别城市中排名居第19位。从创新能力构成看，邯郸创新驱动力、创新治理力有待提升（见第三章）。从具体指标看，邯郸在人均地区生产总值、固定资产投资效率、人才培养等方面存在明显的短板。

排名	指标	类别
90	邯郸创新能力指数 33.11	
39	全社会研发经费支出与地区生产总值之比 2.56%	创新治理力
91	财政科技支出占公共财政支出比重 0.97%	
96	万名就业人员中研发人员 30.74人年/万人	
96	万人普通高校在校学生数 88.37人/万人	
56	人均实际使用外资额 159.01美元/人	
86	基础研究经费占研发经费比重 0.40%	原始创新力
52	高层次科技人才数 0人	
40	"双一流"建设学科数 0个	
70	高水平科技成果数 0项当量	
63	规上工业企业研发经费支出与营业收入之比 1.29%	技术创新力
57	上市科技型中小企业数 4家	
62	高新技术企业数 760家	
98	万人发明专利拥有量 2.99件/万人	
34	技术输出合同成交额与地区生产总值之比 3.14%	
23	技术输入合同成交额与地区生产总值之比 4.04%	成果转化力
65	国家级科技企业孵化器、大学科技园、双创示范基地数 11个	
61	国家级科技企业孵化器、大学科技园新增在孵企业数 83家	
42	高新技术企业营业收入与规上工业企业营业收入之比 48.39%	
88	规上工业企业新产品销售收入与营业收入之比 11.62%	
92	国家高新区营业收入与地区生产总值之比 0	
99	人均地区生产总值 4.38万元/人	创新驱动力
96	地区生产总值与固定资产投资之比 0.84	
54	城乡居民人均可支配收入之比 2.03	
90	单位地区生产总值能耗 0.93吨标准煤/万元	
95	PM2.5年平均浓度 45微克/立方米	
92	居民人均可支配收入 3.81万元/人	

图 2-12　邯郸创新能力指标数据及排名

（七）保定

2021年，保定常住人口1152万人，在101个创新型城市中排名居第13位；地区生产总值4402亿元，居创新型城市第56位。三次产业结构为16.1∶27.7∶56.2，与全国（7.3∶39.4∶53.3）相比，第二产业比重偏低。规上工业企业营业收入4811亿元，在创新型城市中排名居第55位；人均规上工业企业营业收入4.2万元，是全国平均水平的44.9%。规上工业企业营业收入利润率3.3%，是全国平均水平的46.1%。保定工业主要产业中（营业收入占全市比重较大），纺织、有色金属冶炼等产业利润率高于全国平均水平（图2-13中颜色偏红板块），汽车、食品加工、非金属制品、医药、电力热力、电气等产业营利能力有待提升（图2-13中颜色偏蓝板块）。

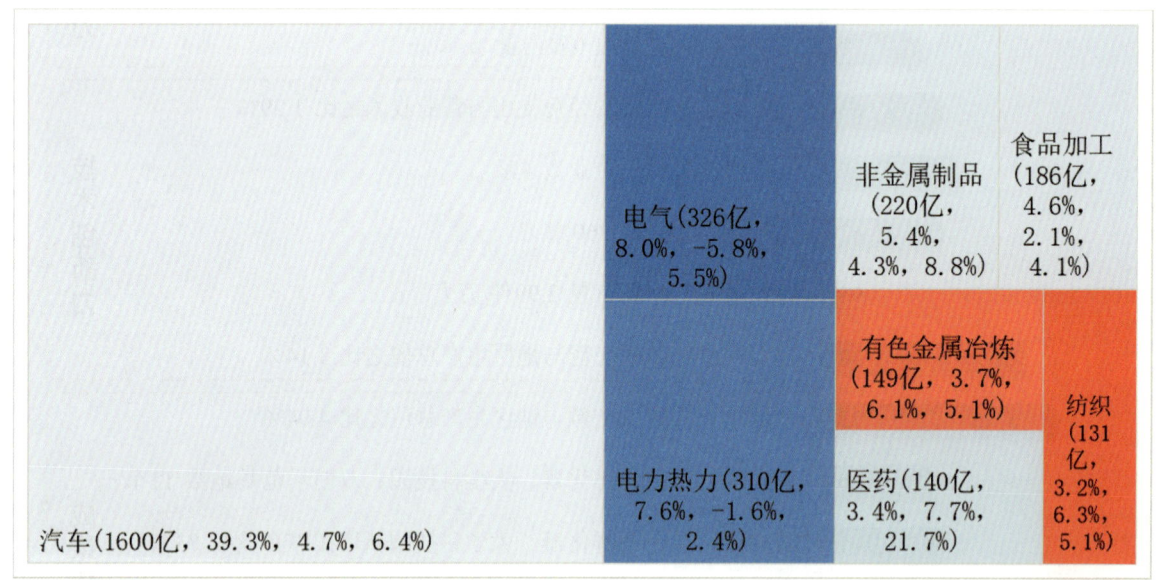

图2-13　保定工业主要产业的营业收入、占全市比重、利润率、全国平均利润率情况

截至2022年底，保定有上市公司11家，在综合乘用车、汽车零部件等细分领域营业收入规模较大，利润率超过细分领域平均水平；在轮胎轮毂、膜材料、电子化学品、电源设备、金属制品、输变电设备等细分领域营利能力有待提升。

保定创新能力指数为49.03，在创新型城市中排名居第58位，属于创新增长极类别城市，在48个该类别城市中排名居第38位。从创新能力构成看，保定创新驱动力、创新治理力有待提升（见第三章）。从具体指标看，保定在人均地区生产总值、固定资产投资效率、居民增收等方面存在明显的短板。

排名	指标	维度
58	保定创新能力指数 49.03	
60	全社会研发经费支出与地区生产总值之比 2.15%	创新治理力
92	财政科技支出占公共财政支出比重 0.96%	
91	万名就业人员中研发人员 37.56人年/万人	
69	万人普通高校在校学生数 177.78人/万人	
67	人均实际使用外资额 81.68美元/人	
53	基础研究经费占研发经费比重 2.33%	原始创新力
42	高层次科技人才数 1人	
40	"双一流"建设学科数 0个	
51	高水平科技成果数 2.42项当量	
44	规上工业企业研发经费支出与营业收入之比 1.62%	技术创新力
57	上市科技型中小企业数 4家	
48	高新技术企业数 1293家	
84	万人发明专利拥有量 5.73件/万人	
37	技术输出合同成交额与地区生产总值之比 2.96%	
14	技术输入合同成交额与地区生产总值之比 4.68%	成果转化力
37	国家级科技企业孵化器、大学科技园、双创示范基地数 30个	
63	国家级科技企业孵化器、大学科技园新增在孵企业数 76家	
23	高新技术企业营业收入与规上工业企业营业收入之比 62.83%	
21	规上工业企业新产品销售收入与营业收入之比 34.87%	
30	国家高新区营业收入与地区生产总值之比 65.76%	
101	人均地区生产总值 3.82万元/人	创新驱动力
95	地区生产总值与固定资产投资之比 0.84	
42	城乡居民人均可支配收入之比 1.97	
4	单位地区生产总值能耗 0.21吨标准煤/万元	
87	PM2.5年平均浓度 43微克/立方米	
93	居民人均可支配收入 3.73万元/人	

图 2-14 保定创新能力指标数据及排名

（八）上海

2021 年，上海常住人口 2489 万人，在 101 个创新型城市中排名居第 2 位；地区生产总值 43215 亿元，居创新型城市第 1 位。三次产业结构为 7.8：32.5：59.8，与全国（7.3：39.4：53.3）相比，第二产业比重偏低。规上工业企业营业收入 45402 亿元，在创新型城市中排名居第 1 位；人均规上工业企业营业收入 18.2 万元，是全国平均水平的 2.0 倍；规上工业企业营业收入利润率 7.0%，是全国平均水平的 98.6%。上海工业主要产业中（营业收入占全市比重较大），钢铁、专用设备、电气、汽车、通用设备、化工等产业利润率高于全国平均水平（图 2-15 中颜色偏红板块），电子设备、电力热力等产业营利能力有待提升（图 2-15 中颜色偏蓝板块）。

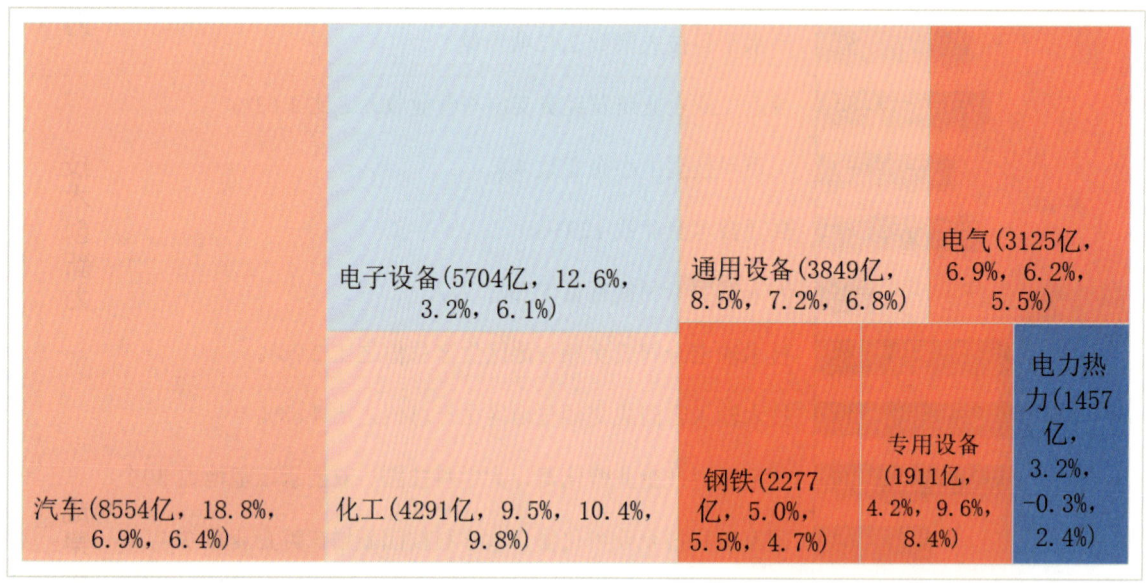

图 2-15　上海工业主要产业的营业收入、占全市比重、利润率、全国平均利润率情况

截至 2022 年底，上海有上市公司 435 家，在板材、汽车电子电气系统、航海装备、汽车零部件、电池化学品、文化用品、集成电路制造、楼宇设备等细分领域营业收入规模较大，利润率超过细分领域平均水平；在光伏电池组件、能源及重型设备、印制电路板、风电整机、炼油化工、底盘与发动机系统等细分领域营利能力有待提升。

上海创新能力指数为 86.66，在创新型城市中排名居第 2 位，属于创新策源地类别城市，在 20 个该类别城市中排名居第 2 位。从创新能力构成看，上海创新治理力、原始创新力优势明显，成果转化力有待提升（见第三章）。从具体指标看，上海在居民增收、高层次科技人才引育、高水平学科建设等诸多方面优势突出，在城乡协调发展等方面存在短板。

排名	指标	类别
2	上海创新能力指数 86.66	
5	全社会研发经费支出与地区生产总值之比 4.21%	创新治理力
20	财政科技支出占公共财政支出比重 5.01%	
11	万名就业人员中研发人员 172.54人年/万人	
60	万人普通高校在校学生数 220.46人/万人	
4	人均实际使用外资额 906.03美元/人	
18	基础研究经费占研发经费比重 9.77%	原始创新力
2	高层次科技人才数 163人	
2	"双一流"建设学科数 64个	
2	高水平科技成果数 328.73项当量	
52	规上工业企业研发经费支出与营业收入之比 1.54%	技术创新力
3	上市科技型中小企业数 176家	
3	高新技术企业数 19189家	
5	万人发明专利拥有量 69.09件/万人	
13	技术输出合同成交额与地区生产总值之比 5.89%	
38	技术输入合同成交额与地区生产总值之比 3.29%	成果转化力
4	国家级科技企业孵化器、大学科技园、双创示范基地数 149个	
2	国家级科技企业孵化器、大学科技园新增在孵企业数 1531家	
9	高新技术企业营业收入与规上工业企业营业收入之比 88.84%	
57	规上工业企业新产品销售收入与营业收入之比 23.29%	
4	国家高新区营业收入与地区生产总值之比 98.35%	
6	人均地区生产总值 17.36万元/人	创新驱动力
5	地区生产总值与固定资产投资之比 4.53	
64	城乡居民人均可支配收入之比 2.14	
18	单位地区生产总值能耗 0.27吨标准煤/万元	
24	PM2.5年平均浓度 27微克/立方米	
1	居民人均可支配收入 8.24万元/人	

图 2-16 上海创新能力指标数据及排名

（九）南京

2021年，南京常住人口942万人，在101个创新型城市中排名居第25位；地区生产总值16355亿元，居创新型城市第10位。三次产业结构为8.1∶51.1∶40.7，与全国（7.3∶39.4∶53.3）相比，第二产业比重较高。规上工业企业营业收入15532亿元，在创新型城市中排名居第15位；人均规上工业企业营业收入16.5万元，是全国平均水平的1.8倍；规上工业企业营业收入利润率7.1%，是全国平均水平的1.0倍。南京工业主要产业中（营业收入占全市比重较大），电气、燃料加工、汽车、化工、通用设备、仪器仪表、钢铁等产业利润率高于全国平均水平（图2-17中颜色偏红板块），电子设备等产业营利能力有待提升（图2-17中颜色偏蓝板块）。

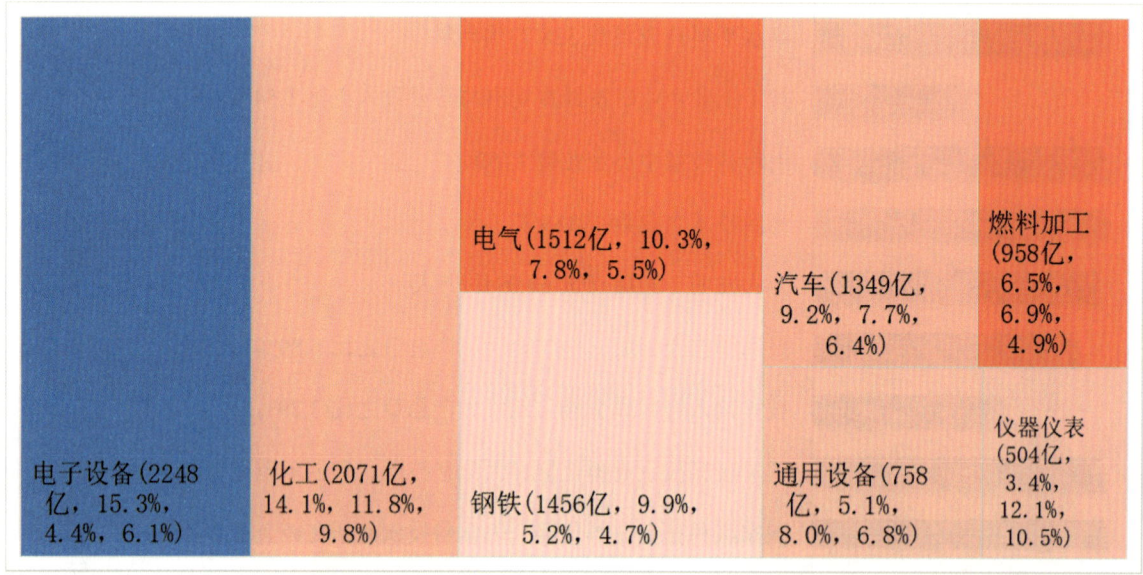

图2-17 南京工业主要产业的营业收入、占全市比重、利润率、全国平均利润率情况

截至2022年底，南京有上市公司123家，在化妆品制造及其他、板材、生物制品、机器人、光学元件、能源及重型设备、面板、轨交设备、医疗设备、化学制剂、电网自动化设备等细分领域营业收入规模较大，利润率超过细分领域平均水平；在电工仪器仪表、通信线缆及配套、底盘与发动机系统等细分领域营利能力有待提升。

南京创新能力指数为77.23，在创新型城市中排名居第4位，属于创新策源地类别城市，在20个该类别城市中排名居第3位。从创新能力构成看，南京创新治理力、原始创新力优势明显，创新驱动力有待提升（见第三章）。从具体指标看，南京在研发人力投入、高层次科技人才引育、高水平学科建设等诸多方面优势突出，在城乡协调发展等方面存在短板。

排名	指标	类别
4	南京创新能力指数 77.23	
10	全社会研发经费支出与地区生产总值之比 3.54%	创新治理力
14	财政科技支出占公共财政支出比重 5.96%	
3	万名就业人员中研发人员 260.67人年/万人	
7	万人普通高校在校学生数 803.73人/万人	
15	人均实际使用外资额 532.08美元/人	
10	基础研究经费占研发经费比重 13.93%	原始创新力
3	高层次科技人才数 89人	
3	"双一流"建设学科数 43个	
5	高水平科技成果数 125.57项当量	
41	规上工业企业研发经费支出与营业收入之比 1.65%	技术创新力
8	上市科技型中小企业数 53家	
10	高新技术企业数 7736家	
3	万人发明专利拥有量 94.42件/万人	
20	技术输出合同成交额与地区生产总值之比 4.38%	
12	技术输入合同成交额与地区生产总值之比 4.88%	成果转化力
7	国家级科技企业孵化器、大学科技园、双创示范基地数 127个	
6	国家级科技企业孵化器、大学科技园新增在孵企业数 830家	
26	高新技术企业营业收入与规上工业企业营业收入之比 58.46%	
62	规上工业企业新产品销售收入与营业收入之比 22.02%	
20	国家高新区营业收入与地区生产总值之比 71.47%	
4	人均地区生产总值 17.45万元/人	创新驱动力
39	地区生产总值与固定资产投资之比 1.89	
75	城乡居民人均可支配收入之比 2.25	
10	单位地区生产总值能耗 0.24吨标准煤/万元	
36	PM2.5年平均浓度 29微克/立方米	
7	居民人均可支配收入 7.36万元/人	

图 2-18 南京创新能力指标数据及排名

（十）无锡

2021 年，无锡常住人口 748 万人，在 101 个创新型城市中排名居第 40 位；地区生产总值 14003 亿元，居创新型城市第 14 位。三次产业结构为 16.5：39.7：43.8，与全国（7.3：39.4：53.3）相比，第二产业比重适中。规上工业企业营业收入 22773 亿元，在创新型城市中排名居第 11 位；人均规上工业企业营业收入 30.4 万元，是全国平均水平的 3.3 倍；规上工业企业营业收入利润率 6.4%，是全国平均水平的 90.2%。无锡工业主要产业中（营业收入占全市比重较大），汽车、通用设备、电子设备等产业利润率高于全国平均水平（图 2-19 中颜色偏红板块），化工、金属制品、有色金属冶炼等产业营利能力有待提升（图 2-19 中颜色偏蓝板块）。

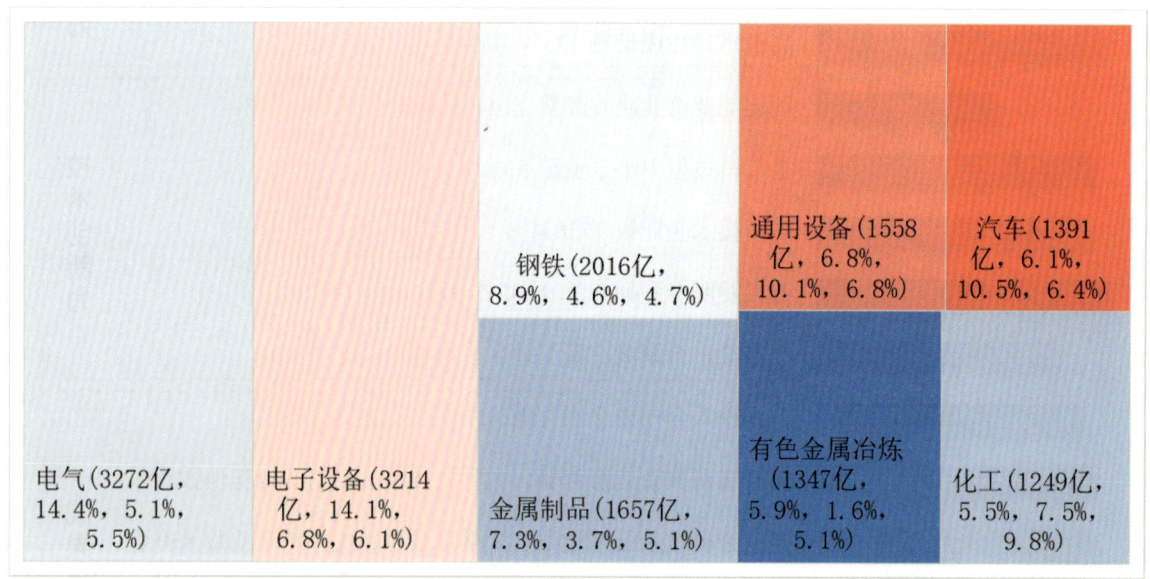

图 2-19 无锡工业主要产业的营业收入、占全市比重、利润率、全国平均利润率情况

截至 2022 年底，无锡有上市公司 117 家，在家电零部件、模拟芯片设计、汽车电子电气系统、能源及重型设备、轨交设备、分立器件、半导体材料、集成电路封测等细分领域营业收入规模较大，利润率超过细分领域平均水平；在轮胎轮毂、消费电子零部件及组装、通信终端及配件、机床工具、机器人等细分领域营利能力有待提升。

无锡创新能力指数为 65.20，在创新型城市中排名居第 16 位，属于创新增长极类别城市，在 48 个该类别城市中排名居第 2 位。从创新能力构成看，无锡原始创新力优势明显，成果转化力有待提升（见第三章）。从具体指标看，无锡在人均地区生产总值、研发人力投入等方面优势突出，在技术吸纳、人才培养等方面存在明显的短板。

排名	指标	类别
16	无锡创新能力指数 65.20	
18	全社会研发经费支出与地区生产总值之比 3.18%	创新治理力
25	财政科技支出占公共财政支出比重 4.75%	
6	万名就业人员中研发人员 217.28人年/万人	
64	万人普通高校在校学生数 204.85人/万人	
17	人均实际使用外资额 508.99美元/人	
77	基础研究经费占研发经费比重 0.67%	原始创新力
28	高层次科技人才数 6人	
24	"双一流"建设学科数 2个	
20	高水平科技成果数 37.27项当量	
42	规上工业企业研发经费支出与营业收入之比 1.64%	技术创新力
9	上市科技型中小企业数 52家	
18	高新技术企业数 4557家	
8	万人发明专利拥有量 50.37件/万人	
47	技术输出合同成交额与地区生产总值之比 2.50%	
84	技术输入合同成交额与地区生产总值之比 1.38%	成果转化力
21	国家级科技企业孵化器、大学科技园、双创示范基地数 50个	
11	国家级科技企业孵化器、大学科技园新增在孵企业数 595家	
63	高新技术企业营业收入与规上工业企业营业收入之比 41.02%	
41	规上工业企业新产品销售收入与营业收入之比 28.16%	
39	国家高新区营业收入与地区生产总值之比 57.46%	
1	人均地区生产总值 18.74万元/人	创新驱动力
24	地区生产总值与固定资产投资之比 2.41	
18	城乡居民人均可支配收入之比 1.78	
23	单位地区生产总值能耗 0.29吨标准煤/万元	
36	PM2.5年平均浓度 29微克/立方米	
10	居民人均可支配收入 7.05万元/人	

图 2-20 无锡创新能力指标数据及排名

（十一）徐州

2021年，徐州常住人口903万人，在101个创新型城市中排名居第31位；地区生产总值8117亿元，居创新型城市第28位。三次产业结构为8.7∶50.5∶40.8，与全国（7.3∶39.4∶53.3）相比，第二产业比重较高。规上工业企业营业收入5947亿元，在创新型城市中排名居第49位；人均规上工业企业营业收入6.6万元，是全国平均水平的70.8%。规上工业企业营业收入利润率6.0%，是全国平均水平的85.0%。徐州工业主要产业中（营业收入占全市比重较大），烟草、通用设备等产业利润率高于全国平均水平（图2-21中颜色偏红板块），金属制品、专用设备、食品加工、电气、非金属制品等产业营利能力有待提升（图2-21中颜色偏蓝板块）。

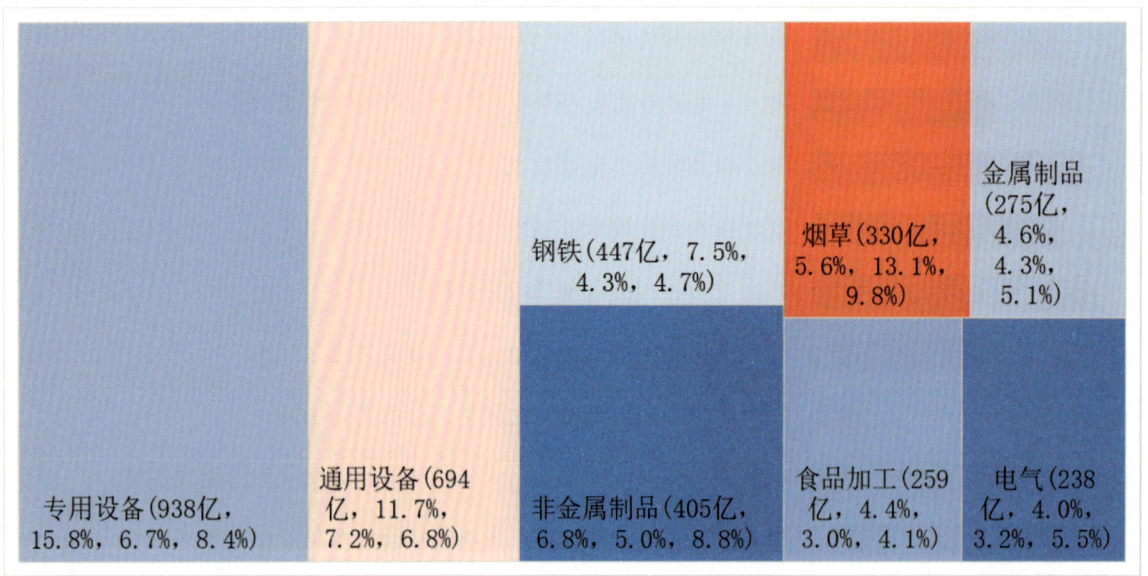

图2-21　徐州工业主要产业的营业收入、占全市比重、利润率、全国平均利润率情况

截至2022年底，徐州有上市公司16家，在汽车电子电气系统、化学制剂、塑料制品、娱乐用品、照明设备等细分领域营业收入规模较大，利润率超过细分领域平均水平；在工程机械整机、输变电设备、通用设备、软饮料、农药等细分领域营利能力有待提升。

徐州创新能力指数为55.07，在创新型城市中排名居第41位，属于创新增长极类别城市，在48个该类别城市中排名居第22位。从创新能力构成看，徐州创新治理力、创新驱动力有待提升（见第三章）。从具体指标看，徐州在空气质量改善、居民增收、全社会研发投入等方面存在明显的短板。

排名	指标	维度
41	徐州创新能力指数 55.07	
77	全社会研发经费支出与地区生产总值之比 1.80%	创新治理力
56	财政科技支出占公共财政支出比重 2.50%	
61	万名就业人员中研发人员 76.54人年/万人	
65	万人普通高校在校学生数 194.34人/万人	
42	人均实际使用外资额 268.37美元/人	
52	基础研究经费占研发经费比重 2.54%	原始创新力
24	高层次科技人才数 7人	
24	"双一流"建设学科数 2个	
25	高水平科技成果数 22.10项当量	
17	规上工业企业研发经费支出与营业收入之比 2.08%	技术创新力
36	上市科技型中小企业数 9家	
52	高新技术企业数 1167家	
38	万人发明专利拥有量 23.60件/万人	
72	技术输出合同成交额与地区生产总值之比 1.29%	
68	技术输入合同成交额与地区生产总值之比 1.89%	成果转化力
34	国家级科技企业孵化器、大学科技园、双创示范基地数 34个	
26	国家级科技企业孵化器、大学科技园新增在孵企业数 291家	
56	高新技术企业营业收入与规上工业企业营业收入之比 42.76%	
56	规上工业企业新产品销售收入与营业收入之比 23.58%	
71	国家高新区营业收入与地区生产总值之比 21.62%	
51	人均地区生产总值 8.96万元/人	创新驱动力
63	地区生产总值与固定资产投资之比 1.50	
14	城乡居民人均可支配收入之比 1.72	
7	单位地区生产总值能耗 0.23吨标准煤/万元	
84	PM2.5年平均浓度 42微克/立方米	
83	居民人均可支配收入 4.08万元/人	

图 2-22 徐州创新能力指标数据及排名

（十二）常州

2021年，常州常住人口535万人，在101个创新型城市中排名居第55位；地区生产总值8808亿元，居创新型城市第25位。三次产业结构为7.9∶49.8∶42.3，与全国（7.3∶39.4∶53.3）相比，第二产业比重较高。规上工业企业营业收入14267亿元，在创新型城市中排名居第19位；人均规上工业企业营业收入26.7万元，是全国平均水平的2.9倍；规上工业企业营业收入利润率6.0%，是全国平均水平的84.8%。常州工业主要产业中（营业收入占全市比重较大），金属制品、电子设备、通用设备等产业利润率高于全国平均水平（图2-23中颜色偏红板块），专用设备、化工、钢铁、汽车等产业营利能力有待提升（图2-23中颜色偏蓝板块）。

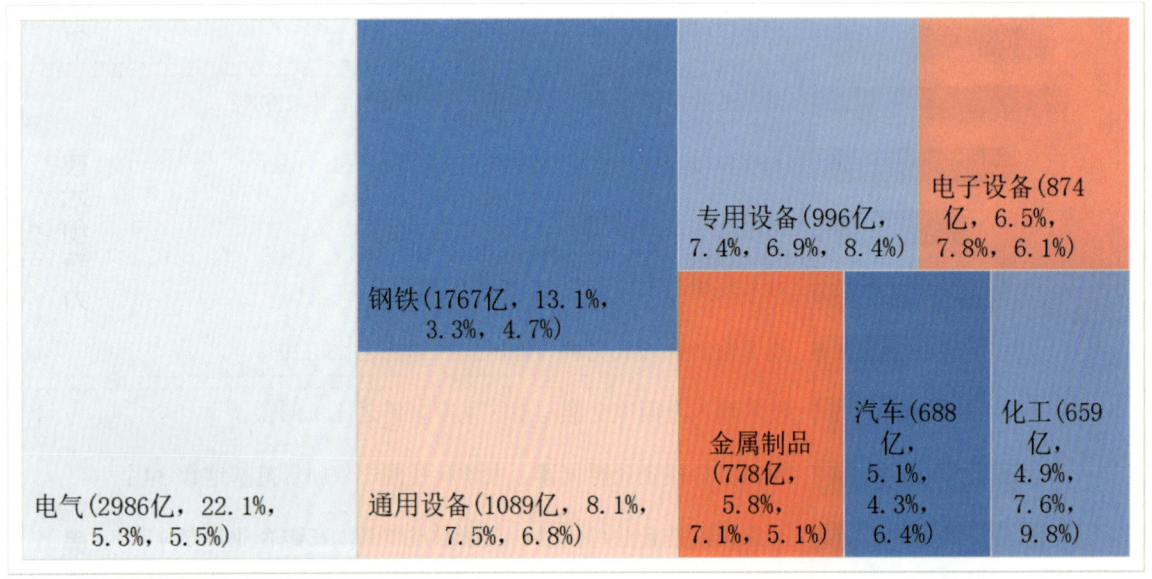

图2-23　常州工业主要产业的营业收入、占全市比重、利润率、全国平均利润率情况

截至2022年底，常州有上市公司68家，在机器人、航空装备、线缆部件及其他、钢铁管材、仪器仪表、车身附件及饰件、特钢、化学制剂、膜材料等细分领域营业收入规模较大，利润率超过细分领域平均水平；在光伏电池组件、底盘与发动机系统、医疗耗材、电子化学品、消费电子零部件及组装等细分领域营利能力有待提升。

常州创新能力指数为64.50，在创新型城市中排名居第17位，属于创新增长极类别城市，在48个该类别城市中排名居第3位。从创新能力构成看，常州原始创新力优势明显，成果转化力有待提升（见第三章）。从具体指标看，常州在研发人力投入、节能降耗等方面优势突出，在技术吸纳、空气质量改善等方面存在明显的短板。

排名	指标	类别
17	常州创新能力指数 64.50	
16	全社会研发经费支出与地区生产总值之比 3.30%	创新治理力
29	财政科技支出占公共财政支出比重 4.39%	
4	万名就业人员中研发人员 237.92人年/万人	
47	万人普通高校在校学生数 292.78人/万人	
12	人均实际使用外资额 573.87美元/人	
95	基础研究经费占研发经费比重 0.25%	原始创新力
52	高层次科技人才数 0人	
40	"双一流"建设学科数 0个	
42	高水平科技成果数 6.79项当量	
27	规上工业企业研发经费支出与营业收入之比 1.88%	技术创新力
15	上市科技型中小企业数 34家	
26	高新技术企业数 2904家	
15	万人发明专利拥有量 44.24件/万人	
54	技术输出合同成交额与地区生产总值之比 2.16%	
64	技术输入合同成交额与地区生产总值之比 2.10%	成果转化力
24	国家级科技企业孵化器、大学科技园、双创示范基地数 46个	
13	国家级科技企业孵化器、大学科技园新增在孵企业数 455家	
60	高新技术企业营业收入与规上工业企业营业收入之比 41.85%	
43	规上工业企业新产品销售收入与营业收入之比 28.07%	
12	国家高新区营业收入与地区生产总值之比 78.89%	
7	人均地区生产总值 16.57万元/人	创新驱动力
23	地区生产总值与固定资产投资之比 2.50	
22	城乡居民人均可支配收入之比 1.84	
5	单位地区生产总值能耗 0.22吨标准煤/万元	
60	PM2.5年平均浓度 35微克/立方米	
17	居民人均可支配收入 6.58万元/人	

图2-24 常州创新能力指标数据及排名

（十三）苏州

2021年，苏州常住人口1285万人，在101个创新型城市中排名居第10位；地区生产总值22718亿元，居创新型城市第6位。三次产业结构为5.1∶65.2∶29.7，与全国（7.3∶39.4∶53.3）相比，第二产业比重较高。规上工业企业营业收入44524亿元，在创新型城市中排名居第2位；人均规上工业企业营业收入34.7万元，是全国平均水平的3.7倍；规上工业企业营业收入利润率6.1%，是全国平均水平的86.7%。苏州工业主要产业中（营业收入占全市比重较大），化工、钢铁、专用设备、通用设备、橡胶塑料、电气等产业利润率高于全国平均水平（图2-25中颜色偏红板块），汽车、电子设备等产业营利能力有待提升（图2-25中颜色偏蓝板块）。

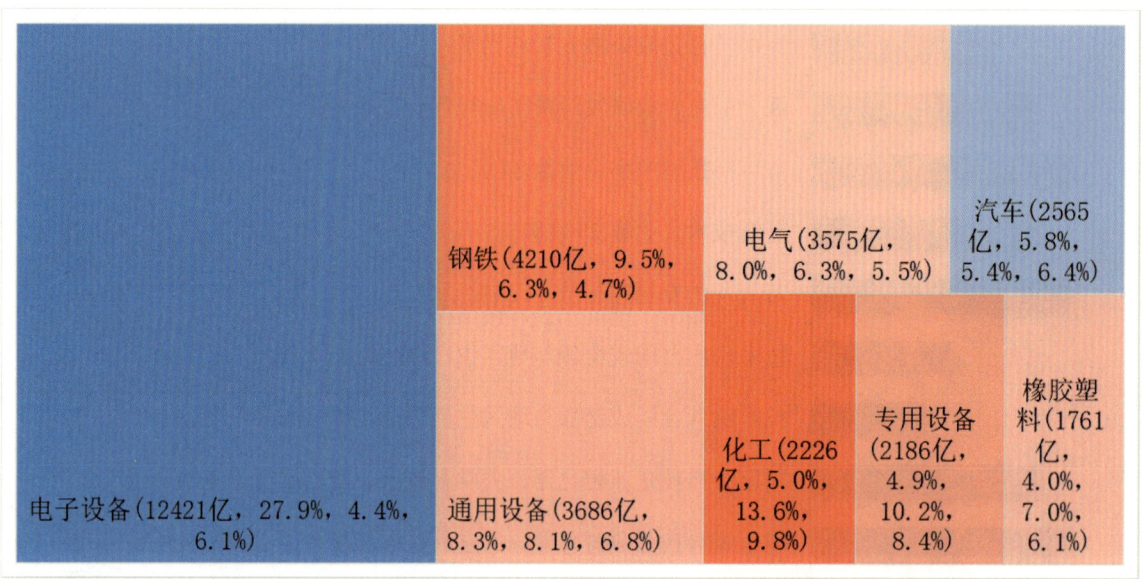

图2-25 苏州工业主要产业的营业收入、占全市比重、利润率、全国平均利润率情况

截至2022年底，苏州有上市公司213家，在火电设备、电子、机床工具、原料药、车身附件及饰件、分立器件、电池化学品、能源及重型设备、消费电子零部件及组装等细分领域营业收入规模较大，利润率超过细分领域平均水平；在定制家居、光学元件、化学制剂、线缆部件及其他、LED、面板等细分领域营利能力有待提升。

苏州创新能力指数为71.07，在创新型城市中排名居第9位，属于创新增长极类别城市，在48个该类别城市中排名居第1位。从创新能力构成看，苏州原始创新力、创新驱动力优势明显，技术创新力有待提升（见第三章）。从具体指标看，苏州在科技型企业孵化、人均地区生产总值、居民增收等诸多方面优势突出，在人才培养等方面存在短板。

排名	指标	类别
9	苏州创新能力指数 71.07	
7	全社会研发经费支出与地区生产总值之比 3.91%	创新治理力
4	财政科技支出占公共财政支出比重 9.17%	创新治理力
5	万名就业人员中研发人员 224.08人年/万人	创新治理力
62	万人普通高校在校学生数 214.16人/万人	创新治理力
14	人均实际使用外资额 544.06美元/人	创新治理力
66	基础研究经费占研发经费比重 1.00%	原始创新力
35	高层次科技人才数 2人	原始创新力
27	"双一流"建设学科数 1个	原始创新力
30	高水平科技成果数 15.71项当量	原始创新力
32	规上工业企业研发经费支出与营业收入之比 1.74%	技术创新力
4	上市科技型中小企业数 125家	技术创新力
4	高新技术企业数 11409家	技术创新力
6	万人发明专利拥有量 68.80件/万人	技术创新力
59	技术输出合同成交额与地区生产总值之比 1.97%	技术创新力
55	技术输入合同成交额与地区生产总值之比 2.33%	成果转化力
5	国家级科技企业孵化器、大学科技园、双创示范基地数 145个	成果转化力
3	国家级科技企业孵化器、大学科技园新增在孵企业数 1360家	成果转化力
50	高新技术企业营业收入与规上工业企业营业收入之比 45.35%	成果转化力
24	规上工业企业新产品销售收入与营业收入之比 33.28%	成果转化力
24	国家高新区营业收入与地区生产总值之比 69.35%	成果转化力
3	人均地区生产总值 17.75万元/人	创新驱动力
14	地区生产总值与固定资产投资之比 2.97	创新驱动力
24	城乡居民人均可支配收入之比 1.85	创新驱动力
49	单位地区生产总值能耗 0.41吨标准煤/万元	创新驱动力
29	PM2.5年平均浓度 28微克/立方米	创新驱动力
3	居民人均可支配收入 7.69万元/人	创新驱动力

图 2-26 苏州创新能力指标数据及排名

（十四）南通

2021 年，南通常住人口 773 万人，在 101 个创新型城市中排名居第 37 位；地区生产总值 11027 亿元，居创新型城市第 22 位。三次产业结构为 4.4∶33.7∶61.9，与全国（7.3∶39.4∶53.3）相比，第二产业比重偏低。规上工业企业营业收入 11172 亿元，在创新型城市中排名居第 23 位；人均规上工业企业营业收入 14.4 万元，是全国平均水平的 1.6 倍；规上工业企业营业收入利润率 6.8%，是全国平均水平的 96.2%。南通工业主要产业中（营业收入占全市比重较大），电气、电子设备、通用设备、食品加工、纺织、金属制品等产业利润率高于全国平均水平（图 2-27 中颜色偏红板块），非金属制品等产业营利能力有待提升（图 2-27 中颜色偏蓝板块）。

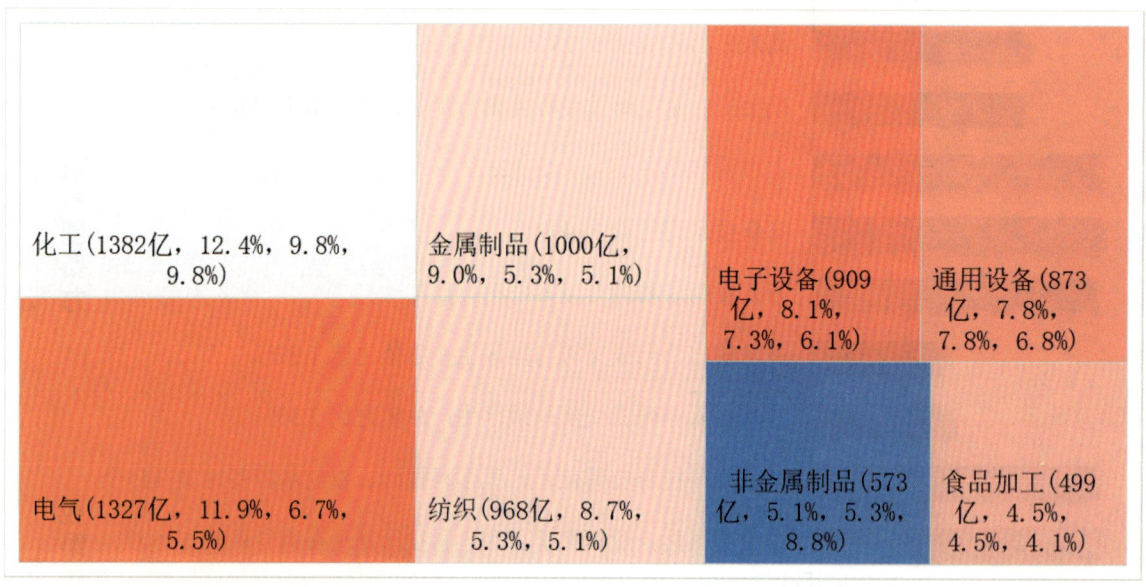

图 2-27 南通工业主要产业的营业收入、占全市比重、利润率、全国平均利润率情况

截至 2022 年底，南通有上市公司 49 家，在鞋帽及其他、机床工具、汽车零部件、照明设备、电网自动化设备、航空装备、分立器件、中药、制冷空调设备、风电零部件、家纺、棉纺等细分领域营业收入规模较大，利润率超过细分领域平均水平；在集成电路封测、玻纤制造、成品家居、医疗设备等细分领域营利能力有待提升。

南通创新能力指数为 56.37，在创新型城市中排名居第 36 位，属于创新增长极类别城市，在 48 个该类别城市中排名居第 12 位。从创新能力构成看，南通成果转化力、创新治理力有待提升（见第三章）。从具体指标看，南通在人才培养、技术吸纳、高新区发展等方面存在明显的短板。

排名	指标	类别
36	南通创新能力指数 56.37	
38	全社会研发经费支出与地区生产总值之比 2.60%	创新治理力
27	财政科技支出占公共财政支出比重 4.49%	
28	万名就业人员中研发人员 132.74人年/万人	
72	万人普通高校在校学生数 174.03人/万人	
25	人均实际使用外资额 403.47美元/人	
78	基础研究经费占研发经费比重 0.65%	原始创新力
42	高层次科技人才数 1人	
40	"双一流"建设学科数 0个	
55	高水平科技成果数 2.36项当量	
18	规上工业企业研发经费支出与营业收入之比 2.07%	技术创新力
21	上市科技型中小企业数 21家	
30	高新技术企业数 2334家	
16	万人发明专利拥有量 44.14件/万人	
52	技术输出合同成交额与地区生产总值之比 2.19%	
71	技术输入合同成交额与地区生产总值之比 1.86%	成果转化力
30	国家级科技企业孵化器、大学科技园、双创示范基地数 37个	
28	国家级科技企业孵化器、大学科技园新增在孵企业数 282家	
59	高新技术企业营业收入与规上工业企业营业收入之比 42.00%	
25	规上工业企业新产品销售收入与营业收入之比 33.17%	
64	国家高新区营业收入与地区生产总值之比 24.27%	
14	人均地区生产总值 14.27万元/人	创新驱动力
38	地区生产总值与固定资产投资之比 1.94	
41	城乡居民人均可支配收入之比 1.97	
16	单位地区生产总值能耗 0.27吨标准煤/万元	
38	PM2.5年平均浓度 30微克/立方米	
24	居民人均可支配收入 5.73万元/人	

图 2-28 南通创新能力指标数据及排名

（十五）连云港

2021 年，连云港常住人口 460 万人，在 101 个创新型城市中排名居第 62 位；地区生产总值 3728 亿元，居创新型城市第 63 位。三次产业结构为 3.5∶47.7∶48.8，与全国（7.3∶39.4∶53.3）相比，第二产业比重较高。规上工业企业营业收入 3754 亿元，在创新型城市中排名居第 68 位；人均规上工业企业营业收入 8.2 万元，是全国平均水平的 87.7%。规上工业企业营业收入利润率 9.3%，是全国平均水平的 1.3 倍。连云港工业主要产业中（营业收入占全市比重较大），电力热力、化工、医药、电气等产业利润率高于全国平均水平（图 2-29 中颜色偏红板块），非金属制品、钢铁、食品加工、燃料加工等产业营利能力有待提升（图 2-29 中颜色偏蓝板块）。

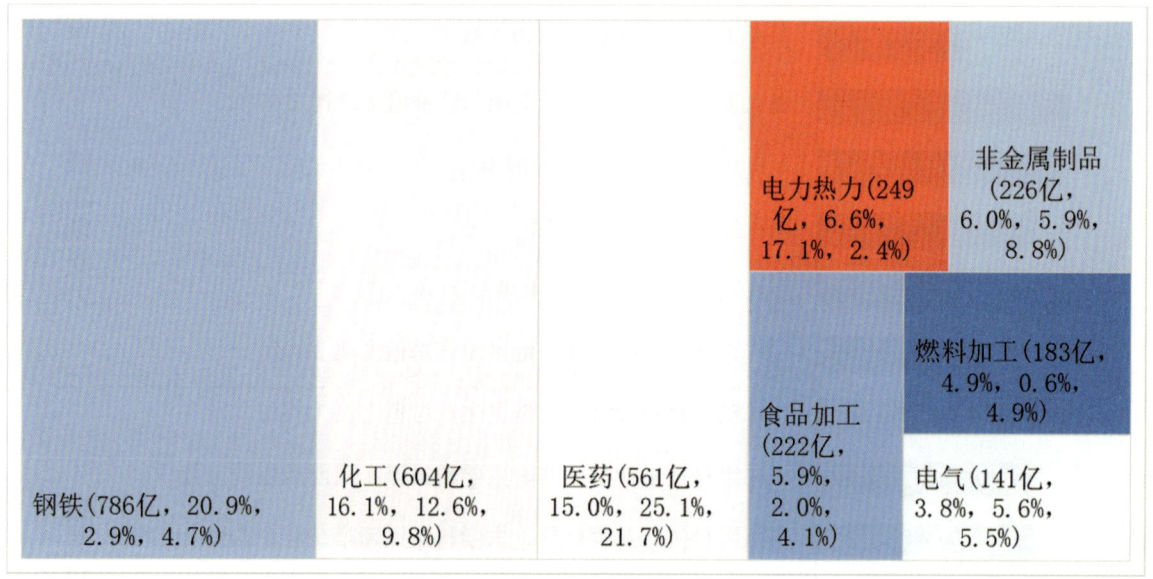

图 2-29　连云港工业主要产业的营业收入、占全市比重、利润率、全国平均利润率情况

截至 2022 年底，连云港有上市公司 12 家，在非金属材料、化学制剂、化学纤维、半导体材料、中药等细分领域营业收入规模较大，利润率超过细分领域平均水平；在卫浴电器等细分领域营利能力有待提升。

连云港创新能力指数为 46.13，在创新型城市中排名居第 65 位，属于创新增长极类别城市，在 48 个该类别城市中排名居第 41 位。从创新能力构成看，连云港创新治理力、成果转化力有待提升（见第三章）。从具体指标看，连云港在研发人力投入、人才培养、居民增收等方面存在明显的短板。

排名	指标	维度
65	连云港创新能力指数 46.13	
49	全社会研发经费支出与地区生产总值之比 2.37%	创新治理力
79	财政科技支出占公共财政支出比重 1.60%	
88	万名就业人员中研发人员 40.72人年/万人	
87	万人普通高校在校学生数 131.37人/万人	
50	人均实际使用外资额 179.12美元/人	
57	基础研究经费占研发经费比重 1.63%	原始创新力
42	高层次科技人才数 1人	
40	"双一流"建设学科数 0个	
64	高水平科技成果数 0.69项当量	
9	规上工业企业研发经费支出与营业收入之比 2.26%	技术创新力
45	上市科技型中小企业数 6家	
79	高新技术企业数 437家	
64	万人发明专利拥有量 10.49件/万人	
74	技术输出合同成交额与地区生产总值之比 1.22%	
42	技术输入合同成交额与地区生产总值之比 3.11%	成果转化力
83	国家级科技企业孵化器、大学科技园、双创示范基地数 6个	
74	国家级科技企业孵化器、大学科技园新增在孵企业数 47家	
47	高新技术企业营业收入与规上工业企业营业收入之比 46.76%	
71	规上工业企业新产品销售收入与营业收入之比 18.70%	
65	国家高新区营业收入与地区生产总值之比 24.21%	
62	人均地区生产总值 8.10万元/人	创新驱动力
78	地区生产总值与固定资产投资之比 1.16	
27	城乡居民人均可支配收入之比 1.87	
9	单位地区生产总值能耗 0.24吨标准煤/万元	
46	PM2.5年平均浓度 32微克/立方米	
85	居民人均可支配收入 3.99万元/人	

图 2-30 连云港创新能力指标数据及排名

（十六）淮安

2021年，淮安常住人口456万人，在101个创新型城市中排名居第64位；地区生产总值4550亿元，居创新型城市第55位。三次产业结构为1∶71.2∶28，与全国（7.3∶39.4∶53.3）相比，第二产业比重较高。规上工业企业营业收入3153亿元，在创新型城市中排名居第75位；人均规上工业企业营业收入6.9万元，是全国平均水平的74.3%。规上工业企业营业收入利润率6.1%，是全国平均水平的86.2%。淮安工业主要产业中（营业收入占全市比重较大），钢铁、烟草、金属制品等产业利润率高于全国平均水平（图2-31中颜色偏红板块），化工、食品加工、电子设备、电气、非金属制品等产业营利能力有待提升（图2-31中颜色偏蓝板块）。

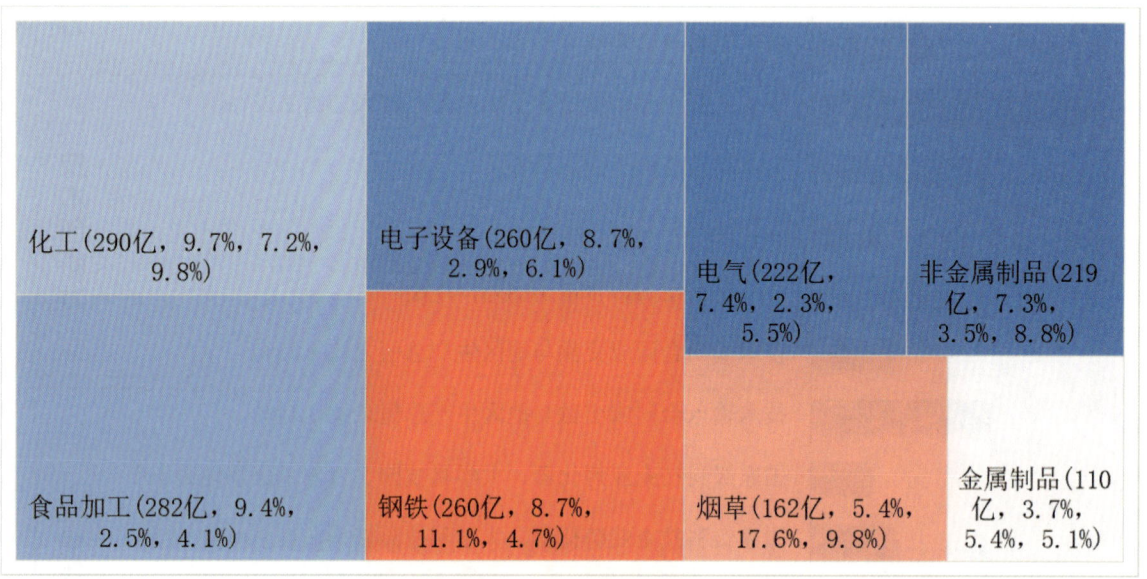

图2-31　淮安工业主要产业的营业收入、占全市比重、利润率、全国平均利润率情况

截至2022年底，淮安有上市公司5家，在家居用品、无机盐、车身附件及饰件等细分领域营业收入规模较大，利润率超过细分领域平均水平；在工程机械器件等细分领域营利能力有待提升。

淮安创新能力指数为38.46，在创新型城市中排名居第79位，属于创新应用区类别城市，在33个该类别城市中排名居第12位。从创新能力构成看，淮安成果转化力、技术创新力有待提升（见第三章）。从具体指标看，淮安在高水平科技企业孵化基地建设、高新区发展、高技术产业发展等方面存在明显的短板。

排名	指标	维度
79	淮安创新能力指数 38.46	
78	全社会研发经费支出与地区生产总值之比 1.78%	创新治理力
68	财政科技支出占公共财政支出比重 1.98%	
76	万名就业人员中研发人员 53.65人年/万人	
53	万人普通高校在校学生数 259.04人/万人	
43	人均实际使用外资额 263.03美元/人	
76	基础研究经费占研发经费比重 0.71%	原始创新力
52	高层次科技人才数 0人	
40	"双一流"建设学科数 0个	
70	高水平科技成果数 0项当量	
19	规上工业企业研发经费支出与营业收入之比 2.05%	技术创新力
72	上市科技型中小企业数 2家	
70	高新技术企业数 571家	
69	万人发明专利拥有量 9.46件/万人	
73	技术输出合同成交额与地区生产总值之比 1.23%	
79	技术输入合同成交额与地区生产总值之比 1.53%	成果转化力
83	国家级科技企业孵化器、大学科技园、双创示范基地数 6个	
66	国家级科技企业孵化器、大学科技园新增在孵企业数 63家	
80	高新技术企业营业收入与规上工业企业营业收入之比 31.61%	
69	规上工业企业新产品销售收入与营业收入之比 19.55%	
81	国家高新区营业收入与地区生产总值之比 12.71%	
43	人均地区生产总值 9.98万元/人	创新驱动力
32	地区生产总值与固定资产投资之比 2.19	
50	城乡居民人均可支配收入之比 2.01	
45	单位地区生产总值能耗 0.38吨标准煤/万元	
66	PM2.5年平均浓度 36微克/立方米	
57	居民人均可支配收入 4.40万元/人	

图 2-32 淮安创新能力指标数据及排名

（十七）盐城

2021年，盐城常住人口671万人，在101个创新型城市中排名居第44位；地区生产总值6617亿元，居创新型城市第39位。三次产业结构为19∶33.9∶47，与全国（7.3∶39.4∶53.3）相比，第二产业比重偏低。规上工业企业营业收入6783亿元，在创新型城市中排名居第40位；人均规上工业企业营业收入10.1万元，是全国平均水平的1.1倍；规上工业企业营业收入利润率3.6%，是全国平均水平的51.6%。盐城工业主要产业中（营业收入占全市比重较大），钢铁等产业利润率高于全国平均水平（图2-33中颜色偏红板块），金属制品、通用设备、有色金属冶炼、非金属制品、电子设备、电气、汽车等产业营利能力有待提升（图2-33中颜色偏蓝板块）。

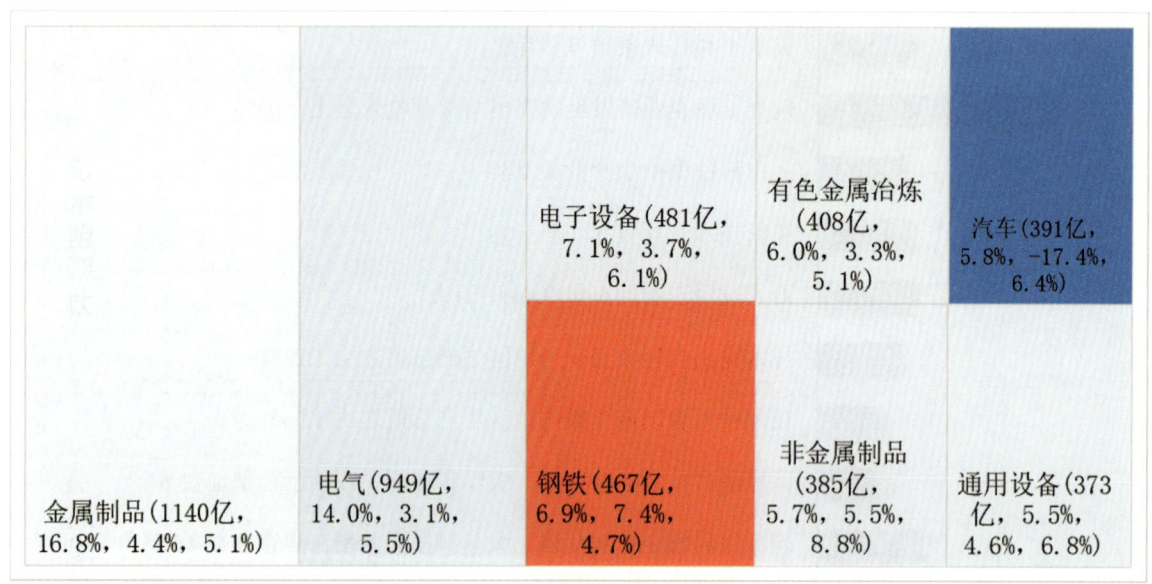

图 2-33　盐城工业主要产业的营业收入、占全市比重、利润率、全国平均利润率情况

截至2022年底，盐城有上市公司7家，在汽车综合服务等细分领域营业收入规模较大，利润率超过细分领域平均水平；在底盘与发动机系统、农药、合成树脂等细分领域营利能力有待提升。

盐城创新能力指数为47.18，在创新型城市中排名居第62位，属于创新应用区类别城市，在33个该类别城市中排名居第3位。从创新能力构成看，盐城技术创新力、创新治理力有待提升（见第三章）。从具体指标看，盐城在人才培养、金融支持科技创新、新产品开发等方面存在明显的短板。

排名	指标	类别
62	盐城创新能力指数 47.18	
62	全社会研发经费支出与地区生产总值之比 2.12%	创新治理力
55	财政科技支出占公共财政支出比重 2.59%	创新治理力
59	万名就业人员中研发人员 77.29人年/万人	创新治理力
91	万人普通高校在校学生数 110.94人/万人	创新治理力
48	人均实际使用外资额 187.70美元/人	创新治理力
75	基础研究经费占研发经费比重 0.73%	原始创新力
52	高层次科技人才数 0人	原始创新力
40	"双一流"建设学科数 0个	原始创新力
58	高水平科技成果数 1.31项当量	原始创新力
29	规上工业企业研发经费支出与营业收入之比 1.83%	技术创新力
82	上市科技型中小企业数 1家	技术创新力
38	高新技术企业数 1617家	技术创新力
46	万人发明专利拥有量 18.64件/万人	技术创新力
83	技术输出合同成交额与地区生产总值之比 0.70%	技术创新力
66	技术输入合同成交额与地区生产总值之比 2.04%	成果转化力
40	国家级科技企业孵化器、大学科技园、双创示范基地数 24个	成果转化力
20	国家级科技企业孵化器、大学科技园新增在孵企业数 351家	成果转化力
45	高新技术企业营业收入与规上工业企业营业收入之比 47.94%	成果转化力
79	规上工业企业新产品销售收入与营业收入之比 13.40%	成果转化力
75	国家高新区营业收入与地区生产总值之比 18.03%	成果转化力
44	人均地区生产总值 9.86万元/人	创新驱动力
58	地区生产总值与固定资产投资之比 1.54	创新驱动力
8	城乡居民人均可支配收入之比 1.68	创新驱动力
26	单位地区生产总值能耗 0.30吨标准煤/万元	创新驱动力
29	PM2.5年平均浓度 28微克/立方米	创新驱动力
59	居民人均可支配收入 4.38万元/人	创新驱动力

图2-34 盐城创新能力指标数据及排名

（十八）扬州

2021 年，扬州常住人口 458 万人，在 101 个创新型城市中排名居第 63 位；地区生产总值 6696 亿元，居创新型城市第 37 位。三次产业结构为 23.6∶31.9∶44.5，与全国（7.3∶39.4∶53.3）相比，第二产业比重偏低。规上工业企业营业收入 6296 亿元，在创新型城市中排名居第 46 位；人均规上工业企业营业收入 13.8 万元，是全国平均水平的 1.5 倍；规上工业企业营业收入利润率 6.6%，是全国平均水平的 93.1%。扬州工业主要产业中（营业收入占全市比重较大），化工、汽车、电子设备等产业利润率高于全国平均水平（图 2-35 中颜色偏红板块），电气、有色金属冶炼、通用设备等产业营利能力有待提升（图 2-35 中颜色偏蓝板块）。

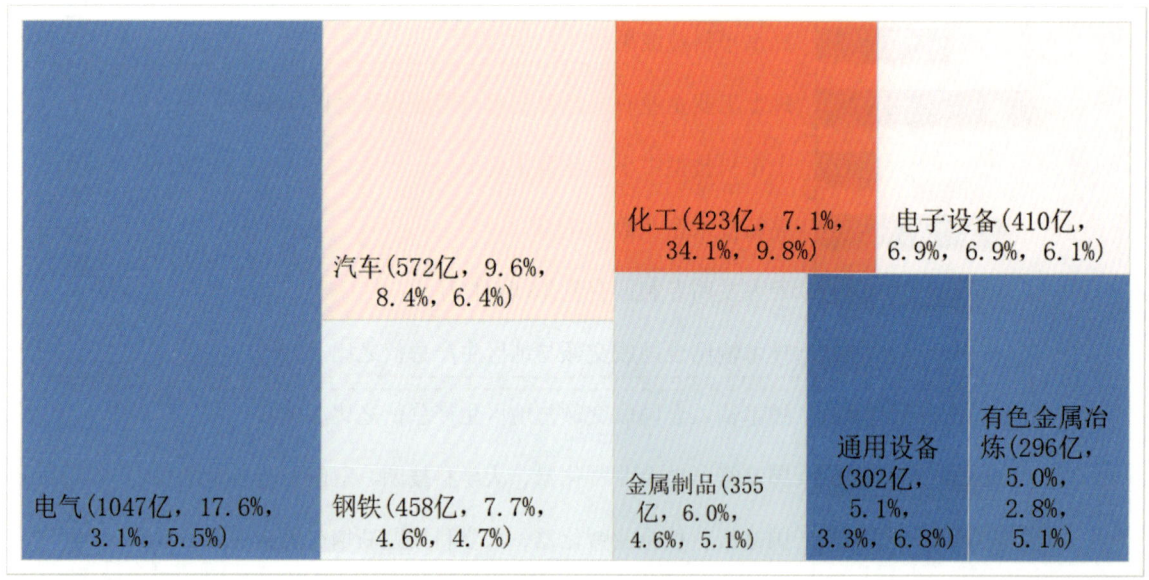

图 2-35　扬州工业主要产业的营业收入、占全市比重、利润率、全国平均利润率情况

截至 2022 年底，扬州有上市公司 17 家，在鞋帽及其他、金属制品、洗护用品、底盘与发动机系统、分立器件、化学制品、消费电子零部件及组装、化学制剂、农药等细分领域营业收入规模较大，利润率超过细分领域平均水平；在线缆部件及其他、机床工具、生物制品、商用载客车等细分领域营利能力有待提升。

扬州创新能力指数为 57.44，在创新型城市中排名居第 33 位，属于创新增长极类别城市，在 48 个该类别城市中排名居第 16 位。从创新能力构成看，扬州创新治理力、成果转化力有待提升（见第三章）。从具体指标看，扬州在高新区发展、高水平科学与工程研究基地建设、财政科技投入等方面存在明显的短板。

排名	指标	分类
33	扬州创新能力指数 57.44	
52	全社会研发经费支出与地区生产总值之比 2.26%	创新治理力
63	财政科技支出占公共财政支出比重 2.15%	
34	万名就业人员中研发人员 120.64人年/万人	
56	万人普通高校在校学生数 234.79人/万人	
29	人均实际使用外资额 377.98美元/人	
58	基础研究经费占研发经费比重 1.58%	原始创新力
32	高层次科技人才数 3人	
40	"双一流"建设学科数 0个	
53	高水平科技成果数 2.38项当量	
25	规上工业企业研发经费支出与营业收入之比 1.98%	技术创新力
51	上市科技型中小企业数 5家	
39	高新技术企业数 1582家	
39	万人发明专利拥有量 22.74件/万人	
56	技术输出合同成交额与地区生产总值之比 2.13%	
51	技术输入合同成交额与地区生产总值之比 2.41%	成果转化力
37	国家级科技企业孵化器、大学科技园、双创示范基地数 30个	
39	国家级科技企业孵化器、大学科技园新增在孵企业数 181家	
52	高新技术企业营业收入与规上工业企业营业收入之比 44.85%	
27	规上工业企业新产品销售收入与营业收入之比 31.94%	
87	国家高新区营业收入与地区生产总值之比 8.02%	
13	人均地区生产总值 14.66万元/人	创新驱动力
40	地区生产总值与固定资产投资之比 1.89	
26	城乡居民人均可支配收入之比 1.86	
8	单位地区生产总值能耗 0.24吨标准煤/万元	
51	PM2.5年平均浓度 33微克/立方米	
40	居民人均可支配收入 5.09万元/人	

图 2-36 扬州创新能力指标数据及排名

（十九）镇江

2021年，镇江常住人口322万人，在101个创新型城市中排名居第79位；地区生产总值4763亿元，居创新型城市第53位。三次产业结构为3.1∶65.3∶31.6，与全国（7.3∶39.4∶53.3）相比，第二产业比重较高。规上工业企业营业收入4998亿元，在创新型城市中排名居第54位；人均规上工业企业营业收入15.5万元，是全国平均水平的1.7倍；规上工业企业营业收入利润率6.2%，是全国平均水平的87.4%。镇江工业主要产业中（营业收入占全市比重较大），化工、专用设备、非金属制品等产业利润率高于全国平均水平（图2-37中颜色偏红板块），金属制品、钢铁、电气、有色金属冶炼等产业营利能力有待提升（图2-37中颜色偏蓝板块）。

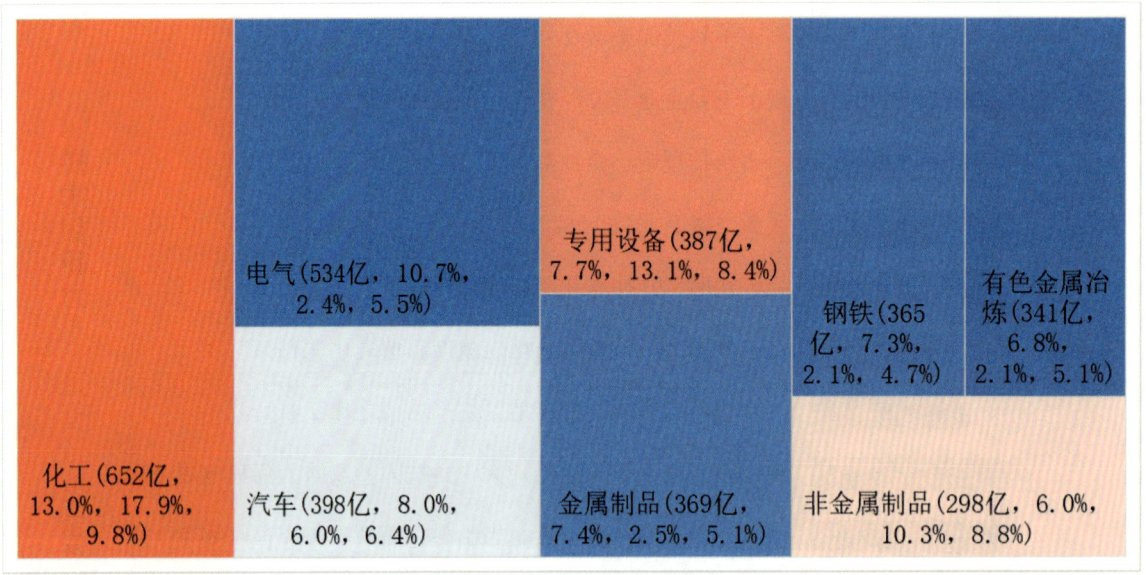

图2-37 镇江工业主要产业的营业收入、占全市比重、利润率、全国平均利润率情况

截至2022年底，镇江有上市公司22家，在面板、金属新材料、文化用品、汽车电子电气系统、化学制剂、瓷砖地板、电池化学品、线缆部件及其他、光伏辅材、通信终端及配件、家电零部件、医疗设备、集成电路封测等细分领域营业收入规模较大，利润率超过细分领域平均水平；在调味发酵品、煤化工等细分领域营利能力有待提升。

镇江创新能力指数为58.02，在创新型城市中排名居第30位，属于创新增长极类别城市，在48个该类别城市中排名居第13位。从创新能力构成看，镇江成果转化力、创新治理力有待提升（见第三章）。从具体指标看，镇江在技术吸纳、高新区发展、高水平科学与工程研究基地建设等方面存在明显的短板。

排名	指标	一级指标
30	镇江创新能力指数 58.02	
48	全社会研发经费支出与地区生产总值之比 2.39%	创新治理力
53	财政科技支出占公共财政支出比重 2.64%	
25	万名就业人员中研发人员 138.76人年/万人	
38	万人普通高校在校学生数 342.05人/万人	
44	人均实际使用外资额 251.46美元/人	
46	基础研究经费占研发经费比重 3.45%	原始创新力
52	高层次科技人才数 0人	
40	"双一流"建设学科数 0个	
40	高水平科技成果数 7.23项当量	
31	规上工业企业研发经费支出与营业收入之比 1.80%	技术创新力
35	上市科技型中小企业数 10家	
50	高新技术企业数 1209家	
11	万人发明专利拥有量 47.04件/万人	
58	技术输出合同成交额与地区生产总值之比 2.02%	
90	技术输入合同成交额与地区生产总值之比 1.16%	成果转化力
45	国家级科技企业孵化器、大学科技园、双创示范基地数 22个	
32	国家级科技企业孵化器、大学科技园新增在孵企业数 245家	
34	高新技术企业营业收入与规上工业企业营业收入之比 51.12%	
39	规上工业企业新产品销售收入与营业收入之比 28.29%	
74	国家高新区营业收入与地区生产总值之比 18.05%	
12	人均地区生产总值 14.82万元/人	创新驱动力
28	地区生产总值与固定资产投资之比 2.36	
29	城乡居民人均可支配收入之比 1.89	
56	单位地区生产总值能耗 0.47吨标准煤/万元	
60	PM2.5年平均浓度 35微克/立方米	
22	居民人均可支配收入 5.92万元/人	

图 2-38 镇江创新能力指标数据及排名

（二十）泰州

2021年，泰州常住人口452万人，在101个创新型城市中排名居第65位；地区生产总值6025亿元，居创新型城市第42位。三次产业结构为24.1∶33.2∶42.7，与全国（7.3∶39.4∶53.3）相比，第二产业比重偏低。规上工业企业营业收入7044亿元，在创新型城市中排名居第37位；人均规上工业企业营业收入15.6万元，是全国平均水平的1.7倍；规上工业企业营业收入利润率6.3%，是全国平均水平的89.7%。泰州工业主要产业中（营业收入占全市比重较大），铁路船舶航空航天、化工等产业利润率高于全国平均水平（图2-39中颜色偏红板块），通用设备、金属制品、医药、食品加工、汽车、电气等产业营利能力有待提升（图2-39中颜色偏蓝板块）。

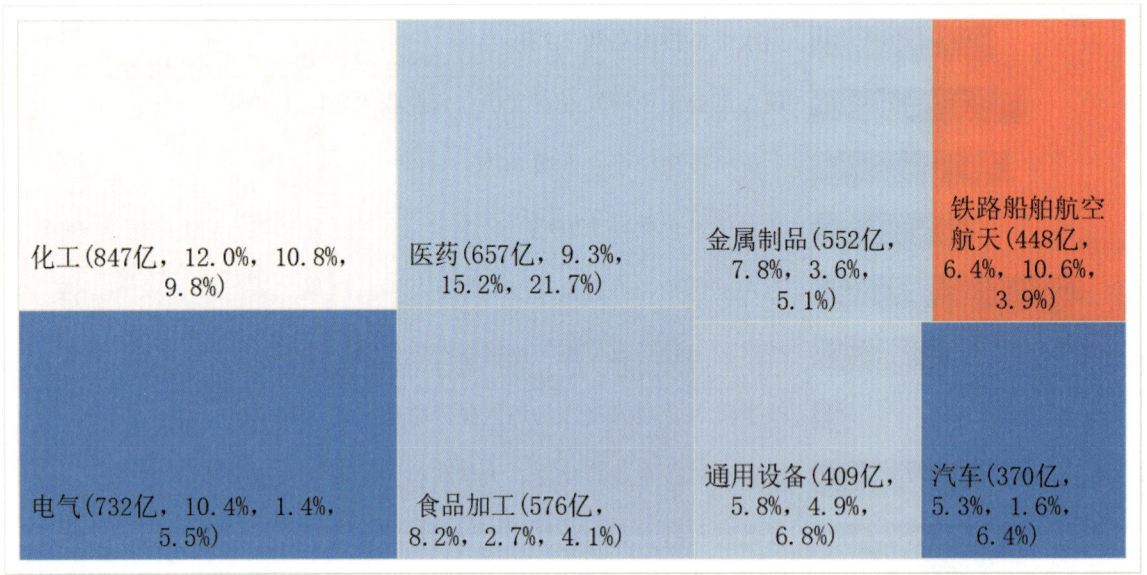

图2-39　泰州工业主要产业的营业收入、占全市比重、利润率、全国平均利润率情况

截至2022年底，泰州有上市公司19家，在航海装备、航空装备、底盘与发动机系统、生物制品、仪器仪表、原料药、橡胶制品、汽车零部件、计算机设备等细分领域营业收入规模较大，利润率超过细分领域平均水平；在输变电设备、疫苗、金属制品、运输设备、纺织化学制品、化学制剂等细分领域营利能力有待提升。

泰州创新能力指数为51.68，在创新型城市中排名居第51位，属于创新增长极类别城市，在48个该类别城市中排名居第25位。从创新能力构成看，泰州成果转化力、创新治理力有待提升（见第三章）。从具体指标看，泰州在高技术产业发展、高新区发展、固定资产投资效率等方面存在明显的短板。

排名	指标	维度
51	泰州创新能力指数 51.68	
37	全社会研发经费支出与地区生产总值之比 2.65%	创新治理力
59	财政科技支出占公共财政支出比重 2.38%	
49	万名就业人员中研发人员 96.57人年/万人	
68	万人普通高校在校学生数 181.82人/万人	
24	人均实际使用外资额 404.26美元/人	
97	基础研究经费占研发经费比重 0.15%	原始创新力
52	高层次科技人才数 0人	
40	"双一流"建设学科数 0个	
60	高水平科技成果数 1.04项当量	
21	规上工业企业研发经费支出与营业收入之比 2.02%	技术创新力
32	上市科技型中小企业数 13家	
47	高新技术企业数 1302家	
37	万人发明专利拥有量 23.63件/万人	
55	技术输出合同成交额与地区生产总值之比 2.15%	
54	技术输入合同成交额与地区生产总值之比 2.34%	成果转化力
65	国家级科技企业孵化器、大学科技园、双创示范基地数 11个	
52	国家级科技企业孵化器、大学科技园新增在孵企业数 108家	
78	高新技术企业营业收入与规上工业企业营业收入之比 35.26%	
47	规上工业企业新产品销售收入与营业收入之比 25.84%	
73	国家高新区营业收入与地区生产总值之比 19.07%	
19	人均地区生产总值 13.33万元/人	创新驱动力
68	地区生产总值与固定资产投资之比 1.38	
40	城乡居民人均可支配收入之比 1.96	
2	单位地区生产总值能耗 0.16吨标准煤/万元	
51	PM2.5年平均浓度 33微克/立方米	
31	居民人均可支配收入 5.38万元/人	

图 2-40 泰州创新能力指标数据及排名

（二十一）宿迁

2021年，宿迁常住人口500万人，在101个创新型城市中排名居第59位；地区生产总值3719亿元，居创新型城市第64位。三次产业结构为24.9∶33.4∶41.7，与全国（7.3∶39.4∶53.3）相比，第二产业比重偏低。规上工业企业营业收入3756亿元，在创新型城市中排名居第67位；人均规上工业企业营业收入7.5万元，是全国平均水平的80.7%。规上工业企业营业收入利润率8.1%，是全国平均水平的1.1倍。宿迁工业主要产业中（营业收入占全市比重较大），橡胶塑料、酒饮料茶、电子设备、木材加工等产业利润率高于全国平均水平（图2-41中颜色偏红板块），非金属制品、化纤、纺织、电气等产业营利能力有待提升（图2-41中颜色偏蓝板块）。

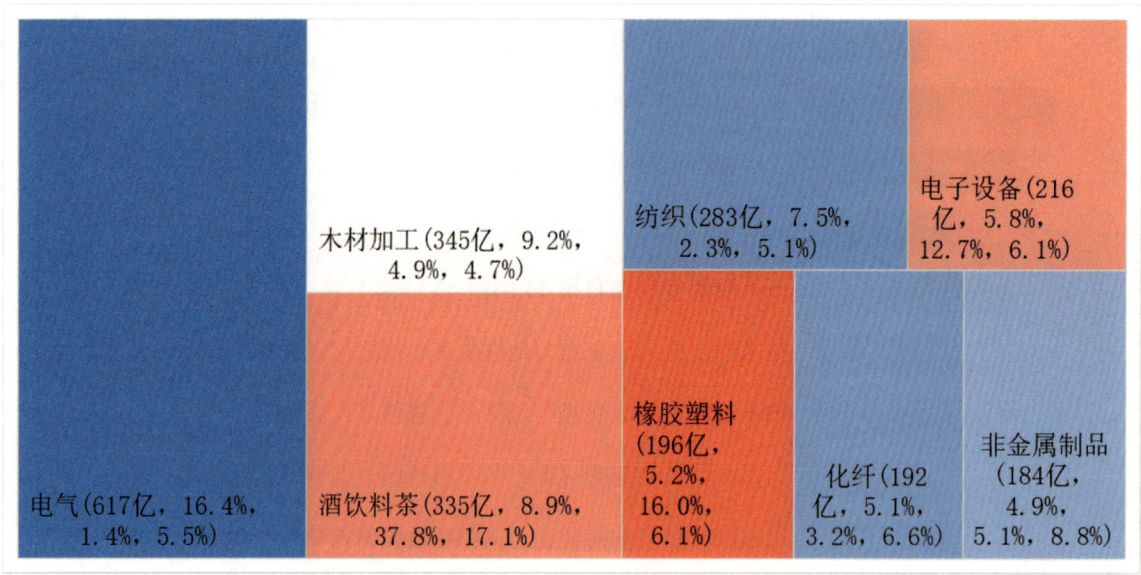

图2-41　宿迁工业主要产业的营业收入、占全市比重、利润率、全国平均利润率情况

截至2022年底，宿迁有上市公司11家，在化学制品、家电零部件、膜材料、有机硅等细分领域营业收入规模较大，利润率超过细分领域平均水平；在水务及水治理等细分领域营利能力有待提升。

宿迁创新能力指数为33.53，在创新型城市中排名居第88位，属于创新应用区类别城市，在33个该类别城市中排名居第20位。从创新能力构成看，宿迁成果转化力、技术创新力有待提升（见第三章）。从具体指标看，宿迁在人才培养、居民增收、科技型企业孵化等方面存在明显的短板。

排名	指标	类别
88	宿迁创新能力指数 33.53	
75	全社会研发经费支出与地区生产总值之比 1.84%	创新治理力
46	财政科技支出占公共财政支出比重 3.01%	
89	万名就业人员中研发人员 40.35人年/万人	
100	万人普通高校在校学生数 60.11人/万人	
54	人均实际使用外资额 170.43美元/人	
100	基础研究经费占研发经费比重 0.08%	原始创新力
52	高层次科技人才数 0人	
40	"双一流"建设学科数 0个	
70	高水平科技成果数 0项当量	
50	规上工业企业研发经费支出与营业收入之比 1.56%	技术创新力
57	上市科技型中小企业数 4家	
71	高新技术企业数 543家	
85	万人发明专利拥有量 5.46件/万人	
78	技术输出合同成交额与地区生产总值之比 1.05%	
69	技术输入合同成交额与地区生产总值之比 1.86%	成果转化力
77	国家级科技企业孵化器、大学科技园、双创示范基地数 7个	
90	国家级科技企业孵化器、大学科技园新增在孵企业数 16家	
89	高新技术企业营业收入与规上工业企业营业收入之比 24.96%	
44	规上工业企业新产品销售收入与营业收入之比 26.64%	
80	国家高新区营业收入与地区生产总值之比 12.77%	
74	人均地区生产总值 7.45万元/人	创新驱动力
53	地区生产总值与固定资产投资之比 1.63	
4	城乡居民人均可支配收入之比 1.62	
15	单位地区生产总值能耗 0.27吨标准煤/万元	
73	PM2.5年平均浓度 38微克/立方米	
99	居民人均可支配收入 3.51万元/人	

图 2-42 宿迁创新能力指标数据及排名

（二十二）杭州

2021年，杭州常住人口1220万人，在101个创新型城市中排名居第12位；地区生产总值18109亿元，居创新型城市第8位。三次产业结构为16.5：41.5：41.9，与全国（7.3：39.4：53.3）相比，第二产业比重适中。规上工业企业营业收入20379亿元，在创新型城市中排名居第12位；人均规上工业企业营业收入16.7万元，是全国平均水平的1.8倍；规上工业企业营业收入利润率7.4%，是全国平均水平的1.1倍。杭州工业主要产业中（营业收入占全市比重较大），电子设备、通用设备等产业利润率高于全国平均水平（图2-43中颜色偏红板块），汽车、化纤、橡胶塑料等产业营利能力有待提升（图2-43中颜色偏蓝板块）。

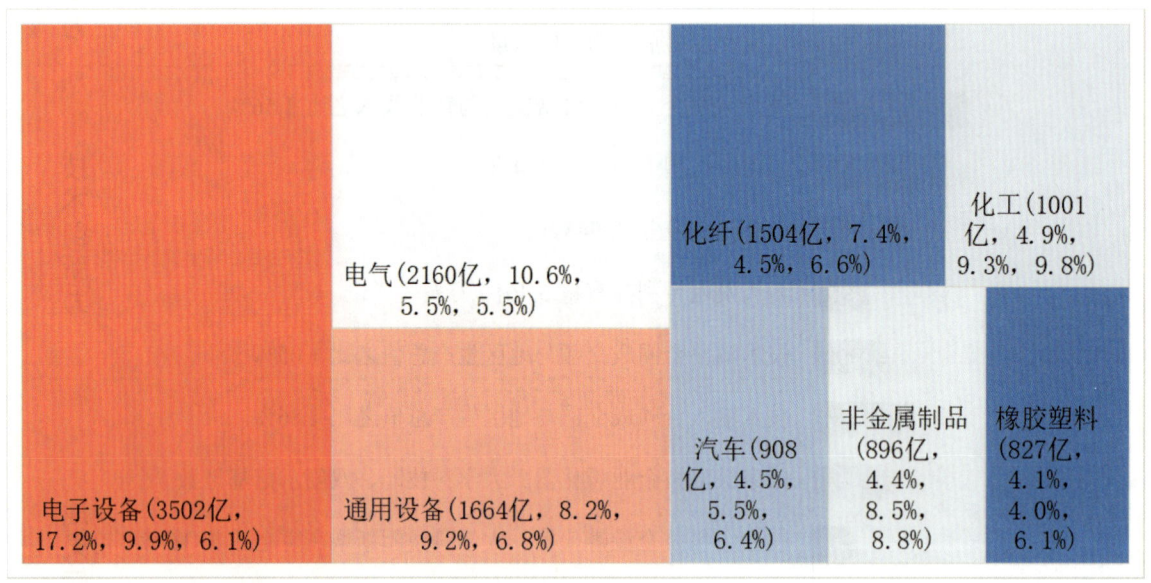

图 2-43　杭州工业主要产业的营业收入、占全市比重、利润率、全国平均利润率情况

截至2022年底，杭州有上市公司224家，在火电设备、轮胎轮毂、涂料油墨、特种纸、成品家居、锂电专用设备、电工仪器仪表、印染、底盘与发动机系统、分立器件、安防设备等细分领域营业收入规模较大，利润率超过细分领域平均水平；在光伏辅材、风电整机、炼油化工、印制电路板、环保设备等细分领域营利能力有待提升。

杭州创新能力指数为76.98，在创新型城市中排名居第5位，属于创新策源地类别城市，在20个该类别城市中排名居第4位。从创新能力构成看，杭州成果转化力、创新治理力优势明显，技术创新力有待提升（见第三章）。从具体指标看，杭州在高水平科技企业孵化基地建设、高水平科技成果产出、发明专利产出等诸多方面优势突出，在技术输出等方面存在短板。

排名	指标	类别
5	杭州创新能力指数 76.98	
8	全社会研发经费支出与地区生产总值之比 3.68%	创新治理力
8	财政科技支出占公共财政支出比重 7.51%	创新治理力
10	万名就业人员中研发人员 181.79人年/万人	创新治理力
24	万人普通高校在校学生数 479.52人/万人	创新治理力
8	人均实际使用外资额 669.45美元/人	创新治理力
35	基础研究经费占研发经费比重 5.54%	原始创新力
7	高层次科技人才数 47人	原始创新力
5	"双一流"建设学科数 22个	原始创新力
3	高水平科技成果数 200.87项当量	原始创新力
37	规上工业企业研发经费支出与营业收入之比 1.68%	技术创新力
5	上市科技型中小企业数 100家	技术创新力
6	高新技术企业数 10122家	技术创新力
4	万人发明专利拥有量 76.13件/万人	技术创新力
49	技术输出合同成交额与地区生产总值之比 2.34%	技术创新力
32	技术输入合同成交额与地区生产总值之比 3.61%	成果转化力
2	国家级科技企业孵化器、大学科技园、双创示范基地数 157个	成果转化力
5	国家级科技企业孵化器、大学科技园新增在孵企业数 966家	成果转化力
6	高新技术企业营业收入与规上工业企业营业收入之比 97.61%	成果转化力
15	规上工业企业新产品销售收入与营业收入之比 37.69%	成果转化力
21	国家高新区营业收入与地区生产总值之比 71.30%	成果转化力
11	人均地区生产总值 14.99万元/人	创新驱动力
27	地区生产总值与固定资产投资之比 2.38	创新驱动力
15	城乡居民人均可支配收入之比 1.75	创新驱动力
19	单位地区生产总值能耗 0.28吨标准煤/万元	创新驱动力
29	PM2.5年平均浓度 28微克/立方米	创新驱动力
4	居民人均可支配收入 7.47万元/人	创新驱动力

图 2-44 杭州创新能力指标数据及排名

（二十三）宁波

2021年，宁波常住人口954万人，在101个创新型城市中排名居第23位；地区生产总值14595亿元，居创新型城市第12位。三次产业结构为4.5∶35.5∶60.1，与全国（7.3∶39.4∶53.3）相比，第二产业比重适中。规上工业企业营业收入23484亿元，在创新型城市中排名居第9位；人均规上工业企业营业收入24.6万元，是全国平均水平的2.6倍；规上工业企业营业收入利润率7.5%，是全国平均水平的1.1倍。宁波工业主要产业中（营业收入占全市比重较大），汽车、燃料加工、金属制品、电子设备、化工、通用设备等产业利润率高于全国平均水平（图2-45中颜色偏红板块），电气、电力热力等产业营利能力有待提升（图2-45中颜色偏蓝板块）。

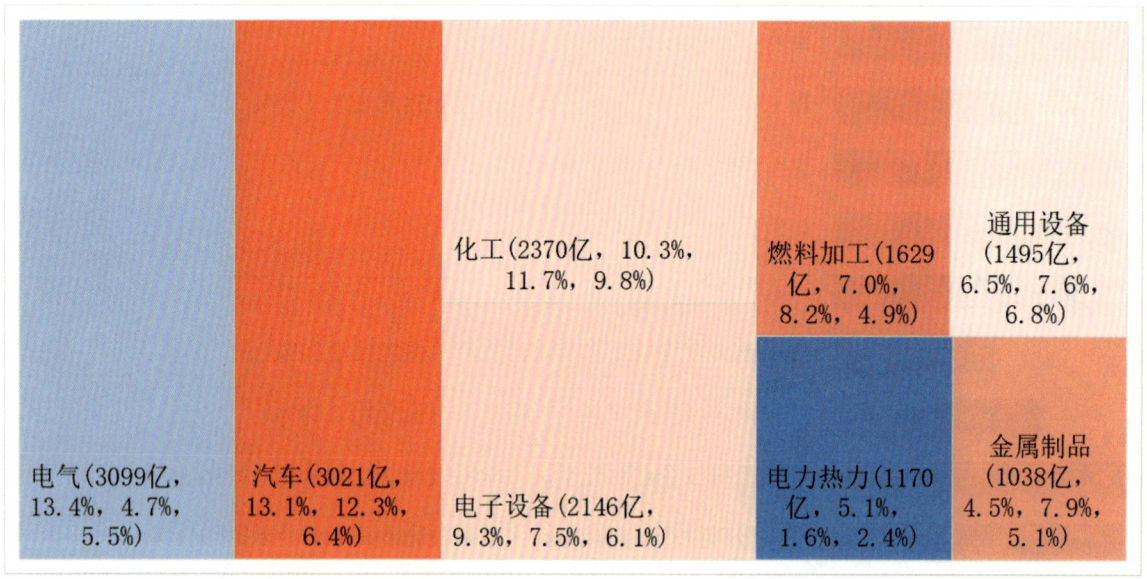

图2-45 宁波工业主要产业的营业收入、占全市比重、利润率、全国平均利润率情况

截至2022年底，宁波有上市公司116家，在铝、石化、棉纺、机床工具、面板、线缆部件及其他、底盘与发动机系统、消费电子零部件及组装、光学元件、氯碱、原料药等细分领域营业收入规模较大，利润率超过细分领域平均水平；在磁性材料、有机硅、汽车电子电气系统、铜、农用机械、锂电池等细分领域营利能力有待提升。

宁波创新能力指数为61.95，在创新型城市中排名居第21位，属于创新增长极类别城市，在48个该类别城市中排名居第11位。从创新能力构成看，宁波技术创新力、成果转化力有待提升（见第三章）。从具体指标看，宁波在高技术产业发展、技术输出、人才培养等方面存在明显的短板。

排名	指标	类别
21	宁波创新能力指数 61.95	
35	全社会研发经费支出与地区生产总值之比 2.76%	创新治理力
9	财政科技支出占公共财政支出比重 6.75%	创新治理力
8	万名就业人员中研发人员 189.80人年/万人	创新治理力
67	万人普通高校在校学生数 182.44人/万人	创新治理力
36	人均实际使用外资额 342.62美元/人	创新治理力
67	基础研究经费占研发经费比重 1.00%	原始创新力
52	高层次科技人才数 0人	原始创新力
27	"双一流"建设学科数 1个	原始创新力
28	高水平科技成果数 18.53项当量	原始创新力
58	规上工业企业研发经费支出与营业收入之比 1.40%	技术创新力
11	上市科技型中小企业数 38家	技术创新力
20	高新技术企业数 3889家	技术创新力
22	万人发明专利拥有量 39.28件/万人	技术创新力
68	技术输出合同成交额与地区生产总值之比 1.54%	技术创新力
62	技术输入合同成交额与地区生产总值之比 2.12%	成果转化力
18	国家级科技企业孵化器、大学科技园、双创示范基地数 52个	成果转化力
24	国家级科技企业孵化器、大学科技园新增在孵企业数 318家	成果转化力
68	高新技术企业营业收入与规上工业企业营业收入之比 39.58%	成果转化力
30	规上工业企业新产品销售收入与营业收入之比 30.71%	成果转化力
53	国家高新区营业收入与地区生产总值之比 43.64%	成果转化力
9	人均地区生产总值 15.39万元/人	创新驱动力
8	地区生产总值与固定资产投资之比 3.39	创新驱动力
13	城乡居民人均可支配收入之比 1.72	创新驱动力
32	单位地区生产总值能耗 0.34吨标准煤/万元	创新驱动力
8	PM2.5年平均浓度 21微克/立方米	创新驱动力
6	居民人均可支配收入 7.39万元/人	创新驱动力

图 2-46 宁波创新能力指标数据及排名

（二十四）温州

2021年，温州常住人口965万人，在101个创新型城市中排名居第20位；地区生产总值7585亿元，居创新型城市第30位。三次产业结构为6.6∶42.2∶51.3，与全国（7.3∶39.4∶53.3）相比，第二产业比重适中。规上工业企业营业收入6653亿元，在创新型城市中排名居第41位；人均规上工业企业营业收入6.9万元，是全国平均水平的74.1%。规上工业企业营业收入利润率5.5%，是全国平均水平的78.2%。温州工业主要产业中（营业收入占全市比重较大），电气等产业利润率高于全国平均水平（图2-47中颜色偏红板块），通用设备、金属制品、橡胶塑料、非金属制品、皮革和制鞋、电力热力等产业营利能力有待提升（图2-47中颜色偏蓝板块）。

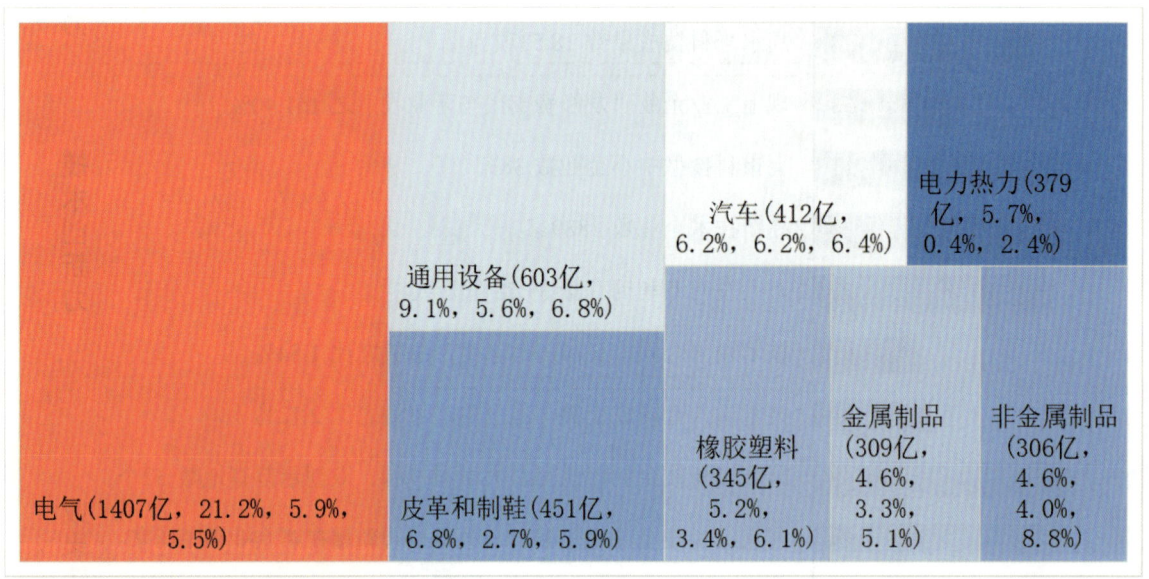

图2-47 温州工业主要产业的营业收入、占全市比重、利润率、全国平均利润率情况

截至2022年底，温州有上市公司37家，在汽车电子电气系统、环保设备、化学制剂、底盘与发动机系统、金属制品、印刷包装机械、氨纶、消费电子零部件及组装等细分领域营业收入规模较大，利润率超过细分领域平均水平；在输变电设备、仪器仪表、通信网络设备及器件、乳品、鞋帽及其他等细分领域营利能力有待提升。

温州创新能力指数为57.80，在创新型城市中排名居第31位，属于创新增长极类别城市，在48个该类别城市中排名居第14位。从创新能力构成看，温州创新治理力、成果转化力有待提升（见第三章）。从具体指标看，温州在人才培养、开放创新、技术吸纳等方面存在明显的短板。

排名	指标	分类
31	温州创新能力指数 57.80	
46	全社会研发经费支出与地区生产总值之比 2.41%	创新治理力
42	财政科技支出占公共财政支出比重 3.06%	创新治理力
42	万名就业人员中研发人员 107.06人年/万人	创新治理力
86	万人普通高校在校学生数 132.23人/万人	创新治理力
75	人均实际使用外资额 56.51美元/人	创新治理力
42	基础研究经费占研发经费比重 3.60%	原始创新力
42	高层次科技人才数 1人	原始创新力
40	"双一流"建设学科数 0个	原始创新力
32	高水平科技成果数 13.38项当量	原始创新力
16	规上工业企业研发经费支出与营业收入之比 2.09%	技术创新力
32	上市科技型中小企业数 13家	技术创新力
24	高新技术企业数 3041家	技术创新力
42	万人发明专利拥有量 21.01件/万人	技术创新力
32	技术输出合同成交额与地区生产总值之比 3.59%	技术创新力
72	技术输入合同成交额与地区生产总值之比 1.86%	成果转化力
45	国家级科技企业孵化器、大学科技园、双创示范基地数 22个	成果转化力
54	国家级科技企业孵化器、大学科技园新增在孵企业数 103家	成果转化力
31	高新技术企业营业收入与规上工业企业营业收入之比 53.65%	成果转化力
20	规上工业企业新产品销售收入与营业收入之比 35.24%	成果转化力
68	国家高新区营业收入与地区生产总值之比 22.97%	成果转化力
64	人均地区生产总值 7.89万元/人	创新驱动力
31	地区生产总值与固定资产投资之比 2.19	创新驱动力
37	城乡居民人均可支配收入之比 1.94	创新驱动力
21	单位地区生产总值能耗 0.28吨标准煤/万元	创新驱动力
12	PM2.5年平均浓度 22微克/立方米	创新驱动力
12	居民人均可支配收入 6.97万元/人	创新驱动力

图 2-48 温州创新能力指标数据及排名

（二十五）嘉兴

2021年，嘉兴常住人口552万人，在101个创新型城市中排名居第53位；地区生产总值6355亿元，居创新型城市第41位。三次产业结构为6.4∶41.8∶51.8，与全国（7.3∶39.4∶53.3）相比，第二产业比重适中。规上工业企业营业收入14338亿元，在创新型城市中排名居第18位；人均规上工业企业营业收入26万元，是全国平均水平的2.8倍；规上工业企业营业收入利润率6.1%，是全国平均水平的86.3%。嘉兴工业主要产业中（营业收入占全市比重较大），电力热力、非金属制品、化纤等产业利润率高于全国平均水平（图2-49中颜色偏红板块），纺织、化工、电子设备、电气等产业营利能力有待提升（图2-49中颜色偏蓝板块）。

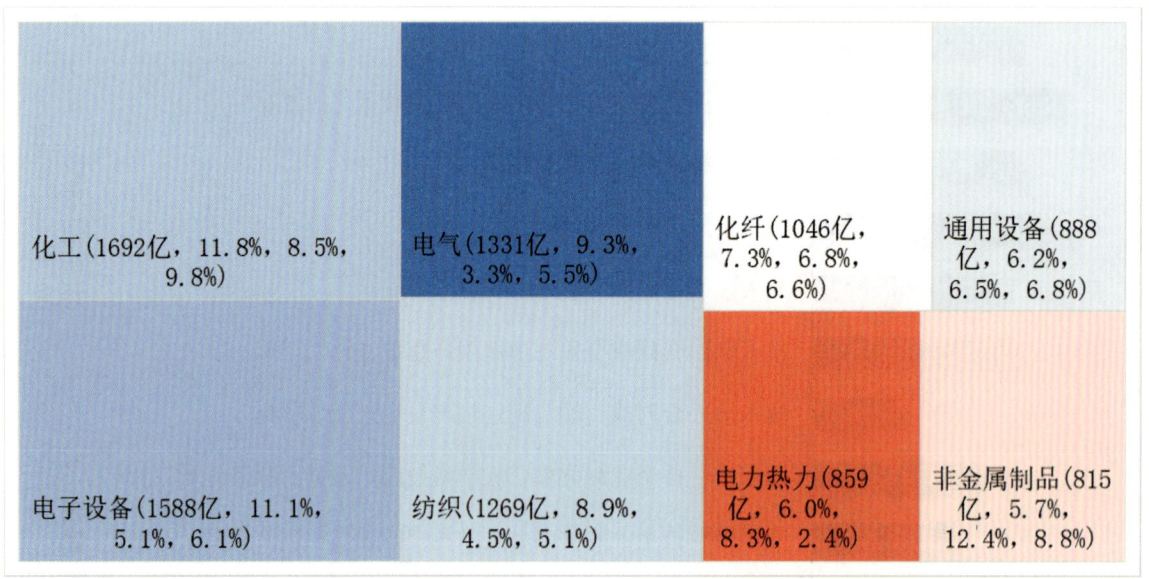

图2-49　嘉兴工业主要产业的营业收入、占全市比重、利润率、全国平均利润率情况

截至2022年底，嘉兴有上市公司63家，在汽车零部件、瓷砖地板、蓄电池及其他电池、分立器件、光学元件、通信网络设备及器件、消费电子零部件及组装、大宗用纸、逆变器、光伏电池组件等细分领域营业收入规模较大，利润率超过细分领域平均水平；在工程机械器件、成品家居、涤纶、LED等细分领域营利能力有待提升。

嘉兴创新能力指数为59.71，在创新型城市中排名居第25位，属于创新增长极类别城市，在48个该类别城市中排名居第18位。从创新能力构成看，嘉兴技术创新力、成果转化力有待提升（见第三章）。从具体指标看，嘉兴在人才培养、高新区发展、高水平技术创新基地建设等方面存在明显的短板。

排名	指标	类别
25	嘉兴创新能力指数 59.71	
14	全社会研发经费支出与地区生产总值之比 3.30%	创新治理力
22	财政科技支出占公共财政支出比重 4.90%	
14	万名就业人员中研发人员 164.22人年/万人	
82	万人普通高校在校学生数 143.22人/万人	
13	人均实际使用外资额 551.67美元/人	
91	基础研究经费占研发经费比重 0.31%	原始创新力
42	高层次科技人才数 1人	
40	"双一流"建设学科数 0个	
46	高水平科技成果数 5.98项当量	
60	规上工业企业研发经费支出与营业收入之比 1.35%	技术创新力
23	上市科技型中小企业数 19家	
25	高新技术企业数 2966家	
18	万人发明专利拥有量 43.38件/万人	
57	技术输出合同成交额与地区生产总值之比 2.06%	
53	技术输入合同成交额与地区生产总值之比 2.35%	成果转化力
35	国家级科技企业孵化器、大学科技园、双创示范基地数 33个	
37	国家级科技企业孵化器、大学科技园新增在孵企业数 207家	
36	高新技术企业营业收入与规上工业企业营业收入之比 50.97%	
5	规上工业企业新产品销售收入与营业收入之比 43.45%	
72	国家高新区营业收入与地区生产总值之比 19.41%	
31	人均地区生产总值 11.63万元/人	创新驱动力
26	地区生产总值与固定资产投资之比 2.40	
3	城乡居民人均可支配收入之比 1.60	
42	单位地区生产总值能耗 0.37吨标准煤/万元	
22	PM2.5年平均浓度 26微克/立方米	
11	居民人均可支配收入 6.98万元/人	

图 2-50 嘉兴创新能力指标数据及排名

（二十六）湖州

2021年，湖州常住人口341万人，在101个创新型城市中排名居第76位；地区生产总值3645亿元，居创新型城市第66位。三次产业结构为7∶47.7∶45.3，与全国（7.3∶39.4∶53.3）相比，第二产业比重较高。规上工业企业营业收入6516亿元，在创新型城市中排名居第44位；人均规上工业企业营业收入19.1万元，是全国平均水平的2.1倍；规上工业企业营业收入利润率6.5%，是全国平均水平的92.2%。湖州工业主要产业中（营业收入占全市比重较大），通用设备、非金属制品等产业利润率高于全国平均水平（图2-51中颜色偏红板块），金属制品、家具、化工、化纤、电气、纺织等产业营利能力有待提升（图2-51中颜色偏蓝板块）。

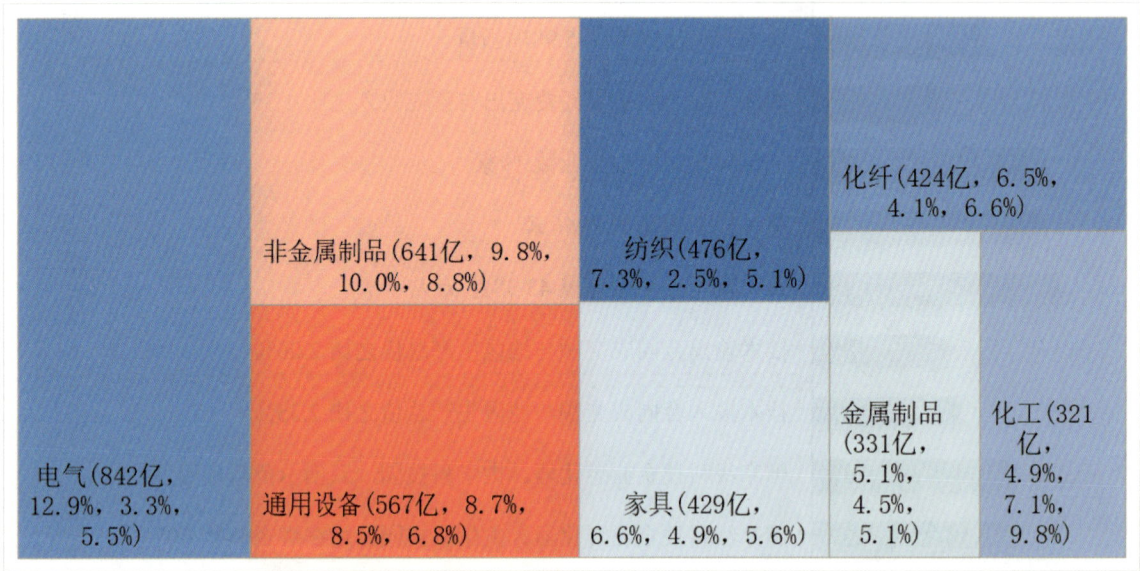

图2-51 湖州工业主要产业的营业收入、占全市比重、利润率、全国平均利润率情况

截至2022年底，湖州有上市公司37家，在涤纶、瓷砖地板、能源及重型设备、工程机械整机、特钢、制冷空调设备、家电零部件、通信线缆及配套、中药、消费电子零部件及组装等细分领域营业收入规模较大，利润率超过细分领域平均水平；在锂、线缆部件及其他、体外诊断、软饮料、农用机械等细分领域营利能力有待提升。

湖州创新能力指数为54.29，在创新型城市中排名居第43位，属于创新增长极类别城市，在48个该类别城市中排名居第20位。从创新能力构成看，湖州技术创新力、成果转化力有待提升（见第三章）。从具体指标看，湖州在人才培养、高水平科技成果产出、高新区发展等方面存在明显的短板。

排名	指标	维度
43	湖州创新能力指数 54.29	
22	全社会研发经费支出与地区生产总值之比 3.12%	创新治理力
31	财政科技支出占公共财政支出比重 4.30%	
17	万名就业人员中研发人员 156.90人年/万人	
92	万人普通高校在校学生数 109.79人/万人	
34	人均实际使用外资额 355.15美元/人	
92	基础研究经费占研发经费比重 0.29%	原始创新力
52	高层次科技人才数 0人	
40	"双一流"建设学科数 0个	
70	高水平科技成果数 0项当量	
46	规上工业企业研发经费支出与营业收入之比 1.59%	技术创新力
31	上市科技型中小企业数 14家	
45	高新技术企业数 1378家	
20	万人发明专利拥有量 41.41件/万人	
26	技术输出合同成交额与地区生产总值之比 3.91%	
21	技术输入合同成交额与地区生产总值之比 4.17%	成果转化力
44	国家级科技企业孵化器、大学科技园、双创示范基地数 23个	
45	国家级科技企业孵化器、大学科技园新增在孵企业数 163家	
33	高新技术企业营业收入与规上工业企业营业收入之比 51.77%	
7	规上工业企业新产品销售收入与营业收入之比 42.55%	
67	国家高新区营业收入与地区生产总值之比 23.15%	
35	人均地区生产总值 10.75万元/人	创新驱动力
33	地区生产总值与固定资产投资之比 2.12	
6	城乡居民人均可支配收入之比 1.65	
17	单位地区生产总值能耗 0.27吨标准煤/万元	
20	PM2.5年平均浓度 25微克/立方米	
14	居民人均可支配收入 6.80万元/人	

图 2-52 湖州创新能力指标数据及排名

（二十七）绍兴

2021年，绍兴常住人口534万人，在101个创新型城市中排名居第56位；地区生产总值6795亿元，居创新型城市第36位。三次产业结构为6.2∶48.9∶45，与全国（7.3∶39.4∶53.3）相比，第二产业比重较高。规上工业企业营业收入8037亿元，在创新型城市中排名居第32位；人均规上工业企业营业收入15.1万元，是全国平均水平的1.6倍；规上工业企业营业收入利润率7.8%，是全国平均水平的1.1倍。绍兴工业主要产业中（营业收入占全市比重较大），电气、纺织、电力热力、化纤、化工、非金属制品、通用设备等产业利润率高于全国平均水平（图2-53中颜色偏红板块），有色金属冶炼等产业营利能力有待提升（图2-53中颜色偏蓝板块）。

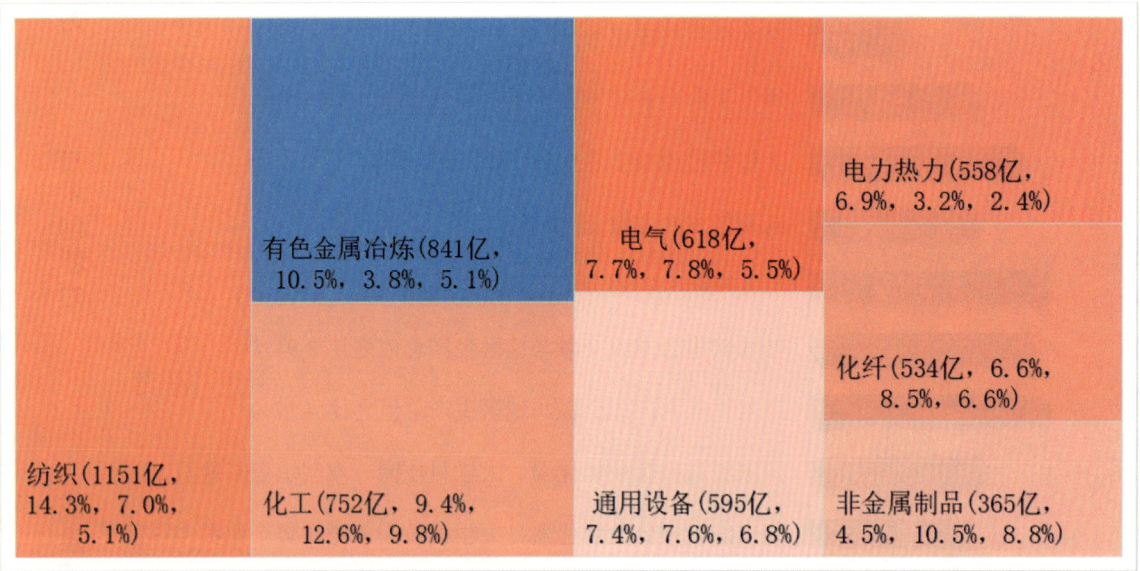

图2-53 绍兴工业主要产业的营业收入、占全市比重、利润率、全国平均利润率情况

截至2022年底，绍兴有上市公司78家，在鞋帽及其他、中药、纺织服装设备、黄酒、轮胎轮毂、家电零部件、纺织化学制品、光伏加工设备、厨房电器、原料药、化学制剂等细分领域营业收入规模较大，利润率超过细分领域平均水平；在印染、集成电路制造、化妆品制造及其他、钟表珠宝、机床工具等细分领域营利能力有待提升。

绍兴创新能力指数为56.17，在创新型城市中排名居第37位，属于创新增长极类别城市，在48个该类别城市中排名居第8位。从创新能力构成看，绍兴成果转化力、创新治理力有待提升（见第三章）。从具体指标看，绍兴在科技型企业孵化、高新区发展、高水平科技企业孵化基地建设等方面存在明显的短板。

排名	指标	分类
37	绍兴创新能力指数 56.17	
28	全社会研发经费支出与地区生产总值之比 2.87%	创新治理力
21	财政科技支出占公共财政支出比重 4.98%	创新治理力
20	万名就业人员中研发人员 152.12人年/万人	创新治理力
54	万人普通高校在校学生数 238.67人/万人	创新治理力
58	人均实际使用外资额 142.21美元/人	创新治理力
89	基础研究经费占研发经费比重 0.35%	原始创新力
52	高层次科技人才数 0人	原始创新力
40	"双一流"建设学科数 0个	原始创新力
52	高水平科技成果数 2.42项当量	原始创新力
15	规上工业企业研发经费支出与营业收入之比 2.16%	技术创新力
27	上市科技型中小企业数 17家	技术创新力
32	高新技术企业数 2214家	技术创新力
27	万人发明专利拥有量 30.78件/万人	技术创新力
33	技术输出合同成交额与地区生产总值之比 3.30%	技术创新力
43	技术输入合同成交额与地区生产总值之比 3.01%	成果转化力
69	国家级科技企业孵化器、大学科技园、双创示范基地数 10个	成果转化力
84	国家级科技企业孵化器、大学科技园新增在孵企业数 31家	成果转化力
46	高新技术企业营业收入与规上工业企业营业收入之比 47.83%	成果转化力
16	规上工业企业新产品销售收入与营业收入之比 37.69%	成果转化力
76	国家高新区营业收入与地区生产总值之比 17.46%	成果转化力
22	人均地区生产总值 12.79万元/人	创新驱动力
18	地区生产总值与固定资产投资之比 2.77	创新驱动力
12	城乡居民人均可支配收入之比 1.71	创新驱动力
47	单位地区生产总值能耗 0.38吨标准煤/万元	创新驱动力
24	PM2.5年平均浓度 27微克/立方米	创新驱动力
8	居民人均可支配收入 7.31万元/人	创新驱动力

图 2-54 绍兴创新能力指标数据及排名

（二十八）金华

2021年，金华常住人口712万人，在101个创新型城市中排名居第41位；地区生产总值5355亿元，居创新型城市第46位。三次产业结构为20∶25.9∶54.1，与全国（7.3∶39.4∶53.3）相比，第二产业比重偏低。规上工业企业营业收入6251亿元，在创新型城市中排名居第47位；人均规上工业企业营业收入8.8万元，是全国平均水平的94.3%。规上工业企业营业收入利润率4.7%，是全国平均水平的67.1%。金华工业主要产业中（营业收入占全市比重较大），非金属制品等产业利润率高于全国平均水平（图2-55中颜色偏红板块），电子设备、金属制品、通用设备、纺织、电气、有色金属冶炼、汽车等产业营利能力有待提升（图2-55中颜色偏蓝板块）。

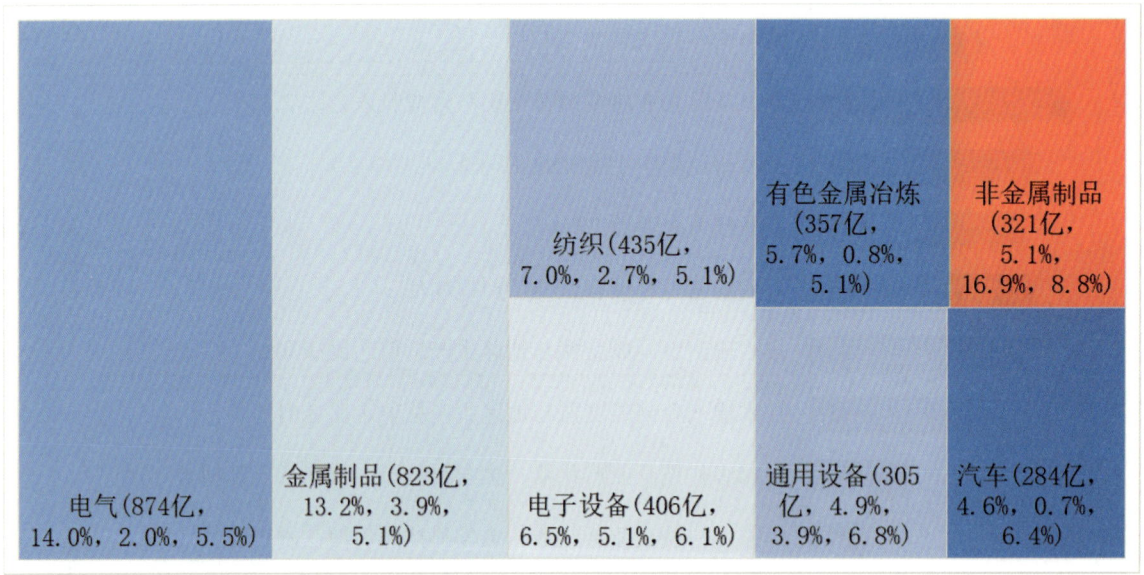

图2-55　金华工业主要产业的营业收入、占全市比重、利润率、全国平均利润率情况

截至2022年底，金华有上市公司40家，在鞋帽及其他、膜材料、农用机械、家纺、水泥制造、中药、底盘与发动机系统、光伏电池组件、家电零部件等细分领域营业收入规模较大，利润率超过细分领域平均水平；在磁性材料、特钢、轮胎轮毂、肉制品、定制家居、被动元件、汽车电子电气系统等细分领域营利能力有待提升。

金华创新能力指数为48.46，在创新型城市中排名居第60位，属于创新增长极类别城市，在48个该类别城市中排名居第32位。从创新能力构成看，金华创新治理力、成果转化力有待提升（见第三章）。从具体指标看，金华在高新区发展、人才培养、开放创新等方面存在明显的短板。

排名	指标	维度
60	金华创新能力指数 48.46	
53	全社会研发经费支出与地区生产总值之比 2.26%	创新治理力
43	财政科技支出占公共财政支出比重 3.03%	
37	万名就业人员中研发人员 118.22人年/万人	
80	万人普通高校在校学生数 148.15人/万人	
74	人均实际使用外资额 60.25美元/人	
56	基础研究经费占研发经费比重 1.79%	原始创新力
52	高层次科技人才数 0人	
40	"双一流"建设学科数 0个	
70	高水平科技成果数 0项当量	
40	规上工业企业研发经费支出与营业收入之比 1.65%	技术创新力
34	上市科技型中小企业数 11家	
35	高新技术企业数 1830家	
47	万人发明专利拥有量 18.20件/万人	
29	技术输出合同成交额与地区生产总值之比 3.73%	
17	技术输入合同成交额与地区生产总值之比 4.38%	成果转化力
72	国家级科技企业孵化器、大学科技园、双创示范基地数 9个	
57	国家级科技企业孵化器、大学科技园新增在孵企业数 97家	
32	高新技术企业营业收入与规上工业企业营业收入之比 52.81%	
10	规上工业企业新产品销售收入与营业收入之比 39.34%	
92	国家高新区营业收入与地区生产总值之比 0	
72	人均地区生产总值 7.55万元/人	创新驱动力
16	地区生产总值与固定资产投资之比 2.92	
49	城乡居民人均可支配收入之比 2.00	
43	单位地区生产总值能耗 0.37吨标准煤/万元	
22	PM2.5年平均浓度 26微克/立方米	
15	居民人均可支配收入 6.74万元/人	

图 2-56 金华创新能力指标数据及排名

（二十九）台州

2021年，台州常住人口666万人，在101个创新型城市中排名居第45位；地区生产总值5786亿元，居创新型城市第43位。三次产业结构为18.6∶25.8∶55.7，与全国（7.3∶39.4∶53.3）相比，第二产业比重偏低。规上工业企业营业收入6641亿元，在创新型城市中排名居第42位；人均规上工业企业营业收入10万元，是全国平均水平的1.1倍；规上工业企业营业收入利润率6.4%，是全国平均水平的91.1%。台州工业主要产业中（营业收入占全市比重较大），金属制品、电力热力、橡胶塑料等产业利润率高于全国平均水平（图2-57中颜色偏红板块），专用设备、汽车、医药、电气等产业营利能力有待提升（图2-57中颜色偏蓝板块）。

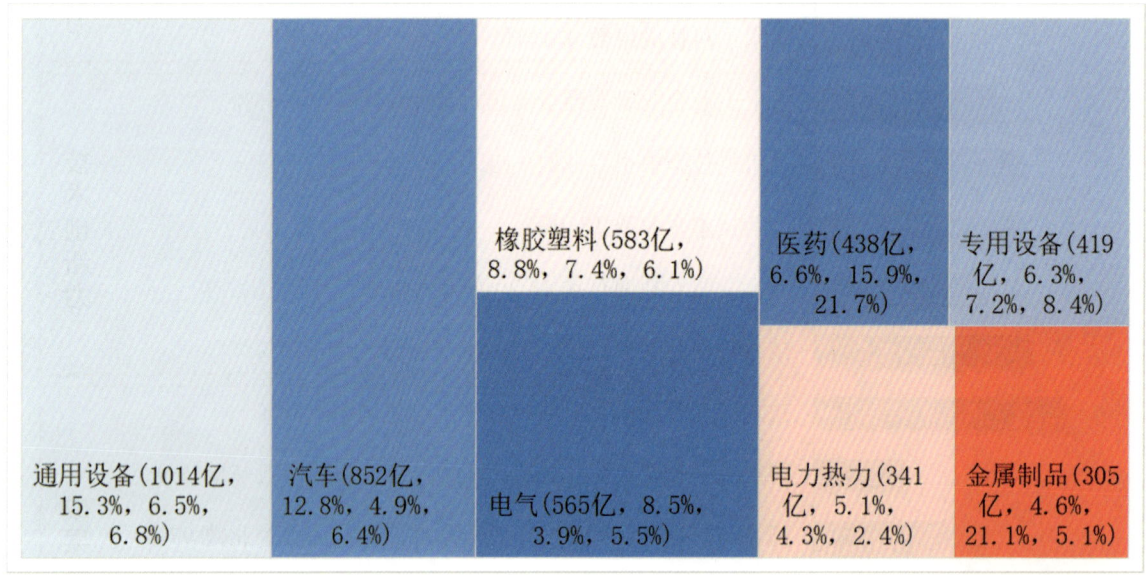

图2-57 台州工业主要产业的营业收入、占全市比重、利润率、全国平均利润率情况

截至2022年底，台州有上市公司68家，在机床工具、大宗用纸、光学元件、底盘与发动机系统、汽车电子电气系统、改性塑料、轨交设备、娱乐用品、管材、摩托车等细分领域营业收入规模较大，利润率超过细分领域平均水平；在制冷空调设备、输变电设备、轮胎轮毂、金属制品、车身附件及饰件等细分领域营利能力有待提升。

台州创新能力指数为49.99，在创新型城市中排名居第55位，属于创新增长极类别城市，在48个该类别城市中排名居第27位。从创新能力构成看，台州成果转化力、创新治理力有待提升（见第三章）。从具体指标看，台州在人才培养、高新区发展、科技型企业孵化等方面存在明显的短板。

排名	指标	类别
55	台州创新能力指数 49.99	
45	全社会研发经费支出与地区生产总值之比 2.41%	创新治理力
44	财政科技支出占公共财政支出比重 3.01%	
29	万名就业人员中研发人员 131.81人年/万人	
98	万人普通高校在校学生数 63.59人/万人	
70	人均实际使用外资额 72.51美元/人	
93	基础研究经费占研发经费比重 0.27%	原始创新力
52	高层次科技人才数 0人	
40	"双一流"建设学科数 0个	
48	高水平科技成果数 5.00项当量	
28	规上工业企业研发经费支出与营业收入之比 1.87%	技术创新力
24	上市科技型中小企业数 18家	
41	高新技术企业数 1491家	
29	万人发明专利拥有量 29.34件/万人	
46	技术输出合同成交额与地区生产总值之比 2.55%	
48	技术输入合同成交额与地区生产总值之比 2.71%	成果转化力
63	国家级科技企业孵化器、大学科技园、双创示范基地数 12个	
81	国家级科技企业孵化器、大学科技园新增在孵企业数 39家	
43	高新技术企业营业收入与规上工业企业营业收入之比 48.16%	
23	规上工业企业新产品销售收入与营业收入之比 34.17%	
92	国家高新区营业收入与地区生产总值之比 0	
55	人均地区生产总值 8.71万元/人	创新驱动力
20	地区生产总值与固定资产投资之比 2.68	
34	城乡居民人均可支配收入之比 1.92	
27	单位地区生产总值能耗 0.31吨标准煤/万元	
8	PM2.5年平均浓度 21微克/立方米	
13	居民人均可支配收入 6.81万元/人	

图 2-58 台州创新能力指标数据及排名

（三十）福州

2021 年，福州常住人口 842 万人，在 101 个创新型城市中排名居第 35 位；地区生产总值 11324 亿元，居创新型城市第 20 位。三次产业结构为 17.6：36.7：45.7，与全国（7.3：39.4：53.3）相比，第二产业比重适中。规上工业企业营业收入 11939 亿元，在创新型城市中排名居第 21 位；人均规上工业企业营业收入 14.2 万元，是全国平均水平的 1.5 倍；规上工业企业营业收入利润率 7.1%，是全国平均水平的 1.0 倍。福州工业主要产业中（营业收入占全市比重较大），电力热力、食品加工、电子设备、纺织、化纤、化工等产业利润率高于全国平均水平（图 2-59 中颜色偏红板块），非金属制品等产业营利能力有待提升（图 2-59 中颜色偏蓝板块）。

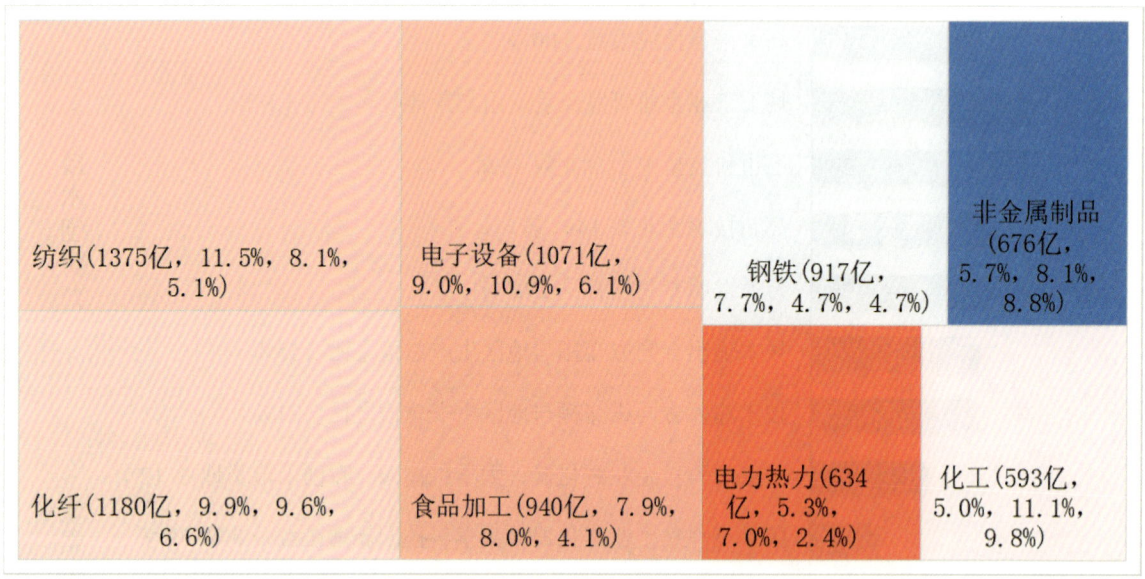

图 2-59　福州工业主要产业的营业收入、占全市比重、利润率、全国平均利润率情况

截至 2022 年底，福州有上市公司 54 家，在车身附件及饰件、光学元件、金属包装、特种纸等细分领域营业收入规模较大，利润率超过细分领域平均水平；在通信网络设备及器件、半导体材料、输变电设备、锂电专用设备、消费电子零部件及组装、制冷空调设备、印刷、通信终端及配件、面板等细分领域营利能力有待提升。

福州创新能力指数为 55.38，在创新型城市中排名居第 40 位，属于创新增长极类别城市，在 48 个该类别城市中排名居第 21 位。从创新能力构成看，福州成果转化力、技术创新力有待提升（见第三章）。从具体指标看，福州在高技术产业发展、技术输出、新产品开发等方面存在明显的短板。

排名	指标	类别
40	福州创新能力指数 55.38	
51	全社会研发经费支出与地区生产总值之比 2.27%	创新治理力
32	财政科技支出占公共财政支出比重 4.26%	
22	万名就业人员中研发人员 142.36人年/万人	
26	万人普通高校在校学生数 459.08人/万人	
61	人均实际使用外资额 139.10美元/人	
38	基础研究经费占研发经费比重 5.14%	原始创新力
30	高层次科技人才数 5人	
27	"双一流"建设学科数 1个	
41	高水平科技成果数 7.20项当量	
56	规上工业企业研发经费支出与营业收入之比 1.41%	技术创新力
24	上市科技型中小企业数 18家	
28	高新技术企业数 2794家	
35	万人发明专利拥有量 24.14件/万人	
88	技术输出合同成交额与地区生产总值之比 0.59%	
83	技术输入合同成交额与地区生产总值之比 1.39%	成果转化力
45	国家级科技企业孵化器、大学科技园、双创示范基地数 22个	
54	国家级科技企业孵化器、大学科技园新增在孵企业数 103家	
90	高新技术企业营业收入与规上工业企业营业收入之比 24.74%	
84	规上工业企业新产品销售收入与营业收入之比 12.23%	
77	国家高新区营业收入与地区生产总值之比 17.38%	
16	人均地区生产总值 13.53万元/人	创新驱动力
69	地区生产总值与固定资产投资之比 1.38	
60	城乡居民人均可支配收入之比 2.12	
44	单位地区生产总值能耗 0.37吨标准煤/万元	
8	PM2.5年平均浓度 21微克/立方米	
32	居民人均可支配收入 5.34万元/人	

图 2-60 福州创新能力指标数据及排名

（三十一）厦门

2021年，厦门常住人口528万人，在101个创新型城市中排名居第57位；地区生产总值7034亿元，居创新型城市第34位。三次产业结构为7.4∶41.7∶51，与全国（7.3∶39.4∶53.3）相比，第二产业比重适中。规上工业企业营业收入7816亿元，在创新型城市中排名居第33位；人均规上工业企业营业收入14.8万元，是全国平均水平的1.6倍；规上工业企业营业收入利润率8.5%，是全国平均水平的1.2倍。厦门工业主要产业中（营业收入占全市比重较大），医药、电气、金属制品、橡胶塑料、电子设备等产业利润率高于全国平均水平（图2-61中颜色偏红板块），有色金属冶炼、汽车、化工等产业营利能力有待提升（图2-61中颜色偏蓝板块）。

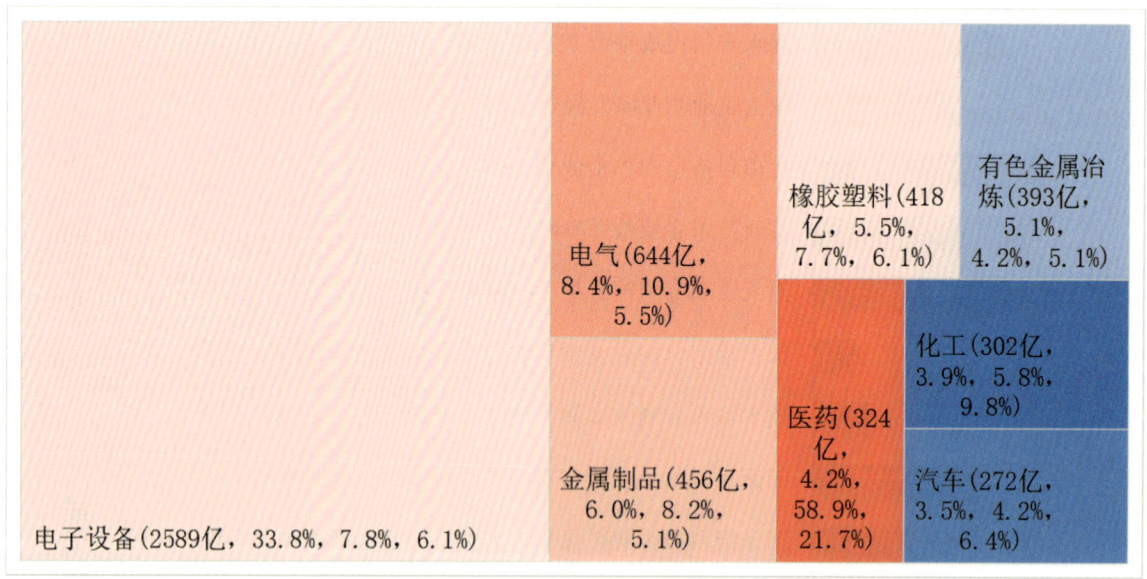

图2-61　厦门工业主要产业的营业收入、占全市比重、利润率、全国平均利润率情况

截至2022年底，厦门有上市公司65家，在面板、通信终端及配件、工程机械整机、消费电子零部件及组装、车身附件及饰件、被动元件等细分领域营业收入规模较大，利润率超过细分领域平均水平；在安防设备、电网自动化设备、电池化学品、LED、印制电路板、商用载客车等细分领域营利能力有待提升。

厦门创新能力指数为63.06，在创新型城市中排名居第18位，属于创新增长极类别城市，在48个该类别城市中排名居第5位。从创新能力构成看，厦门原始创新力优势明显，成果转化力有待提升（见第三章）。从具体指标看，厦门在空气质量改善、研发人力投入等方面优势突出，在技术吸纳、城乡协调发展等方面存在明显的短板。

排名	指标	分类
18	厦门创新能力指数 63.06	
20	全社会研发经费支出与地区生产总值之比 3.15%	创新治理力
24	财政科技支出占公共财政支出比重 4.77%	创新治理力
7	万名就业人员中研发人员 192.18人年/万人	创新治理力
40	万人普通高校在校学生数 337.46人/万人	创新治理力
16	人均实际使用外资额 516.23美元/人	创新治理力
99	基础研究经费占研发经费比重 0.11%	原始创新力
19	高层次科技人才数 14人	原始创新力
14	"双一流"建设学科数 6个	原始创新力
31	高水平科技成果数 15.00项当量	原始创新力
26	规上工业企业研发经费支出与营业收入之比 1.97%	技术创新力
18	上市科技型中小企业数 23家	技术创新力
29	高新技术企业数 2784家	技术创新力
24	万人发明专利拥有量 36.98件/万人	技术创新力
64	技术输出合同成交额与地区生产总值之比 1.64%	技术创新力
88	技术输入合同成交额与地区生产总值之比 1.24%	成果转化力
18	国家级科技企业孵化器、大学科技园、双创示范基地数 52个	成果转化力
23	国家级科技企业孵化器、大学科技园新增在孵企业数 319家	成果转化力
54	高新技术企业营业收入与规上工业企业营业收入之比 43.70%	成果转化力
22	规上工业企业新产品销售收入与营业收入之比 34.81%	成果转化力
32	国家高新区营业收入与地区生产总值之比 63.49%	成果转化力
18	人均地区生产总值 13.45万元/人	创新驱动力
35	地区生产总值与固定资产投资之比 2.04	创新驱动力
74	城乡居民人均可支配收入之比 2.25	创新驱动力
28	单位地区生产总值能耗 0.31吨标准煤/万元	创新驱动力
6	PM2.5年平均浓度 20微克/立方米	创新驱动力
16	居民人均可支配收入 6.72万元/人	创新驱动力

图 2-62 厦门创新能力指标数据及排名

第二章 创新型城市创新发展画像

（三十二）泉州

2021年，泉州常住人口885万人，在101个创新型城市中排名居第32位；地区生产总值11304亿元，居创新型城市第21位。三次产业结构为12.9∶36.5∶50.7，与全国（7.3∶39.4∶53.3）相比，第二产业比重适中。规上工业企业营业收入19305亿元，在创新型城市中排名居第13位；人均规上工业企业营业收入21.8万元，是全国平均水平的2.3倍；规上工业企业营业收入利润率8.3%，是全国平均水平的1.2倍。泉州工业主要产业中（营业收入占全市比重较大），燃料加工、文体用品、造纸、皮革和制鞋、橡胶塑料、服装、纺织等产业利润率高于全国平均水平（图2-63中颜色偏红板块），非金属制品等产业营利能力有待提升（图2-63中颜色偏蓝板块）。

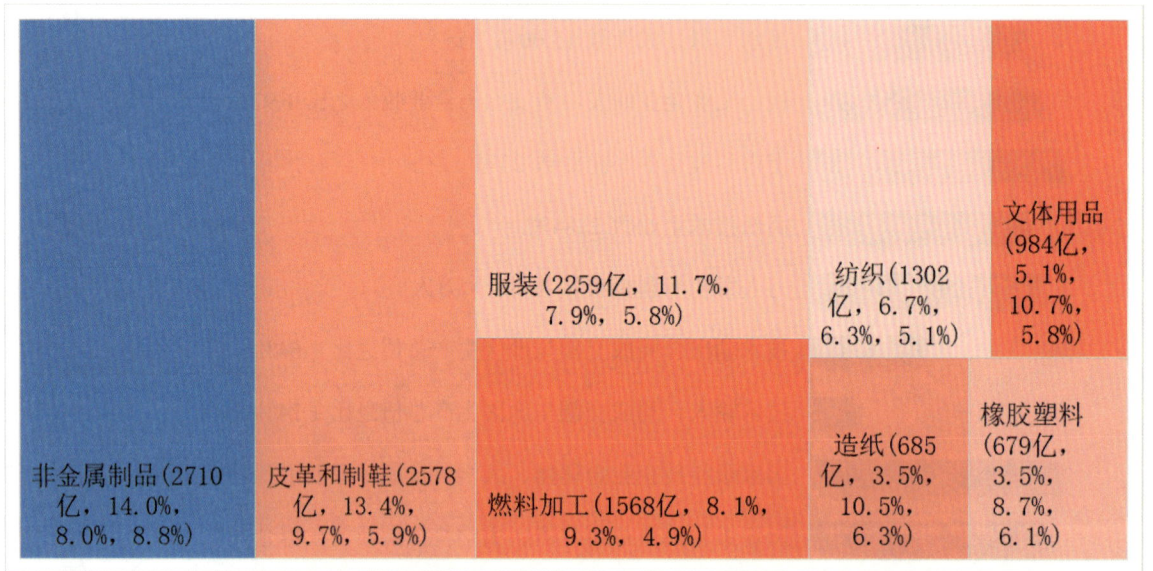

图2-63　泉州工业主要产业的营业收入、占全市比重、利润率、全国平均利润率情况

截至2022年底，泉州有上市公司19家，在化妆品制造及其他、军工电子、工程机械整机、运动服装、娱乐用品、纸包装等细分领域营业收入规模较大，利润率超过细分领域平均水平；在棉纺、辅料、铝、非运动服装、调味发酵品、管材等细分领域营利能力有待提升。

泉州创新能力指数为38.34，在创新型城市中排名居第80位，属于创新应用区类别城市，在33个该类别城市中排名居第22位。从创新能力构成看，泉州成果转化力、创新治理力有待提升（见第三章）。从具体指标看，泉州在高技术产业发展、技术吸纳、新产品开发等方面存在明显的短板。

排名	指标	类别
80	泉州创新能力指数 38.34	
88	全社会研发经费支出与地区生产总值之比 1.44%	创新治理力
50	财政科技支出占公共财政支出比重 2.73%	创新治理力
44	万名就业人员中研发人员 104.68人年/万人	创新治理力
61	万人普通高校在校学生数 218.63人/万人	创新治理力
76	人均实际使用外资额 54.95美元/人	创新治理力
90	基础研究经费占研发经费比重 0.34%	原始创新力
52	高层次科技人才数 0人	原始创新力
40	"双一流"建设学科数 0个	原始创新力
50	高水平科技成果数 3.13项当量	原始创新力
92	规上工业企业研发经费支出与营业收入之比 0.76%	技术创新力
68	上市科技型中小企业数 3家	技术创新力
37	高新技术企业数 1638家	技术创新力
61	万人发明专利拥有量 12.53件/万人	技术创新力
100	技术输出合同成交额与地区生产总值之比 0.05%	技术创新力
101	技术输入合同成交额与地区生产总值之比 0.25%	成果转化力
57	国家级科技企业孵化器、大学科技园、双创示范基地数 15个	成果转化力
94	国家级科技企业孵化器、大学科技园新增在孵企业数 11家	成果转化力
101	高新技术企业营业收入与规上工业企业营业收入之比 7.28%	成果转化力
97	规上工业企业新产品销售收入与营业收入之比 8.17%	成果转化力
85	国家高新区营业收入与地区生产总值之比 8.72%	成果转化力
21	人均地区生产总值 12.82万元/人	创新驱动力
29	地区生产总值与固定资产投资之比 2.24	创新驱动力
61	城乡居民人均可支配收入之比 2.12	创新驱动力
52	单位地区生产总值能耗 0.43吨标准煤/万元	创新驱动力
5	PM2.5年平均浓度 19微克/立方米	创新驱动力
28	居民人均可支配收入 5.50万元/人	创新驱动力

图 2-64 泉州创新能力指标数据及排名

(三十三) 龙岩

2021年，龙岩常住人口273万人，在101个创新型城市中排名居第87位；地区生产总值3082亿元，居创新型城市第77位。三次产业结构为32.5：20.4：47.1，与全国（7.3：39.4：53.3）相比，第二产业比重偏低。规上工业企业营业收入3631亿元，在创新型城市中排名居第70位；人均规上工业企业营业收入13.3万元，是全国平均水平的1.4倍；规上工业企业营业收入利润率6.4%，是全国平均水平的90.2%。龙岩工业主要产业中（营业收入占全市比重较大），电子设备、专用设备、非金属制品等产业利润率高于全国平均水平（图2-65中颜色偏红板块），化工、有色金属冶炼、食品加工、烟草等产业营利能力有待提升（图2-65中颜色偏蓝板块）。

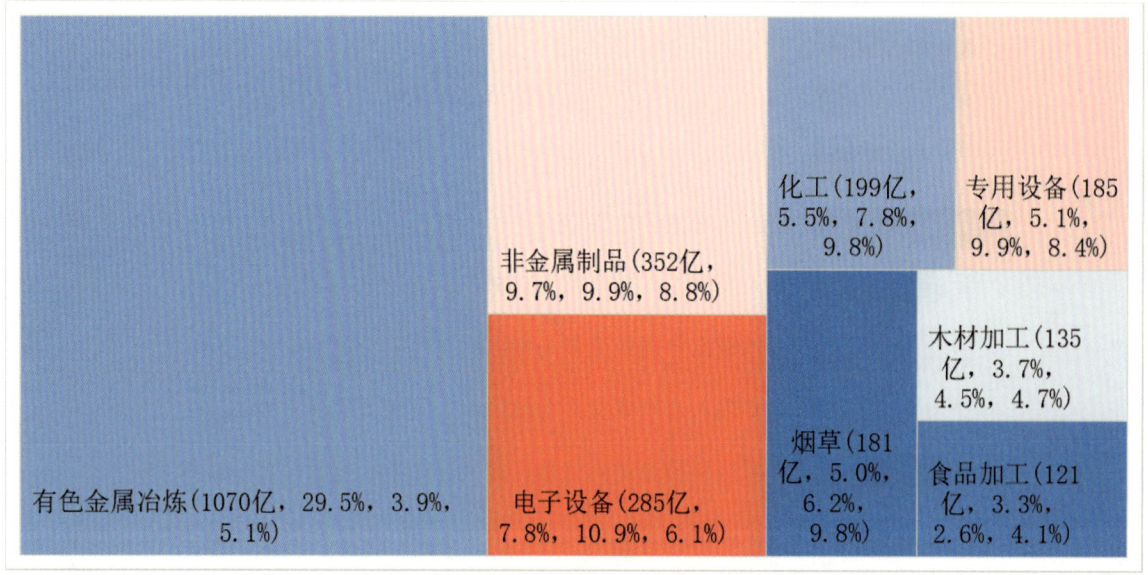

图2-65 龙岩工业主要产业的营业收入、占全市比重、利润率、全国平均利润率情况

截至2022年底，龙岩有上市公司8家，在铜、非金属材料、化学制品、环保设备等细分领域营业收入规模较大，利润率超过细分领域平均水平；在钟表珠宝等细分领域营利能力有待提升。

龙岩创新能力指数为31.67，在创新型城市中排名居第91位，属于创新应用区类别城市，在33个该类别城市中排名居第26位。从创新能力构成看，龙岩成果转化力、技术创新力有待提升（见第三章）。从具体指标看，龙岩在高水平科技企业孵化基地建设、技术吸纳、科技型企业孵化等方面存在明显的短板。

排名	指标	分类
91	龙岩创新能力指数 31.67	
63	全社会研发经费支出与地区生产总值之比 2.10%	创新治理力
33	财政科技支出占公共财政支出比重 3.96%	创新治理力
54	万名就业人员中研发人员 85.83人年/万人	创新治理力
95	万人普通高校在校学生数 97.75人/万人	创新治理力
92	人均实际使用外资额 12.82美元/人	创新治理力
68	基础研究经费占研发经费比重 0.93%	原始创新力
52	高层次科技人才数 0人	原始创新力
40	"双一流"建设学科数 0个	原始创新力
70	高水平科技成果数 0项当量	原始创新力
43	规上工业企业研发经费支出与营业收入之比 1.62%	技术创新力
72	上市科技型中小企业数 2家	技术创新力
81	高新技术企业数 375家	技术创新力
81	万人发明专利拥有量 6.01件/万人	技术创新力
101	技术输出合同成交额与地区生产总值之比 0.04%	技术创新力
99	技术输入合同成交额与地区生产总值之比 0.59%	成果转化力
101	国家级科技企业孵化器、大学科技园、双创示范基地数 1个	成果转化力
97	国家级科技企业孵化器、大学科技园新增在孵企业数 6家	成果转化力
94	高新技术企业营业收入与规上工业企业营业收入之比 19.84%	成果转化力
89	规上工业企业新产品销售收入与营业收入之比 11.30%	成果转化力
82	国家高新区营业收入与地区生产总值之比 12.07%	成果转化力
34	人均地区生产总值 11.29万元/人	创新驱动力
91	地区生产总值与固定资产投资之比 0.92	创新驱动力
35	城乡居民人均可支配收入之比 1.93	创新驱动力
57	单位地区生产总值能耗 0.47吨标准煤/万元	创新驱动力
3	PM2.5年平均浓度 17微克/立方米	创新驱动力
60	居民人均可支配收入 4.38万元/人	创新驱动力

图 2-66 龙岩创新能力指标数据及排名

（三十四）济南

2021年，济南常住人口934万人，在101个创新型城市中排名居第28位；地区生产总值11432亿元，居创新型城市第18位。三次产业结构为27.1∶17.9∶55，与全国（7.3∶39.4∶53.3）相比，第二产业比重偏低。规上工业企业营业收入8493亿元，在创新型城市中排名居第30位；人均规上工业企业营业收入9.1万元，是全国平均水平的97.7%。规上工业企业营业收入利润率4.8%，是全国平均水平的68.0%。济南工业主要产业中（营业收入占全市比重较大），医药等产业利润率高于全国平均水平（图2-67中颜色偏红板块），汽车、非金属制品、电子设备、化工、钢铁等产业营利能力有待提升（图2-67中颜色偏蓝板块）。

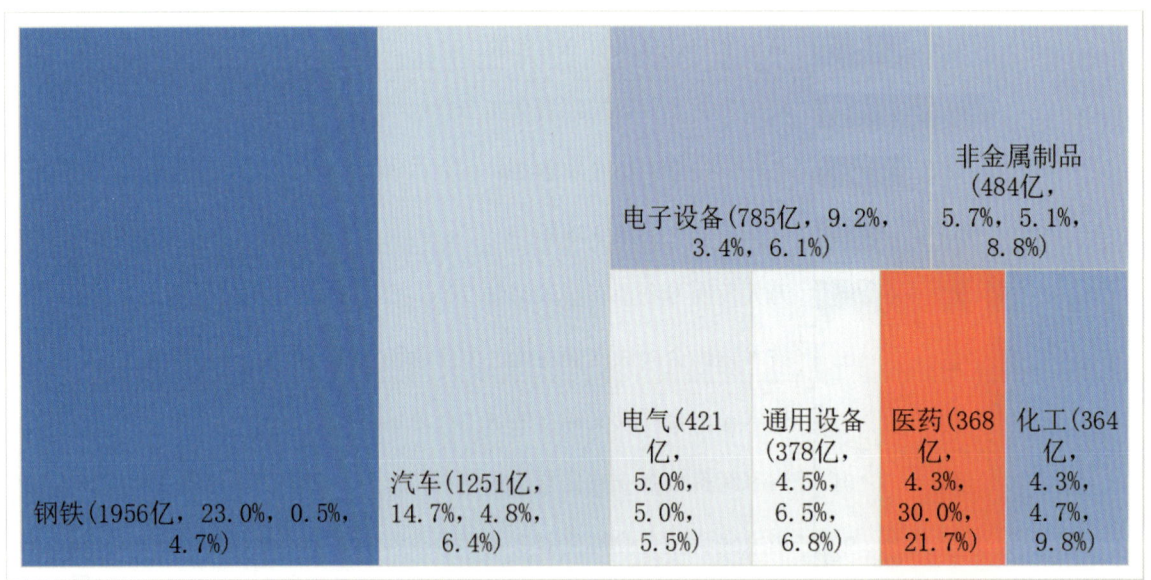

图2-67 济南工业主要产业的营业收入、占全市比重、利润率、全国平均利润率情况

截至2022年底，济南有上市公司46家，在商用载货车、印刷、风电零部件、农用机械、原料药、环保设备、输变电设备、仪器仪表、黄金等细分领域营业收入规模较大，利润率超过细分领域平均水平；在厨房小家电、计算机设备、电网自动化设备、轨交设备、半导体材料、消费电子零部件及组装等细分领域营利能力有待提升。

济南创新能力指数为65.46，在创新型城市中排名居第15位，属于创新增长极类别城市，在48个该类别城市中排名居第4位。从创新能力构成看，济南原始创新力优势明显，创新驱动力有待提升（见第三章）。从具体指标看，济南在新产品开发、人才培养等方面优势突出，在城乡协调发展、空气质量改善等方面存在明显的短板。

排名	指标	分类
15	济南创新能力指数 65.46	
36	全社会研发经费支出与地区生产总值之比 2.68%	创新治理力
41	财政科技支出占公共财政支出比重 3.19%	
30	万名就业人员中研发人员 131.47人年/万人	
9	万人普通高校在校学生数 743.44人/万人	
39	人均实际使用外资额 284.74美元/人	
21	基础研究经费占研发经费比重 8.72%	原始创新力
23	高层次科技人才数 8人	
16	"双一流"建设学科数 4个	
15	高水平科技成果数 62.40项当量	
23	规上工业企业研发经费支出与营业收入之比 2.01%	技术创新力
22	上市科技型中小企业数 20家	
19	高新技术企业数 4372家	
23	万人发明专利拥有量 37.13件/万人	
30	技术输出合同成交额与地区生产总值之比 3.71%	
20	技术输入合同成交额与地区生产总值之比 4.28%	成果转化力
16	国家级科技企业孵化器、大学科技园、双创示范基地数 55个	
30	国家级科技企业孵化器、大学科技园新增在孵企业数 276家	
10	高新技术企业营业收入与规上工业企业营业收入之比 86.06%	
3	规上工业企业新产品销售收入与营业收入之比 49.99%	
18	国家高新区营业收入与地区生产总值之比 72.30%	
25	人均地区生产总值 12.31万元/人	创新驱动力
44	地区生产总值与固定资产投资之比 1.83	
95	城乡居民人均可支配收入之比 2.54	
41	单位地区生产总值能耗 0.37吨标准煤/万元	
78	PM2.5年平均浓度 40微克/立方米	
23	居民人均可支配收入 5.74万元/人	

图 2-68 济南创新能力指标数据及排名

（三十五）青岛

2021 年，青岛常住人口 1026 万人，在 101 个创新型城市中排名居第 17 位；地区生产总值 14136 亿元，居创新型城市第 13 位。三次产业结构为 11.7∶23.2∶65.1，与全国（7.3∶39.4∶53.3）相比，第二产业比重偏低。规上工业企业营业收入 11543 亿元，在创新型城市中排名居第 22 位；人均规上工业企业营业收入 11.3 万元，是全国平均水平的 1.2 倍；规上工业企业营业收入利润率 5.0%，是全国平均水平的 70.8%。青岛工业主要产业中（营业收入占全市比重较大），燃料加工、铁路船舶航空航天、金属制品、电气等产业利润率高于全国平均水平（图 2-69 中颜色偏红板块），化工、电子设备、汽车、食品加工等产业营利能力有待提升（图 2-69 中颜色偏蓝板块）。

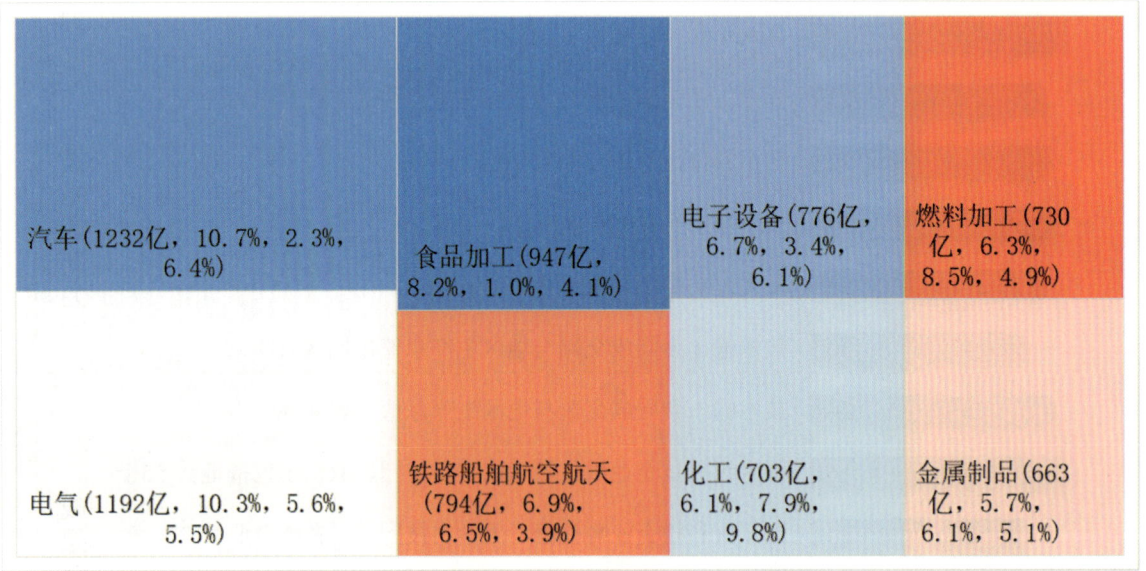

图 2-69　青岛工业主要产业的营业收入、占全市比重、利润率、全国平均利润率情况

截至 2022 年底，青岛有上市公司 66 家，在石化、金属制品、能源及重型设备、底盘与发动机系统、汽车零部件、彩电、化学制剂、环保设备、轮胎轮毂、制冷空调设备、啤酒、冰箱洗衣机等细分领域营业收入规模较大，利润率超过细分领域平均水平；在输变电设备、轨交设备、化妆品制造及其他等细分领域营利能力有待提升。

青岛创新能力指数为 67.35，在创新型城市中排名居第 13 位，属于创新策源地类别城市，在 20 个该类别城市中排名居第 10 位。从创新能力构成看，青岛创新治理力优势明显，创新驱动力有待提升（见第三章）。从具体指标看，青岛在开放创新、高水平技术创新基地建设等方面优势突出，在城乡协调发展、固定资产投资效率等方面存在明显的短板。

排名	指标	类别
13	青岛创新能力指数 67.35	
40	全社会研发经费支出与地区生产总值之比 2.51%	创新治理力
45	财政科技支出占公共财政支出比重 3.01%	
16	万名就业人员中研发人员 157.78人年/万人	
32	万人普通高校在校学生数 385.53人/万人	
11	人均实际使用外资额 601.46美元/人	
27	基础研究经费占研发经费比重 6.90%	原始创新力
18	高层次科技人才数 20人	
16	"双一流"建设学科数 4个	
16	高水平科技成果数 50.05项当量	
24	规上工业企业研发经费支出与营业收入之比 1.99%	技术创新力
17	上市科技型中小企业数 26家	
14	高新技术企业数 5563家	
13	万人发明专利拥有量 45.99件/万人	
53	技术输出合同成交额与地区生产总值之比 2.19%	
60	技术输入合同成交额与地区生产总值之比 2.20%	成果转化力
12	国家级科技企业孵化器、大学科技园、双创示范基地数 96个	
29	国家级科技企业孵化器、大学科技园新增在孵企业数 277家	
24	高新技术企业营业收入与规上工业企业营业收入之比 62.35%	
14	规上工业企业新产品销售收入与营业收入之比 37.87%	
58	国家高新区营业收入与地区生产总值之比 37.00%	
15	人均地区生产总值 13.88万元/人	创新驱动力
71	地区生产总值与固定资产投资之比 1.29	
78	城乡居民人均可支配收入之比 2.31	
54	单位地区生产总值能耗 0.45吨标准煤/万元	
29	PM2.5年平均浓度 28微克/立方米	
21	居民人均可支配收入 6.02万元/人	

图 2-70 青岛创新能力指标数据及排名

（三十六）淄博

2021年，淄博常住人口471万人，在101个创新型城市中排名居第61位；地区生产总值4201亿元，居创新型城市第59位。三次产业结构为30.8∶23.8∶45.3，与全国（7.3∶39.4∶53.3）相比，第二产业比重偏低。规上工业企业营业收入6071亿元，在创新型城市中排名居第48位；人均规上工业企业营业收入12.9万元，是全国平均水平的1.4倍；规上工业企业营业收入利润率6.5%，是全国平均水平的92.0%。淄博工业主要产业中（营业收入占全市比重较大），专用设备、有色金属冶炼等产业利润率高于全国平均水平（图2-71中颜色偏红板块），非金属制品、医药、造纸、电力热力等产业营利能力有待提升（图2-71中颜色偏蓝板块）。

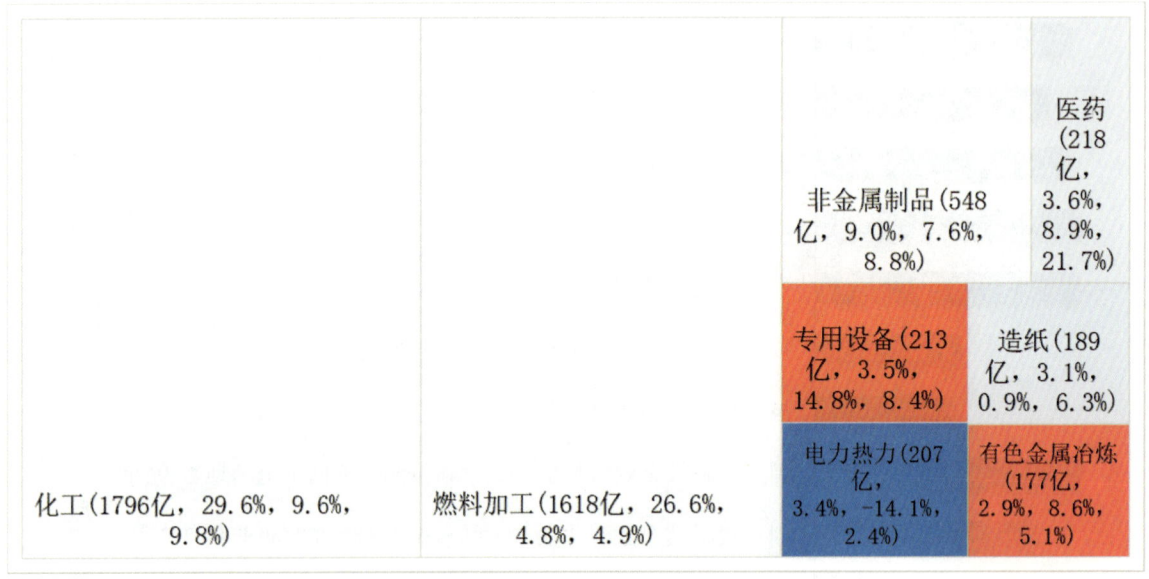

图2-71 淄博工业主要产业的营业收入、占全市比重、利润率、全国平均利润率情况

截至2022年底，淄博有上市公司33家，在畜禽饲料、磨具磨料、棉纺、石化、耐火材料、氟化工、化学原料、化学制品、化学制剂等细分领域营业收入规模较大，利润率超过细分领域平均水平；在非金属材料、原料药、医疗耗材、有机硅、聚氨酯、医疗设备、电网自动化设备、特种纸、水泥制品等细分领域营利能力有待提升。

淄博创新能力指数为51.90，在创新型城市中排名居第50位，属于创新增长极类别城市，在48个该类别城市中排名居第24位。从创新能力构成看，淄博创新驱动力、创新治理力有待提升（见第三章）。从具体指标看，淄博在空气质量改善、节能降耗等方面存在明显的短板。

排名	指标	类别
50	淄博创新能力指数 51.90	
31	全社会研发经费支出与地区生产总值之比 2.84%	创新治理力
66	财政科技支出占公共财政支出比重 2.01%	
27	万名就业人员中研发人员 136.70人年/万人	
48	万人普通高校在校学生数 281.91人/万人	
52	人均实际使用外资额 174.24美元/人	
60	基础研究经费占研发经费比重 1.52%	原始创新力
52	高层次科技人才数 0人	
40	"双一流"建设学科数 0个	
70	高水平科技成果数 0项当量	
38	规上工业企业研发经费支出与营业收入之比 1.67%	技术创新力
29	上市科技型中小企业数 15家	
55	高新技术企业数 1028家	
49	万人发明专利拥有量 17.02件/万人	
12	技术输出合同成交额与地区生产总值之比 5.95%	
26	技术输入合同成交额与地区生产总值之比 3.83%	成果转化力
55	国家级科技企业孵化器、大学科技园、双创示范基地数 16个	
59	国家级科技企业孵化器、大学科技园新增在孵企业数 93家	
66	高新技术企业营业收入与规上工业企业营业收入之比 39.94%	
38	规上工业企业新产品销售收入与营业收入之比 28.30%	
14	国家高新区营业收入与地区生产总值之比 73.57%	
52	人均地区生产总值 8.92万元/人	创新驱动力
50	地区生产总值与固定资产投资之比 1.73	
69	城乡居民人均可支配收入之比 2.18	
91	单位地区生产总值能耗 0.94吨标准煤/万元	
98	PM2.5年平均浓度 47微克/立方米	
44	居民人均可支配收入 5.01万元/人	

图 2-72　淄博创新能力指标数据及排名

（三十七）东营

2021年，东营常住人口220万人，在101个创新型城市中排名居第95位；地区生产总值3442亿元，居创新型城市第69位。三次产业结构为33.9∶25.2∶40.9，与全国（7.3∶39.4∶53.3）相比，第二产业比重偏低。规上工业企业营业收入8891亿元，在创新型城市中排名居第28位；人均规上工业企业营业收入40.5万元，是全国平均水平的4.4倍；规上工业企业营业收入利润率2.0%，是全国平均水平的28.6%。东营工业主要产业中（营业收入占全市比重较大），采矿服务等产业利润率高于全国平均水平（图2-73中颜色偏红板块），电气、燃料加工、橡胶塑料、有色金属冶炼、石油开采、电力热力等产业营利能力有待提升（图2-73中颜色偏蓝板块）。

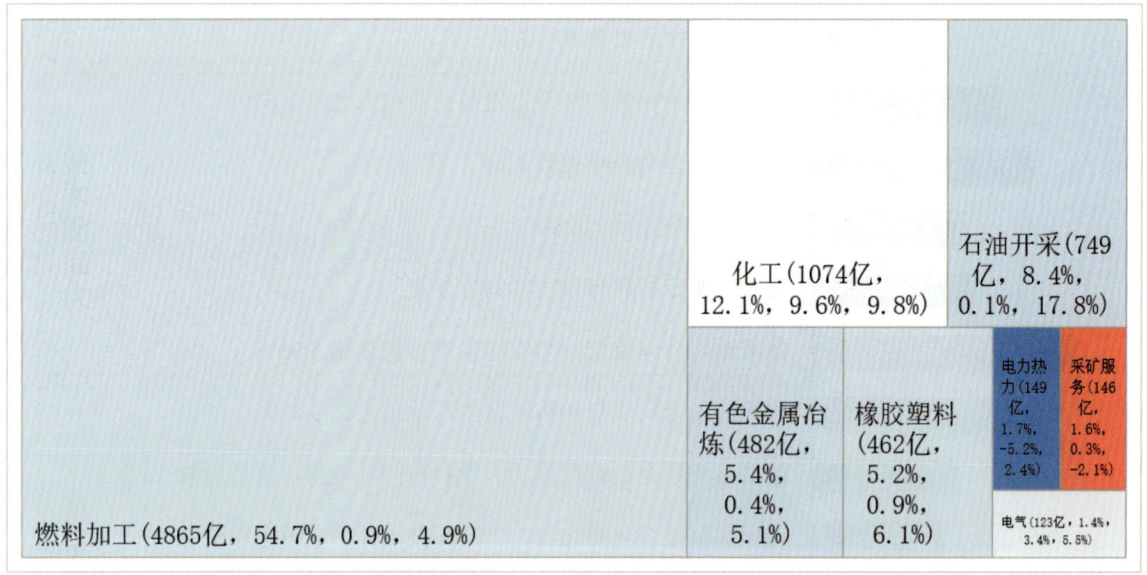

图2-73 东营工业主要产业的营业收入、占全市比重、利润率、全国平均利润率情况

截至2022年底，东营有上市公司6家，在石化、大宗用纸、电子化学品等细分领域营业收入规模较大，利润率超过细分领域平均水平；在化学原料、电池化学品等细分领域营利能力有待提升。

东营创新能力指数为47.31，在创新型城市中排名居第61位，属于创新增长极类别城市，在48个该类别城市中排名居第36位。从创新能力构成看，东营成果转化力、技术创新力有待提升（见第三章）。从具体指标看，东营在城乡协调发展、高技术产业发展、高新区发展等方面存在明显的短板。

排名	指标	类别
61	东营创新能力指数 47.31	
50	全社会研发经费支出与地区生产总值之比 2.35%	创新治理力
72	财政科技支出占公共财政支出比重 1.92%	
43	万名就业人员中研发人员 106.69人年/万人	
66	万人普通高校在校学生数 187.90人/万人	
38	人均实际使用外资额 293.01美元/人	
43	基础研究经费占研发经费比重 3.56%	原始创新力
42	高层次科技人才数 1人	
40	"双一流"建设学科数 0个	
27	高水平科技成果数 19.58项当量	
87	规上工业企业研发经费支出与营业收入之比 0.87%	技术创新力
72	上市科技型中小企业数 2家	
77	高新技术企业数 462家	
36	万人发明专利拥有量 23.74件/万人	
38	技术输出合同成交额与地区生产总值之比 2.95%	
34	技术输入合同成交额与地区生产总值之比 3.44%	成果转化力
59	国家级科技企业孵化器、大学科技园、双创示范基地数 14个	
60	国家级科技企业孵化器、大学科技园新增在孵企业数 90家	
93	高新技术企业营业收入与规上工业企业营业收入之比 19.99%	
83	规上工业企业新产品销售收入与营业收入之比 12.41%	
88	国家高新区营业收入与地区生产总值之比 7.91%	
8	人均地区生产总值 15.69万元/人	创新驱动力
47	地区生产总值与固定资产投资之比 1.81	
96	城乡居民人均可支配收入之比 2.54	
76	单位地区生产总值能耗 0.58吨标准煤/万元	
66	PM2.5年平均浓度 36微克/立方米	
25	居民人均可支配收入 5.66万元/人	

图 2-74 东营创新能力指标数据及排名

（三十八）烟台

2021年，烟台常住人口708万人，在101个创新型城市中排名居第42位；地区生产总值8712亿元，居创新型城市第26位。三次产业结构为28∶32.2∶39.8，与全国（7.3∶39.4∶53.3）相比，第二产业比重偏低。规上工业企业营业收入9095亿元，在创新型城市中排名居第27位；人均规上工业企业营业收入12.8万元，是全国平均水平的1.4倍；规上工业企业营业收入利润率6.5%，是全国平均水平的91.5%。烟台工业主要产业中（营业收入占全市比重较大），化工、电力热力、通用设备、专用设备等产业利润率高于全国平均水平（图2-75中颜色偏红板块），汽车、食品加工、有色金属冶炼、电子设备等产业营利能力有待提升（图2-75中颜色偏蓝板块）。

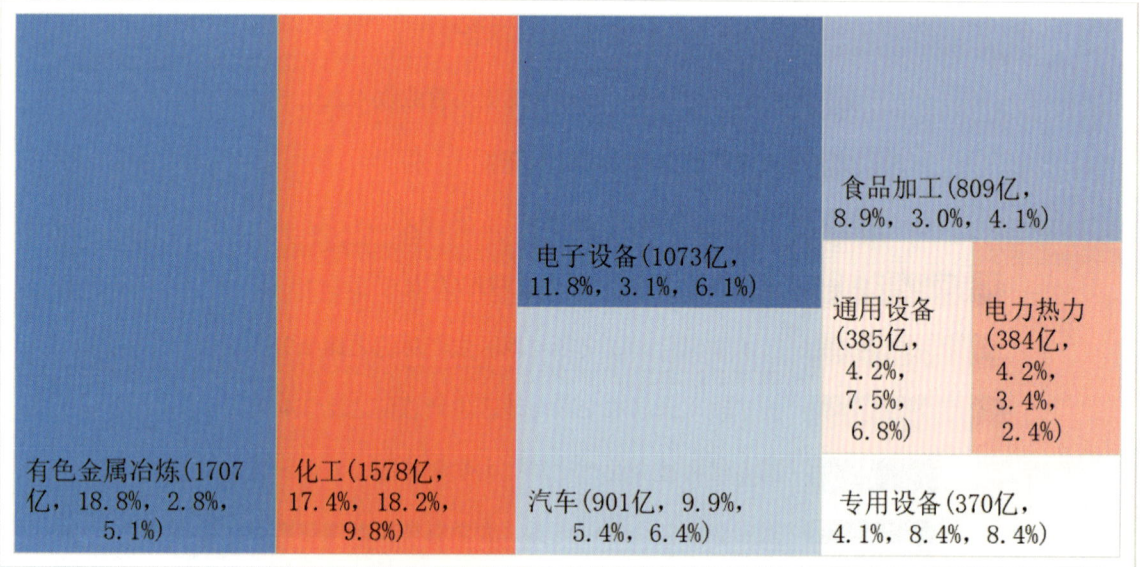

图2-75 烟台工业主要产业的营业收入、占全市比重、利润率、全国平均利润率情况

截至2022年底，烟台有上市公司52家，在火电设备、涂料油墨、特种纸、能源及重型设备、医疗耗材、红酒、车身附件及饰件、通信网络设备及器件、化学制剂、电子化学品等细分领域营业收入规模较大，利润率超过细分领域平均水平；在化学纤维、轮胎轮毂、输变电设备、体外诊断、金属包装等细分领域营利能力有待提升。

烟台创新能力指数为59.60，在创新型城市中排名居第28位，属于创新增长极类别城市，在48个该类别城市中排名居第9位。从创新能力构成看，烟台成果转化力、创新治理力有待提升（见第三章）。从具体指标看，烟台在高新区发展、高技术产业发展、全社会研发投入等方面存在明显的短板。

排名	指标	维度
28	烟台创新能力指数 59.60	
69	全社会研发经费支出与地区生产总值之比 1.99%	创新治理力
35	财政科技支出占公共财政支出比重 3.89%	
50	万名就业人员中研发人员 95.22人年/万人	
34	万人普通高校在校学生数 366.47人/万人	
31	人均实际使用外资额 374.02美元/人	
50	基础研究经费占研发经费比重 2.82%	原始创新力
35	高层次科技人才数 2人	
40	"双一流"建设学科数 0个	
33	高水平科技成果数 11.40项当量	
49	规上工业企业研发经费支出与营业收入之比 1.56%	技术创新力
29	上市科技型中小企业数 15家	
40	高新技术企业数 1540家	
54	万人发明专利拥有量 14.85件/万人	
45	技术输出合同成交额与地区生产总值之比 2.66%	
47	技术输入合同成交额与地区生产总值之比 2.79%	成果转化力
45	国家级科技企业孵化器、大学科技园、双创示范基地数 22个	
44	国家级科技企业孵化器、大学科技园新增在孵企业数 167家	
72	高新技术企业营业收入与规上工业企业营业收入之比 38.75%	
28	规上工业企业新产品销售收入与营业收入之比 31.08%	
84	国家高新区营业收入与地区生产总值之比 9.35%	
26	人均地区生产总值 12.28万元/人	创新驱动力
30	地区生产总值与固定资产投资之比 2.21	
67	城乡居民人均可支配收入之比 2.16	
60	单位地区生产总值能耗 0.49吨标准煤/万元	
24	PM2.5年平均浓度 27微克/立方米	
34	居民人均可支配收入 5.32万元/人	

图 2-76 烟台创新能力指标数据及排名

（三十九）潍坊

2021年，潍坊常住人口940万人，在101个创新型城市中排名居第26位；地区生产总值7011亿元，居创新型城市第35位。三次产业结构为38.6∶26.9∶34.5，与全国（7.3∶39.4∶53.3）相比，第二产业比重偏低。规上工业企业营业收入11019亿元，在创新型城市中排名居第24位；人均规上工业企业营业收入11.7万元，是全国平均水平的1.3倍；规上工业企业营业收入利润率4.7%，是全国平均水平的66.1%。潍坊工业主要产业中（营业收入占全市比重较大），通用设备等产业利润率高于全国平均水平（图2-77中颜色偏红板块），专用设备、电子设备、食品加工、钢铁、燃料加工、汽车等产业营利能力有待提升（图2-77中颜色偏蓝板块）。

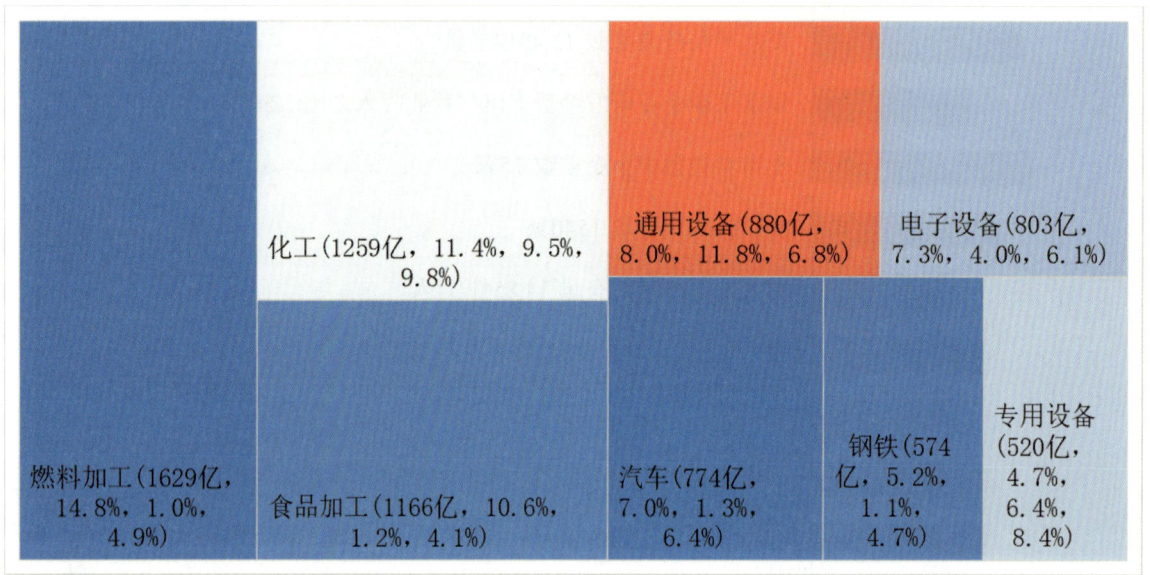

图2-77 潍坊工业主要产业的营业收入、占全市比重、利润率、全国平均利润率情况

截至2022年底，潍坊有上市公司30家，在粘胶、机器人、化学制品、家居用品、炭黑、棉纺、氯碱、农药等细分领域营业收入规模较大，利润率超过细分领域平均水平；在底盘与发动机系统、中药、消费电子零部件及组装、大宗用纸、聚氨酯、金属制品、能源及重型设备、预加工食品、汽车零部件等细分领域营利能力有待提升。

潍坊创新能力指数为54.26，在创新型城市中排名居第44位，属于创新增长极类别城市，在48个该类别城市中排名居第23位。从创新能力构成看，潍坊创新驱动力、创新治理力有待提升（见第三章）。从具体指标看，潍坊在节能降耗、空气质量改善、人均地区生产总值等方面存在明显的短板。

排名	指标	分类
44	潍坊创新能力指数 54.26	
61	全社会研发经费支出与地区生产总值之比 2.14%	创新治理力
54	财政科技支出占公共财政支出比重 2.63%	创新治理力
53	万名就业人员中研发人员 88.25人年/万人	创新治理力
51	万人普通高校在校学生数 263.65人/万人	创新治理力
59	人均实际使用外资额 140.80美元/人	创新治理力
64	基础研究经费占研发经费比重 1.25%	原始创新力
52	高层次科技人才数 0人	原始创新力
40	"双一流"建设学科数 0个	原始创新力
39	高水平科技成果数 7.24项当量	原始创新力
65	规上工业企业研发经费支出与营业收入之比 1.28%	技术创新力
36	上市科技型中小企业数 9家	技术创新力
44	高新技术企业数 1388家	技术创新力
57	万人发明专利拥有量 13.76件/万人	技术创新力
51	技术输出合同成交额与地区生产总值之比 2.24%	技术创新力
59	技术输入合同成交额与地区生产总值之比 2.20%	成果转化力
49	国家级科技企业孵化器、大学科技园、双创示范基地数 20个	成果转化力
46	国家级科技企业孵化器、大学科技园新增在孵企业数 146家	成果转化力
55	高新技术企业营业收入与规上工业企业营业收入之比 43.52%	成果转化力
40	规上工业企业新产品销售收入与营业收入之比 28.18%	成果转化力
16	国家高新区营业收入与地区生产总值之比 72.52%	成果转化力
73	人均地区生产总值 7.46万元/人	创新驱动力
64	地区生产总值与固定资产投资之比 1.49	创新驱动力
36	城乡居民人均可支配收入之比 1.94	创新驱动力
83	单位地区生产总值能耗 0.74吨标准煤/万元	创新驱动力
73	PM2.5年平均浓度 38微克/立方米	创新驱动力
49	居民人均可支配收入 4.66万元/人	创新驱动力

图 2-78 潍坊创新能力指标数据及排名

（四十）济宁

2021年，济宁常住人口834万人，在101个创新型城市中排名居第36位；地区生产总值5070亿元，居创新型城市第51位。三次产业结构为9.6∶52.6∶37.8，与全国（7.3∶39.4∶53.3）相比，第二产业比重较高。规上工业企业营业收入4700亿元，在创新型城市中排名居第56位；人均规上工业企业营业收入5.6万元，是全国平均水平的60.6%。规上工业企业营业收入利润率6.5%，是全国平均水平的91.3%。济宁工业主要产业中（营业收入占全市比重较大），燃料加工、造纸等产业利润率高于全国平均水平（图2-79中颜色偏红板块），非金属制品、煤炭开采、通用设备、专用设备、食品加工等产业营利能力有待提升（图2-79中颜色偏蓝板块）。

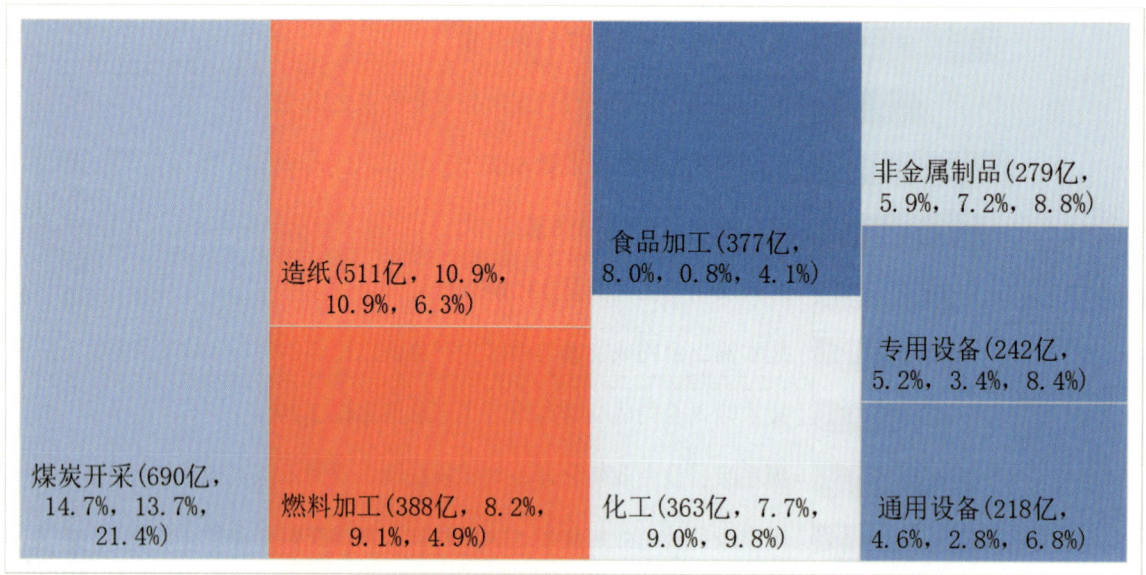

图2-79 济宁工业主要产业的营业收入、占全市比重、利润率、全国平均利润率情况

截至2022年底，济宁有上市公司10家，在大宗用纸、工程机械整机、汽车零部件等细分领域营业收入规模较大，利润率超过细分领域平均水平；在化学制剂、纺织等细分领域营利能力有待提升。

济宁创新能力指数为46.49，在创新型城市中排名居第64位，属于创新增长极类别城市，在48个该类别城市中排名居第43位。从创新能力构成看，济宁创新驱动力、创新治理力有待提升（见第三章）。从具体指标看，济宁在空气质量改善、财政科技投入、高技术产业发展等方面存在明显的短板。

排名	指标	类别
64	济宁创新能力指数 46.49	
85	全社会研发经费支出与地区生产总值之比 1.59%	创新治理力
89	财政科技支出占公共财政支出比重 1.06%	
70	万名就业人员中研发人员 64.43人年/万人	
70	万人普通高校在校学生数 174.38人/万人	
62	人均实际使用外资额 135.35美元/人	
44	基础研究经费占研发经费比重 3.47%	原始创新力
52	高层次科技人才数 0人	
40	"双一流"建设学科数 0个	
44	高水平科技成果数 6.41项当量	
53	规上工业企业研发经费支出与营业收入之比 1.49%	技术创新力
82	上市科技型中小企业数 1家	
56	高新技术企业数 935家	
80	万人发明专利拥有量 6.38件/万人	
41	技术输出合同成交额与地区生产总值之比 2.79%	
49	技术输入合同成交额与地区生产总值之比 2.69%	成果转化力
40	国家级科技企业孵化器、大学科技园、双创示范基地数 24个	
49	国家级科技企业孵化器、大学科技园新增在孵企业数 122家	
86	高新技术企业营业收入与规上工业企业营业收入之比 27.22%	
33	规上工业企业新产品销售收入与营业收入之比 29.59%	
36	国家高新区营业收入与地区生产总值之比 60.59%	
85	人均地区生产总值 6.07万元/人	创新驱动力
45	地区生产总值与固定资产投资之比 1.82	
46	城乡居民人均可支配收入之比 1.99	
62	单位地区生产总值能耗 0.50吨标准煤/万元	
98	PM2.5年平均浓度 47微克/立方米	
80	居民人均可支配收入 4.13万元/人	

图 2-80 济宁创新能力指标数据及排名

（四十一）威海

2021 年，威海常住人口 291 万人，在 101 个创新型城市中排名居第 84 位；地区生产总值 3464 亿元，居创新型城市第 68 位。三次产业结构为 37.6：18.8：43.3，与全国（7.3：39.4：53.3）相比，第二产业比重偏低。规上工业企业营业收入 2917 亿元，在创新型城市中排名居第 81 位；人均规上工业企业营业收入 10 万元，是全国平均水平的 1.1 倍；规上工业企业营业收入利润率 8.1%，是全国平均水平的 1.1 倍。威海工业主要产业中（营业收入占全市比重较大），非金属制品、通用设备、文体用品、服装、橡胶塑料、电子设备等产业利润率高于全国平均水平（图 2-81 中颜色偏红板块），医药、食品加工等产业营利能力有待提升（图 2-81 中颜色偏蓝板块）。

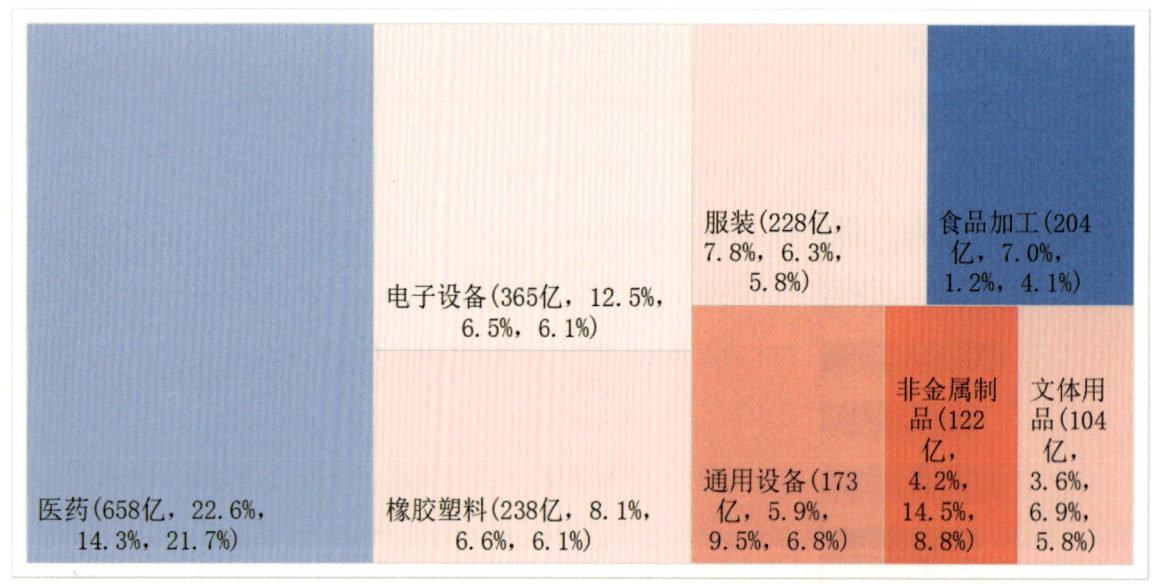

图 2-81 威海工业主要产业的营业收入、占全市比重、利润率、全国平均利润率情况

截至 2022 年底，威海有上市公司 17 家，在线缆部件及其他、底盘与发动机系统、医疗耗材、轮胎轮毂、保健品、仪器仪表、金属制品、机床工具、航空装备等细分领域营业收入规模较大，利润率超过细分领域平均水平；在计算机设备、家居用品等细分领域营利能力有待提升。

威海创新能力指数为 56.77，在创新型城市中排名居第 34 位，属于创新增长极类别城市，在 48 个该类别城市中排名居第 15 位。从创新能力构成看，威海创新驱动力、创新治理力有待提升（见第三章）。从具体指标看，威海在固定资产投资效率、财政科技投入、高技术产业发展等方面存在明显的短板。

排名	指标	类别
34	威海创新能力指数 56.77	
47	全社会研发经费支出与地区生产总值之比 2.40%	创新治理力
71	财政科技支出占公共财政支出比重 1.94%	
36	万名就业人员中研发人员 118.39人年/万人	
30	万人普通高校在校学生数 432.44人/万人	
18	人均实际使用外资额 497.37美元/人	
84	基础研究经费占研发经费比重 0.41%	原始创新力
52	高层次科技人才数 0人	
40	"双一流"建设学科数 0个	
36	高水平科技成果数 9.93项当量	
2	规上工业企业研发经费支出与营业收入之比 2.75%	技术创新力
45	上市科技型中小企业数 6家	
54	高新技术企业数 1048家	
44	万人发明专利拥有量 19.36件/万人	
28	技术输出合同成交额与地区生产总值之比 3.80%	
41	技术输入合同成交额与地区生产总值之比 3.11%	成果转化力
40	国家级科技企业孵化器、大学科技园、双创示范基地数 24个	
40	国家级科技企业孵化器、大学科技园新增在孵企业数 180家	
69	高新技术企业营业收入与规上工业企业营业收入之比 39.54%	
6	规上工业企业新产品销售收入与营业收入之比 43.11%	
42	国家高新区营业收入与地区生产总值之比 52.93%	
29	人均地区生产总值 11.89万元/人	创新驱动力
76	地区生产总值与固定资产投资之比 1.18	
59	城乡居民人均可支配收入之比 2.11	
50	单位地区生产总值能耗 0.41吨标准煤/万元	
15	PM2.5年平均浓度 24微克/立方米	
30	居民人均可支配收入 5.43万元/人	

图 2-82 威海创新能力指标数据及排名

（四十二）日照

2021年，日照常住人口297万人，在101个创新型城市中排名居第83位；地区生产总值2212亿元，居创新型城市第87位。三次产业结构为45.6∶14.1∶40.3，与全国（7.3∶39.4∶53.3）相比，第二产业比重偏低。规上工业企业营业收入4465亿元，在创新型城市中排名居第58位；人均规上工业企业营业收入15万元，是全国平均水平的1.6倍；规上工业企业营业收入利润率4.6%，是全国平均水平的64.4%。日照工业主要产业中（营业收入占全市比重较大），造纸、钢铁等产业利润率高于全国平均水平（图2-83中颜色偏红板块），非金属制品、金属制品、汽车、食品加工、燃料加工、电力热力等产业营利能力有待提升（图2-83中颜色偏蓝板块）。

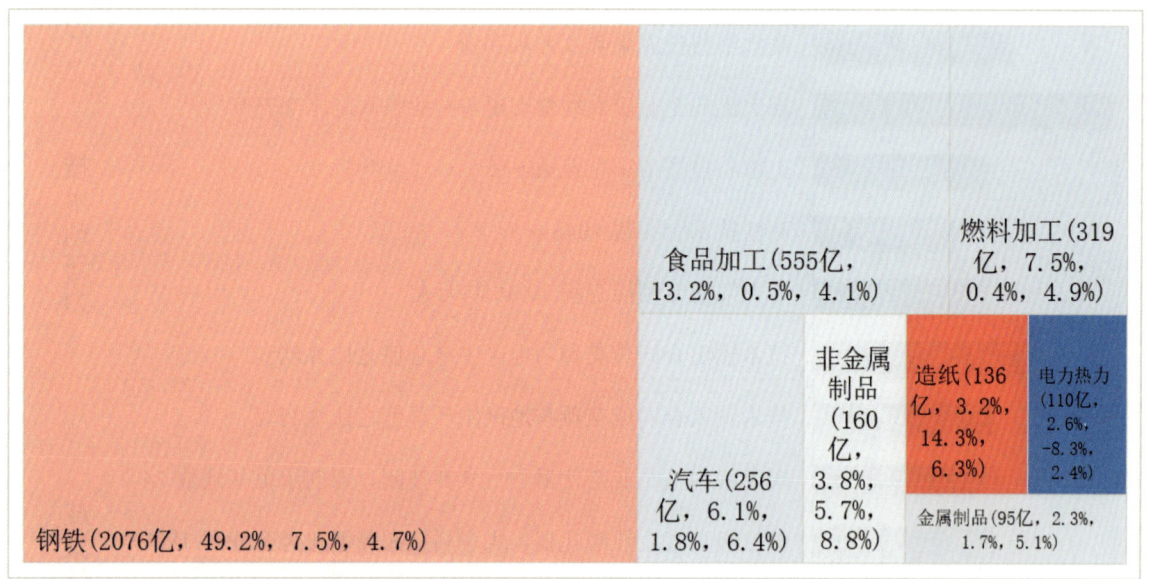

图2-83 日照工业主要产业的营业收入、占全市比重、利润率、全国平均利润率情况

截至2022年底，日照有上市公司2家，在工程机械器件等细分领域营利能力有待提升。

日照创新能力指数为33.32，在创新型城市中排名居第89位，属于创新应用区类别城市，在33个该类别城市中排名居第24位。从创新能力构成看，日照成果转化力、创新驱动力有待提升（见第三章）。从具体指标看，日照在高技术产业发展、节能降耗、科技型企业孵化等方面存在明显的短板。

排名	指标	类别
89	日照创新能力指数 33.32	
23	全社会研发经费支出与地区生产总值之比 3.09%	创新治理力
48	财政科技支出占公共财政支出比重 2.83%	
69	万名就业人员中研发人员 64.54人年/万人	
83	万人普通高校在校学生数 143.02人/万人	
51	人均实际使用外资额 174.72美元/人	
98	基础研究经费占研发经费比重 0.15%	原始创新力
52	高层次科技人才数 0人	
40	"双一流"建设学科数 0个	
70	高水平科技成果数 0项当量	
59	规上工业企业研发经费支出与营业收入之比 1.38%	技术创新力
82	上市科技型中小企业数 1家	
74	高新技术企业数 491家	
68	万人发明专利拥有量 9.65件/万人	
22	技术输出合同成交额与地区生产总值之比 4.12%	
76	技术输入合同成交额与地区生产总值之比 1.71%	成果转化力
72	国家级科技企业孵化器、大学科技园、双创示范基地数 9个	
93	国家级科技企业孵化器、大学科技园新增在孵企业数 12家	
98	高新技术企业营业收入与规上工业企业营业收入之比 15.14%	
86	规上工业企业新产品销售收入与营业收入之比 12.17%	
92	国家高新区营业收入与地区生产总值之比 0	
75	人均地区生产总值 7.44万元/人	创新驱动力
67	地区生产总值与固定资产投资之比 1.39	
38	城乡居民人均可支配收入之比 1.95	
97	单位地区生产总值能耗 1.37吨标准煤/万元	
41	PM2.5年平均浓度 31微克/立方米	
86	居民人均可支配收入 3.94万元/人	

图 2-84 日照创新能力指标数据及排名

（四十三）临沂

2021 年，临沂常住人口 1102 万人，在 101 个创新型城市中排名居第 15 位；地区生产总值 5466 亿元，居创新型城市第 44 位。三次产业结构为 16：42.9：41.1，与全国（7.3：39.4：53.3）相比，第二产业比重适中。规上工业企业营业收入 6373 亿元，在创新型城市中排名居第 45 位；人均规上工业企业营业收入 5.8 万元，是全国平均水平的 62.1%。规上工业企业营业收入利润率 2.9%，是全国平均水平的 41.0%。临沂工业主要产业中（营业收入占全市比重较大），非金属制品、化工、金属制品、专用设备、钢铁、食品加工、有色金属冶炼、木材加工等产业营利能力有待提升（图 2-85 中颜色偏蓝板块）。

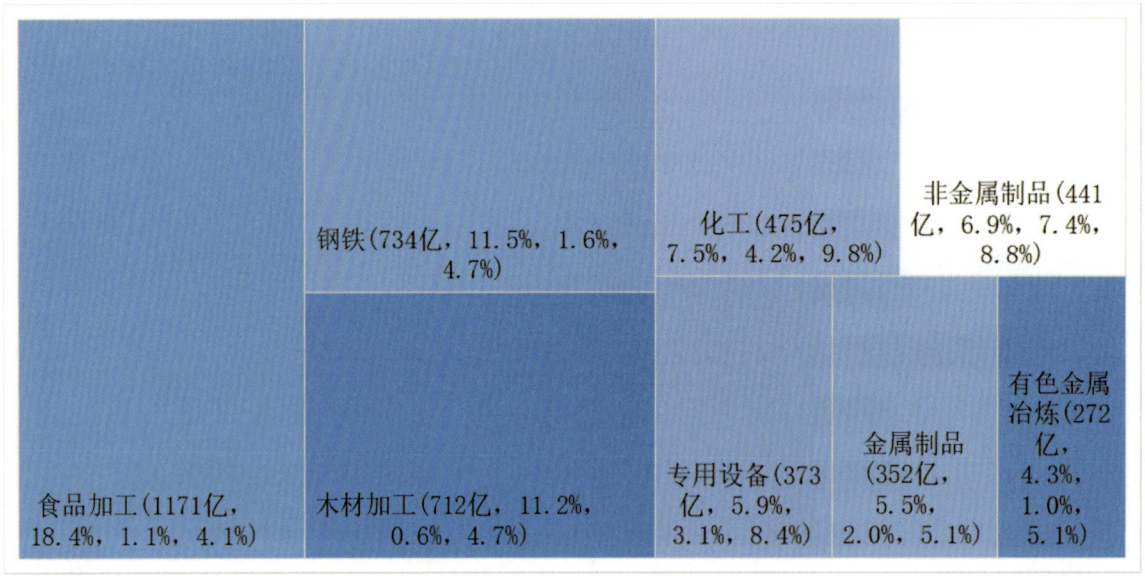

图 2-85　临沂工业主要产业的营业收入、占全市比重、利润率、全国平均利润率情况

截至 2022 年底，临沂有上市公司 6 家，在复合肥、化学制剂、电源设备等细分领域营利能力有待提升。

临沂创新能力指数为 38.68，在创新型城市中排名居第 78 位，属于创新增长极类别城市，在 48 个该类别城市中排名居第 48 位。从创新能力构成看，临沂创新驱动力、创新治理力有待提升（见第三章）。从具体指标看，临沂在人均地区生产总值、金融支持科技创新、研发人力投入等方面存在明显的短板。

排名	指标	类别
78	临沂创新能力指数 38.68	
64	全社会研发经费支出与地区生产总值之比 2.06%	创新治理力
88	财政科技支出占公共财政支出比重 1.15%	
92	万名就业人员中研发人员 36.24人年/万人	
90	万人普通高校在校学生数 113.08人/万人	
63	人均实际使用外资额 124.82美元/人	
61	基础研究经费占研发经费比重 1.46%	原始创新力
52	高层次科技人才数 0人	
40	"双一流"建设学科数 0个	
70	高水平科技成果数 0项当量	
39	规上工业企业研发经费支出与营业收入之比 1.66%	技术创新力
97	上市科技型中小企业数 0家	
53	高新技术企业数 1112家	
79	万人发明专利拥有量 6.72件/万人	
61	技术输出合同成交额与地区生产总值之比 1.92%	
30	技术输入合同成交额与地区生产总值之比 3.75%	成果转化力
63	国家级科技企业孵化器、大学科技园、双创示范基地数 12个	
72	国家级科技企业孵化器、大学科技园新增在孵企业数 51家	
51	高新技术企业营业收入与规上工业企业营业收入之比 45.02%	
51	规上工业企业新产品销售收入与营业收入之比 25.38%	
78	国家高新区营业收入与地区生产总值之比 16.68%	
97	人均地区生产总值 4.96万元/人	创新驱动力
61	地区生产总值与固定资产投资之比 1.52	
88	城乡居民人均可支配收入之比 2.40	
80	单位地区生产总值能耗 0.69吨标准煤/万元	
87	PM2.5年平均浓度 43微克/立方米	
70	居民人均可支配收入 4.26万元/人	

图 2-86 临沂创新能力指标数据及排名

（四十四）德州

2021年，德州常住人口560万人，在101个创新型城市中排名居第51位；地区生产总值3489亿元，居创新型城市第67位。三次产业结构为24.1∶21.5∶54.3，与全国（7.3∶39.4∶53.3）相比，第二产业比重偏低。规上工业企业营业收入3678亿元，在创新型城市中排名居第69位；人均规上工业企业营业收入6.6万元，是全国平均水平的70.6%。规上工业企业营业收入利润率6.7%，是全国平均水平的94.5%。德州工业主要产业中（营业收入占全市比重较大），化工、钢铁、燃料加工等产业利润率高于全国平均水平（图2-87中颜色偏红板块），食品加工、通用设备、金属制品、非金属制品、纺织等产业营利能力有待提升（图2-87中颜色偏蓝板块）。

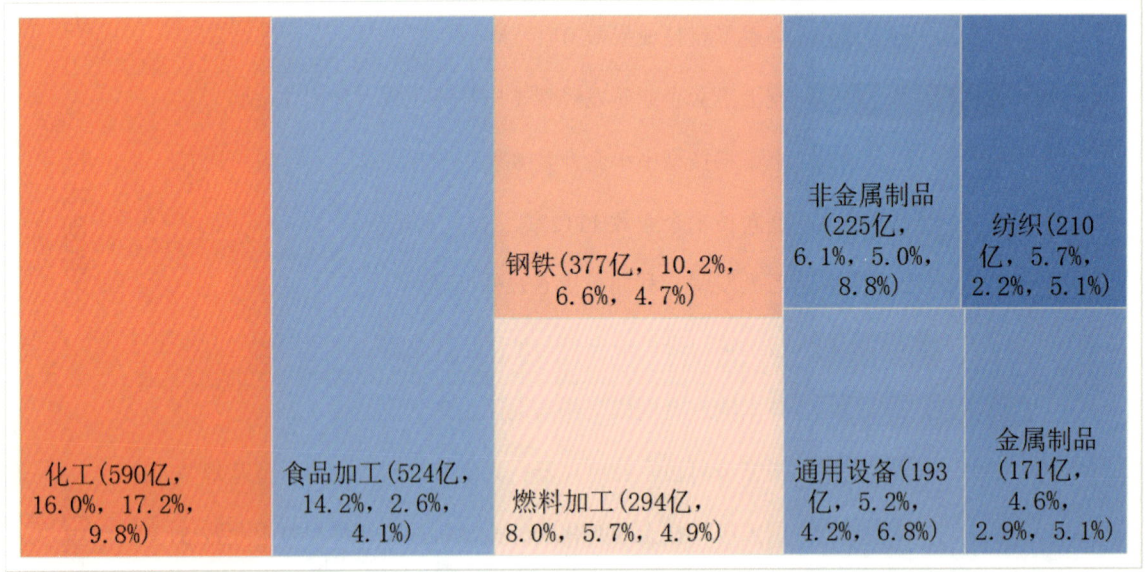

图2-87 德州工业主要产业的营业收入、占全市比重、利润率、全国平均利润率情况

截至2022年底，德州有上市公司11家，在农产品加工、底盘与发动机系统、环保设备、能源及重型设备、氮肥、食品及饲料添加剂等细分领域营业收入规模较大，利润率超过细分领域平均水平；在风电零部件、非金属材料、焦炭、汽车零部件等细分领域营利能力有待提升。

德州创新能力指数为39.60，在创新型城市中排名居第75位，属于创新增长极类别城市，在48个该类别城市中排名居第45位。从创新能力构成看，德州创新驱动力、成果转化力有待提升（见第三章）。从具体指标看，德州在居民增收、高新区发展、发明专利产出等方面存在明显的短板。

排名	指标	一级指标
75	德州创新能力指数 39.60	
30	全社会研发经费支出与地区生产总值之比 2.87%	创新治理力
69	财政科技支出占公共财政支出比重 1.98%	
77	万名就业人员中研发人员 53.57人年/万人	
85	万人普通高校在校学生数 138.18人/万人	
68	人均实际使用外资额 80.81美元/人	
80	基础研究经费占研发经费比重 0.55%	原始创新力
52	高层次科技人才数 0人	
40	"双一流"建设学科数 0个	
64	高水平科技成果数 0.69项当量	
6	规上工业企业研发经费支出与营业收入之比 2.55%	技术创新力
57	上市科技型中小企业数 4家	
76	高新技术企业数 475家	
86	万人发明专利拥有量 4.97件/万人	
63	技术输出合同成交额与地区生产总值之比 1.87%	
61	技术输入合同成交额与地区生产总值之比 2.12%	成果转化力
65	国家级科技企业孵化器、大学科技园、双创示范基地数 11个	
71	国家级科技企业孵化器、大学科技园新增在孵企业数 52家	
58	高新技术企业营业收入与规上工业企业营业收入之比 42.19%	
17	规上工业企业新产品销售收入与营业收入之比 37.27%	
89	国家高新区营业收入与地区生产总值之比 7.84%	
83	人均地区生产总值 6.22万元/人	创新驱动力
12	地区生产总值与固定资产投资之比 3.15	
7	城乡居民人均可支配收入之比 1.68	
73	单位地区生产总值能耗 0.57吨标准煤/万元	
84	PM2.5年平均浓度 42微克/立方米	
101	居民人均可支配收入 3.19万元/人	

图 2-88 德州创新能力指标数据及排名

（四十五）广州

2021年，广州常住人口1881万人，在101个创新型城市中排名居第5位；地区生产总值28232亿元，居创新型城市第4位。三次产业结构为3.3∶48.7∶48，与全国（7.3∶39.4∶53.3）相比，第二产业比重较高。规上工业企业营业收入23864亿元，在创新型城市中排名居第8位；人均规上工业企业营业收入12.7万元，是全国平均水平的1.4倍；规上工业企业营业收入利润率6.4%，是全国平均水平的90.1%。广州工业主要产业中（营业收入占全市比重较大），电力热力、汽车、电子设备、化工等产业利润率高于全国平均水平（图2-89中颜色偏红板块），食品制造、电气、燃气等产业营利能力有待提升（图2-89中颜色偏蓝板块）。

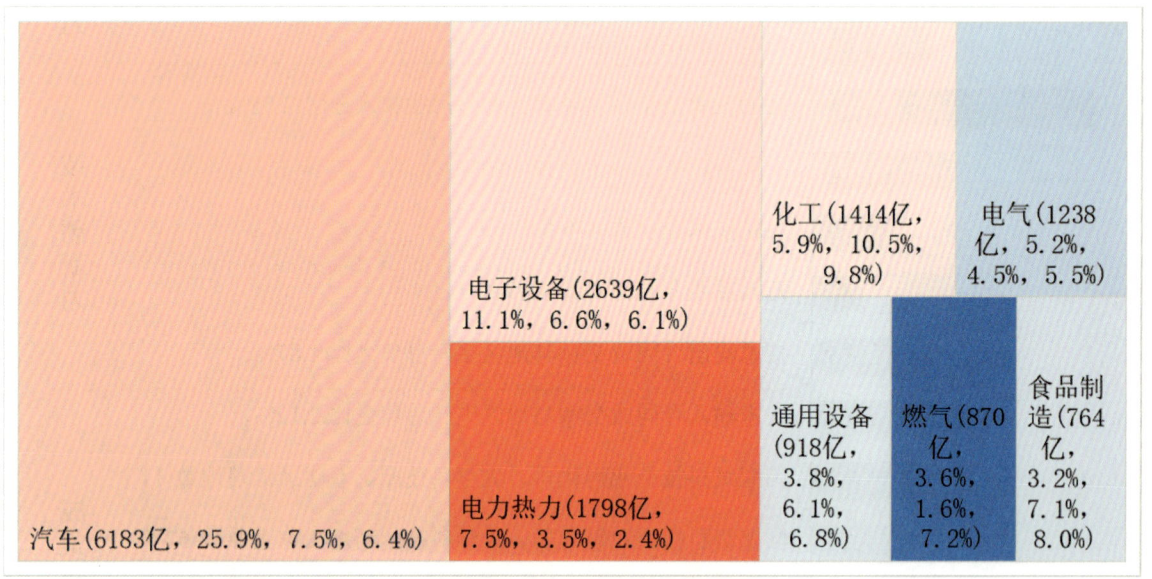

图2-89　广州工业主要产业的营业收入、占全市比重、利润率、全国平均利润率情况

截至2022年底，广州有上市公司155家，在航海装备、计算机设备、成品家居、电池化学品、LED、其他专用设备、综合乘用车、锂、电子化学品、品牌消费电子等细分领域营业收入规模较大，利润率超过细分领域平均水平；在卫浴制品、配电设备、有机硅、机器人、洗护用品、化学制剂、生物制品等细分领域营利能力有待提升。

广州创新能力指数为73.36，在创新型城市中排名居第7位，属于创新策源地类别城市，在20个该类别城市中排名居第7位。从创新能力构成看，广州技术创新力、成果转化力优势明显，创新治理力有待提升（见第三章）。从具体指标看，广州在技术输出、高新技术企业培育、居民增收等诸多方面优势突出，在城乡协调发展等方面存在短板。

排名	指标	数值	类别
7	广州创新能力指数	73.36	
21	全社会研发经费支出与地区生产总值之比	3.12%	创新治理力
10	财政科技支出占公共财政支出比重	6.66%	创新治理力
31	万名就业人员中研发人员	130.99人年/万人	创新治理力
8	万人普通高校在校学生数	750.94人/万人	创新治理力
22	人均实际使用外资额	447.65美元/人	创新治理力
12	基础研究经费占研发经费比重	11.99%	原始创新力
10	高层次科技人才数	34人	原始创新力
6	"双一流"建设学科数	20个	原始创新力
13	高水平科技成果数	63.25项当量	原始创新力
48	规上工业企业研发经费支出与营业收入之比	1.58%	技术创新力
6	上市科技型中小企业数	72家	技术创新力
5	高新技术企业数	11313家	技术创新力
10	万人发明专利拥有量	49.21件/万人	技术创新力
4	技术输出合同成交额与地区生产总值之比	8.28%	技术创新力
11	技术输入合同成交额与地区生产总值之比	5.12%	成果转化力
8	国家级科技企业孵化器、大学科技园、双创示范基地数	118个	成果转化力
7	国家级科技企业孵化器、大学科技园新增在孵企业数	814家	成果转化力
11	高新技术企业营业收入与规上工业企业营业收入之比	84.88%	成果转化力
49	规上工业企业新产品销售收入与营业收入之比	25.56%	成果转化力
44	国家高新区营业收入与地区生产总值之比	51.87%	成果转化力
10	人均地区生产总值	15.04万元/人	创新驱动力
9	地区生产总值与固定资产投资之比	3.32	创新驱动力
66	城乡居民人均可支配收入之比	2.15	创新驱动力
34	单位地区生产总值能耗	0.35吨标准煤/万元	创新驱动力
15	PM2.5年平均浓度	24微克/立方米	创新驱动力
5	居民人均可支配收入	7.44万元/人	创新驱动力

图 2-90　广州创新能力指标数据及排名

（四十六）深圳

2021 年，深圳常住人口 1768 万人，在 101 个创新型城市中排名居第 6 位；地区生产总值 30665 亿元，居创新型城市第 3 位。三次产业结构为 5.3∶48.5∶46.3，与全国（7.3∶39.4∶53.3）相比，第二产业比重较高。规上工业企业营业收入 42442 亿元，在创新型城市中排名居第 3 位；人均规上工业企业营业收入 24 万元，是全国平均水平的 2.6 倍；规上工业企业营业收入利润率 8.2%，是全国平均水平的 1.2 倍。深圳工业主要产业中（营业收入占全市比重较大），电力热力、专用设备、电子设备、电气等产业利润率高于全国平均水平（图 2-91 中颜色偏红板块），文体用品、汽车、橡胶塑料等产业营利能力有待提升（图 2-91 中颜色偏蓝板块）。

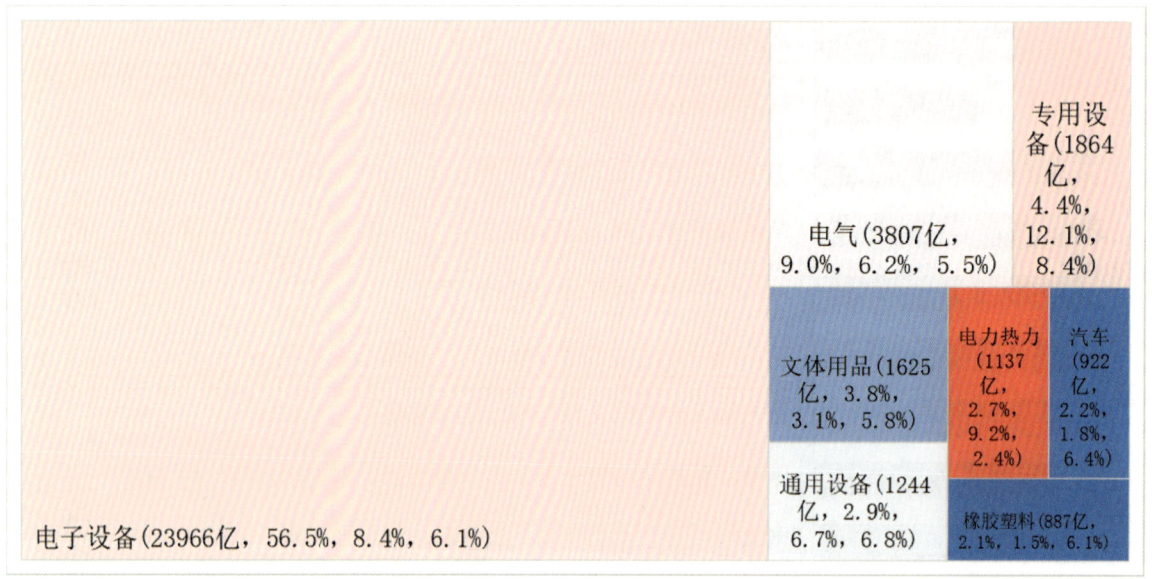

图 2-91　深圳工业主要产业的营业收入、占全市比重、利润率、全国平均利润率情况

截至 2022 年底，深圳有上市公司 421 家，在商用载货车、面板、汽车电子电气系统、电源设备、化学制剂、印制电路板、医疗设备、电动乘用车、激光设备、工控设备、通信网络设备及器件等细分领域营业收入规模较大，利润率超过细分领域平均水平；在通信终端及配件、彩电、LED、光学元件等细分领域营利能力有待提升。

深圳创新能力指数为 79.06，在创新型城市中排名居第 3 位，属于创新策源地类别城市，在 20 个该类别城市中排名居第 6 位。从创新能力构成看，深圳创新驱动力、技术创新力优势明显，原始创新力有待提升（见第三章）。从具体指标看，深圳在规上工业企业研发投入、城乡协调发展、研发人力投入等诸多方面优势突出，在人才培养等方面存在短板。

排名	指标	类别
3	深圳创新能力指数 79.06	
3	全社会研发经费支出与地区生产总值之比 5.49%	创新治理力
7	财政科技支出占公共财政支出比重 8.36%	
2	万名就业人员中研发人员 272.85人年/万人	
97	万人普通高校在校学生数 65.88人/万人	
10	人均实际使用外资额 620.14美元/人	
26	基础研究经费占研发经费比重 7.26%	原始创新力
28	高层次科技人才数 6人	
27	"双一流"建设学科数 1个	
14	高水平科技成果数 62.70项当量	
1	规上工业企业研发经费支出与营业收入之比 2.97%	技术创新力
2	上市科技型中小企业数 212家	
2	高新技术企业数 20821家	
2	万人发明专利拥有量 111.53件/万人	
15	技术输出合同成交额与地区生产总值之比 5.33%	
5	技术输入合同成交额与地区生产总值之比 8.12%	成果转化力
3	国家级科技企业孵化器、大学科技园、双创示范基地数 156个	
9	国家级科技企业孵化器、大学科技园新增在孵企业数 711家	
8	高新技术企业营业收入与规上工业企业营业收入之比 93.98%	
9	规上工业企业新产品销售收入与营业收入之比 40.40%	
13	国家高新区营业收入与地区生产总值之比 74.47%	
5	人均地区生产总值 17.37万元/人	创新驱动力
7	地区生产总值与固定资产投资之比 3.72	
1	城乡居民人均可支配收入之比 1.00	
29	单位地区生产总值能耗 0.32吨标准煤/万元	
4	PM2.5年平均浓度 18微克/立方米	
9	居民人均可支配收入 7.08万元/人	

图 2-92 深圳创新能力指标数据及排名

（四十七）汕头

2021年，汕头常住人口553万人，在101个创新型城市中排名居第52位；地区生产总值2930亿元，居创新型城市第79位。三次产业结构为9.5∶43.4∶47.1，与全国（7.3∶39.4∶53.3）相比，第二产业比重适中。规上工业企业营业收入3298亿元，在创新型城市中排名居第73位；人均规上工业企业营业收入6万元，是全国平均水平的64.1%。规上工业企业营业收入利润率6.4%，是全国平均水平的90.7%。汕头工业主要产业中（营业收入占全市比重较大），橡胶塑料、纺织、服装、文体用品、电子设备、电力热力等产业利润率高于全国平均水平（图2-93中颜色偏红板块），化工、非金属制品等产业营利能力有待提升（图2-93中颜色偏蓝板块）。

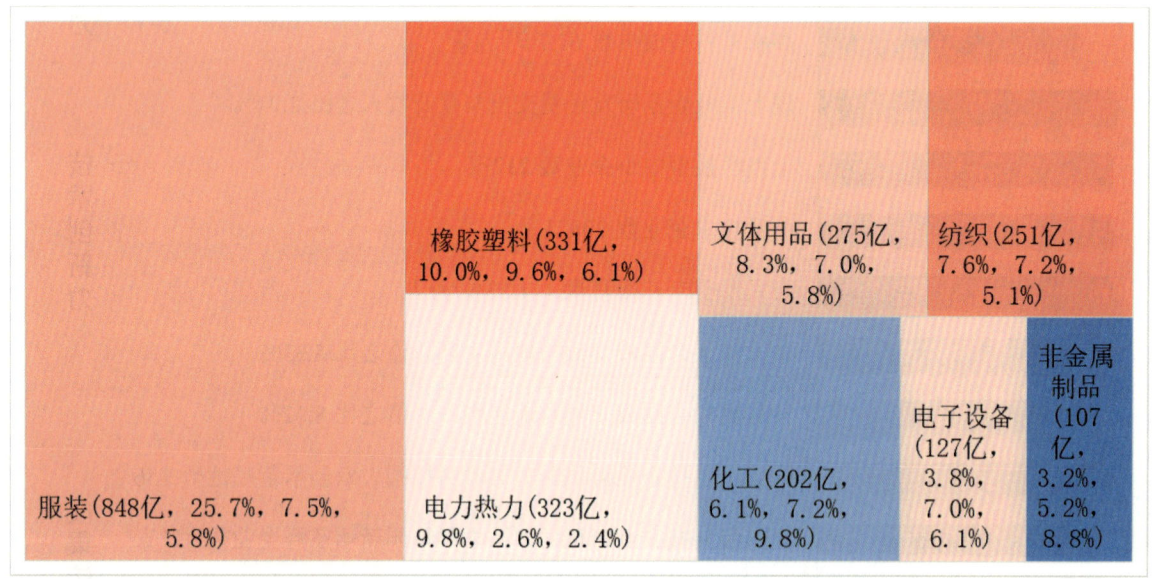

图2-93 汕头工业主要产业的营业收入、占全市比重、利润率、全国平均利润率情况

截至2022年底，汕头有上市公司33家，在改性塑料、化学制剂、钟表珠宝、生物制品、电池化学品、纸包装等细分领域营业收入规模较大，利润率超过细分领域平均水平；在铝、品牌化妆品、配电设备、电子化学品、洗护用品、非运动服装、娱乐用品、金属包装、中药、大宗用纸等细分领域营利能力有待提升。

汕头创新能力指数为29.64，在创新型城市中排名居第95位，属于创新应用区类别城市，在33个该类别城市中排名居第29位。从创新能力构成看，汕头创新治理力、成果转化力有待提升（见第三章）。从具体指标看，汕头在人才培养、居民增收、规上工业企业研发投入等方面存在明显的短板。

排名	指标	维度
95	汕头创新能力指数 29.64	
95	全社会研发经费支出与地区生产总值之比 1.06%	创新治理力
80	财政科技支出占公共财政支出比重 1.58%	
90	万名就业人员中研发人员 40.29人年/万人	
101	万人普通高校在校学生数 55.02人/万人	
91	人均实际使用外资额 14.70美元/人	
24	基础研究经费占研发经费比重 7.75%	原始创新力
52	高层次科技人才数 0人	
40	"双一流"建设学科数 0个	
70	高水平科技成果数 0项当量	
97	规上工业企业研发经费支出与营业收入之比 0.63%	技术创新力
36	上市科技型中小企业数 9家	
68	高新技术企业数 630家	
82	万人发明专利拥有量 5.98件/万人	
99	技术输出合同成交额与地区生产总值之比 0.07%	
85	技术输入合同成交额与地区生产总值之比 1.37%	成果转化力
83	国家级科技企业孵化器、大学科技园、双创示范基地数 6个	
89	国家级科技企业孵化器、大学科技园新增在孵企业数 17家	
88	高新技术企业营业收入与规上工业企业营业收入之比 25.68%	
77	规上工业企业新产品销售收入与营业收入之比 13.88%	
83	国家高新区营业收入与地区生产总值之比 10.02%	
95	人均地区生产总值 5.31万元/人	创新驱动力
49	地区生产总值与固定资产投资之比 1.78	
11	城乡居民人均可支配收入之比 1.71	
38	单位地区生产总值能耗 0.36吨标准煤/万元	
6	PM2.5年平均浓度 20微克/立方米	
98	居民人均可支配收入 3.56万元/人	

图 2-94 汕头创新能力指标数据及排名

（四十八）佛山

2021年，佛山常住人口961万人，在101个创新型城市中排名居第22位；地区生产总值12157亿元，居创新型城市第17位。三次产业结构为1.8∶30.3∶67.9，与全国（7.3∶39.4∶53.3）相比，第二产业比重偏低。规上工业企业营业收入25628亿元，在创新型城市中排名居第6位；人均规上工业企业营业收入26.7万元，是全国平均水平的2.9倍；规上工业企业营业收入利润率7.3%，是全国平均水平的1.0倍。佛山工业主要产业中（营业收入占全市比重较大），电气、橡胶塑料、金属制品、汽车等产业利润率高于全国平均水平（图2-95中颜色偏红板块），通用设备、有色金属冶炼、非金属制品、化工等产业营利能力有待提升（图2-95中颜色偏蓝板块）。

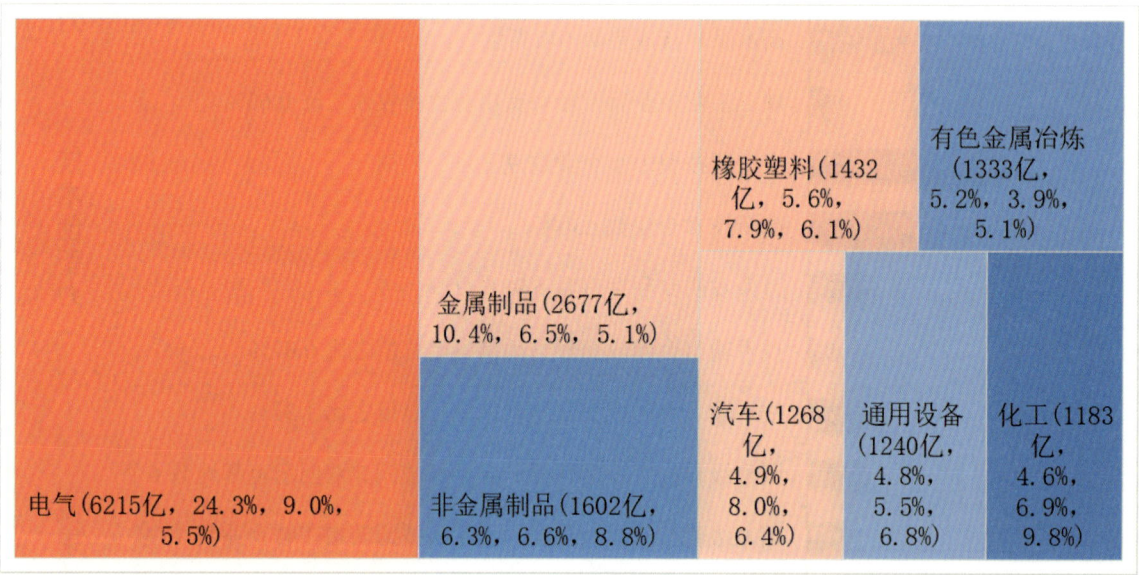

图2-95 佛山工业主要产业的营业收入、占全市比重、利润率、全国平均利润率情况

截至2022年底，佛山有上市公司51家，在面板、LED、半导体设备、汽车零部件、消费电子零部件及组装、印刷包装机械、集成电路封测、厨房小家电、膜材料、卫浴制品等细分领域营业收入规模较大，利润率超过细分领域平均水平；在输变电设备、纺织化学制品、管材、锂电专用设备、瓷砖地板等细分领域营利能力有待提升。

佛山创新能力指数为51.07，在创新型城市中排名居第52位，属于创新增长极类别城市，在48个该类别城市中排名居第34位。从创新能力构成看，佛山技术创新力、创新治理力有待提升（见第三章）。从具体指标看，佛山在技术输出、技术吸纳、开放创新等方面存在明显的短板。

排名	指标	类别
52	佛山创新能力指数 51.07	
33	全社会研发经费支出与地区生产总值之比 2.82%	创新治理力
3	财政科技支出占公共财政支出比重 9.48%	
38	万名就业人员中研发人员 117.29人年/万人	
77	万人普通高校在校学生数 156.94人/万人	
77	人均实际使用外资额 54.08美元/人	
63	基础研究经费占研发经费比重 1.31%	原始创新力
52	高层次科技人才数 0人	
40	"双一流"建设学科数 0个	
64	高水平科技成果数 0.69项当量	
70	规上工业企业研发经费支出与营业收入之比 1.16%	技术创新力
20	上市科技型中小企业数 22家	
12	高新技术企业数 7231家	
25	万人发明专利拥有量 36.76件/万人	
98	技术输出合同成交额与地区生产总值之比 0.16%	
87	技术输入合同成交额与地区生产总值之比 1.28%	成果转化力
20	国家级科技企业孵化器、大学科技园、双创示范基地数 51个	
19	国家级科技企业孵化器、大学科技园新增在孵企业数 362家	
75	高新技术企业营业收入与规上工业企业营业收入之比 36.10%	
60	规上工业企业新产品销售收入与营业收入之比 22.81%	
47	国家高新区营业收入与地区生产总值之比 49.35%	
24	人均地区生产总值 12.71万元/人	创新驱动力
17	地区生产总值与固定资产投资之比 2.83	
10	城乡居民人均可支配收入之比 1.70	
36	单位地区生产总值能耗 0.36吨标准煤/万元	
14	PM2.5年平均浓度 23微克/立方米	
19	居民人均可支配收入 6.29万元/人	

图 2-96 佛山创新能力指标数据及排名

（四十九）东莞

2021年，东莞常住人口1054万人，在101个创新型城市中排名居第16位；地区生产总值10855亿元，居创新型城市第23位。三次产业结构为2.4∶47.9∶49.6，与全国（7.3∶39.4∶53.3）相比，第二产业比重较高。规上工业企业营业收入25511亿元，在创新型城市中排名居第7位；人均规上工业企业营业收入24.2万元，是全国平均水平的2.6倍；规上工业企业营业收入利润率4.7%，是全国平均水平的67.0%。东莞工业主要产业中（营业收入占全市比重较大），金属制品等产业利润率高于全国平均水平（图2-97中颜色偏红板块），造纸、专用设备、通用设备、电气、食品加工、橡胶塑料等产业营利能力有待提升（图2-97中颜色偏蓝板块）。

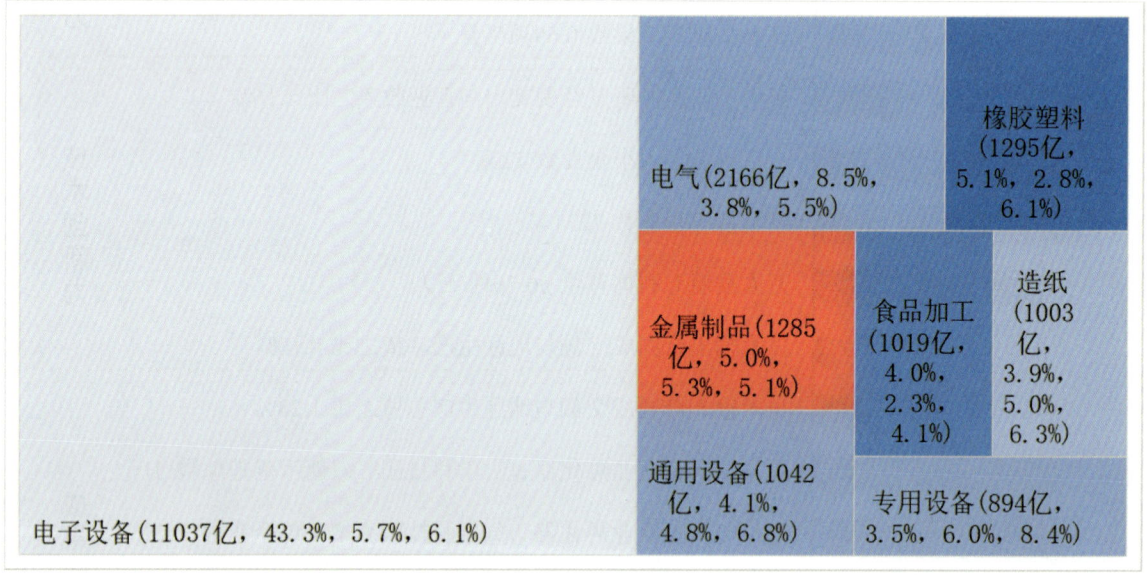

图2-97 东莞工业主要产业的营业收入、占全市比重、利润率、全国平均利润率情况

截至2022年底，东莞有上市公司56家，在机器人、金属制品、成品家居、通信终端及配件、消费电子零部件及组装、通信网络设备及器件、印制电路板等细分领域营业收入规模较大，利润率超过细分领域平均水平；在集成电路封测、配电设备、磨具磨料、锂电专用设备、被动元件、鞋帽及其他等细分领域营利能力有待提升。

东莞创新能力指数为61.33，在创新型城市中排名居第22位，属于创新增长极类别城市，在48个该类别城市中排名居第10位。从创新能力构成看，东莞技术创新力、创新治理力有待提升（见第三章）。从具体指标看，东莞在技术输出、人才培养、高水平科研机构建设等方面存在明显的短板。

排名	指标	类别
22	东莞创新能力指数 61.33	
6	全社会研发经费支出与地区生产总值之比 4.00%	创新治理力
36	财政科技支出占公共财政支出比重 3.72%	
9	万名就业人员中研发人员 182.64人年/万人	
88	万人普通高校在校学生数 131.16人/万人	
60	人均实际使用外资额 140.23美元/人	
69	基础研究经费占研发经费比重 0.92%	原始创新力
52	高层次科技人才数 0人	
40	"双一流"建设学科数 0个	
49	高水平科技成果数 3.73项当量	
47	规上工业企业研发经费支出与营业收入之比 1.59%	技术创新力
13	上市科技型中小企业数 35家	
11	高新技术企业数 7268家	
14	万人发明专利拥有量 45.84件/万人	
96	技术输出合同成交额与地区生产总值之比 0.24%	
1	技术输入合同成交额与地区生产总值之比 9.25%	成果转化力
17	国家级科技企业孵化器、大学科技园、双创示范基地数 53个	
12	国家级科技企业孵化器、大学科技园新增在孵企业数 509家	
28	高新技术企业营业收入与规上工业企业营业收入之比 55.43%	
19	规上工业企业新产品销售收入与营业收入之比 35.75%	
57	国家高新区营业收入与地区生产总值之比 38.32%	
40	人均地区生产总值 10.33万元/人	创新驱动力
6	地区生产总值与固定资产投资之比 4.17	
2	城乡居民人均可支配收入之比 1.48	
46	单位地区生产总值能耗 0.38吨标准煤/万元	
12	PM2.5年平均浓度 22微克/立方米	
18	居民人均可支配收入 6.37万元/人	

图 2-98 东莞创新能力指标数据及排名

（五十）海口

2021年，海口常住人口291万人，在101个创新型城市中排名居第85位；地区生产总值2057亿元，居创新型城市第89位。三次产业结构为4.1∶51.2∶44.8，与全国（7.3∶39.4∶53.3）相比，第二产业比重较高。规上工业企业营业收入666亿元，在创新型城市中排名居第100位；人均规上工业企业营业收入2.3万元，是全国平均水平的24.6%。规上工业企业营业收入利润率9.3%，是全国平均水平的1.3倍。海口工业主要产业中（营业收入占全市比重较大），电气、医药、食品加工、烟草、酒饮料茶、非金属制品、汽车、电力热力等产业营利能力有待提升（图2-99中颜色偏蓝板块）。

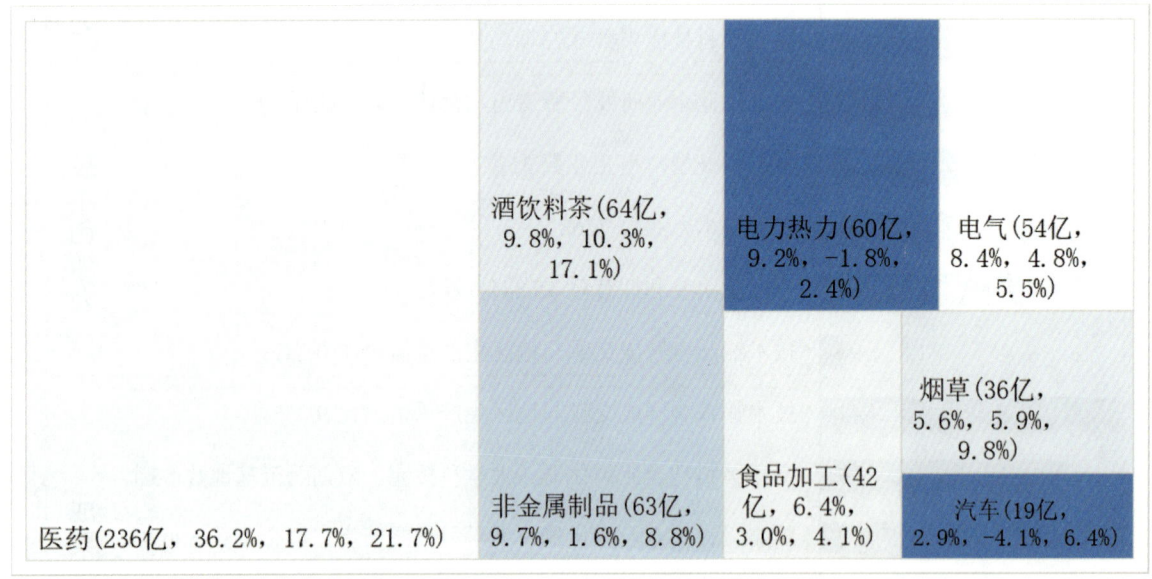

图2-99　海口工业主要产业的营业收入、占全市比重、利润率、全国平均利润率情况

截至2022年底，海口有上市公司24家，在粮油加工、光伏电池组件、钨等细分领域营业收入规模较大，利润率超过细分领域平均水平；在中药、化学制剂、输变电设备、稀土、综合乘用车等细分领域营利能力有待提升。

海口创新能力指数为53.14，在创新型城市中排名居第46位，属于创新增长极类别城市，在48个该类别城市中排名居第33位。从创新能力构成看，海口创新治理力、技术创新力有待提升（见第三章）。从具体指标看，海口在财政科技投入、全社会研发投入、人均地区生产总值等方面存在明显的短板。

排名	指标	类别
46	海口创新能力指数 53.14	
90	全社会研发经费支出与地区生产总值之比 1.40%	创新治理力
95	财政科技支出占公共财政支出比重 0.83%	
65	万名就业人员中研发人员 70.45人年/万人	
19	万人普通高校在校学生数 574.90人/万人	
2	人均实际使用外资额 934.06美元/人	
1	基础研究经费占研发经费比重 26.75%	原始创新力
42	高层次科技人才数 1人	
27	"双一流"建设学科数 1个	
70	高水平科技成果数 0项当量	
33	规上工业企业研发经费支出与营业收入之比 1.74%	技术创新力
57	上市科技型中小企业数 4家	
63	高新技术企业数 746家	
60	万人发明专利拥有量 12.94件/万人	
77	技术输出合同成交额与地区生产总值之比 1.05%	
8	技术输入合同成交额与地区生产总值之比 6.31%	成果转化力
77	国家级科技企业孵化器、大学科技园、双创示范基地数 7个	
65	国家级科技企业孵化器、大学科技园新增在孵企业数 70家	
16	高新技术企业营业收入与规上工业企业营业收入之比 77.89%	
26	规上工业企业新产品销售收入与营业收入之比 32.74%	
33	国家高新区营业收入与地区生产总值之比 62.99%	
79	人均地区生产总值 7.10万元/人	创新驱动力
56	地区生产总值与固定资产投资之比 1.55	
76	城乡居民人均可支配收入之比 2.26	
14	单位地区生产总值能耗 0.26吨标准煤/万元	
2	PM2.5年平均浓度 14微克/立方米	
61	居民人均可支配收入 4.36万元/人	

图 2-100　海口创新能力指标数据及排名

二、中部地区

（一）太原

2021年，太原常住人口539万人，在101个创新型城市中排名居第54位；地区生产总值5122亿元，居创新型城市第49位。三次产业结构为22∶34∶44，与全国（7.3∶39.4∶53.3）相比，第二产业比重偏低。规上工业企业营业收入5344亿元，在创新型城市中排名居第52位；人均规上工业企业营业收入9.9万元，是全国平均水平的1.1倍；规上工业企业营业收入利润率4.2%，是全国平均水平的59.6%。太原工业主要产业中（营业收入占全市比重较大），燃料加工、钢铁等产业利润率高于全国平均水平（图2-101中颜色偏红板块），燃气、电子设备、专用设备、煤炭开采、非金属制品、电力热力等产业营利能力有待提升（图2-101中颜色偏蓝板块）。

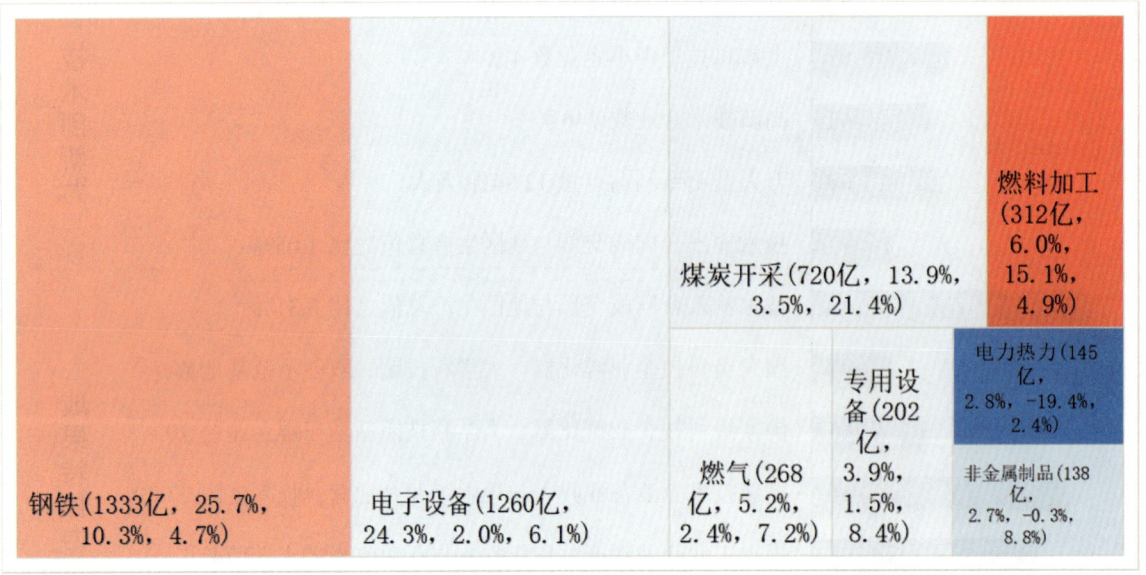

图2-101 太原工业主要产业的营业收入、占全市比重、利润率、全国平均利润率情况

截至2022年底，太原有上市公司19家，在焦炭等细分领域营业收入规模较大，利润率超过细分领域平均水平；在能源及重型设备、自动化设备、轨交设备、特钢等细分领域营利能力有待提升。

太原创新能力指数为56.74，在创新型城市中排名居第35位，属于创新增长极类别城市，在48个该类别城市中排名居第30位。从创新能力构成看，太原技术创新力、创新驱动力有待提升（见第三章）。从具体指标看，太原在空气质量改善、开放创新、节能降耗等方面存在明显的短板。

排名	指标	分类
35	太原创新能力指数 56.74	
56	全社会研发经费支出与地区生产总值之比 2.24%	创新治理力
15	财政科技支出占公共财政支出比重 5.47%	创新治理力
40	万名就业人员中研发人员 109.73人年/万人	创新治理力
5	万人普通高校在校学生数 853.48人/万人	创新治理力
85	人均实际使用外资额 32.02美元/人	创新治理力
29	基础研究经费占研发经费比重 6.06%	原始创新力
24	高层次科技人才数 7人	原始创新力
20	"双一流"建设学科数 3个	原始创新力
19	高水平科技成果数 39.76项当量	原始创新力
77	规上工业企业研发经费支出与营业收入之比 1.09%	技术创新力
68	上市科技型中小企业数 3家	技术创新力
33	高新技术企业数 2139家	技术创新力
34	万人发明专利拥有量 24.90件/万人	技术创新力
60	技术输出合同成交额与地区生产总值之比 1.96%	技术创新力
16	技术输入合同成交额与地区生产总值之比 4.41%	成果转化力
26	国家级科技企业孵化器、大学科技园、双创示范基地数 42个	成果转化力
50	国家级科技企业孵化器、大学科技园新增在孵企业数 114家	成果转化力
17	高新技术企业营业收入与规上工业企业营业收入之比 74.06%	成果转化力
61	规上工业企业新产品销售收入与营业收入之比 22.12%	成果转化力
11	国家高新区营业收入与地区生产总值之比 81.28%	成果转化力
46	人均地区生产总值 9.56万元/人	创新驱动力
11	地区生产总值与固定资产投资之比 3.18	创新驱动力
33	城乡居民人均可支配收入之比 1.92	创新驱动力
84	单位地区生产总值能耗 0.74吨标准煤/万元	创新驱动力
93	PM2.5年平均浓度 44微克/立方米	创新驱动力
78	居民人均可支配收入 4.14万元/人	创新驱动力

图2-102 太原创新能力指标数据及排名

（二）长治

2021年，长治常住人口315万人，在101个创新型城市中排名居第81位；地区生产总值2311亿元，居创新型城市第85位。三次产业结构为8∶41.5∶50.5，与全国（7.3∶39.4∶53.3）相比，第二产业比重适中。规上工业企业营业收入4102亿元，在创新型城市中排名居第62位；人均规上工业企业营业收入13万元，是全国平均水平的1.4倍；规上工业企业营业收入利润率12.3%，是全国平均水平的1.7倍。长治工业主要产业中（营业收入占全市比重较大），钢铁、煤炭开采等产业利润率高于全国平均水平（图2-103中颜色偏红板块），电气、非金属制品、资源回收、燃料加工、化工、电力热力等产业营利能力有待提升（图2-103中颜色偏蓝板块）。

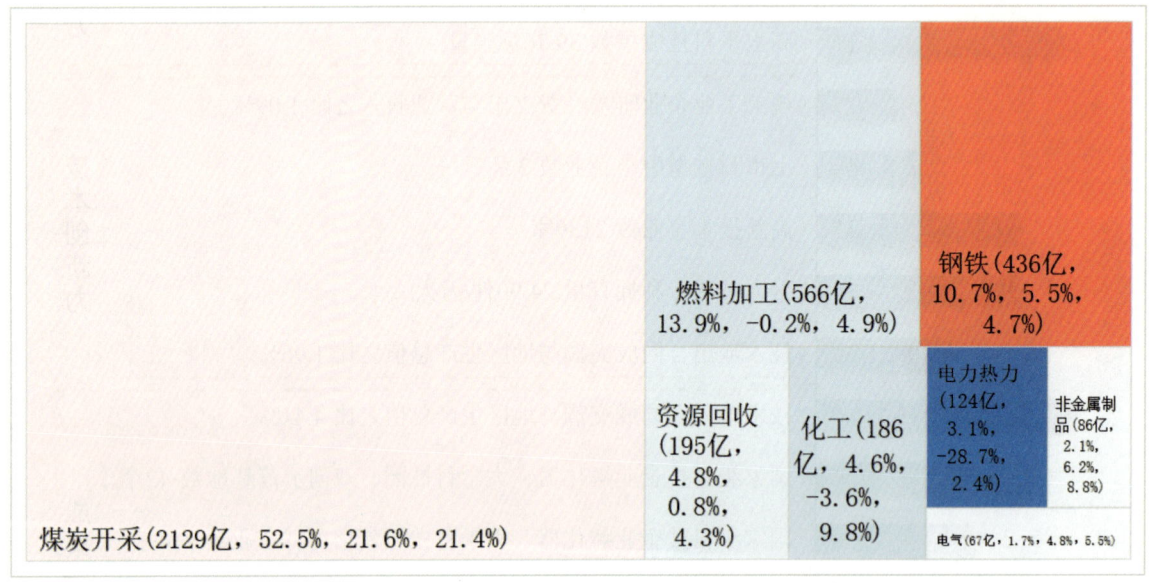

图2-103 长治工业主要产业的营业收入、占全市比重、利润率、全国平均利润率情况

截至2022年底，长治有上市公司4家，在民爆制品等细分领域营业收入规模较大，利润率超过细分领域平均水平；在中药、线缆部件及其他等细分领域营利能力有待提升。

长治创新能力指数为25.40，在创新型城市中排名居第101位，属于创新应用区类别城市，在33个该类别城市中排名居第32位。从创新能力构成看，长治创新治理力、成果转化力有待提升（见第三章）。从具体指标看，长治在新产品开发、财政科技投入、节能降耗等方面存在明显的短板。

排名	指标	分类
101	长治创新能力指数 25.40	
96	全社会研发经费支出与地区生产总值之比 0.97%	创新治理力
99	财政科技支出占公共财政支出比重 0.42%	
94	万名就业人员中研发人员 33.97人年/万人	
75	万人普通高校在校学生数 161.31人/万人	
57	人均实际使用外资额 152.74美元/人	
82	基础研究经费占研发经费比重 0.48%	原始创新力
52	高层次科技人才数 0人	
40	"双一流"建设学科数 0个	
56	高水平科技成果数 1.83项当量	
98	规上工业企业研发经费支出与营业收入之比 0.53%	技术创新力
72	上市科技型中小企业数 2家	
93	高新技术企业数 218家	
99	万人发明专利拥有量 2.58件/万人	
91	技术输出合同成交额与地区生产总值之比 0.46%	
94	技术输入合同成交额与地区生产总值之比 0.88%	成果转化力
76	国家级科技企业孵化器、大学科技园、双创示范基地数 8个	
95	国家级科技企业孵化器、大学科技园新增在孵企业数 9家	
96	高新技术企业营业收入与规上工业企业营业收入之比 17.73%	
100	规上工业企业新产品销售收入与营业收入之比 1.65%	
69	国家高新区营业收入与地区生产总值之比 22.92%	
78	人均地区生产总值 7.30万元/人	创新驱动力
22	地区生产总值与固定资产投资之比 2.59	
65	城乡居民人均可支配收入之比 2.15	
98	单位地区生产总值能耗 1.40吨标准煤/万元	
73	PM2.5年平均浓度 38微克/立方米	
90	居民人均可支配收入 3.88万元/人	

图 2-104 长治创新能力指标数据及排名

（三）合肥

2021年，合肥常住人口947万人，在101个创新型城市中排名居第24位；地区生产总值11413亿元，居创新型城市第19位。三次产业结构为8.4∶45.3∶46.4，与全国（7.3∶39.4∶53.3）相比，第二产业比重较高。规上工业企业营业收入10129亿元，在创新型城市中排名居第25位；人均规上工业企业营业收入10.7万元，是全国平均水平的1.1倍；规上工业企业营业收入利润率5.8%，是全国平均水平的81.8%。合肥工业主要产业中（营业收入占全市比重较大），通用设备、橡胶塑料等产业利润率高于全国平均水平（图2-105中颜色偏红板块），电子设备、电气、金属制品、汽车、电力热力等产业营利能力有待提升（图2-105中颜色偏蓝板块）。

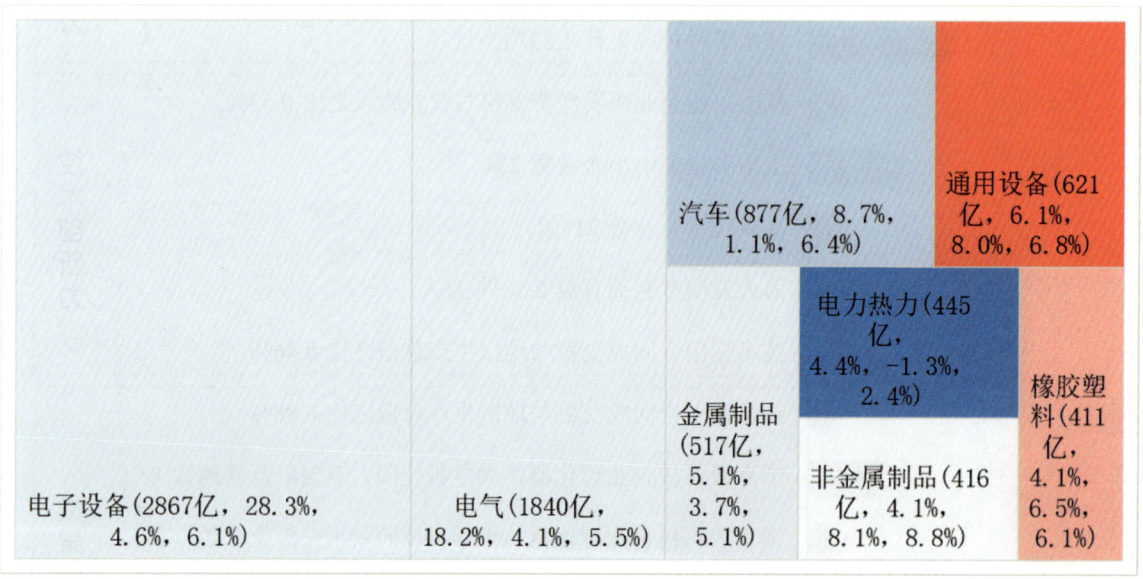

图2-105 合肥工业主要产业的营业收入、占全市比重、利润率、全国平均利润率情况

截至2022年底，合肥有上市公司81家，在LED、生物制品、医疗耗材、金属制品、航空装备、蓄电池及其他电池、轨交设备、集成电路封测、仪器仪表、集成电路制造、工程机械整机等细分领域营业收入规模较大，利润率超过细分领域平均水平；在面板、通信终端及配件、商用载货车、商用载客车等细分领域营利能力有待提升。

合肥创新能力指数为70.85，在创新型城市中排名居第10位，属于创新策源地类别城市，在20个该类别城市中排名居第9位。从创新能力构成看，合肥创新治理力、原始创新力优势明显，创新驱动力有待提升（见第三章）。从具体指标看，合肥在财政科技投入、新产品开发、节能降耗等诸多方面优势突出，在固定资产投资效率等方面存在短板。

排名	指标	维度
10	合肥创新能力指数 70.85	
13	全社会研发经费支出与地区生产总值之比 3.46%	创新治理力
1	财政科技支出占公共财政支出比重 14.23%	
13	万名就业人员中研发人员 169.03人年/万人	
14	万人普通高校在校学生数 688.17人/万人	
26	人均实际使用外资额 395.99美元/人	
8	基础研究经费占研发经费比重 14.94%	原始创新力
8	高层次科技人才数 37人	
10	"双一流"建设学科数 13个	
12	高水平科技成果数 63.48项当量	
12	规上工业企业研发经费支出与营业收入之比 2.22%	技术创新力
12	上市科技型中小企业数 37家	
17	高新技术企业数 4573家	
17	万人发明专利拥有量 43.47件/万人	
23	技术输出合同成交额与地区生产总值之比 4.10%	
15	技术输入合同成交额与地区生产总值之比 4.64%	成果转化力
15	国家级科技企业孵化器、大学科技园、双创示范基地数 56个	
18	国家级科技企业孵化器、大学科技园新增在孵企业数 379家	
13	高新技术企业营业收入与规上工业企业营业收入之比 78.91%	
4	规上工业企业新产品销售收入与营业收入之比 43.57%	
22	国家高新区营业收入与地区生产总值之比 70.40%	
28	人均地区生产总值 12.12万元/人	创新驱动力
65	地区生产总值与固定资产投资之比 1.42	
44	城乡居民人均可支配收入之比 1.98	
6	单位地区生产总值能耗 0.23吨标准煤/万元	
46	PM2.5年平均浓度 32微克/立方米	
33	居民人均可支配收入 5.32万元/人	

图 2-106 合肥创新能力指标数据及排名

（四）芜湖

2021 年，芜湖常住人口 367 万人，在 101 个创新型城市中排名居第 72 位；地区生产总值 4303 亿元，居创新型城市第 58 位。三次产业结构为 22.6∶26.8∶50.6，与全国（7.3∶39.4∶53.3）相比，第二产业比重偏低。规上工业企业营业收入 5736 亿元，在创新型城市中排名居第 50 位；人均规上工业企业营业收入 15.6 万元，是全国平均水平的 1.7 倍；规上工业企业营业收入利润率 7.2%，是全国平均水平的 1.0 倍。芜湖工业主要产业中（营业收入占全市比重较大），非金属制品、电子设备、食品加工、钢铁、电气、有色金属冶炼等产业利润率高于全国平均水平（图 2-107 中颜色偏红板块），通用设备、汽车等产业营利能力有待提升（图 2-107 中颜色偏蓝板块）。

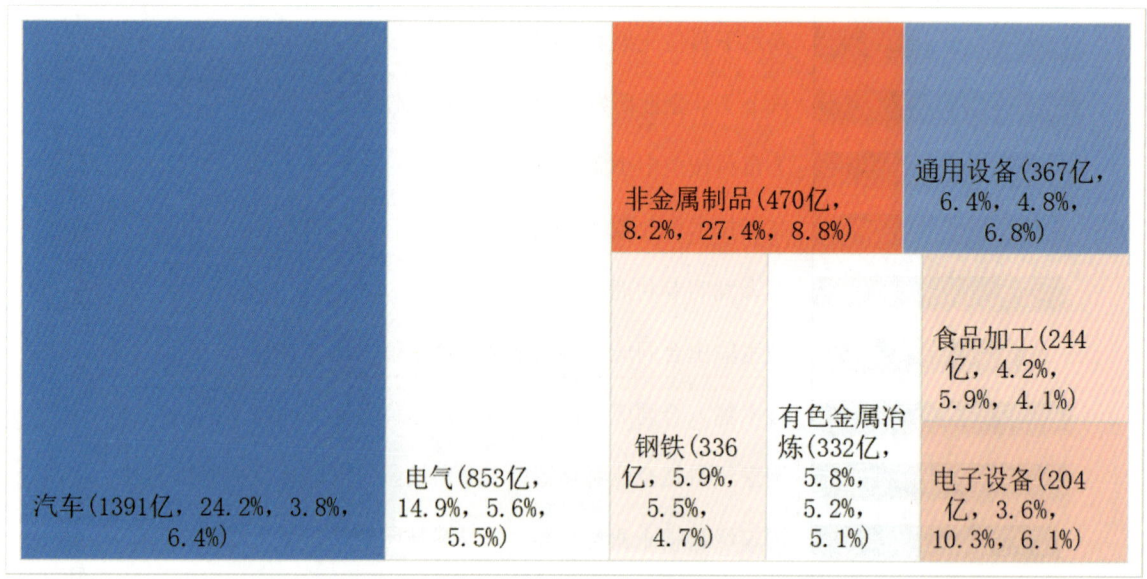

图 2-107　芜湖工业主要产业的营业收入、占全市比重、利润率、全国平均利润率情况

截至 2022 年底，芜湖有上市公司 19 家，在面板、消费电子零部件及组装、底盘与发动机系统、汽车零部件、水泥制造、印染等细分领域营业收入规模较大，利润率超过细分领域平均水平；在化学制剂、零食、铜、合成树脂、机器人等细分领域营利能力有待提升。

芜湖创新能力指数为 58.43，在创新型城市中排名居第 29 位，属于创新增长极类别城市，在 48 个该类别城市中排名居第 6 位。从创新能力构成看，芜湖创新驱动力、成果转化力有待提升（见第三章）。从具体指标看，芜湖在固定资产投资效率等方面存在明显的短板。

排名	指标	类别
29	芜湖创新能力指数 58.43	
12	全社会研发经费支出与地区生产总值之比 3.48%	创新治理力
2	财政科技支出占公共财政支出比重 13.94%	创新治理力
12	万名就业人员中研发人员 171.03人年/万人	创新治理力
27	万人普通高校在校学生数 448.94人/万人	创新治理力
5	人均实际使用外资额 870.53美元/人	创新治理力
49	基础研究经费占研发经费比重 2.83%	原始创新力
52	高层次科技人才数 0人	原始创新力
40	"双一流"建设学科数 0个	原始创新力
70	高水平科技成果数 0项当量	原始创新力
14	规上工业企业研发经费支出与营业收入之比 2.20%	技术创新力
57	上市科技型中小企业数 4家	技术创新力
49	高新技术企业数 1274家	技术创新力
9	万人发明专利拥有量 49.87件/万人	技术创新力
6	技术输出合同成交额与地区生产总值之比 7.88%	技术创新力
6	技术输入合同成交额与地区生产总值之比 7.05%	成果转化力
55	国家级科技企业孵化器、大学科技园、双创示范基地数 16个	成果转化力
56	国家级科技企业孵化器、大学科技园新增在孵企业数 99家	成果转化力
30	高新技术企业营业收入与规上工业企业营业收入之比 53.80%	成果转化力
13	规上工业企业新产品销售收入与营业收入之比 38.18%	成果转化力
50	国家高新区营业收入与地区生产总值之比 45.28%	成果转化力
30	人均地区生产总值 11.75万元/人	创新驱动力
93	地区生产总值与固定资产投资之比 0.87	创新驱动力
20	城乡居民人均可支配收入之比 1.79	创新驱动力
31	单位地区生产总值能耗 0.32吨标准煤/万元	创新驱动力
56	PM2.5年平均浓度 34微克/立方米	创新驱动力
46	居民人均可支配收入 4.87万元/人	创新驱动力

图 2-108 芜湖创新能力指标数据及排名

（五）蚌埠

2021年，蚌埠常住人口332万人，在101个创新型城市中排名居第77位；地区生产总值1989亿元，居创新型城市第90位。三次产业结构为11.2∶44.8∶44.1，与全国（7.3∶39.4∶53.3）相比，第二产业比重适中。规上工业企业营业收入1323亿元，在创新型城市中排名居第98位；人均规上工业企业营业收入4万元，是全国平均水平的42.9%。规上工业企业营业收入利润率4.7%，是全国平均水平的66.2%。蚌埠工业主要产业中（营业收入占全市比重较大），化工、非金属制品、电子设备、通用设备、电力热力、烟草、食品加工、医药等产业营利能力有待提升（图2-109中颜色偏蓝板块）。

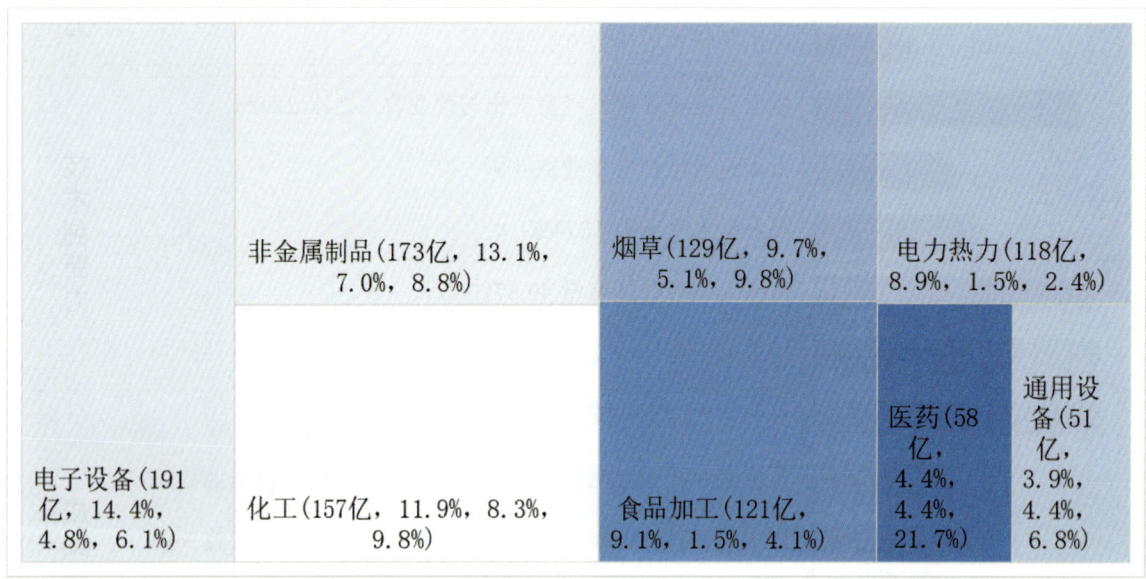

图2-109 蚌埠工业主要产业的营业收入、占全市比重、利润率、全国平均利润率情况

截至2022年底，蚌埠有上市公司9家，在模拟芯片设计、农产品加工、面板、底盘与发动机系统、电池化学品、化学原料等细分领域营业收入规模较大，利润率超过细分领域平均水平；在通信网络设备及器件、厨房小家电等细分领域的营利能力有待提升。

蚌埠创新能力指数为49.56，在创新型城市中排名居第56位，属于创新增长极类别城市，在48个该类别城市中排名居第35位。从创新能力构成看，蚌埠创新驱动力、成果转化力有待提升（见第三章）。从具体指标看，蚌埠在高水平科技企业孵化基地建设、科技型企业孵化、人均地区生产总值等方面存在明显的短板。

排名	指标	类别
56	蚌埠创新能力指数 49.56	
44	全社会研发经费支出与地区生产总值之比 2.42%	创新治理力
16	财政科技支出占公共财政支出比重 5.31%	创新治理力
64	万名就业人员中研发人员 72.50人年/万人	创新治理力
58	万人普通高校在校学生数 225.79人/万人	创新治理力
32	人均实际使用外资额 373.93美元/人	创新治理力
41	基础研究经费占研发经费比重 3.90%	原始创新力
42	高层次科技人才数 1人	原始创新力
40	"双一流"建设学科数 0个	原始创新力
70	高水平科技成果数 0项当量	原始创新力
10	规上工业企业研发经费支出与营业收入之比 2.26%	技术创新力
51	上市科技型中小企业数 5家	技术创新力
72	高新技术企业数 515家	技术创新力
40	万人发明专利拥有量 22.60件/万人	技术创新力
40	技术输出合同成交额与地区生产总值之比 2.87%	技术创新力
35	技术输入合同成交额与地区生产总值之比 3.40%	成果转化力
90	国家级科技企业孵化器、大学科技园、双创示范基地数 5个	成果转化力
88	国家级科技企业孵化器、大学科技园新增在孵企业数 20家	成果转化力
61	高新技术企业营业收入与规上工业企业营业收入之比 41.54%	成果转化力
31	规上工业企业新产品销售收入与营业收入之比 30.66%	成果转化力
35	国家高新区营业收入与地区生产总值之比 61.47%	成果转化力
87	人均地区生产总值 6.01万元/人	创新驱动力
46	地区生产总值与固定资产投资之比 1.82	创新驱动力
70	城乡居民人均可支配收入之比 2.18	创新驱动力
25	单位地区生产总值能耗 0.30吨标准煤/万元	创新驱动力
69	PM2.5年平均浓度 37微克/立方米	创新驱动力
69	居民人均可支配收入 4.27万元/人	创新驱动力

图 2-110　蚌埠创新能力指标数据及排名

（六）马鞍山

2021年，马鞍山常住人口216万人，在101个创新型城市中排名居第96位；地区生产总值2439亿元，居创新型城市第83位。三次产业结构为8.5∶52.9∶38.7，与全国（7.3∶39.4∶53.3）相比，第二产业比重较高。规上工业企业营业收入4004亿元，在创新型城市中排名居第64位；人均规上工业企业营业收入18.6万元，是全国平均水平的2.0倍；规上工业企业营业收入利润率5.0%，是全国平均水平的71.1%。马鞍山工业主要产业中（营业收入占全市比重较大），非金属制品、铁矿、钢铁等产业利润率高于全国平均水平（图2-111中颜色偏红板块），金属制品、通用设备、资源回收、化工、电力热力等产业营利能力有待提升（图2-111中颜色偏蓝板块）。

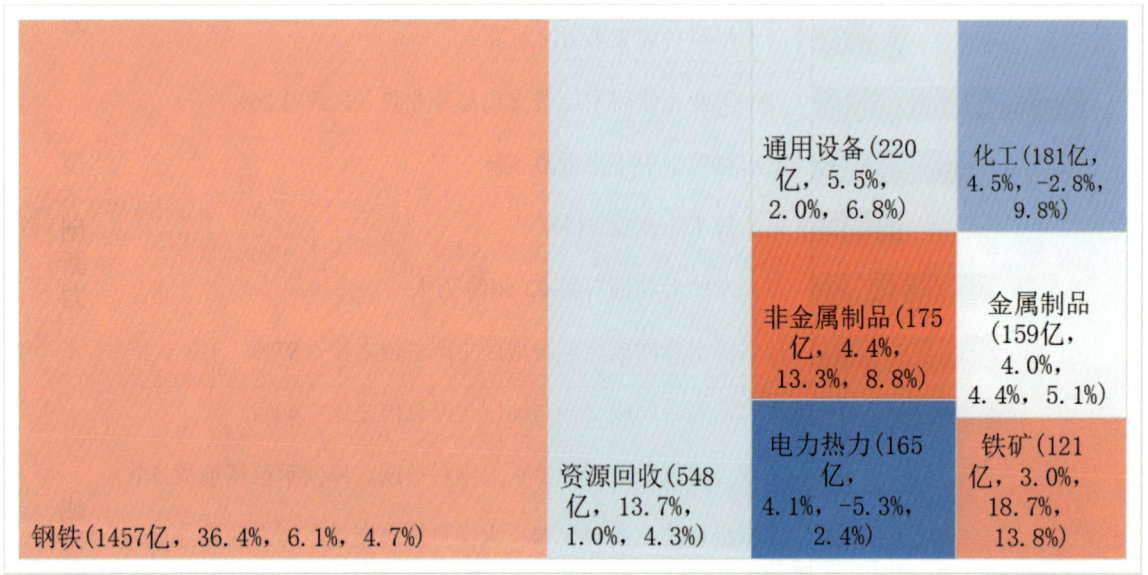

图2-111 马鞍山工业主要产业的营业收入、占全市比重、利润率、全国平均利润率情况

截至2022年底，马鞍山有上市公司7家，在检测服务等细分领域营业收入规模较大，利润率超过细分领域平均水平；在板材、金属制品、大宗用纸、商用载货车等细分领域营利能力有待提升。

马鞍山创新能力指数为53.34，在创新型城市中排名居第45位，属于创新增长极类别城市，在48个该类别城市中排名居第26位。从创新能力构成看，马鞍山成果转化力、创新驱动力有待提升（见第三章）。从具体指标看，马鞍山在固定资产投资效率、节能降耗、高水平科技企业孵化基地建设等方面存在明显的短板。

排名	指标	类别
45	马鞍山创新能力指数 53.34	
17	全社会研发经费支出与地区生产总值之比 3.23%	创新治理力
30	财政科技支出占公共财政支出比重 4.35%	
32	万名就业人员中研发人员 127.44人年/万人	
41	万人普通高校在校学生数 329.15人/万人	
1	人均实际使用外资额 1361.43美元/人	
72	基础研究经费占研发经费比重 0.82%	原始创新力
42	高层次科技人才数 1人	
40	"双一流"建设学科数 0个	
60	高水平科技成果数 1.04项当量	
35	规上工业企业研发经费支出与营业收入之比 1.70%	技术创新力
82	上市科技型中小企业数 1家	
64	高新技术企业数 702家	
21	万人发明专利拥有量 39.73件/万人	
9	技术输出合同成交额与地区生产总值之比 6.08%	
25	技术输入合同成交额与地区生产总值之比 3.84%	成果转化力
83	国家级科技企业孵化器、大学科技园、双创示范基地数 6个	
78	国家级科技企业孵化器、大学科技园新增在孵企业数 42家	
76	高新技术企业营业收入与规上工业企业营业收入之比 35.90%	
34	规上工业企业新产品销售收入与营业收入之比 29.52%	
23	国家高新区营业收入与地区生产总值之比 70.13%	
33	人均地区生产总值 11.30万元/人	创新驱动力
100	地区生产总值与固定资产投资之比 0.72	
48	城乡居民人均可支配收入之比 1.99	
92	单位地区生产总值能耗 0.97吨标准煤/万元	
60	PM2.5年平均浓度 35微克/立方米	
26	居民人均可支配收入 5.64万元/人	

图 2-112 马鞍山创新能力指标数据及排名

（七）铜陵

2021年，铜陵常住人口131万人，在101个创新型城市中排名居第99位；地区生产总值1166亿元，居创新型城市第97位。三次产业结构为24.2∶28.4∶47.5，与全国（7.3∶39.4∶53.3）相比，第二产业比重偏低。规上工业企业营业收入3111亿元，在创新型城市中排名居第77位；人均规上工业企业营业收入23.8万元，是全国平均水平的2.6倍；规上工业企业营业收入利润率3.8%，是全国平均水平的53.2%。铜陵工业主要产业中（营业收入占全市比重较大），非金属制品、燃料加工等产业利润率高于全国平均水平（图2-113中颜色偏红板块），化工、钢铁、电气、有色金属冶炼、电力热力等产业营利能力有待提升（图2-113中颜色偏蓝板块）。

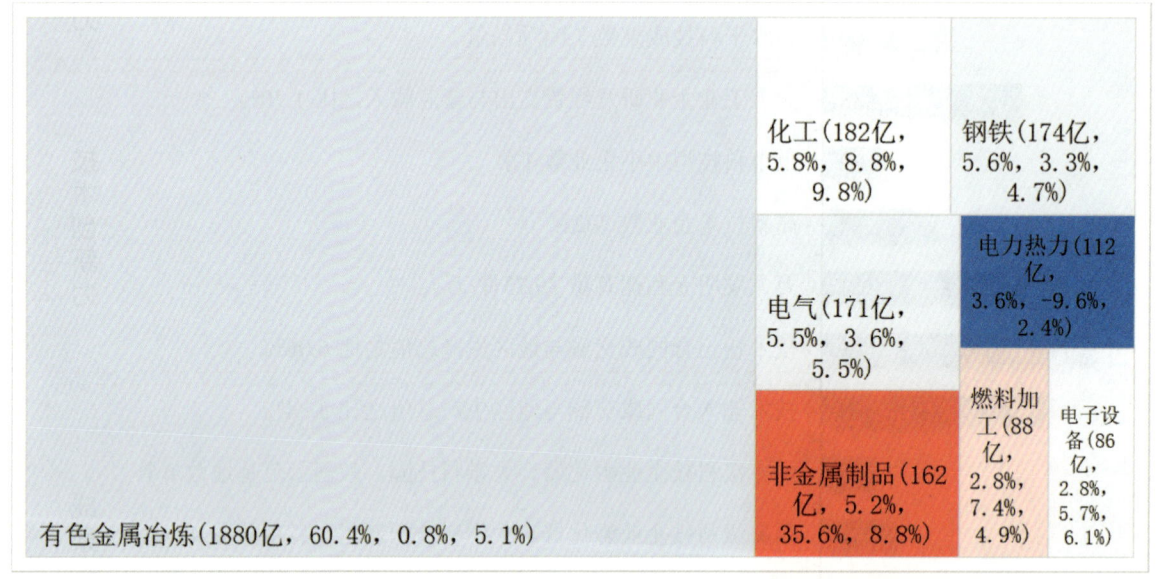

图2-113 铜陵工业主要产业的营业收入、占全市比重、利润率、全国平均利润率情况

截至2022年底，铜陵有上市公司11家，在生活用纸、钛白粉、线缆部件及其他等细分领域营业收入规模较大，利润率超过细分领域平均水平；在半导体设备、铜、仪器仪表、被动元件、磷肥及磷化工等细分领域营利能力有待提升。

铜陵创新能力指数为43.87，在创新型城市中排名居第67位，属于创新增长极类别城市，在48个该类别城市中排名居第42位。从创新能力构成看，铜陵成果转化力、技术创新力有待提升（见第三章）。从具体指标看，铜陵在高技术产业发展、高新技术企业培育、城乡协调发展等方面存在明显的短板。

排名	指标	类别
67	铜陵创新能力指数 43.87	
29	全社会研发经费支出与地区生产总值之比 2.87%	创新治理力
12	财政科技支出占公共财政支出比重 6.43%	创新治理力
45	万名就业人员中研发人员 104.05人年/万人	创新治理力
39	万人普通高校在校学生数 337.49人/万人	创新治理力
35	人均实际使用外资额 352.17美元/人	创新治理力
79	基础研究经费占研发经费比重 0.62%	原始创新力
52	高层次科技人才数 0人	原始创新力
40	"双一流"建设学科数 0个	原始创新力
70	高水平科技成果数 0项当量	原始创新力
80	规上工业企业研发经费支出与营业收入之比 1.00%	技术创新力
51	上市科技型中小企业数 5家	技术创新力
88	高新技术企业数 318家	技术创新力
32	万人发明专利拥有量 25.77件/万人	技术创新力
27	技术输出合同成交额与地区生产总值之比 3.87%	技术创新力
10	技术输入合同成交额与地区生产总值之比 5.29%	成果转化力
77	国家级科技企业孵化器、大学科技园、双创示范基地数 7个	成果转化力
76	国家级科技企业孵化器、大学科技园新增在孵企业数 44家	成果转化力
99	高新技术企业营业收入与规上工业企业营业收入之比 14.73%	成果转化力
55	规上工业企业新产品销售收入与营业收入之比 23.62%	成果转化力
48	国家高新区营业收入与地区生产总值之比 49.26%	成果转化力
53	人均地区生产总值 8.91万元/人	创新驱动力
36	地区生产总值与固定资产投资之比 2.02	创新驱动力
83	城乡居民人均可支配收入之比 2.34	创新驱动力
71	单位地区生产总值能耗 0.55吨标准煤/万元	创新驱动力
56	PM2.5年平均浓度 34微克/立方米	创新驱动力
56	居民人均可支配收入 4.45万元/人	创新驱动力

图 2-114 铜陵创新能力指标数据及排名

（八）滁州

2021年，滁州常住人口399万人，在101个创新型城市中排名居第69位；地区生产总值3362亿元，居创新型城市第71位。三次产业结构为24.1∶29.1∶46.8，与全国（7.3∶39.4∶53.3）相比，第二产业比重偏低。规上工业企业营业收入4000亿元，在创新型城市中排名居第65位；人均规上工业企业营业收入10万元，是全国平均水平的1.1倍；规上工业企业营业收入利润率9.1%，是全国平均水平的1.3倍。滁州工业主要产业中（营业收入占全市比重较大），电子设备、金属制品、非金属制品、化工、橡胶塑料、电气等产业利润率高于全国平均水平（图2-115中颜色偏红板块），有色金属冶炼等产业营利能力有待提升（图2-115中颜色偏蓝板块）。

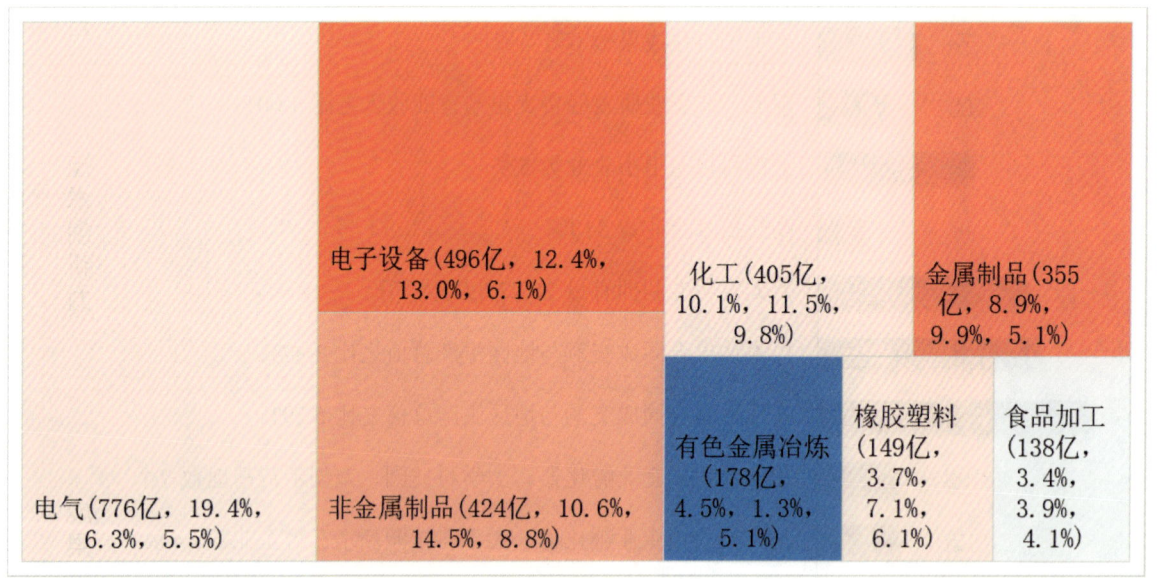

图2-115　滁州工业主要产业的营业收入、占全市比重、利润率、全国平均利润率情况

截至2022年底，滁州有上市公司13家，在鞋帽及其他、汽车零部件、食品及饲料添加剂、原料药等细分领域营业收入规模较大，利润率超过细分领域平均水平；在纸包装、氯碱、铝、底盘与发动机系统、家居用品、纺织等细分领域的营利能力有待提升。

滁州创新能力指数为42.56，在创新型城市中排名居第70位，属于创新增长极类别城市，在48个该类别城市中排名居第44位。从创新能力构成看，滁州创新驱动力、成果转化力有待提升（见第三章）。从具体指标看，滁州在发明专利产出、高新区发展、居民增收等方面存在明显的短板。

排名	指标	分类
70	滁州创新能力指数 42.56	
67	全社会研发经费支出与地区生产总值之比 2.01%	创新治理力
37	财政科技支出占公共财政支出比重 3.33%	
57	万名就业人员中研发人员 80.81人年/万人	
78	万人普通高校在校学生数 156.85人/万人	
23	人均实际使用外资额 428.34美元/人	
51	基础研究经费占研发经费比重 2.80%	原始创新力
52	高层次科技人才数 0人	
40	"双一流"建设学科数 0个	
70	高水平科技成果数 0项当量	
54	规上工业企业研发经费支出与营业收入之比 1.47%	技术创新力
45	上市科技型中小企业数 6家	
61	高新技术企业数 789家	
95	万人发明专利拥有量 3.91件/万人	
3	技术输出合同成交额与地区生产总值之比 10.77%	
9	技术输入合同成交额与地区生产总值之比 6.11%	成果转化力
83	国家级科技企业孵化器、大学科技园、双创示范基地数 6个	
73	国家级科技企业孵化器、大学科技园新增在孵企业数 48家	
62	高新技术企业营业收入与规上工业企业营业收入之比 41.19%	
2	规上工业企业新产品销售收入与营业收入之比 51.71%	
92	国家高新区营业收入与地区生产总值之比 0	
59	人均地区生产总值 8.43万元/人	创新驱动力
82	地区生产总值与固定资产投资之比 1.03	
73	城乡居民人均可支配收入之比 2.24	
39	单位地区生产总值能耗 0.36吨标准煤/万元	
60	PM2.5年平均浓度 35微克/立方米	
89	居民人均可支配收入 3.90万元/人	

图 2-116 滁州创新能力指标数据及排名

（九）南昌

2021年，南昌常住人口644万人，在101个创新型城市中排名居第48位；地区生产总值6651亿元，居创新型城市第38位。三次产业结构为11∶29.4∶59.8，与全国（7.3∶39.4∶53.3）相比，第二产业比重偏低。规上工业企业营业收入7724亿元，在创新型城市中排名居第34位；人均规上工业企业营业收入12万元，是全国平均水平的1.3倍；规上工业企业营业收入利润率5.8%，是全国平均水平的82.3%。南昌工业主要产业中（营业收入占全市比重较大），钢铁、食品加工、金属制品等产业利润率高于全国平均水平（图2-117中颜色偏红板块），电气、有色金属冶炼、电力热力、汽车、电子设备等产业营利能力有待提升（图2-117中颜色偏蓝板块）。

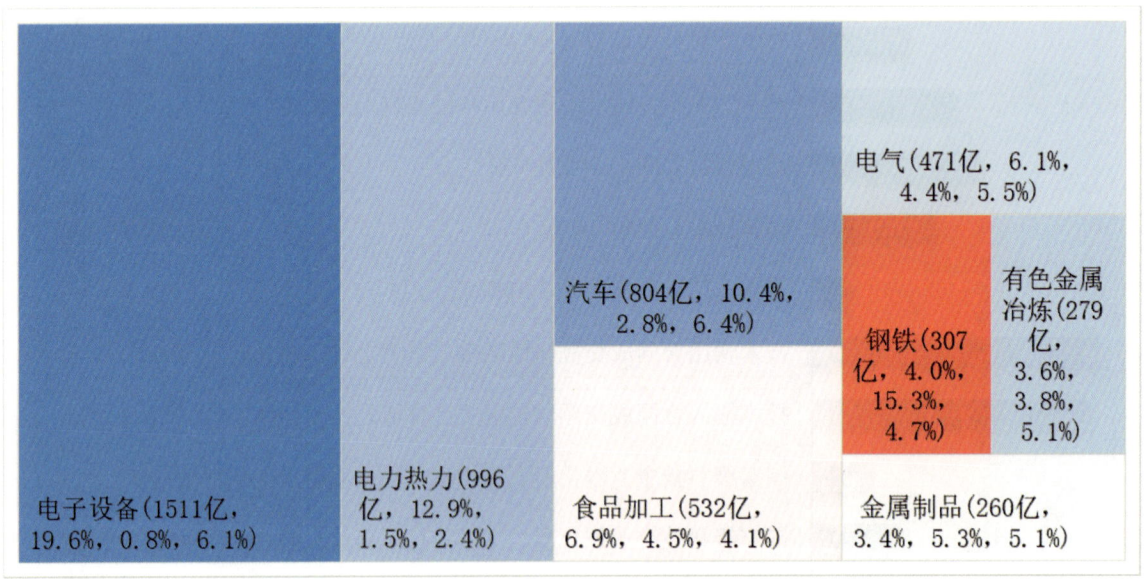

图2-117 南昌工业主要产业的营业收入、占全市比重、利润率、全国平均利润率情况

截至2022年底，南昌有上市公司32家，在商用载货车、乳品、能源及重型设备、消费电子零部件及组装、仪器仪表、中药、民爆制品、特钢、医疗耗材、纯碱、光学元件等细分领域营业收入规模较大，利润率超过细分领域平均水平；在磨具磨料、航空装备、煤化工、硅料硅片、化学制品等细分领域营利能力有待提升。

南昌创新能力指数为60.39，在创新型城市中排名居第24位，属于创新增长极类别城市，在48个该类别城市中排名居第19位。从创新能力构成看，南昌技术创新力、创新驱动力有待提升（见第三章）。从具体指标看，南昌在固定资产投资效率、规上工业企业研发投入、城乡协调发展等方面存在明显的短板。

排名	指标	类别
24	南昌创新能力指数 60.39	
71	全社会研发经费支出与地区生产总值之比 1.93%	创新治理力
17	财政科技支出占公共财政支出比重 5.27%	创新治理力
47	万名就业人员中研发人员 100.64人年/万人	创新治理力
1	万人普通高校在校学生数 1099.86人/万人	创新治理力
6	人均实际使用外资额 682.73美元/人	创新治理力
19	基础研究经费占研发经费比重 9.73%	原始创新力
30	高层次科技人才数 5人	原始创新力
27	"双一流"建设学科数 1个	原始创新力
43	高水平科技成果数 6.54项当量	原始创新力
81	规上工业企业研发经费支出与营业收入之比 0.98%	技术创新力
45	上市科技型中小企业数 6家	技术创新力
34	高新技术企业数 1881家	技术创新力
56	万人发明专利拥有量 13.87件/万人	技术创新力
65	技术输出合同成交额与地区生产总值之比 1.62%	技术创新力
52	技术输入合同成交额与地区生产总值之比 2.40%	成果转化力
35	国家级科技企业孵化器、大学科技园、双创示范基地数 33个	成果转化力
42	国家级科技企业孵化器、大学科技园新增在孵企业数 169家	成果转化力
27	高新技术企业营业收入与规上工业企业营业收入之比 56.34%	成果转化力
54	规上工业企业新产品销售收入与营业收入之比 24.03%	成果转化力
28	国家高新区营业收入与地区生产总值之比 67.70%	成果转化力
37	人均地区生产总值 10.48万元/人	创新驱动力
92	地区生产总值与固定资产投资之比 0.88	创新驱动力
71	城乡居民人均可支配收入之比 2.20	创新驱动力
12	单位地区生产总值能耗 0.25吨标准煤/万元	创新驱动力
41	PM2.5年平均浓度 31微克/立方米	创新驱动力
43	居民人均可支配收入 5.04万元/人	创新驱动力

图 2-118 南昌创新能力指标数据及排名

第二章 创新型城市创新发展画像

（十）景德镇

2021年，景德镇常住人口162万人，在101个创新型城市中排名居第98位；地区生产总值1102亿元，居创新型城市第100位。三次产业结构为11.8∶29.2∶59，与全国（7.3∶39.4∶53.3）相比，第二产业比重偏低。规上工业企业营业收入1048亿元，在创新型城市中排名居第99位；人均规上工业企业营业收入6.5万元，是全国平均水平的69.5%。规上工业企业营业收入利润率5.0%，是全国平均水平的70.3%。景德镇工业主要产业中（营业收入占全市比重较大），铁路船舶航空航天、非金属制品等产业利润率高于全国平均水平（图2-119中颜色偏红板块），燃气、通用设备、燃料加工、医药、化工、汽车等产业营利能力有待提升（图2-119中颜色偏蓝板块）。

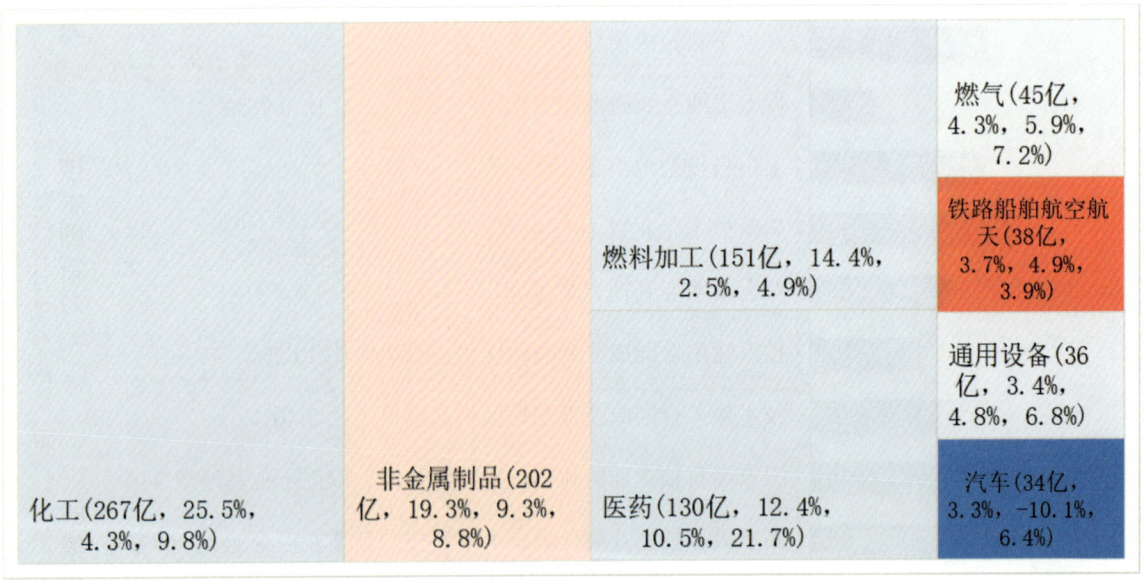

图2-119 景德镇工业主要产业的营业收入、占全市比重、利润率、全国平均利润率情况

截至2022年底，景德镇有上市公司6家，在化学制品、食品及饲料添加剂、氯碱等细分领域营业收入规模较大，利润率超过细分领域平均水平；在家电零部件、炭黑、原料药等细分领域营利能力有待提升。

景德镇创新能力指数为41.90，在创新型城市中排名居第71位，属于创新应用区类别城市，在33个该类别城市中排名居第4位。从创新能力构成看，景德镇技术创新力、创新驱动力有待提升（见第三章）。从具体指标看，景德镇在高新技术企业培育、固定资产投资效率、科技型企业孵化等方面存在明显的短板。

排名	指标	类别
71	景德镇创新能力指数 41.90	
80	全社会研发经费支出与地区生产总值之比 1.75%	创新治理力
57	财政科技支出占公共财政支出比重 2.45%	创新治理力
73	万名就业人员中研发人员 58.68人年/万人	创新治理力
76	万人普通高校在校学生数 159.06人/万人	创新治理力
55	人均实际使用外资额 167.95美元/人	创新治理力
65	基础研究经费占研发经费比重 1.06%	原始创新力
52	高层次科技人才数 0人	原始创新力
40	"双一流"建设学科数 0个	原始创新力
70	高水平科技成果数 0项当量	原始创新力
62	规上工业企业研发经费支出与营业收入之比 1.31%	技术创新力
82	上市科技型中小企业数 1家	技术创新力
95	高新技术企业数 189家	技术创新力
77	万人发明专利拥有量 7.38件/万人	技术创新力
70	技术输出合同成交额与地区生产总值之比 1.48%	技术创新力
22	技术输入合同成交额与地区生产总值之比 4.06%	成果转化力
90	国家级科技企业孵化器、大学科技园、双创示范基地数 5个	成果转化力
90	国家级科技企业孵化器、大学科技园新增在孵企业数 16家	成果转化力
38	高新技术企业营业收入与规上工业企业营业收入之比 49.26%	成果转化力
1	规上工业企业新产品销售收入与营业收入之比 77.32%	成果转化力
7	国家高新区营业收入与地区生产总值之比 91.53%	成果转化力
88	人均地区生产总值 5.90万元/人	创新驱动力
94	地区生产总值与固定资产投资之比 0.85	创新驱动力
68	城乡居民人均可支配收入之比 2.17	创新驱动力
53	单位地区生产总值能耗 0.43吨标准煤/万元	创新驱动力
20	PM2.5年平均浓度 25微克/立方米	创新驱动力
53	居民人均可支配收入 4.56万元/人	创新驱动力

图 2-120 景德镇创新能力指标数据及排名

（十一）萍乡

2021年，萍乡常住人口181万人，在101个创新型城市中排名居第97位；地区生产总值1108亿元，居创新型城市第99位。三次产业结构为12.4∶26.8∶60.8，与全国（7.3∶39.4∶53.3）相比，第二产业比重偏低。规上工业企业营业收入1383亿元，在创新型城市中排名居第96位；人均规上工业企业营业收入7.7万元，是全国平均水平的82.3%。规上工业企业营业收入利润率8.6%，是全国平均水平的1.2倍。萍乡工业主要产业中（营业收入占全市比重较大），食品加工、汽车、通用设备、非金属制品、钢铁等产业利润率高于全国平均水平（图2-121中颜色偏红板块），资源回收、电子设备等产业营利能力有待提升（图2-121中颜色偏蓝板块）。

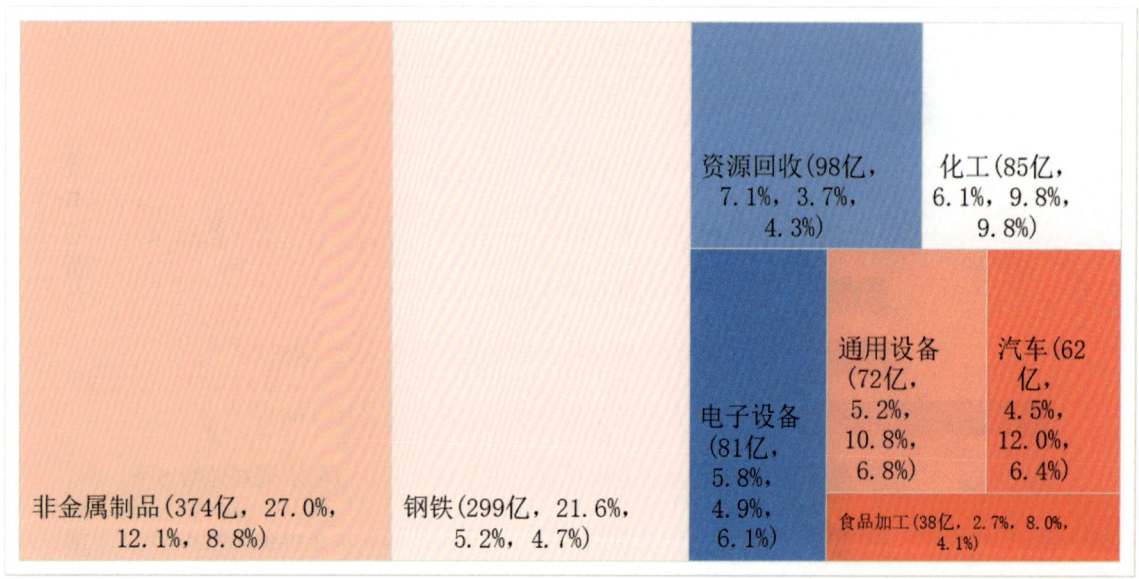

图2-121 萍乡工业主要产业的营业收入、占全市比重、利润率、全国平均利润率情况

截至2022年底，萍乡有上市公司3家，在消费电子零部件及组装、零食等细分领域营业收入规模较大，利润率超过细分领域平均水平；在动力煤等细分领域营利能力有待提升。

萍乡创新能力指数为30.53，在创新型城市中排名居第92位，属于创新应用区类别城市，在33个该类别城市中排名居第28位。从创新能力构成看，萍乡成果转化力、技术创新力有待提升（见第三章）。从具体指标看，萍乡在高技术产业发展、新产品开发、科技型企业孵化等方面存在明显的短板。

排名	指标	分类
92	萍乡创新能力指数 30.53	
91	全社会研发经费支出与地区生产总值之比 1.32%	创新治理力
47	财政科技支出占公共财政支出比重 2.93%	
67	万名就业人员中研发人员 66.95人年/万人	
52	万人普通高校在校学生数 262.46人/万人	
41	人均实际使用外资额 268.58美元/人	
70	基础研究经费占研发经费比重 0.89%	原始创新力
52	高层次科技人才数 0人	
40	"双一流"建设学科数 0个	
70	高水平科技成果数 0项当量	
89	规上工业企业研发经费支出与营业收入之比 0.85%	技术创新力
82	上市科技型中小企业数 1家	
94	高新技术企业数 197家	
91	万人发明专利拥有量 4.41件/万人	
44	技术输出合同成交额与地区生产总值之比 2.70%	
77	技术输入合同成交额与地区生产总值之比 1.68%	成果转化力
98	国家级科技企业孵化器、大学科技园、双创示范基地数 2个	
99	国家级科技企业孵化器、大学科技园新增在孵企业数 0家	
100	高新技术企业营业收入与规上工业企业营业收入之比 13.51%	
99	规上工业企业新产品销售收入与营业收入之比 4.93%	
92	国家高新区营业收入与地区生产总值之比 0	
84	人均地区生产总值 6.14万元/人	创新驱动力
59	地区生产总值与固定资产投资之比 1.53	
30	城乡居民人均可支配收入之比 1.90	
82	单位地区生产总值能耗 0.74吨标准煤/万元	
66	PM2.5年平均浓度 36微克/立方米	
63	居民人均可支配收入 4.34万元/人	

图 2-122 萍乡创新能力指标数据及排名

（十二）新余

2021年，新余常住人口120万人，在101个创新型城市中排名居第100位；地区生产总值1155亿元，居创新型城市第98位。三次产业结构为27.5∶19.9∶52.4，与全国（7.3∶39.4∶53.3）相比，第二产业比重偏低。规上工业企业营业收入1950亿元，在创新型城市中排名居第93位；人均规上工业企业营业收入16.2万元，是全国平均水平的1.7倍；规上工业企业营业收入利润率5.7%，是全国平均水平的80.0%。新余工业主要产业中（营业收入占全市比重较大），电气、钢铁等产业利润率高于全国平均水平（图2-123中颜色偏红板块），专用设备、电子设备、非金属制品、有色金属冶炼、金属制品、资源回收等产业营利能力有待提升（图2-123中颜色偏蓝板块）。

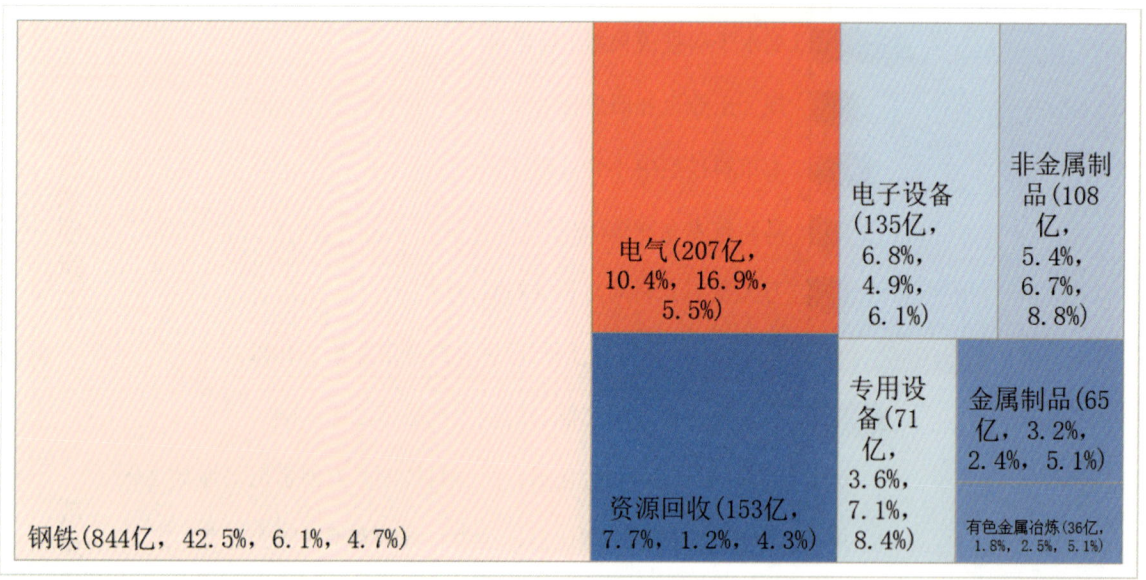

图2-123　新余工业主要产业的营业收入、占全市比重、利润率、全国平均利润率情况

截至2022年底，新余有上市公司5家，在航天装备、板材等细分领域营业收入规模较大，利润率超过细分领域平均水平；在锂、专用设备、面板等细分领域营利能力有待提升。

新余创新能力指数为39.43，在创新型城市中排名居第76位，属于创新应用区类别城市，在33个该类别城市中排名居第6位。从创新能力构成看，新余技术创新力、创新治理力有待提升（见第三章）。从具体指标看，新余在固定资产投资效率、高水平科技企业孵化基地建设、高新技术企业培育等方面存在明显的短板。

排名	指标	维度
76	新余创新能力指数 39.43	
92	全社会研发经费支出与地区生产总值之比 1.25%	创新治理力
77	财政科技支出占公共财政支出比重 1.75%	
81	万名就业人员中研发人员 49.22人年/万人	
23	万人普通高校在校学生数 485.96人/万人	
19	人均实际使用外资额 480.76美元/人	
55	基础研究经费占研发经费比重 1.97%	原始创新力
52	高层次科技人才数 0人	
40	"双一流"建设学科数 0个	
70	高水平科技成果数 0项当量	
96	规上工业企业研发经费支出与营业收入之比 0.65%	技术创新力
82	上市科技型中小企业数 1家	
98	高新技术企业数 169家	
92	万人发明专利拥有量 4.34件/万人	
50	技术输出合同成交额与地区生产总值之比 2.30%	
63	技术输入合同成交额与地区生产总值之比 2.10%	成果转化力
98	国家级科技企业孵化器、大学科技园、双创示范基地数 2个	
95	国家级科技企业孵化器、大学科技园新增在孵企业数 9家	
15	高新技术企业营业收入与规上工业企业营业收入之比 78.58%	
11	规上工业企业新产品销售收入与营业收入之比 39.20%	
2	国家高新区营业收入与地区生产总值之比 142.31%	
45	人均地区生产总值 9.60万元/人	创新驱动力
99	地区生产总值与固定资产投资之比 0.78	
52	城乡居民人均可支配收入之比 2.02	
88	单位地区生产总值能耗 0.87吨标准煤/万元	
41	PM2.5年平均浓度 31微克/立方米	
52	居民人均可支配收入 4.57万元/人	

图 2-124 新余创新能力指标数据及排名

（十三）郑州

2021年，郑州常住人口1274万人，在101个创新型城市中排名居第11位；地区生产总值12691亿元，居创新型城市第16位。三次产业结构为44.1∶13.5∶42.5，与全国（7.3∶39.4∶53.3）相比，第二产业比重偏低。规上工业企业营业收入12603亿元，在创新型城市中排名居第20位；人均规上工业企业营业收入9.9万元，是全国平均水平的1.1倍；规上工业企业营业收入利润率3.4%，是全国平均水平的48.0%。郑州工业主要产业中（营业收入占全市比重较大），专用设备、电气等产业利润率高于全国平均水平（图2-125中颜色偏红板块），有色金属冶炼、汽车、食品制造、电子设备、非金属制品、电力热力等产业营利能力有待提升（图2-125中颜色偏蓝板块）。

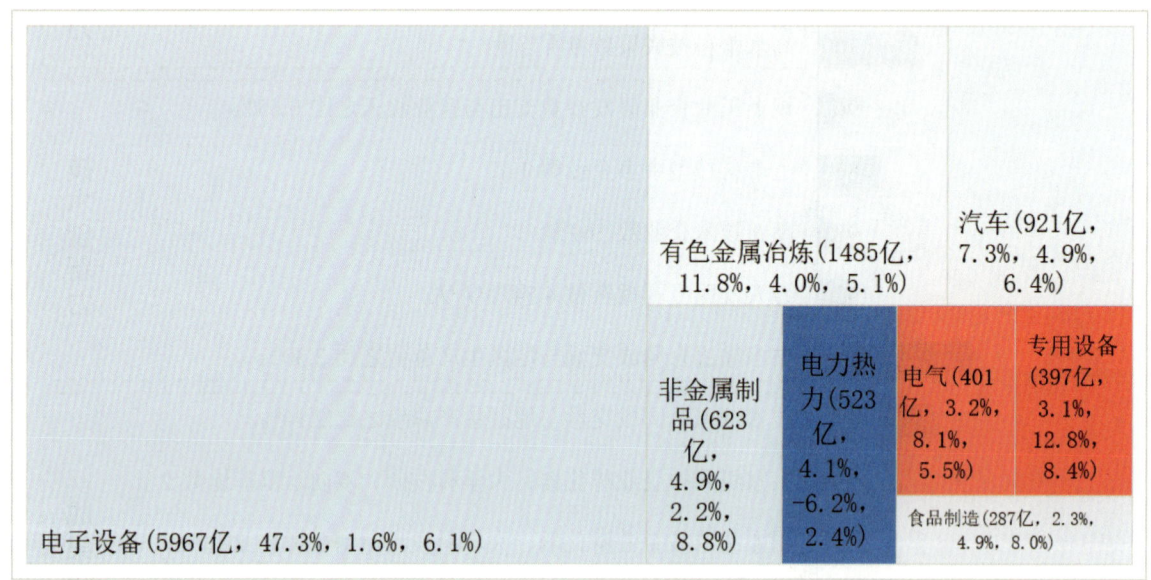

图2-125 郑州工业主要产业的营业收入、占全市比重、利润率、全国平均利润率情况

截至2022年底，郑州有上市公司39家，在商用载客车、配电设备、安防设备、通信网络设备及器件、计算机设备、环保设备、磨具磨料、能源及重型设备、非金属材料、仪器仪表、铝等细分领域营业收入规模较大，利润率超过细分领域平均水平；在金属制品、体外诊断、电工仪器仪表、中药、零食等细分领域营利能力有待提升。

郑州创新能力指数为61.13，在创新型城市中排名居第23位，属于创新增长极类别城市，在48个该类别城市中排名居第7位。从创新能力构成看，郑州创新驱动力、成果转化力有待提升（见第三章）。从具体指标看，郑州在空气质量改善、高技术产业发展、高新区发展等方面存在明显的短板。

排名	指标	类别
23	郑州创新能力指数 61.13	
43	全社会研发经费支出与地区生产总值之比 2.45%	创新治理力
18	财政科技支出占公共财政支出比重 5.18%	
35	万名就业人员中研发人员 119.46人年/万人	
2	万人普通高校在校学生数 999.87人/万人	
28	人均实际使用外资额 381.73美元/人	
48	基础研究经费占研发经费比重 2.85%	原始创新力
21	高层次科技人才数 11人	
20	"双一流"建设学科数 3个	
21	高水平科技成果数 31.12项当量	
61	规上工业企业研发经费支出与营业收入之比 1.32%	技术创新力
27	上市科技型中小企业数 17家	
21	高新技术企业数 3853家	
45	万人发明专利拥有量 19.26件/万人	
48	技术输出合同成交额与地区生产总值之比 2.41%	
56	技术输入合同成交额与地区生产总值之比 2.28%	成果转化力
14	国家级科技企业孵化器、大学科技园、双创示范基地数 73个	
14	国家级科技企业孵化器、大学科技园新增在孵企业数 453家	
77	高新技术企业营业收入与规上工业企业营业收入之比 35.44%	
42	规上工业企业新产品销售收入与营业收入之比 28.11%	
63	国家高新区营业收入与地区生产总值之比 25.79%	
42	人均地区生产总值 10.01万元/人	创新驱动力
62	地区生产总值与固定资产投资之比 1.51	
9	城乡居民人均可支配收入之比 1.69	
40	单位地区生产总值能耗 0.37吨标准煤/万元	
84	PM2.5年平均浓度 42微克/立方米	
54	居民人均可支配收入 4.52万元/人	

图 2-126 郑州创新能力指标数据及排名

（十四）洛阳

2021年，洛阳常住人口707万人，在101个创新型城市中排名居第43位；地区生产总值5447亿元，居创新型城市第45位。三次产业结构为48.5∶11.5∶40，与全国（7.3∶39.4∶53.3）相比，第二产业比重偏低。规上工业企业营业收入5276亿元，在创新型城市中排名居第53位；人均规上工业企业营业收入7.5万元，是全国平均水平的80.2%。规上工业企业营业收入利润率6.0%，是全国平均水平的85.3%。洛阳工业主要产业中（营业收入占全市比重较大），电子设备、有色金属冶炼等产业利润率高于全国平均水平（图2-127中颜色偏红板块），通用设备、金属制品、非金属制品、燃料加工、专用设备、电力热力等产业营利能力有待提升（图2-127中颜色偏蓝板块）。

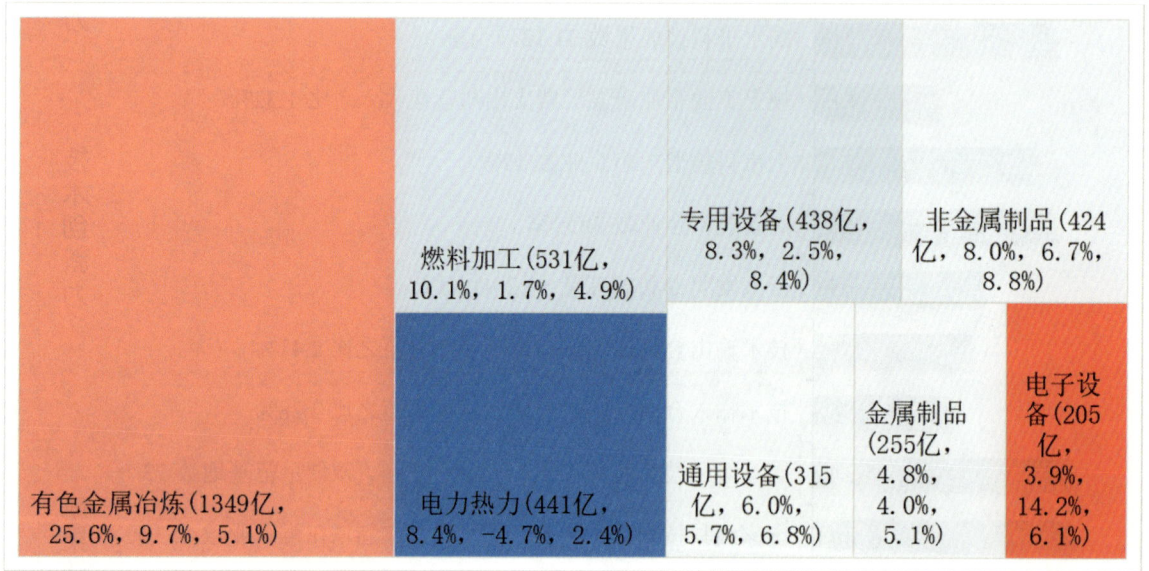

图2-127　洛阳工业主要产业的营业收入、占全市比重、利润率、全国平均利润率情况

截至2022年底，洛阳有上市公司14家，在化学制品、风电零部件、军工电子、耐火材料、农用机械等细分领域营业收入规模较大，利润率超过细分领域平均水平；在玻璃制造、钼、磨具磨料、能源及重型设备等细分领域营利能力有待提升。

洛阳创新能力指数为51.91，在创新型城市中排名居第49位，属于创新增长极类别城市，在48个该类别城市中排名居第31位。从创新能力构成看，洛阳创新驱动力、成果转化力有待提升（见第三章）。从具体指标看，洛阳在城乡协调发展、空气质量改善、固定资产投资效率等方面存在明显的短板。

排名	指标	类别
49	洛阳创新能力指数 51.91	
32	全社会研发经费支出与地区生产总值之比 2.83%	创新治理力
19	财政科技支出占公共财政支出比重 5.15%	创新治理力
51	万名就业人员中研发人员 92.59人年/万人	创新治理力
63	万人普通高校在校学生数 213.50人/万人	创新治理力
21	人均实际使用外资额 454.20美元/人	创新治理力
73	基础研究经费占研发经费比重 0.82%	原始创新力
32	高层次科技人才数 3人	原始创新力
40	"双一流"建设学科数 0个	原始创新力
37	高水平科技成果数 9.69项当量	原始创新力
22	规上工业企业研发经费支出与营业收入之比 2.01%	技术创新力
51	上市科技型中小企业数 5家	技术创新力
57	高新技术企业数 897家	技术创新力
59	万人发明专利拥有量 13.18件/万人	技术创新力
67	技术输出合同成交额与地区生产总值之比 1.55%	技术创新力
75	技术输入合同成交额与地区生产总值之比 1.76%	成果转化力
40	国家级科技企业孵化器、大学科技园、双创示范基地数 24个	成果转化力
27	国家级科技企业孵化器、大学科技园新增在孵企业数 283家	成果转化力
70	高新技术企业营业收入与规上工业企业营业收入之比 39.19%	成果转化力
76	规上工业企业新产品销售收入与营业收入之比 15.34%	成果转化力
38	国家高新区营业收入与地区生产总值之比 57.78%	成果转化力
69	人均地区生产总值 7.71万元/人	创新驱动力
87	地区生产总值与固定资产投资之比 0.99	创新驱动力
90	城乡居民人均可支配收入之比 2.44	创新驱动力
59	单位地区生产总值能耗 0.49吨标准煤/万元	创新驱动力
87	PM2.5年平均浓度 43微克/立方米	创新驱动力
74	居民人均可支配收入 4.21万元/人	创新驱动力

图 2-128 洛阳创新能力指标数据及排名

（十五）新乡

2021年，新乡常住人口617万人，在101个创新型城市中排名居第49位；地区生产总值3233亿元，居创新型城市第74位。三次产业结构为0.2∶26.5∶73.3，与全国（7.3∶39.4∶53.3）相比，第二产业比重偏低。规上工业企业营业收入2984亿元，在创新型城市中排名居第79位；人均规上工业企业营业收入4.8万元，是全国平均水平的52.0%。规上工业企业营业收入利润率4.6%，是全国平均水平的65.4%。新乡工业主要产业中（营业收入占全市比重较大），专用设备、食品加工、通用设备、化工、非金属制品、电气、电力热力等产业营利能力有待提升（图2-129中颜色偏蓝板块）。

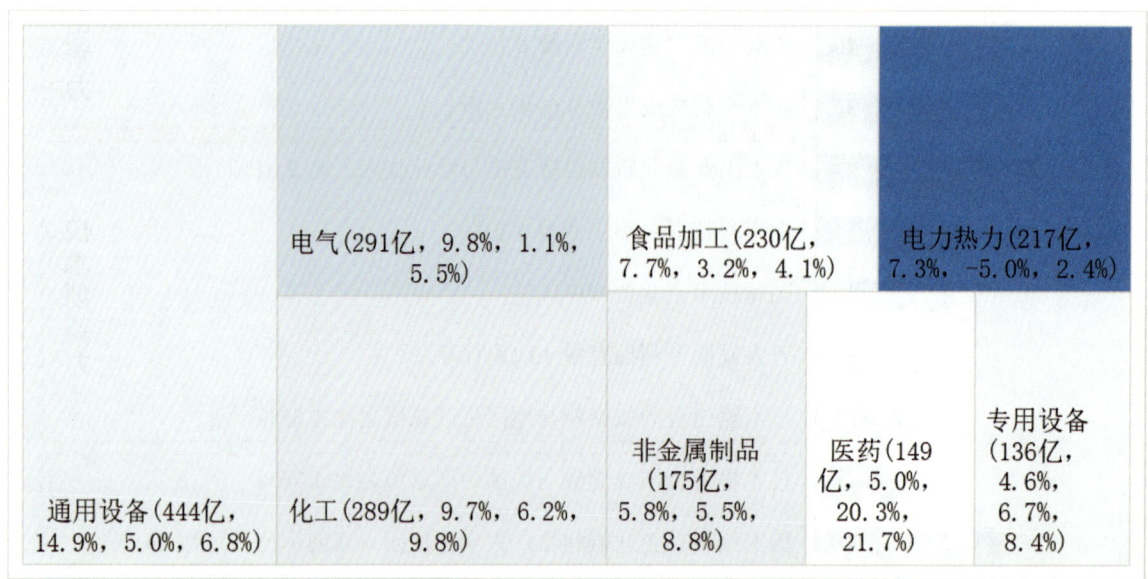

图2-129 新乡工业主要产业的营业收入、占全市比重、利润率、全国平均利润率情况

截至2022年底，新乡有上市公司7家，在农用机械、化学制品、原料药、疫苗等细分领域营业收入规模较大，利润率超过细分领域平均水平；在电池化学品、氨纶等细分领域营利能力有待提升。

新乡创新能力指数为38.97，在创新型城市中排名居第77位，属于创新应用区类别城市，在33个该类别城市中排名居第13位。从创新能力构成看，新乡创新驱动力、成果转化力有待提升（见第三章）。从具体指标看，新乡在空气质量改善、居民增收、人均地区生产总值等方面存在明显的短板。

排名	指标	维度
77	新乡创新能力指数 38.97	
42	全社会研发经费支出与地区生产总值之比 2.45%	创新治理力
58	财政科技支出占公共财政支出比重 2.40%	
71	万名就业人员中研发人员 60.50人年/万人	
43	万人普通高校在校学生数 315.75人/万人	
45	人均实际使用外资额 226.60美元/人	
54	基础研究经费占研发经费比重 2.22%	原始创新力
52	高层次科技人才数 0人	
40	"双一流"建设学科数 0个	
70	高水平科技成果数 0项当量	
13	规上工业企业研发经费支出与营业收入之比 2.20%	技术创新力
51	上市科技型中小企业数 5家	
78	高新技术企业数 443家	
83	万人发明专利拥有量 5.90件/万人	
75	技术输出合同成交额与地区生产总值之比 1.12%	
81	技术输入合同成交额与地区生产总值之比 1.47%	成果转化力
93	国家级科技企业孵化器、大学科技园、双创示范基地数 4个	
51	国家级科技企业孵化器、大学科技园新增在孵企业数 110家	
87	高新技术企业营业收入与规上工业企业营业收入之比 25.79%	
59	规上工业企业新产品销售收入与营业收入之比 22.89%	
66	国家高新区营业收入与地区生产总值之比 23.49%	
96	人均地区生产总值 5.20万元/人	创新驱动力
86	地区生产总值与固定资产投资之比 1.00	
32	城乡居民人均可支配收入之比 1.92	
69	单位地区生产总值能耗 0.55吨标准煤/万元	
98	PM2.5年平均浓度 47微克/立方米	
96	居民人均可支配收入 3.62万元/人	

图 2-130 新乡创新能力指标数据及排名

（十六）南阳

2021 年，南阳常住人口 963 万人，在 101 个创新型城市中排名居第 21 位；地区生产总值 4342 亿元，居创新型城市第 57 位。三次产业结构为 1.9∶36.1∶62.1，与全国（7.3∶39.4∶53.3）相比，第二产业比重适中。规上工业企业营业收入 2551 亿元，在创新型城市中排名居第 89 位；人均规上工业企业营业收入 2.6 万元，是全国平均水平的 28.5%。规上工业企业营业收入利润率 5.0%，是全国平均水平的 70.9%。南阳工业主要产业中（营业收入占全市比重较大），电气、化工、纺织、非金属制品等产业利润率高于全国平均水平（图 2-131 中颜色偏红板块），食品加工、汽车、钢铁、电力热力等产业营利能力有待提升（图 2-131 中颜色偏蓝板块）。

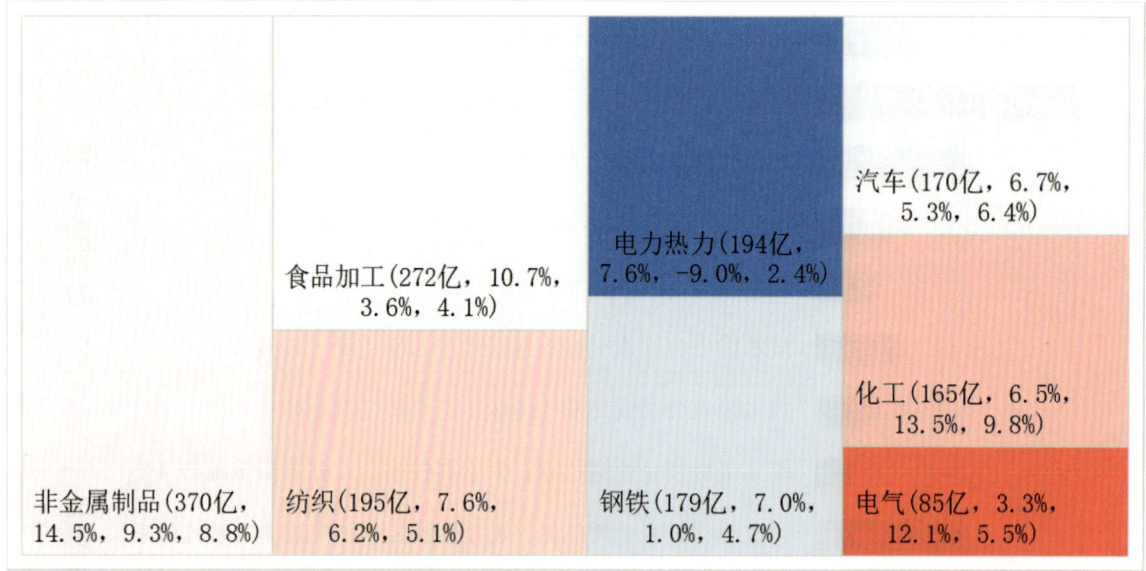

图 2-131　南阳工业主要产业的营业收入、占全市比重、利润率、全国平均利润率情况

截至 2022 年底，南阳有上市公司 7 家，在光学元件、配电设备等细分领域营业收入规模较大，利润率超过细分领域平均水平；在底盘与发动机系统、军工电子、棉纺等细分领域营利能力有待提升。

南阳创新能力指数为 27.36，在创新型城市中排名居第 97 位，属于创新应用区类别城市，在 33 个该类别城市中排名居第 30 位。从创新能力构成看，南阳创新驱动力、成果转化力有待提升（见第三章）。从具体指标看，南阳在人均地区生产总值、居民增收、固定资产投资效率等方面存在明显的短板。

排名	指标	类别
97	南阳创新能力指数 27.36	
87	全社会研发经费支出与地区生产总值之比 1.56%	创新治理力
65	财政科技支出占公共财政支出比重 2.03%	创新治理力
95	万名就业人员中研发人员 33.95人年/万人	创新治理力
89	万人普通高校在校学生数 130.49人/万人	创新治理力
69	人均实际使用外资额 75.79美元/人	创新治理力
85	基础研究经费占研发经费比重 0.40%	原始创新力
52	高层次科技人才数 0人	原始创新力
40	"双一流"建设学科数 0个	原始创新力
70	高水平科技成果数 0项当量	原始创新力
4	规上工业企业研发经费支出与营业收入之比 2.59%	技术创新力
68	上市科技型中小企业数 3家	技术创新力
87	高新技术企业数 332家	技术创新力
100	万人发明专利拥有量 2.50件/万人	技术创新力
79	技术输出合同成交额与地区生产总值之比 0.89%	技术创新力
95	技术输入合同成交额与地区生产总值之比 0.81%	成果转化力
77	国家级科技企业孵化器、大学科技园、双创示范基地数 7个	成果转化力
87	国家级科技企业孵化器、大学科技园新增在孵企业数 21家	成果转化力
84	高新技术企业营业收入与规上工业企业营业收入之比 29.14%	成果转化力
68	规上工业企业新产品销售收入与营业收入之比 19.80%	成果转化力
79	国家高新区营业收入与地区生产总值之比 13.87%	成果转化力
98	人均地区生产总值 4.49万元/人	创新驱动力
97	地区生产总值与固定资产投资之比 0.81	创新驱动力
57	城乡居民人均可支配收入之比 2.06	创新驱动力
37	单位地区生产总值能耗 0.36吨标准煤/万元	创新驱动力
96	PM2.5年平均浓度 46微克/立方米	创新驱动力
97	居民人均可支配收入 3.62万元/人	创新驱动力

图 2-132　南阳创新能力指标数据及排名

（十七）武汉

2021年，武汉常住人口1365万人，在101个创新型城市中排名居第8位；地区生产总值17717亿元，居创新型城市第9位。三次产业结构为0.9∶47.9∶51.2，与全国（7.3∶39.4∶53.3）相比，第二产业比重较高。规上工业企业营业收入15450亿元，在创新型城市中排名居第16位；人均规上工业企业营业收入11.3万元，是全国平均水平的1.2倍；规上工业企业营业收入利润率6.7%，是全国平均水平的95.2%。武汉工业主要产业中（营业收入占全市比重较大），汽车、烟草、钢铁、电气等产业利润率高于全国平均水平（图2-133中颜色偏红板块），非金属制品、化工、电子设备、电力热力等产业营利能力有待提升（图2-133中颜色偏蓝板块）。

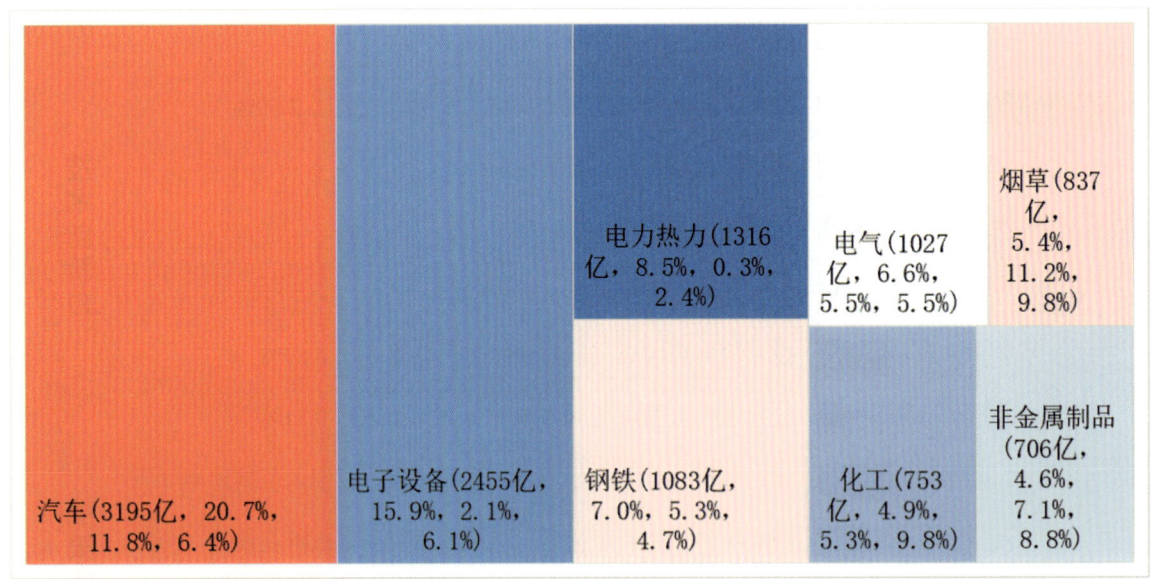

图2-133　武汉工业主要产业的营业收入、占全市比重、利润率、全国平均利润率情况

截至2022年底，武汉有上市公司78家，在通信设备、锂电专用设备、汽车电子电气系统、化学制剂、光伏加工设备、中药、通信线缆及配套、电子化学品等细分领域营业收入规模较大，利润率超过细分领域平均水平；在机床工具、能源及重型设备、通信终端及配件、金属制品、安防设备、LED等细分领域营利能力有待提升。

武汉创新能力指数为73.90，在创新型城市中排名居第6位，属于创新策源地类别城市，在20个该类别城市中排名居第5位。从创新能力构成看，武汉原始创新力、创新治理力优势明显，创新驱动力有待提升（见第三章）。从具体指标看，武汉在开放创新、高水平科学与工程研究基地建设、高水平技术创新基地建设等诸多方面优势突出，在新产品开发等方面存在短板。

排名	指标	类别
6	武汉创新能力指数 73.90	
11	全社会研发经费支出与地区生产总值之比 3.51%	创新治理力
5	财政科技支出占公共财政支出比重 8.58%	创新治理力
21	万名就业人员中研发人员 144.39人年/万人	创新治理力
6	万人普通高校在校学生数 810.01人/万人	创新治理力
3	人均实际使用外资额 920.95美元/人	创新治理力
34	基础研究经费占研发经费比重 5.56%	原始创新力
4	高层次科技人才数 71人	原始创新力
4	"双一流"建设学科数 32个	原始创新力
4	高水平科技成果数 140.54项当量	原始创新力
45	规上工业企业研发经费支出与营业收入之比 1.61%	技术创新力
13	上市科技型中小企业数 35家	技术创新力
8	高新技术企业数 8968家	技术创新力
7	万人发明专利拥有量 54.45件/万人	技术创新力
8	技术输出合同成交额与地区生产总值之比 6.24%	技术创新力
24	技术输入合同成交额与地区生产总值之比 3.97%	成果转化力
9	国家级科技企业孵化器、大学科技园、双创示范基地数 117个	成果转化力
4	国家级科技企业孵化器、大学科技园新增在孵企业数 1008家	成果转化力
5	高新技术企业营业收入与规上工业企业营业收入之比 97.78%	成果转化力
73	规上工业企业新产品销售收入与营业收入之比 17.01%	成果转化力
19	国家高新区营业收入与地区生产总值之比 71.94%	成果转化力
17	人均地区生产总值 13.53万元/人	创新驱动力
41	地区生产总值与固定资产投资之比 1.87	创新驱动力
55	城乡居民人均可支配收入之比 2.03	创新驱动力
68	单位地区生产总值能耗 0.55吨标准煤/万元	创新驱动力
69	PM2.5年平均浓度 37微克/立方米	创新驱动力
27	居民人均可支配收入 5.53万元/人	创新驱动力

图 2-134　武汉创新能力指标数据及排名

（十八）黄石

2021年，黄石常住人口244万人，在101个创新型城市中排名居第92位；地区生产总值1866亿元，居创新型城市第91位。三次产业结构为9.2∶41.6∶49.3，与全国（7.3∶39.4∶53.3）相比，第二产业比重适中。规上工业企业营业收入2697亿元，在创新型城市中排名居第85位；人均规上工业企业营业收入11万元，是全国平均水平的1.2倍；规上工业企业营业收入利润率7.5%，是全国平均水平的1.1倍。黄石工业主要产业中（营业收入占全市比重较大），非金属制品、酒饮料茶、钢铁、金属制品等产业利润率高于全国平均水平（图2-135中颜色偏红板块），通用设备、电子设备、有色金属冶炼等产业营利能力有待提升（图2-135中颜色偏蓝板块）。

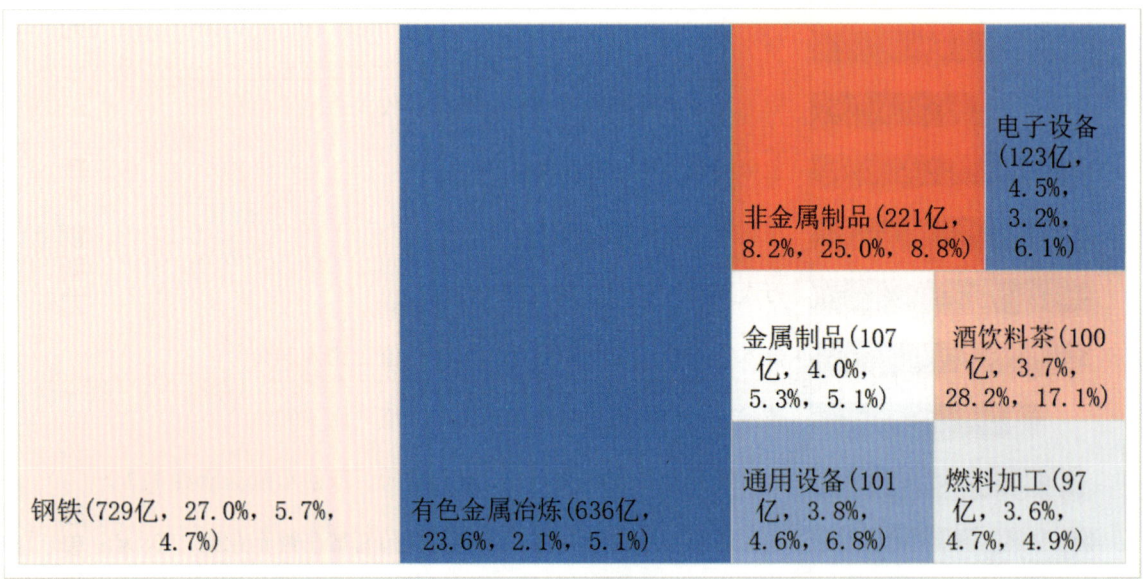

图2-135　黄石工业主要产业的营业收入、占全市比重、利润率、全国平均利润率情况

截至2022年底，黄石有上市公司7家，在特钢、水泥制造等细分领域营业收入规模较大，利润率超过细分领域平均水平；在无机盐、家电零部件、分立器件、非运动服装、机器人等细分领域营利能力有待提升。

黄石创新能力指数为37.87，在创新型城市中排名居第81位，属于创新应用区类别城市，在33个该类别城市中排名居第7位。从创新能力构成看，黄石技术创新力、创新驱动力有待提升（见第三章）。从具体指标看，黄石在节能降耗、发明专利产出、全社会研发投入等方面存在明显的短板。

排名	指标	分类
81	黄石创新能力指数 37.87	
83	全社会研发经费支出与地区生产总值之比 1.66%	创新治理力
51	财政科技支出占公共财政支出比重 2.70%	创新治理力
60	万名就业人员中研发人员 77.03人年/万人	创新治理力
55	万人普通高校在校学生数 236.53人/万人	创新治理力
64	人均实际使用外资额 102.69美元/人	创新治理力
88	基础研究经费占研发经费比重 0.36%	原始创新力
52	高层次科技人才数 0人	原始创新力
40	"双一流"建设学科数 0个	原始创新力
70	高水平科技成果数 0项当量	原始创新力
74	规上工业企业研发经费支出与营业收入之比 1.11%	技术创新力
82	上市科技型中小企业数 1家	技术创新力
75	高新技术企业数 477家	技术创新力
89	万人发明专利拥有量 4.81件/万人	技术创新力
19	技术输出合同成交额与地区生产总值之比 4.39%	技术创新力
37	技术输入合同成交额与地区生产总值之比 3.31%	成果转化力
77	国家级科技企业孵化器、大学科技园、双创示范基地数 7个	成果转化力
68	国家级科技企业孵化器、大学科技园新增在孵企业数 61家	成果转化力
73	高新技术企业营业收入与规上工业企业营业收入之比 38.51%	成果转化力
36	规上工业企业新产品销售收入与营业收入之比 28.82%	成果转化力
27	国家高新区营业收入与地区生产总值之比 68.45%	成果转化力
71	人均地区生产总值 7.59万元/人	创新驱动力
52	地区生产总值与固定资产投资之比 1.67	创新驱动力
72	城乡居民人均可支配收入之比 2.24	创新驱动力
93	单位地区生产总值能耗 1.03吨标准煤/万元	创新驱动力
51	PM2.5年平均浓度 33微克/立方米	创新驱动力
75	居民人均可支配收入 4.16万元/人	创新驱动力

图2-136 黄石创新能力指标数据及排名

（十九）宜昌

2021年，宜昌常住人口391万人，在101个创新型城市中排名居第70位；地区生产总值5023亿元，居创新型城市第52位。三次产业结构为1.9∶47.7∶50.4，与全国（7.3∶39.4∶53.3）相比，第二产业比重较高。规上工业企业营业收入4430亿元，在创新型城市中排名居第59位；人均规上工业企业营业收入11.3万元，是全国平均水平的1.2倍；规上工业企业营业收入利润率18.9%，是全国平均水平的2.7倍。宜昌工业主要产业中（营业收入占全市比重较大），电力热力、食品加工、电气、食品制造、非金属矿、非金属制品、化工、酒饮料茶等产业利润率高于全国平均水平（图2-137中颜色偏红板块）。

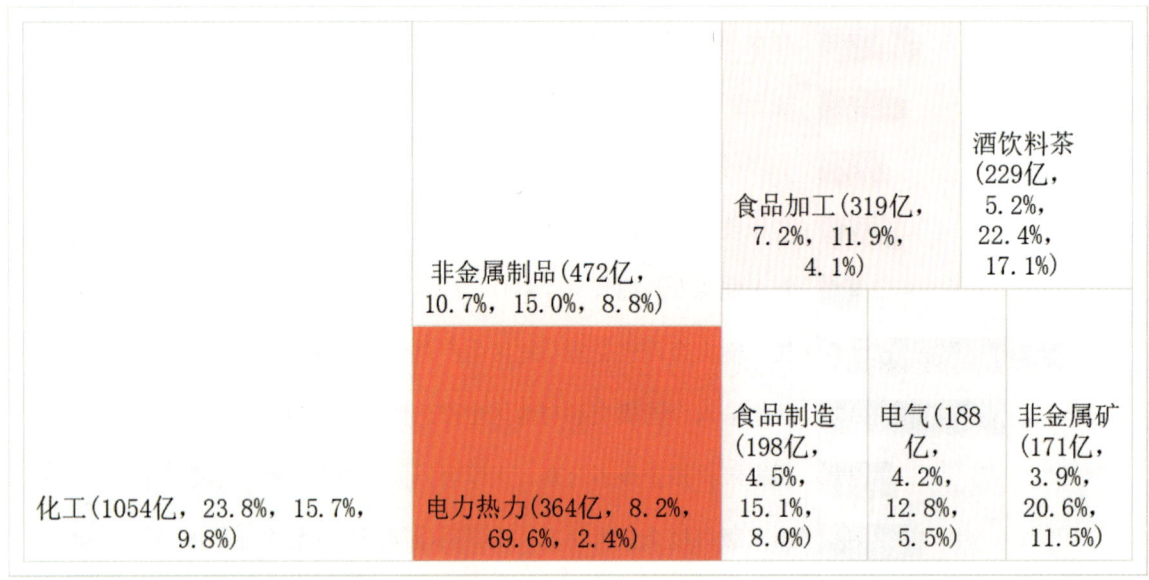

图2-137 宜昌工业主要产业的营业收入、占全市比重、利润率、全国平均利润率情况

截至2022年底，宜昌有上市公司13家，在光学元件、磷肥及磷化工、乳品、食品及饲料添加剂、氮肥等细分领域营业收入规模较大，利润率超过细分领域平均水平；在调味发酵品、玻璃制造等细分领域营利能力有待提升。

宜昌创新能力指数为46.86，在创新型城市中排名居第63位，属于创新增长极类别城市，在48个该类别城市中排名居第40位。从创新能力构成看，宜昌创新治理力、技术创新力有待提升（见第三章）。从具体指标看，宜昌在节能降耗、开放创新、居民增收等方面存在明显的短板。

排名	指标	一级指标
63	宜昌创新能力指数 46.86	
66	全社会研发经费支出与地区生产总值之比 2.02%	创新治理力
39	财政科技支出占公共财政支出比重 3.20%	
48	万名就业人员中研发人员 100.03人年/万人	
73	万人普通高校在校学生数 166.65人/万人	
83	人均实际使用外资额 43.20美元/人	
87	基础研究经费占研发经费比重 0.38%	原始创新力
52	高层次科技人才数 0人	
40	"双一流"建设学科数 0个	
70	高水平科技成果数 0项当量	
11	规上工业企业研发经费支出与营业收入之比 2.25%	技术创新力
57	上市科技型中小企业数 4家	
60	高新技术企业数 841家	
62	万人发明专利拥有量 12.15件/万人	
25	技术输出合同成交额与地区生产总值之比 4.05%	
50	技术输入合同成交额与地区生产总值之比 2.57%	成果转化力
49	国家级科技企业孵化器、大学科技园、双创示范基地数 20个	
43	国家级科技企业孵化器、大学科技园新增在孵企业数 168家	
35	高新技术企业营业收入与规上工业企业营业收入之比 51.10%	
8	规上工业企业新产品销售收入与营业收入之比 40.64%	
43	国家高新区营业收入与地区生产总值之比 52.64%	
23	人均地区生产总值 12.71万元/人	创新驱动力
37	地区生产总值与固定资产投资之比 1.99	
43	城乡居民人均可支配收入之比 1.98	
85	单位地区生产总值能耗 0.83吨标准煤/万元	
56	PM2.5年平均浓度 34微克/立方米	
82	居民人均可支配收入 4.10万元/人	

图 2-138　宜昌创新能力指标数据及排名

（二十）襄阳

2021年，襄阳常住人口527万人，在101个创新型城市中排名居第58位；地区生产总值5309亿元，居创新型城市第48位。三次产业结构为0.8∶47.9∶51.3，与全国（7.3∶39.4∶53.3）相比，第二产业比重较高。规上工业企业营业收入6797亿元，在创新型城市中排名居第39位；人均规上工业企业营业收入12.9万元，是全国平均水平的1.4倍；规上工业企业营业收入利润率10.2%，是全国平均水平的1.4倍。襄阳工业主要产业中（营业收入占全市比重较大），食品加工、铁路船舶航空航天、纺织、非金属制品、汽车、电气、化工等产业利润率高于全国平均水平（图2-139中颜色偏红板块），通用设备等产业营利能力有待提升（图2-139中颜色偏蓝板块）。

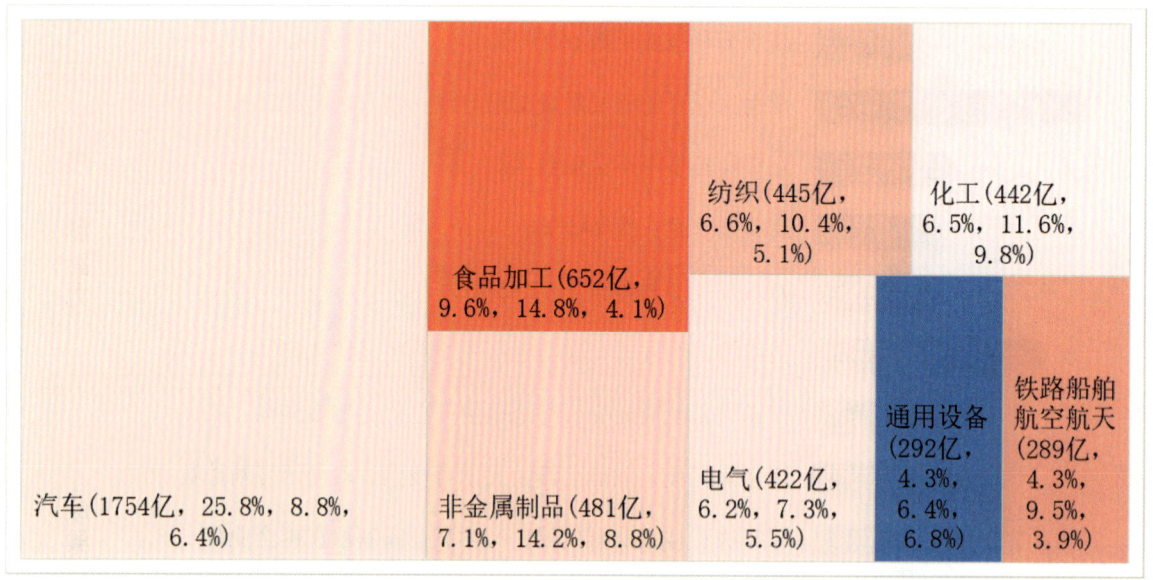

图2-139　襄阳工业主要产业的营业收入、占全市比重、利润率、全国平均利润率情况

截至2022年底，襄阳有上市公司12家，在商用载货车、航空装备、专用设备、轨交设备等细分领域营业收入规模较大，利润率超过细分领域平均水平；在蓄电池及其他电池、分立器件、原料药、有机硅、底盘与发动机系统等细分领域营利能力有待提升。

襄阳创新能力指数为40.98，在创新型城市中排名居第72位，属于创新增长极类别城市，在48个该类别城市中排名居第46位。从创新能力构成看，襄阳创新治理力、创新驱动力有待提升（见第三章）。从具体指标看，襄阳在空气质量改善、全社会研发投入、居民增收等方面存在明显的短板。

排名	指标	分类
72	襄阳创新能力指数 40.98	
84	全社会研发经费支出与地区生产总值之比 1.64%	创新治理力
74	财政科技支出占公共财政支出比重 1.89%	
74	万名就业人员中研发人员 54.33人年/万人	
81	万人普通高校在校学生数 146.04人/万人	
49	人均实际使用外资额 185.92美元/人	
94	基础研究经费占研发经费比重 0.27%	原始创新力
52	高层次科技人才数 0人	
40	"双一流"建设学科数 0个	
64	高水平科技成果数 0.69项当量	
67	规上工业企业研发经费支出与营业收入之比 1.26%	技术创新力
45	上市科技型中小企业数 6家	
59	高新技术企业数 867家	
72	万人发明专利拥有量 8.89件/万人	
31	技术输出合同成交额与地区生产总值之比 3.61%	
46	技术输入合同成交额与地区生产总值之比 2.84%	成果转化力
69	国家级科技企业孵化器、大学科技园、双创示范基地数 10个	
61	国家级科技企业孵化器、大学科技园新增在孵企业数 83家	
65	高新技术企业营业收入与规上工业企业营业收入之比 40.65%	
48	规上工业企业新产品销售收入与营业收入之比 25.81%	
25	国家高新区营业收入与地区生产总值之比 69.17%	
41	人均地区生产总值 10.08万元/人	创新驱动力
80	地区生产总值与固定资产投资之比 1.15	
47	城乡居民人均可支配收入之比 1.99	
78	单位地区生产总值能耗 0.66吨标准煤/万元	
101	PM2.5年平均浓度 49微克/立方米	
81	居民人均可支配收入 4.12万元/人	

图 2-140　襄阳创新能力指标数据及排名

（二十一）荆门

2021年，荆门常住人口255万人，在101个创新型城市中排名居第90位；地区生产总值2121亿元，居创新型城市第88位。三次产业结构为4.4：48.6：47，与全国（7.3：39.4：53.3）相比，第二产业比重较高。规上工业企业营业收入3323亿元，在创新型城市中排名居第72位；人均规上工业企业营业收入13万元，是全国平均水平的1.4倍；规上工业企业营业收入利润率7.7%，是全国平均水平的1.1倍。荆门工业主要产业中（营业收入占全市比重较大），食品加工、资源回收、非金属制品、电气、通用设备等产业利润率高于全国平均水平（图2-141中颜色偏红板块），化工、燃料加工等产业营利能力有待提升（图2-141中颜色偏蓝板块）。

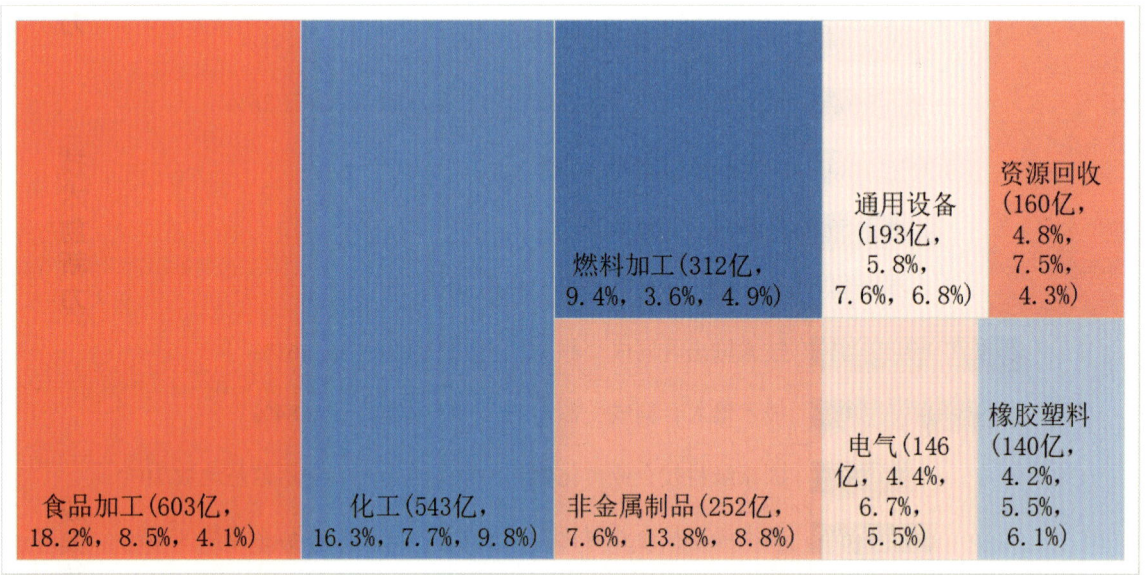

图2-141　荆门工业主要产业的营业收入、占全市比重、利润率、全国平均利润率情况

截至2022年底，荆门有上市公司6家，在原料药、复合肥等细分领域营业收入规模较大，利润率超过细分领域平均水平；在民爆制品、光伏加工设备等细分领域营利能力有待提升。

荆门创新能力指数为35.07，在创新型城市中排名居第87位，属于创新应用区类别城市，在33个该类别城市中排名居第18位。从创新能力构成看，荆门创新驱动力、创新治理力有待提升（见第三章）。从具体指标看，荆门在人才培养、空气质量改善、技术吸纳等方面存在明显的短板。

排名	指标	维度
87	荆门创新能力指数 35.07	
70	全社会研发经费支出与地区生产总值之比 1.98%	创新治理力
49	财政科技支出占公共财政支出比重 2.76%	
62	万名就业人员中研发人员 75.51人年/万人	
94	万人普通高校在校学生数 104.15人/万人	
73	人均实际使用外资额 60.55美元/人	
101	基础研究经费占研发经费比重 0.03%	原始创新力
52	高层次科技人才数 0人	
40	"双一流"建设学科数 0个	
68	高水平科技成果数 0.48项当量	
66	规上工业企业研发经费支出与营业收入之比 1.26%	技术创新力
82	上市科技型中小企业数 1家	
83	高新技术企业数 361家	
97	万人发明专利拥有量 3.25件/万人	
62	技术输出合同成交额与地区生产总值之比 1.90%	
93	技术输入合同成交额与地区生产总值之比 0.94%	成果转化力
83	国家级科技企业孵化器、大学科技园、双创示范基地数 6个	
90	国家级科技企业孵化器、大学科技园新增在孵企业数 16家	
81	高新技术企业营业收入与规上工业企业营业收入之比 31.13%	
18	规上工业企业新产品销售收入与营业收入之比 36.36%	
9	国家高新区营业收入与地区生产总值之比 84.96%	
61	人均地区生产总值 8.34万元/人	创新驱动力
84	地区生产总值与固定资产投资之比 1.01	
17	城乡居民人均可支配收入之比 1.76	
86	单位地区生产总值能耗 0.84吨标准煤/万元	
93	PM2.5年平均浓度 44微克/立方米	
88	居民人均可支配收入 3.92万元/人	

图2-142 荆门创新能力指标数据及排名

（二十二）长沙

2021年，长沙常住人口1024万人，在101个创新型城市中排名居第18位；地区生产总值13271亿元，居创新型城市第15位。三次产业结构为10.7∶43.6∶45.7，与全国（7.3∶39.4∶53.3）相比，第二产业比重适中。规上工业企业营业收入8236亿元，在创新型城市中排名居第31位；人均规上工业企业营业收入8万元，是全国平均水平的86.4%。规上工业企业营业收入利润率9.1%，是全国平均水平的1.3倍。长沙工业主要产业中（营业收入占全市比重较大），电子设备、有色金属冶炼、通用设备、专用设备、电气等产业利润率高于全国平均水平（图2-143中颜色偏红板块），化工、汽车等产业营利能力有待提升（图2-143中颜色偏蓝板块）。

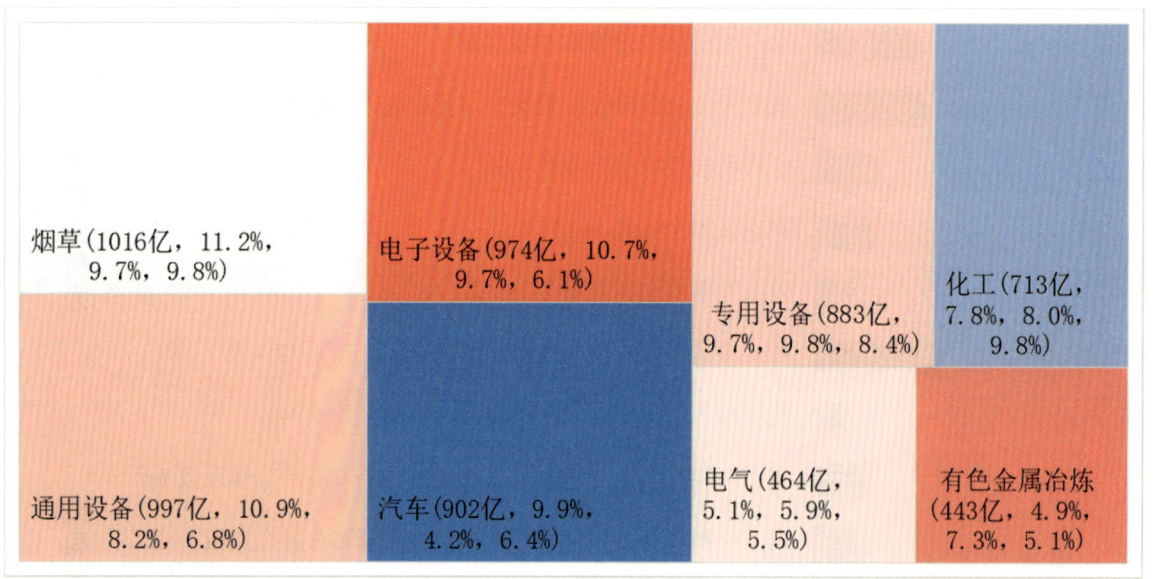

图2-143　长沙工业主要产业的营业收入、占全市比重、利润率、全国平均利润率情况

截至2022年底，长沙有上市公司86家，在石化、涂料油墨、机床工具、板材、航天装备、通信终端及配件、金属制品、仪器仪表、环保设备、中药、消费电子零部件及组装等细分领域营业收入规模较大，利润率超过细分领域平均水平；在工程机械整机、输变电设备、原料药、家纺、锂电专用设备等细分领域营利能力有待提升。

长沙创新能力指数为69.48，在创新型城市中排名居第11位，属于创新策源地类别城市，在20个该类别城市中排名居第11位。从创新能力构成看，长沙技术创新力优势明显，创新驱动力有待提升（见第三章）。从具体指标看，长沙在高技术产业发展、高水平技术创新基地建设等方面优势突出，在空气质量改善、固定资产投资效率等方面存在明显的短板。

排名	指标	类别
11	长沙创新能力指数 69.48	
34	全社会研发经费支出与地区生产总值之比 2.77%	创新治理力
28	财政科技支出占公共财政支出比重 4.46%	
19	万名就业人员中研发人员 153.45人年/万人	
12	万人普通高校在校学生数 709.86人/万人	
47	人均实际使用外资额 196.04美元/人	
25	基础研究经费占研发经费比重 7.66%	原始创新力
6	高层次科技人才数 48人	
9	"双一流"建设学科数 14个	
11	高水平科技成果数 74.24项当量	
8	规上工业企业研发经费支出与营业收入之比 2.40%	技术创新力
10	上市科技型中小企业数 41家	
15	高新技术企业数 5183家	
19	万人发明专利拥有量 41.63件/万人	
24	技术输出合同成交额与地区生产总值之比 4.08%	
28	技术输入合同成交额与地区生产总值之比 3.80%	成果转化力
21	国家级科技企业孵化器、大学科技园、双创示范基地数 50个	
17	国家级科技企业孵化器、大学科技园新增在孵企业数 414家	
2	高新技术企业营业收入与规上工业企业营业收入之比 123.12%	
12	规上工业企业新产品销售收入与营业收入之比 39.14%	
54	国家高新区营业收入与地区生产总值之比 42.60%	
20	人均地区生产总值 13.07万元/人	创新驱动力
73	地区生产总值与固定资产投资之比 1.24	
5	城乡居民人均可支配收入之比 1.63	
11	单位地区生产总值能耗 0.25吨标准煤/万元	
87	PM2.5年平均浓度 43微克/立方米	
20	居民人均可支配收入 6.21万元/人	

图 2-144 长沙创新能力指标数据及排名

（二十三）株洲

2021年，株洲常住人口388万人，在101个创新型城市中排名居第71位；地区生产总值3420亿元，居创新型城市第70位。三次产业结构为9.3∶41.5∶49.2，与全国（7.3∶39.4∶53.3）相比，第二产业比重适中。规上工业企业营业收入3297亿元，在创新型城市中排名居第74位；人均规上工业企业营业收入8.5万元，是全国平均水平的91.2%。规上工业企业营业收入利润率5.0%，是全国平均水平的70.8%。株洲工业主要产业中（营业收入占全市比重较大），有色金属冶炼、食品加工、电子设备、铁路船舶航空航天、非金属制品等产业利润率高于全国平均水平（图2-145中颜色偏红板块），化工、电气、汽车等产业营利能力有待提升（图2-145中颜色偏蓝板块）。

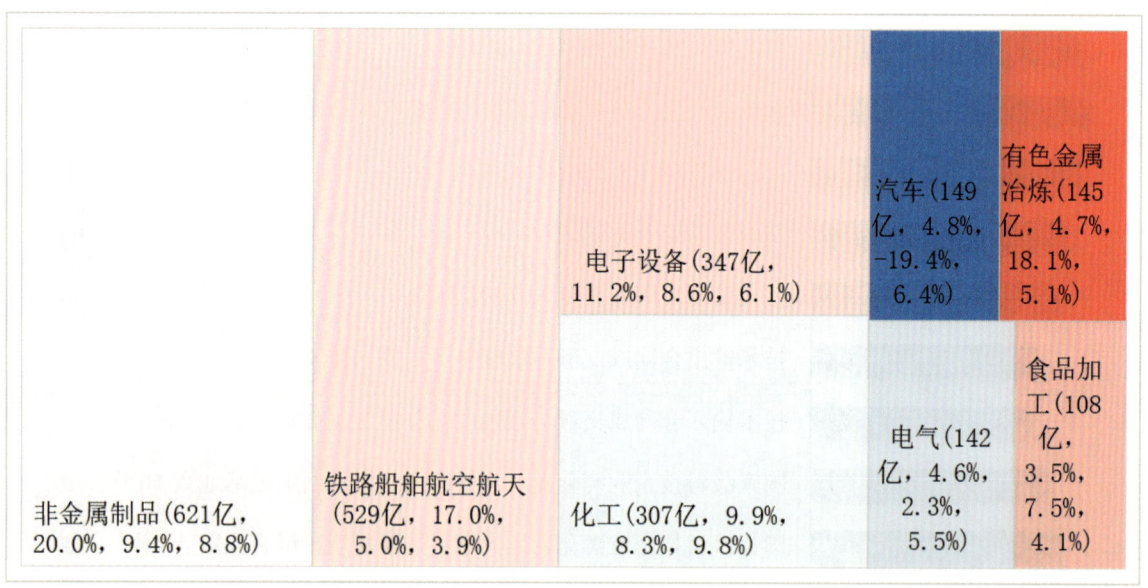

图2-145 株洲工业主要产业的营业收入、占全市比重、利润率、全国平均利润率情况

截至2022年底，株洲有上市公司12家，在金属制品、畜禽饲料、军工电子、轨交设备、玻璃制造、中药等细分领域营业收入规模较大，利润率超过细分领域平均水平；在能源及重型设备、铅锌、风电零部件、涂料油墨等细分领域营利能力有待提升。

株洲创新能力指数为52.44，在创新型城市中排名居第48位，属于创新增长极类别城市，在48个该类别城市中排名居第29位。从创新能力构成看，株洲成果转化力、创新治理力有待提升（见第三章）。从具体指标看，株洲在开放创新、技术吸纳、空气质量改善等方面存在明显的短板。

排名	指标	类别
48	株洲创新能力指数 52.44	
25	全社会研发经费支出与地区生产总值之比 3.02%	创新治理力
11	财政科技支出占公共财政支出比重 6.47%	
39	万名就业人员中研发人员 116.83人年/万人	
46	万人普通高校在校学生数 301.04人/万人	
98	人均实际使用外资额 2.25美元/人	
28	基础研究经费占研发经费比重 6.65%	原始创新力
32	高层次科技人才数 3人	
40	"双一流"建设学科数 0个	
57	高水平科技成果数 1.54项当量	
7	规上工业企业研发经费支出与营业收入之比 2.43%	技术创新力
51	上市科技型中小企业数 5家	
58	高新技术企业数 892家	
41	万人发明专利拥有量 21.92件/万人	
10	技术输出合同成交额与地区生产总值之比 6.08%	
92	技术输入合同成交额与地区生产总值之比 0.95%	成果转化力
65	国家级科技企业孵化器、大学科技园、双创示范基地数 11个	
75	国家级科技企业孵化器、大学科技园新增在孵企业数 45家	
12	高新技术企业营业收入与规上工业企业营业收入之比 82.59%	
32	规上工业企业新产品销售收入与营业收入之比 30.30%	
8	国家高新区营业收入与地区生产总值之比 89.36%	
54	人均地区生产总值 8.79万元/人	创新驱动力
60	地区生产总值与固定资产投资之比 1.53	
56	城乡居民人均可支配收入之比 2.04	
67	单位地区生产总值能耗 0.54吨标准煤/万元	
78	PM2.5年平均浓度 40微克/立方米	
38	居民人均可支配收入 5.24万元/人	

图 2-146 株洲创新能力指标数据及排名

（二十四）湘潭

2021年，湘潭常住人口271万人，在101个创新型城市中排名居第89位；地区生产总值2548亿元，居创新型城市第82位。三次产业结构为11.1∶40.6∶48.3，与全国（7.3∶39.4∶53.3）相比，第二产业比重适中。规上工业企业营业收入4263亿元，在创新型城市中排名居第61位；人均规上工业企业营业收入15.7万元，是全国平均水平的1.7倍；规上工业企业营业收入利润率2.9%，是全国平均水平的40.8%。湘潭工业主要产业中（营业收入占全市比重较大），钢铁等产业利润率高于全国平均水平（图2-147中颜色偏红板块），电气、汽车、食品制造、金属制品、专用设备、通用设备、食品加工等产业营利能力有待提升（图2-147中颜色偏蓝板块）。

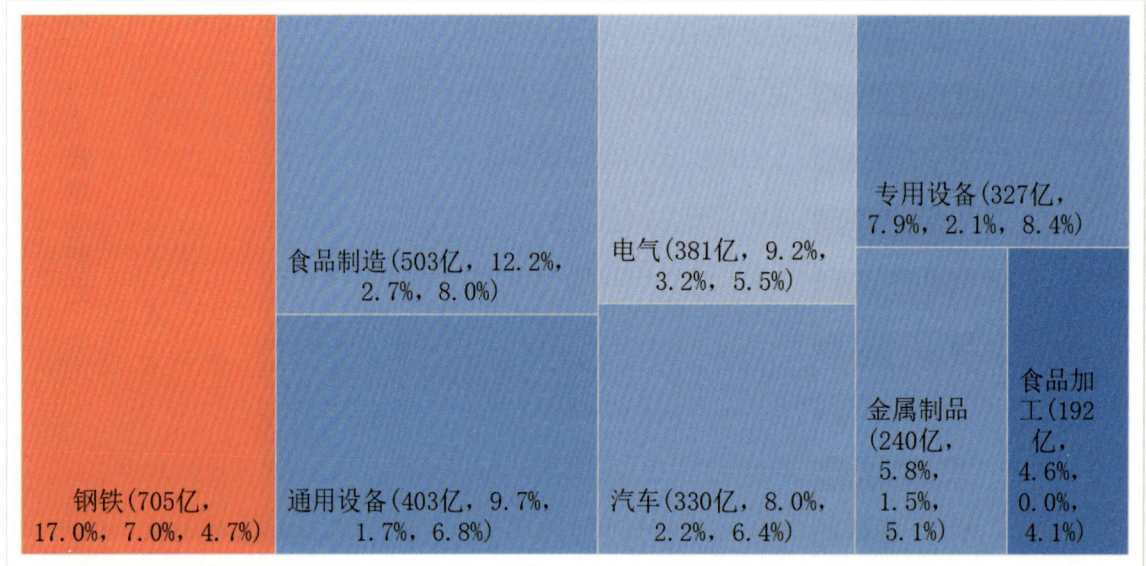

图2-147　湘潭工业主要产业的营业收入、占全市比重、利润率、全国平均利润率情况

截至2022年底，湘潭有上市公司6家，在地面兵装、线缆部件及其他等细分领域营业收入规模较大，利润率超过细分领域平均水平；在风电整机、电池化学品等细分领域营利能力有待提升。

湘潭创新能力指数为44.27，在创新型城市中排名居第66位，属于创新应用区类别城市，在33个该类别城市中排名居第5位。从创新能力构成看，湘潭创新驱动力、技术创新力有待提升（见第三章）。从具体指标看，湘潭在固定资产投资效率、开放创新、空气质量改善等方面存在明显的短板。

排名	指标	类别
66	湘潭创新能力指数 44.27	
27	全社会研发经费支出与地区生产总值之比 2.93%	创新治理力
23	财政科技支出占公共财政支出比重 4.84%	
26	万名就业人员中研发人员 137.17人年/万人	
18	万人普通高校在校学生数 588.93人/万人	
88	人均实际使用外资额 18.77美元/人	
36	基础研究经费占研发经费比重 5.48%	原始创新力
52	高层次科技人才数 0人	
27	"双一流"建设学科数 1个	
70	高水平科技成果数 0项当量	
57	规上工业企业研发经费支出与营业收入之比 1.40%	技术创新力
82	上市科技型中小企业数 1家	
67	高新技术企业数 636家	
50	万人发明专利拥有量 16.82件/万人	
7	技术输出合同成交额与地区生产总值之比 6.42%	
86	技术输入合同成交额与地区生产总值之比 1.32%	成果转化力
72	国家级科技企业孵化器、大学科技园、双创示范基地数 9个	
57	国家级科技企业孵化器、大学科技园新增在孵企业数 97家	
74	高新技术企业营业收入与规上工业企业营业收入之比 38.22%	
35	规上工业企业新产品销售收入与营业收入之比 29.25%	
31	国家高新区营业收入与地区生产总值之比 64.72%	
48	人均地区生产总值 9.38万元/人	创新驱动力
98	地区生产总值与固定资产投资之比 0.80	
19	城乡居民人均可支配收入之比 1.79	
81	单位地区生产总值能耗 0.72吨标准煤/万元	
87	PM2.5年平均浓度 43微克/立方米	
55	居民人均可支配收入 4.48万元/人	

图 2-148 湘潭创新能力指标数据及排名

（二十五）衡阳

2021年，衡阳常住人口662万人，在101个创新型城市中排名居第46位；地区生产总值3840亿元，居创新型城市第62位。三次产业结构为4.7∶47.9∶47.4，与全国（7.3∶39.4∶53.3）相比，第二产业比重较高。规上工业企业营业收入2006亿元，在创新型城市中排名居第92位；人均规上工业企业营业收入3万元，是全国平均水平的32.6%。规上工业企业营业收入利润率6.6%，是全国平均水平的93.0%。衡阳工业主要产业中（营业收入占全市比重较大），食品加工、化工、电气、有色金属冶炼、电子设备等产业利润率高于全国平均水平（图2-149中颜色偏红板块），钢铁等产业营利能力有待提升（图2-149中颜色偏蓝板块）。

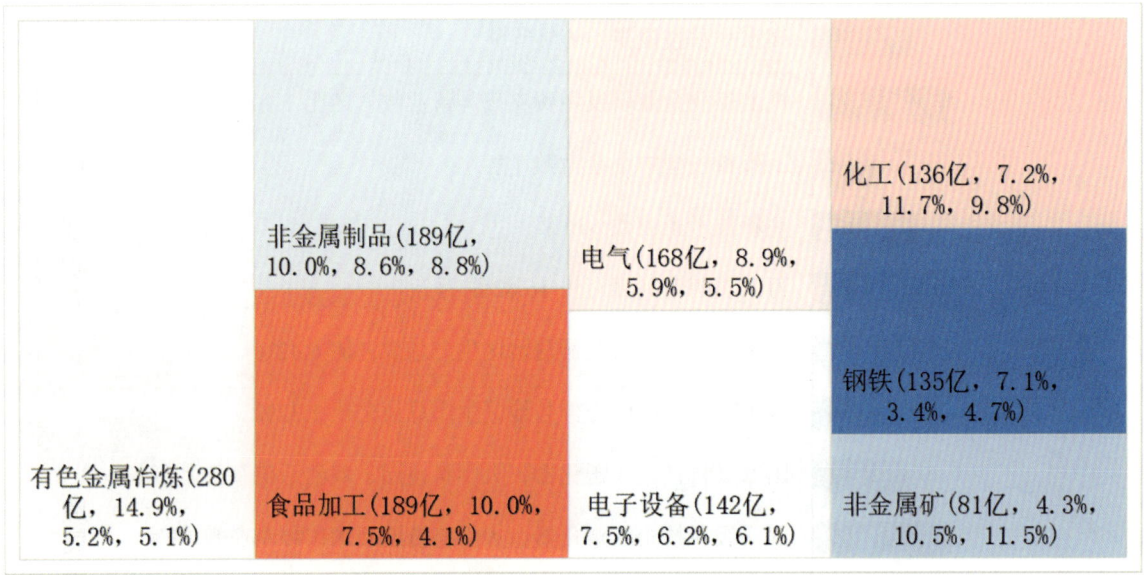

图2-149 衡阳工业主要产业的营业收入、占全市比重、利润率、全国平均利润率情况

截至2022年底，衡阳有上市公司4家，在底盘与发动机系统等细分领域营业收入规模较大，利润率超过细分领域平均水平；在中药、化学制品等细分领域营利能力有待提升。

衡阳创新能力指数为37.27，在创新型城市中排名居第84位，属于创新应用区类别城市，在33个该类别城市中排名居第15位。从创新能力构成看，衡阳创新治理力、成果转化力有待提升（见第三章）。从具体指标看，衡阳在科技型企业孵化、开放创新、高水平科技企业孵化基地建设等方面存在明显的短板。

排名	指标	类别
84	衡阳创新能力指数 37.27	
72	全社会研发经费支出与地区生产总值之比 1.93%	创新治理力
64	财政科技支出占公共财政支出比重 2.07%	
79	万名就业人员中研发人员 50.88人年/万人	
59	万人普通高校在校学生数 222.95人/万人	
97	人均实际使用外资额 2.33美元/人	
22	基础研究经费占研发经费比重 8.14%	原始创新力
52	高层次科技人才数 0人	
40	"双一流"建设学科数 0个	
70	高水平科技成果数 0项当量	
3	规上工业企业研发经费支出与营业收入之比 2.70%	技术创新力
82	上市科技型中小企业数 1家	
69	高新技术企业数 627家	
93	万人发明专利拥有量 4.27件/万人	
69	技术输出合同成交额与地区生产总值之比 1.53%	
82	技术输入合同成交额与地区生产总值之比 1.40%	成果转化力
93	国家级科技企业孵化器、大学科技园、双创示范基地数 4个	
99	国家级科技企业孵化器、大学科技园新增在孵企业数 0家	
39	高新技术企业营业收入与规上工业企业营业收入之比 48.83%	
45	规上工业企业新产品销售收入与营业收入之比 26.33%	
70	国家高新区营业收入与地区生产总值之比 22.87%	
91	人均地区生产总值 5.79万元/人	创新驱动力
43	地区生产总值与固定资产投资之比 1.87	
16	城乡居民人均可支配收入之比 1.76	
64	单位地区生产总值能耗 0.51吨标准煤/万元	
41	PM2.5年平均浓度 31微克/立方米	
79	居民人均可支配收入 4.14万元/人	

图 2-150 衡阳创新能力指标数据及排名

三、西部地区

（一）呼和浩特

2021年，呼和浩特常住人口350万人，在101个创新型城市中排名居第74位；地区生产总值3121亿元，居创新型城市第76位。三次产业结构为6.1∶33.6∶60.3，与全国（7.3∶39.4∶53.3）相比，第二产业比重偏低。规上工业企业营业收入2686亿元，在创新型城市中排名居第86位；人均规上工业企业营业收入7.7万元，是全国平均水平的82.6%。规上工业企业营业收入利润率8.8%，是全国平均水平的1.2倍。呼和浩特工业主要产业中（营业收入占全市比重较大），食品制造、燃料加工、食品加工、非金属制品、有色金属冶炼等产业利润率高于全国平均水平（图2-151中颜色偏红板块），化工、烟草、电力热力等产业营利能力有待提升（图2-151中颜色偏蓝板块）。

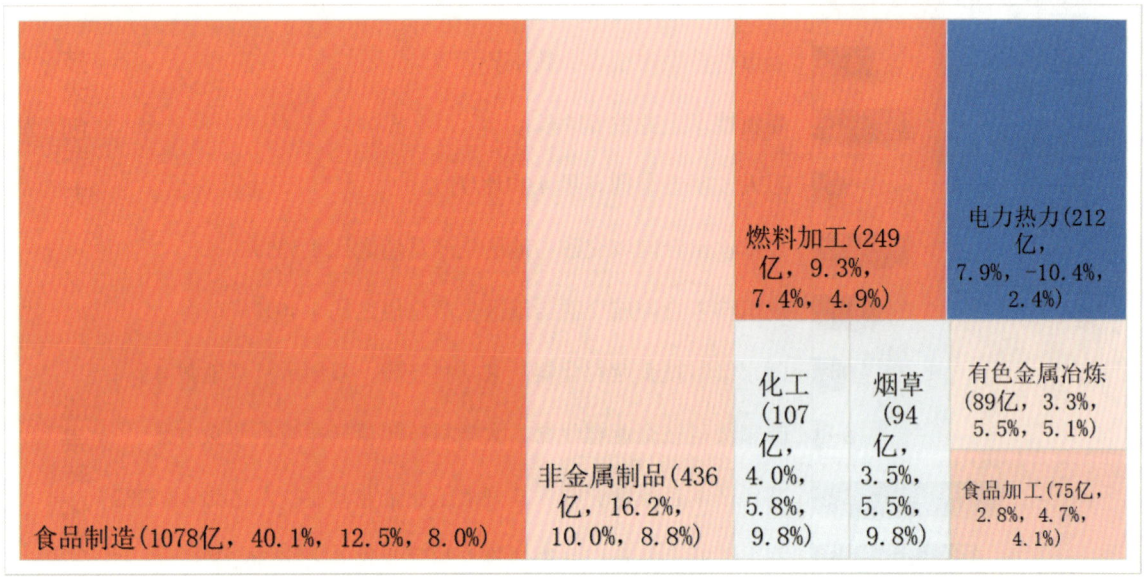

图2-151　呼和哈特工业主要产业的营业收入、占全市比重、利润率、全国平均利润率情况

截至2022年底，呼和浩特有上市公司8家，在火力发电、光伏辅材、乳品等细分领域营业收入规模较大，利润率超过细分领域平均水平；在动物保健、中药等细分领域营利能力有待提升。

呼和浩特创新能力指数为48.61，在创新型城市中排名居第59位，属于创新应用区类别城市，在33个该类别城市中排名居第2位。从创新能力构成看，呼和浩特技术创新力、创新治理力有待提升（见第三章）。从具体指标看，呼和浩特在财政科技投入、技术输出、城乡协调发展等方面存在明显的短板。

排名	指标	维度
59	呼和浩特创新能力指数 48.61	
82	全社会研发经费支出与地区生产总值之比 1.68%	创新治理力
96	财政科技支出占公共财政支出比重 0.74%	
83	万名就业人员中研发人员 48.28人年/万人	
10	万人普通高校在校学生数 729.96人/万人	
82	人均实际使用外资额 44.91美元/人	
31	基础研究经费占研发经费比重 6.02%	原始创新力
52	高层次科技人才数 0人	
27	"双一流"建设学科数 1个	
47	高水平科技成果数 5.47项当量	
68	规上工业企业研发经费支出与营业收入之比 1.24%	技术创新力
72	上市科技型中小企业数 2家	
82	高新技术企业数 369家	
70	万人发明专利拥有量 9.22件/万人	
92	技术输出合同成交额与地区生产总值之比 0.43%	
19	技术输入合同成交额与地区生产总值之比 4.35%	成果转化力
53	国家级科技企业孵化器、大学科技园、双创示范基地数 17个	
78	国家级科技企业孵化器、大学科技园新增在孵企业数 42家	
71	高新技术企业营业收入与规上工业企业营业收入之比 39.12%	
58	规上工业企业新产品销售收入与营业收入之比 23.08%	
37	国家高新区营业收入与地区生产总值之比 58.56%	
50	人均地区生产总值 8.98万元/人	创新驱动力
21	地区生产总值与固定资产投资之比 2.64	
84	城乡居民人均可支配收入之比 2.36	
70	单位地区生产总值能耗 0.55吨标准煤/万元	
29	PM2.5年平均浓度 28微克/立方米	
35	居民人均可支配收入 5.30万元/人	

图 2-152 呼和浩特创新能力指标数据及排名

(二)包头

2021年,包头常住人口272万人,在101个创新型城市中排名居第88位;地区生产总值3293亿元,居创新型城市第73位。三次产业结构为14∶34.3∶51.8,与全国(7.3∶39.4∶53.3)相比,第二产业比重偏低。规上工业企业营业收入4525亿元,在创新型城市中排名居第57位;人均规上工业企业营业收入16.6万元,是全国平均水平的1.8倍;规上工业企业营业收入利润率8.3%,是全国平均水平的1.2倍。包头工业主要产业中(营业收入占全市比重较大),有色金属冶炼、铁矿、非金属制品、电力热力、化工等产业利润率高于全国平均水平(图2-153中颜色偏红板块),金属制品、钢铁、煤炭开采等产业营利能力有待提升(图2-153中颜色偏蓝板块)。

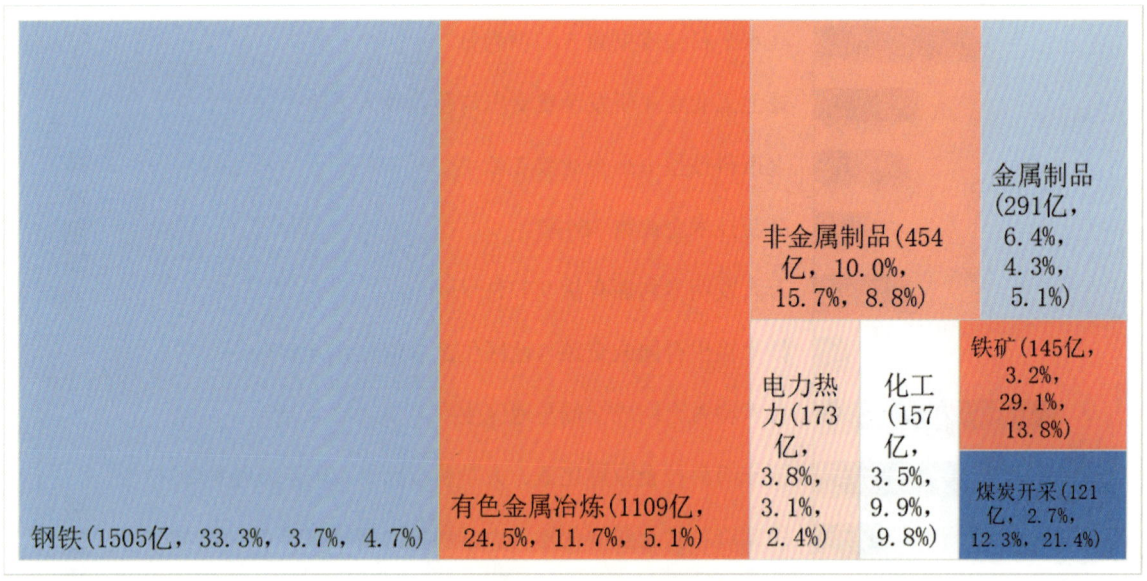

图2-153 包头工业主要产业的营业收入、占全市比重、利润率、全国平均利润率情况

截至2022年底,包头有上市公司6家,在生物制品、稀土、能源及重型设备等细分领域营业收入规模较大,利润率超过细分领域平均水平;在地面兵装、板材、农产品加工等细分领域营利能力有待提升。

包头创新能力指数为37.52,在创新型城市中排名居第83位,属于创新应用区类别城市,在33个该类别城市中排名居第9位。从创新能力构成看,包头技术创新力、创新治理力有待提升(见第三章)。从具体指标看,包头在节能降耗、技术吸纳、开放创新等方面存在明显的短板。

排名	指标	分类
83	包头创新能力指数 37.52	
65	全社会研发经费支出与地区生产总值之比 2.05%	创新治理力
78	财政科技支出占公共财政支出比重 1.62%	
68	万名就业人员中研发人员 64.84人年/万人	
42	万人普通高校在校学生数 320.98人/万人	
95	人均实际使用外资额 5.75美元/人	
74	基础研究经费占研发经费比重 0.78%	原始创新力
52	高层次科技人才数 0人	
40	"双一流"建设学科数 0个	
70	高水平科技成果数 0项当量	
64	规上工业企业研发经费支出与营业收入之比 1.28%	技术创新力
82	上市科技型中小企业数 1家	
91	高新技术企业数 233家	
74	万人发明专利拥有量 8.17件/万人	
94	技术输出合同成交额与地区生产总值之比 0.29%	
97	技术输入合同成交额与地区生产总值之比 0.73%	成果转化力
52	国家级科技企业孵化器、大学科技园、双创示范基地数 18个	
53	国家级科技企业孵化器、大学科技园新增在孵企业数 106家	
49	高新技术企业营业收入与规上工业企业营业收入之比 45.39%	
87	规上工业企业新产品销售收入与营业收入之比 12.12%	
15	国家高新区营业收入与地区生产总值之比 72.61%	
27	人均地区生产总值 12.13万元/人	创新驱动力
79	地区生产总值与固定资产投资之比 1.15	
86	城乡居民人均可支配收入之比 2.39	
100	单位地区生产总值能耗 1.49吨标准煤/万元	
38	PM2.5年平均浓度 30微克/立方米	
29	居民人均可支配收入 5.44万元/人	

图 2-154 包头创新能力指标数据及排名

（三）南宁

2021年，南宁常住人口883万人，在101个创新型城市中排名居第33位；地区生产总值5121亿元，居创新型城市第50位。三次产业结构为2.2∶42.1∶55.8，与全国（7.3∶39.4∶53.3）相比，第二产业比重适中。规上工业企业营业收入2709亿元，在创新型城市中排名居第84位；人均规上工业企业营业收入3.1万元，是全国平均水平的33.0%。规上工业企业营业收入利润率4.7%，是全国平均水平的65.8%。南宁工业主要产业中（营业收入占全市比重较大），非金属制品、电力热力等产业利润率高于全国平均水平（图2-155中颜色偏红板块），酒饮料茶、木材加工、化工、烟草、电子设备、专用设备等产业营利能力有待提升（图2-155中颜色偏蓝板块）。

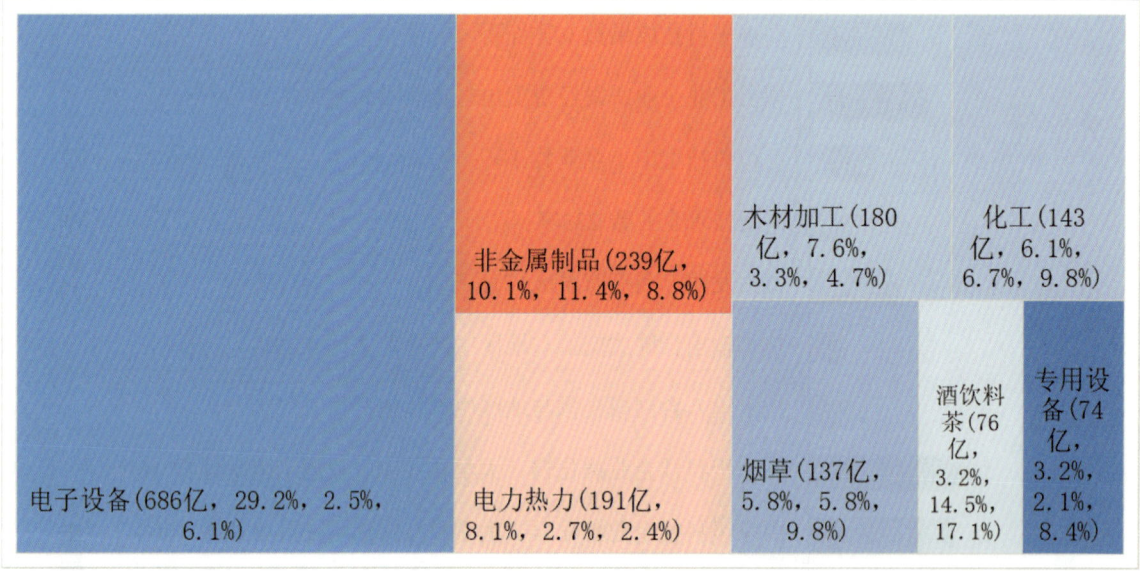

图2-155 南宁工业主要产业的营业收入、占全市比重、利润率、全国平均利润率情况

截至2022年底，南宁有上市公司16家，在通信工程及服务、水力发电等细分领域营业收入规模较大，利润率超过细分领域平均水平；在水产饲料、底盘与发动机系统、家居用品、乳品、零食、农产品加工等细分领域营利能力有待提升。

南宁创新能力指数为49.20，在创新型城市中排名居第57位，属于创新增长极类别城市，在48个该类别城市中排名居第39位。从创新能力构成看，南宁创新驱动力、创新治理力有待提升（见第三章）。从具体指标看，南宁在规上工业企业研发投入、全社会研发投入、新产品开发等方面存在明显的短板。

排名	指标	类别
57	南宁创新能力指数 49.20	
94	全社会研发经费支出与地区生产总值之比 1.12%	创新治理力
76	财政科技支出占公共财政支出比重 1.76%	
75	万名就业人员中研发人员 53.87人年/万人	
13	万人普通高校在校学生数 700.50人/万人	
71	人均实际使用外资额 65.45美元/人	
6	基础研究经费占研发经费比重 16.00%	原始创新力
35	高层次科技人才数 2人	
27	"双一流"建设学科数 1个	
59	高水平科技成果数 1.27项当量	
95	规上工业企业研发经费支出与营业收入之比 0.70%	技术创新力
72	上市科技型中小企业数 2家	
46	高新技术企业数 1376家	
63	万人发明专利拥有量 11.63件/万人	
18	技术输出合同成交额与地区生产总值之比 4.48%	
40	技术输入合同成交额与地区生产总值之比 3.15%	成果转化力
57	国家级科技企业孵化器、大学科技园、双创示范基地数 15个	
36	国家级科技企业孵化器、大学科技园新增在孵企业数 216家	
7	高新技术企业营业收入与规上工业企业营业收入之比 94.17%	
92	规上工业企业新产品销售收入与营业收入之比 10.49%	
34	国家高新区营业收入与地区生产总值之比 61.49%	
90	人均地区生产总值 5.82万元/人	创新驱动力
89	地区生产总值与固定资产投资之比 0.96	
79	城乡居民人均可支配收入之比 2.32	
13	单位地区生产总值能耗 0.25吨标准煤/万元	
29	PM2.5年平均浓度 28微克/立方米	
77	居民人均可支配收入 4.14万元/人	

图 2-156 南宁创新能力指标数据及排名

第二章 创新型城市创新发展画像

（四）柳州

2021年，柳州常住人口418万人，在101个创新型城市中排名居第67位；地区生产总值3057亿元，居创新型城市第78位。三次产业结构为2.1∶54.4∶43.6，与全国（7.3∶39.4∶53.3）相比，第二产业比重较高。规上工业企业营业收入4319亿元，在创新型城市中排名居第60位；人均规上工业企业营业收入10.3万元，是全国平均水平的1.1倍；规上工业企业营业收入利润率3.8%，是全国平均水平的53.5%。柳州工业主要产业中（营业收入占全市比重较大），钢铁等产业利润率高于全国平均水平（图2-157中颜色偏红板块），非金属制品、电力热力、烟草、木材加工、汽车等产业营利能力有待提升（图2-157中颜色偏蓝板块）。

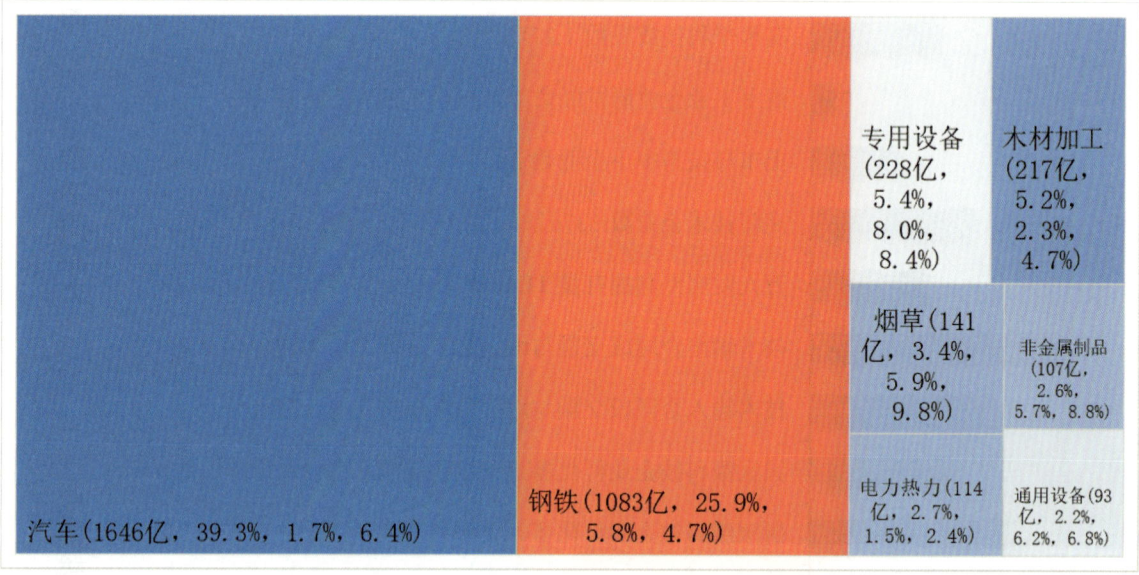

图2-157　柳州工业主要产业的营业收入、占全市比重、利润率、全国平均利润率情况

截至2022年底，柳州有上市公司5家，在氮肥等细分领域营业收入规模较大，利润率超过细分领域平均水平；在工程机械整机、洗护用品、板材等细分领域营利能力有待提升。

柳州创新能力指数为40.82，在创新型城市中排名居第73位，属于创新增长极类别城市，在48个该类别城市中排名居第47位。从创新能力构成看，柳州创新治理力、创新驱动力有待提升（见第三章）。从具体指标看，柳州在金融支持科技创新、固定资产投资效率、开放创新等方面存在明显的短板。

排名	指标
73	柳州创新能力指数 40.82
74	全社会研发经费支出与地区生产总值之比 1.85%
85	财政科技支出占公共财政支出比重 1.18%
86	万名就业人员中研发人员 43.35人年/万人
50	万人普通高校在校学生数 267.69人/万人
87	人均实际使用外资额 20.48美元/人
62	基础研究经费占研发经费比重 1.33%
52	高层次科技人才数 0人
40	"双一流"建设学科数 0个
62	高水平科技成果数 0.98项当量
72	规上工业企业研发经费支出与营业收入之比 1.14%
97	上市科技型中小企业数 0家
66	高新技术企业数 671家
67	万人发明专利拥有量 9.95件/万人
14	技术输出合同成交额与地区生产总值之比 5.77%
7	技术输入合同成交额与地区生产总值之比 6.58%
62	国家级科技企业孵化器、大学科技园、双创示范基地数 13个
70	国家级科技企业孵化器、大学科技园新增在孵企业数 56家
22	高新技术企业营业收入与规上工业企业营业收入之比 63.68%
46	规上工业企业新产品销售收入与营业收入之比 26.19%
10	国家高新区营业收入与地区生产总值之比 83.89%
77	人均地区生产总值 7.33万元/人
88	地区生产总值与固定资产投资之比 0.99
85	城乡居民人均可支配收入之比 2.39
77	单位地区生产总值能耗 0.58吨标准煤/万元
38	PM2.5年平均浓度 30微克/立方米
76	居民人均可支配收入 4.14万元/人

分类（从上至下）：创新治理力、原始创新力、技术创新力、成果转化力、创新驱动力

图 2-158 柳州创新能力指标数据及排名

（五）重庆

2021年，重庆常住人口3212万人，在101个创新型城市中排名居第1位；地区生产总值27894亿元，居创新型城市第5位。三次产业结构为7.4∶55.2∶37.4，与全国（7.3∶39.4∶53.3）相比，第二产业比重较高。规上工业企业营业收入27531亿元，在创新型城市中排名居第5位；人均规上工业企业营业收入8.6万元，是全国平均水平的92.1%。规上工业企业营业收入利润率7.8%，是全国平均水平的1.1倍。重庆工业主要产业中（营业收入占全市比重较大），钢铁、食品加工、通用设备、有色金属冶炼、非金属制品、电气等产业利润率高于全国平均水平（图2-159中颜色偏红板块），汽车等产业营利能力有待提升（图2-159中颜色偏蓝板块）。

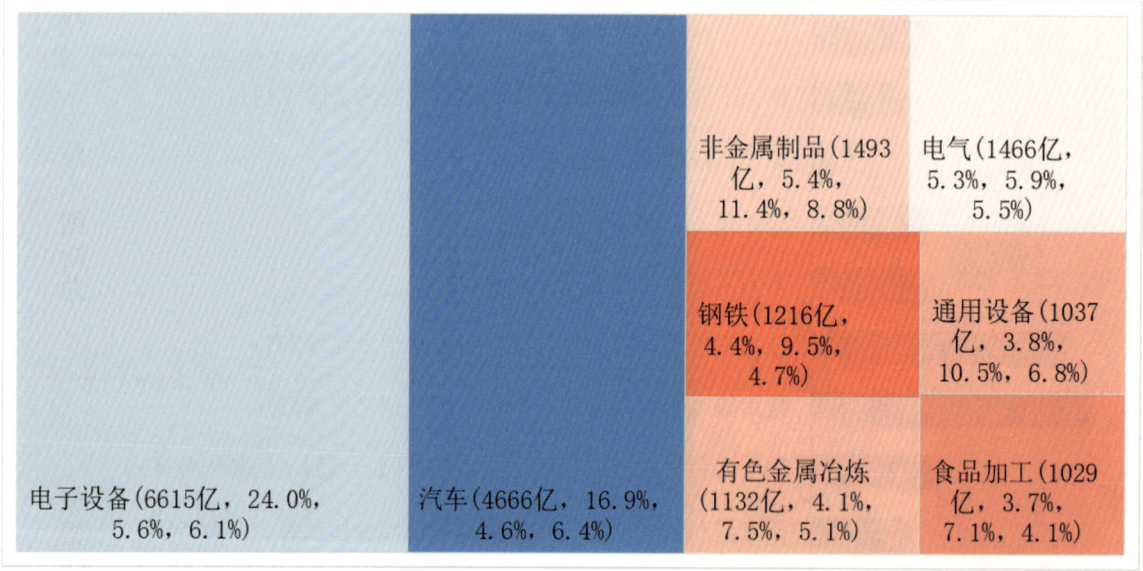

图2-159　重庆工业主要产业的营业收入、占全市比重、利润率、全国平均利润率情况

截至2022年底，重庆有上市公司75家，在面板、洗护用品、底盘与发动机系统、涂料油墨、农用机械、汽车零部件、消费电子零部件及组装、通信网络设备及器件、疫苗等细分领域营业收入规模较大，利润率超过细分领域平均水平；在摩托车、综合乘用车、锂电池、蓄电池及其他电池、板材、生物制品等细分领域营利能力有待提升。

重庆创新能力指数为57.48，在创新型城市中排名居第32位，属于创新策源地类别城市，在20个该类别城市中排名居第18位。从创新能力构成看，重庆创新驱动力、创新治理力有待提升（见第三章）。从具体指标看，重庆在城乡协调发展、技术输出、技术吸纳等方面存在明显的短板。

排名	指标	类别
32	重庆创新能力指数 57.48	
59	全社会研发经费支出与地区生产总值之比 2.16%	创新治理力
73	财政科技支出占公共财政支出比重 1.92%	创新治理力
63	万名就业人员中研发人员 74.01人年/万人	创新治理力
44	万人普通高校在校学生数 312.18人/万人	创新治理力
37	人均实际使用外资额 332.04美元/人	创新治理力
39	基础研究经费占研发经费比重 4.93%	原始创新力
21	高层次科技人才数 11人	原始创新力
15	"双一流"建设学科数 5个	原始创新力
18	高水平科技成果数 46.71项当量	原始创新力
51	规上工业企业研发经费支出与营业收入之比 1.54%	技术创新力
24	上市科技型中小企业数 18家	技术创新力
16	高新技术企业数 5061家	技术创新力
58	万人发明专利拥有量 13.18件/万人	技术创新力
85	技术输出合同成交额与地区生产总值之比 0.66%	技术创新力
73	技术输入合同成交额与地区生产总值之比 1.86%	成果转化力
11	国家级科技企业孵化器、大学科技园、双创示范基地数 104个	成果转化力
16	国家级科技企业孵化器、大学科技园新增在孵企业数 419家	成果转化力
40	高新技术企业营业收入与规上工业企业营业收入之比 48.79%	成果转化力
50	规上工业企业新产品销售收入与营业收入之比 25.41%	成果转化力
60	国家高新区营业收入与地区生产总值之比 28.37%	成果转化力
56	人均地区生产总值 8.69万元/人	创新驱动力
72	地区生产总值与固定资产投资之比 1.28	创新驱动力
89	城乡居民人均可支配收入之比 2.40	创新驱动力
22	单位地区生产总值能耗 0.29吨标准煤/万元	创新驱动力
60	PM2.5年平均浓度 35微克/立方米	创新驱动力
62	居民人均可支配收入 4.35万元/人	创新驱动力

图 2-160 重庆创新能力指标数据及排名

（六）成都

2021年，成都常住人口2119万人，在101个创新型城市中排名居第4位；地区生产总值19917亿元，居创新型城市第7位。三次产业结构为3.3∶47.5∶49.2，与全国（7.3∶39.4∶53.3）相比，第二产业比重较高。规上工业企业营业收入17419亿元，在创新型城市中排名居第14位；人均规上工业企业营业收入8.2万元，是全国平均水平的88.3%。规上工业企业营业收入利润率6.2%，是全国平均水平的88.3%。成都工业主要产业中（营业收入占全市比重较大），电力热力、铁路船舶航空航天、非金属制品等产业利润率高于全国平均水平（图2-161中颜色偏红板块），汽车、电气、石油开采、电子设备等产业营利能力有待提升（图2-161中颜色偏蓝板块）。

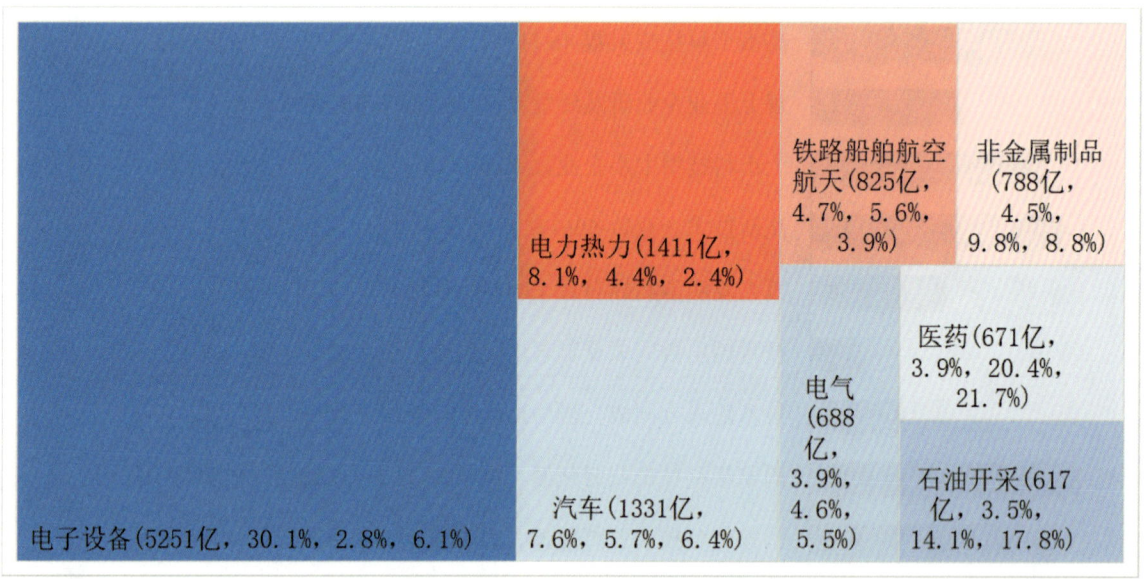

图2-161　成都工业主要产业的营业收入、占全市比重、利润率、全国平均利润率情况

截至2022年底，成都有上市公司116家，在彩电、通信网络设备及器件、消费电子零部件及组装、底盘与发动机系统、成品家居、计算机设备、安防设备、磁性材料、军工电子、航空装备等细分领域营业收入规模较大，利润率超过细分领域平均水平；在医疗设备、有机硅、仪器仪表、LED、瓷砖地板等细分领域营利能力有待提升。

成都创新能力指数为67.20，在创新型城市中排名居第14位，属于创新策源地类别城市，在20个该类别城市中排名居第13位。从创新能力构成看，成都原始创新力优势明显，创新驱动力有待提升（见第三章）。从具体指标看，成都在高水平科研机构建设、财政科技投入等方面优势突出，在空气质量改善、新产品开发等方面存在明显的短板。

排名	指标	类别
14	成都创新能力指数 67.20	
19	全社会研发经费支出与地区生产总值之比 3.17%	创新治理力
6	财政科技支出占公共财政支出比重 8.37%	创新治理力
52	万名就业人员中研发人员 91.10人年/万人	创新治理力
25	万人普通高校在校学生数 463.13人/万人	创新治理力
33	人均实际使用外资额 368.97美元/人	创新治理力
33	基础研究经费占研发经费比重 5.70%	原始创新力
9	高层次科技人才数 35人	原始创新力
10	"双一流"建设学科数 13个	原始创新力
9	高水平科技成果数 83.58项当量	原始创新力
78	规上工业企业研发经费支出与营业收入之比 1.08%	技术创新力
7	上市科技型中小企业数 61家	技术创新力
9	高新技术企业数 7826家	技术创新力
28	万人发明专利拥有量 29.51件/万人	技术创新力
11	技术输出合同成交额与地区生产总值之比 5.97%	技术创新力
36	技术输入合同成交额与地区生产总值之比 3.34%	成果转化力
13	国家级科技企业孵化器、大学科技园、双创示范基地数 77个	成果转化力
8	国家级科技企业孵化器、大学科技园新增在孵企业数 789家	成果转化力
18	高新技术企业营业收入与规上工业企业营业收入之比 68.94%	成果转化力
78	规上工业企业新产品销售收入与营业收入之比 13.64%	成果转化力
41	国家高新区营业收入与地区生产总值之比 53.39%	成果转化力
47	人均地区生产总值 9.46万元/人	创新驱动力
48	地区生产总值与固定资产投资之比 1.79	创新驱动力
21	城乡居民人均可支配收入之比 1.81	创新驱动力
24	单位地区生产总值能耗 0.30吨标准煤/万元	创新驱动力
78	PM2.5年平均浓度 40微克/立方米	创新驱动力
36	居民人均可支配收入 5.26万元/人	创新驱动力

图 2-162 成都创新能力指标数据及排名

（七）德阳

2021年，德阳常住人口346万人，在101个创新型城市中排名居第75位；地区生产总值2657亿元，居创新型城市第80位。三次产业结构为2.8∶41.3∶56，与全国（7.3∶39.4∶53.3）相比，第二产业比重适中。规上工业企业营业收入4067亿元，在创新型城市中排名居第63位；人均规上工业企业营业收入11.8万元，是全国平均水平的1.3倍；规上工业企业营业收入利润率6.7%，是全国平均水平的94.2%。德阳工业主要产业中（营业收入占全市比重较大），食品加工、金属制品等产业利润率高于全国平均水平（图2-163中颜色偏红板块），化工、非金属制品、酒饮料茶、通用设备、电气、专用设备等产业营利能力有待提升（图2-163中颜色偏蓝板块）。

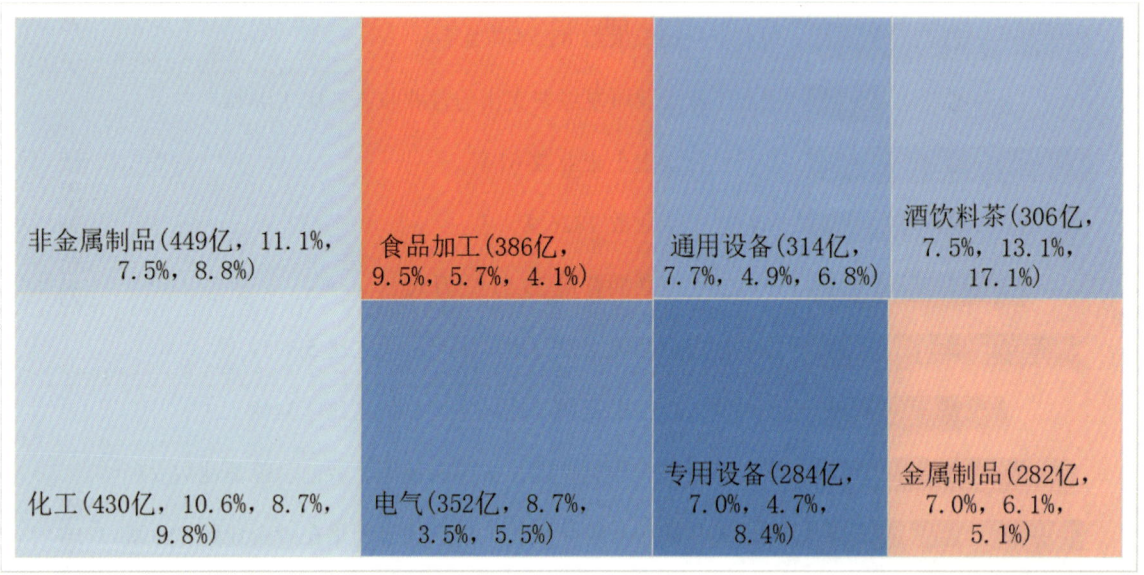

图2-163 德阳工业主要产业的营业收入、占全市比重、利润率、全国平均利润率情况

截至2022年底，德阳有上市公司5家，在电源设备、金属制品等细分领域营业收入规模较大，利润率超过细分领域平均水平；在能源及重型设备、氯碱、磷肥及磷化工等细分领域营利能力有待提升。

德阳创新能力指数为37.59，在创新型城市中排名居第82位，属于创新应用区类别城市，在33个该类别城市中排名居第17位。从创新能力构成看，德阳成果转化力、技术创新力有待提升（见第三章）。从具体指标看，德阳在高水平科技企业孵化基地建设、高技术产业发展、新产品开发等方面存在明显的短板。

排名	指标	分类
82	德阳创新能力指数 37.59	
15	全社会研发经费支出与地区生产总值之比 3.30%	创新治理力
84	财政科技支出占公共财政支出比重 1.23%	创新治理力
72	万名就业人员中研发人员 59.08人年/万人	创新治理力
33	万人普通高校在校学生数 380.27人/万人	创新治理力
81	人均实际使用外资额 46.26美元/人	创新治理力
45	基础研究经费占研发经费比重 3.46%	原始创新力
35	高层次科技人才数 2人	原始创新力
40	"双一流"建设学科数 0个	原始创新力
70	高水平科技成果数 0项当量	原始创新力
79	规上工业企业研发经费支出与营业收入之比 1.04%	技术创新力
72	上市科技型中小企业数 2家	技术创新力
89	高新技术企业数 296家	技术创新力
75	万人发明专利拥有量 7.66件/万人	技术创新力
86	技术输出合同成交额与地区生产总值之比 0.61%	技术创新力
91	技术输入合同成交额与地区生产总值之比 0.99%	成果转化力
97	国家级科技企业孵化器、大学科技园、双创示范基地数 3个	成果转化力
82	国家级科技企业孵化器、大学科技园新增在孵企业数 37家	成果转化力
92	高新技术企业营业收入与规上工业企业营业收入之比 23.39%	成果转化力
91	规上工业企业新产品销售收入与营业收入之比 11.08%	成果转化力
61	国家高新区营业收入与地区生产总值之比 27.71%	成果转化力
70	人均地区生产总值 7.68万元/人	创新驱动力
42	地区生产总值与固定资产投资之比 1.87	创新驱动力
39	城乡居民人均可支配收入之比 1.96	创新驱动力
74	单位地区生产总值能耗 0.57吨标准煤/万元	创新驱动力
51	PM2.5年平均浓度 33微克/立方米	创新驱动力
67	居民人均可支配收入 4.28万元/人	创新驱动力

图 2-164 德阳创新能力指标数据及排名

（八）绵阳

2021年，绵阳常住人口488万人，在101个创新型城市中排名居第60位；地区生产总值3350亿元，居创新型城市第72位。三次产业结构为4.6∶43.2∶52.1，与全国（7.3∶39.4∶53.3）相比，第二产业比重适中。规上工业企业营业收入3757亿元，在创新型城市中排名居第66位；人均规上工业企业营业收入7.7万元，是全国平均水平的82.7%。规上工业企业营业收入利润率4.7%，是全国平均水平的66.6%。绵阳工业主要产业中（营业收入占全市比重较大），食品加工、汽车、电气、化工等产业利润率高于全国平均水平（图2-165中颜色偏红板块），金属制品、通用设备、非金属制品、电子设备等产业营利能力有待提升（图2-165中颜色偏蓝板块）。

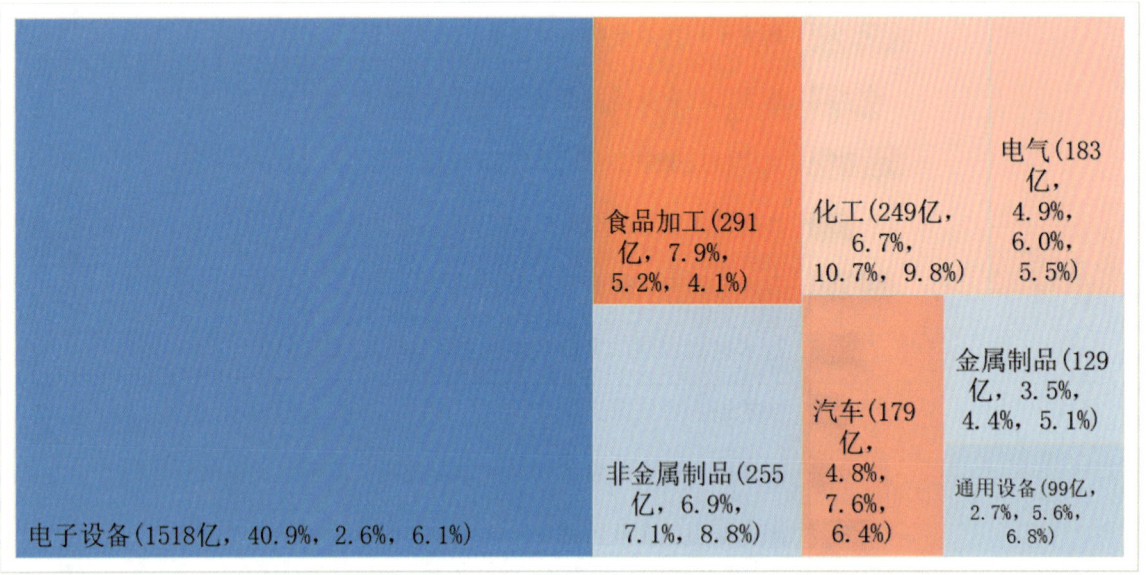

图2-165 绵阳工业主要产业的营业收入、占全市比重、利润率、全国平均利润率情况

截至2022年底，绵阳有上市公司10家，在膜材料、农药等细分领域营业收入规模较大，利润率超过细分领域平均水平；在彩电、军工电子、锂电池等细分领域营利能力有待提升。

绵阳创新能力指数为52.51，在创新型城市中排名居第47位，属于创新增长极类别城市，在48个该类别城市中排名居第28位。从创新能力构成看，绵阳创新驱动力、成果转化力有待提升（见第三章）。从具体指标看，绵阳在高技术产业发展、人均地区生产总值、开放创新等方面存在明显的短板。

排名	指标	类别
47	绵阳创新能力指数 52.51	
1	全社会研发经费支出与地区生产总值之比 7.15%	创新治理力
26	财政科技支出占公共财政支出比重 4.55%	
46	万名就业人员中研发人员 103.36人年/万人	
35	万人普通高校在校学生数 349.26人/万人	
79	人均实际使用外资额 50.47美元/人	
47	基础研究经费占研发经费比重 3.06%	原始创新力
15	高层次科技人才数 23人	
40	"双一流"建设学科数 0个	
70	高水平科技成果数 0项当量	
30	规上工业企业研发经费支出与营业收入之比 1.81%	技术创新力
68	上市科技型中小企业数 3家	
72	高新技术企业数 515家	
48	万人发明专利拥有量 17.58件/万人	
35	技术输出合同成交额与地区生产总值之比 3.12%	
78	技术输入合同成交额与地区生产总值之比 1.66%	成果转化力
53	国家级科技企业孵化器、大学科技园、双创示范基地数 17个	
47	国家级科技企业孵化器、大学科技园新增在孵企业数 141家	
85	高新技术企业营业收入与规上工业企业营业收入之比 28.06%	
53	规上工业企业新产品销售收入与营业收入之比 24.53%	
40	国家高新区营业收入与地区生产总值之比 53.86%	
80	人均地区生产总值 6.87万元/人	创新驱动力
57	地区生产总值与固定资产投资之比 1.55	
53	城乡居民人均可支配收入之比 2.02	
51	单位地区生产总值能耗 0.43吨标准煤/万元	
60	PM2.5年平均浓度 35微克/立方米	
65	居民人均可支配收入 4.32万元/人	

图 2-166　绵阳创新能力指标数据及排名

（九）贵阳

2021年，贵阳常住人口610万人，在101个创新型城市中排名居第50位；地区生产总值4711亿元，居创新型城市第54位。三次产业结构为9.3：44.3：46.4，与全国（7.3：39.4：53.3）相比，第二产业比重适中。规上工业企业营业收入2732亿元，在创新型城市中排名居第83位；人均规上工业企业营业收入4.5万元，是全国平均水平的48.1%。规上工业企业营业收入利润率10.6%，是全国平均水平的1.5倍。贵阳工业主要产业中（营业收入占全市比重较大），电力热力、铁路船舶航空航天、电子设备、有色金属冶炼等产业利润率高于全国平均水平（图2-167中颜色偏红板块），烟草、化工、医药、非金属制品等产业营利能力有待提升（图2-167中颜色偏蓝板块）。

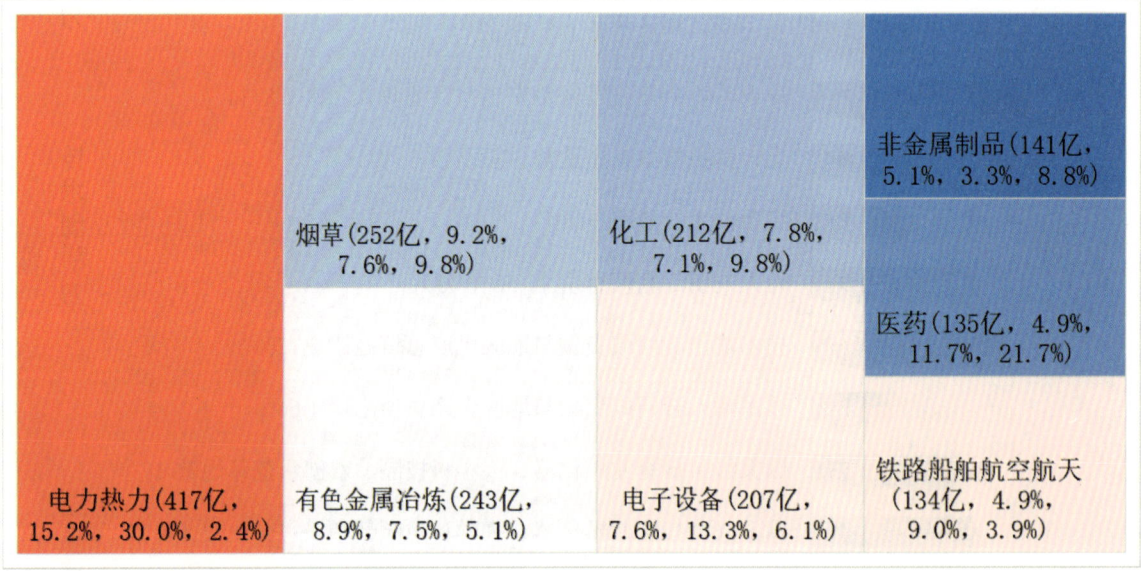

图2-167 贵阳工业主要产业的营业收入、占全市比重、利润率、全国平均利润率情况

截至2022年底，贵阳有上市公司24家，在军工电子、航空装备、膜材料、汽车零部件、轮胎轮毂等细分领域营业收入规模较大，利润率超过细分领域平均水平；在通信网络设备及器件、中药、氮肥、民爆制品等细分领域营利能力有待提升。

贵阳创新能力指数为59.64，在创新型城市中排名居第27位，属于创新增长极类别城市，在48个该类别城市中排名居第17位。从创新能力构成看，贵阳创新驱动力、创新治理力有待提升（见第三章）。从具体指标看，贵阳在新产品开发、固定资产投资效率、全社会研发投入等方面存在明显的短板。

排名	指标	类别
27	贵阳创新能力指数 59.64	
73	全社会研发经费支出与地区生产总值之比 1.85%	创新治理力
40	财政科技支出占公共财政支出比重 3.20%	创新治理力
58	万名就业人员中研发人员 79.64人年/万人	创新治理力
11	万人普通高校在校学生数 727.34人/万人	创新治理力
30	人均实际使用外资额 376.42美元/人	创新治理力
16	基础研究经费占研发经费比重 10.25%	原始创新力
35	高层次科技人才数 2人	原始创新力
27	"双一流"建设学科数 1个	原始创新力
34	高水平科技成果数 11.20项当量	原始创新力
34	规上工业企业研发经费支出与营业收入之比 1.70%	技术创新力
45	上市科技型中小企业数 6家	技术创新力
51	高新技术企业数 1185家	技术创新力
53	万人发明专利拥有量 15.01件/万人	技术创新力
43	技术输出合同成交额与地区生产总值之比 2.76%	技术创新力
18	技术输入合同成交额与地区生产总值之比 4.37%	成果转化力
39	国家级科技企业孵化器、大学科技园、双创示范基地数 25个	成果转化力
38	国家级科技企业孵化器、大学科技园新增在孵企业数 197家	成果转化力
20	高新技术企业营业收入与规上工业企业营业收入之比 67.63%	成果转化力
85	规上工业企业新产品销售收入与营业收入之比 12.19%	成果转化力
26	国家高新区营业收入与地区生产总值之比 68.81%	成果转化力
67	人均地区生产总值 7.79万元/人	创新驱动力
81	地区生产总值与固定资产投资之比 1.06	创新驱动力
63	城乡居民人均可支配收入之比 2.13	创新驱动力
61	单位地区生产总值能耗 0.50吨标准煤/万元	创新驱动力
15	PM2.5年平均浓度 24微克/立方米	创新驱动力
58	居民人均可支配收入 4.39万元/人	创新驱动力

图 2-168 贵阳创新能力指标数据及排名

（十）遵义

2021年，遵义常住人口659万人，在101个创新型城市中排名居第47位；地区生产总值4170亿元，居创新型城市第60位。三次产业结构为5.3∶44∶50.8，与全国（7.3∶39.4∶53.3）相比，第二产业比重适中。规上工业企业营业收入1633亿元，在创新型城市中排名居第95位；人均规上工业企业营业收入2.5万元，是全国平均水平的26.6%。规上工业企业营业收入利润率38.2%，是全国平均水平的5.4倍。遵义工业主要产业中（营业收入占全市比重较大），酒饮料茶、有色金属冶炼、电气等产业利润率高于全国平均水平（图2-169中颜色偏红板块），化工、造纸、钢铁、非金属制品、电力热力等产业营利能力有待提升（图2-169中颜色偏蓝板块）。

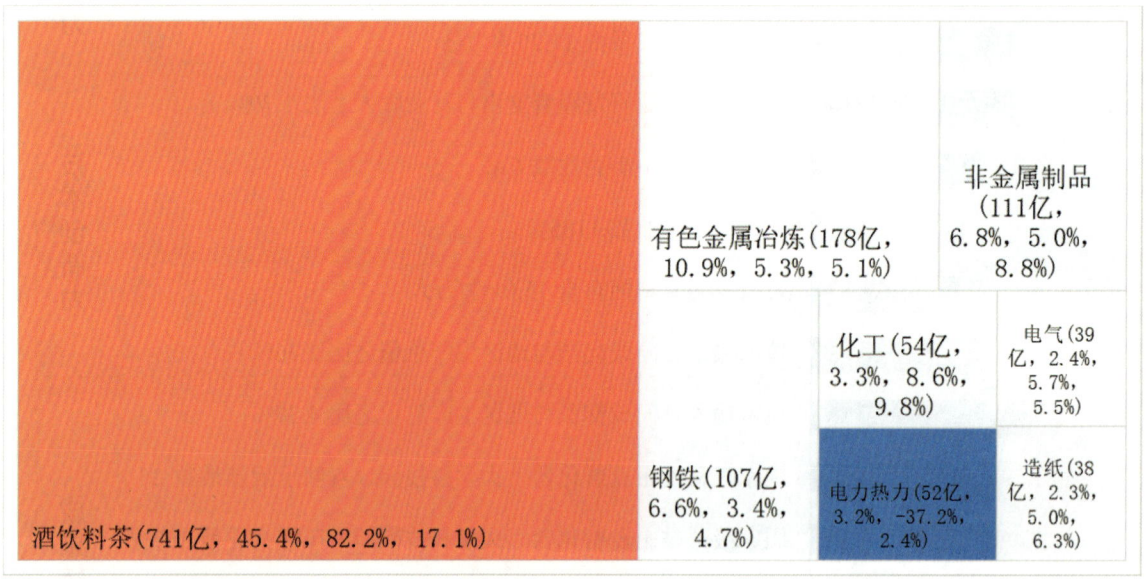

图2-169　遵义工业主要产业的营业收入、占全市比重、利润率、全国平均利润率情况

截至2022年底，遵义有上市公司4家，在白酒等细分领域营业收入规模较大，利润率超过细分领域平均水平；在金属制品、输变电设备等细分领域的营利能力有待提升。

遵义创新能力指数为25.48，在创新型城市中排名居第100位，属于创新应用区类别城市，在33个该类别城市中排名居第31位。从创新能力构成看，遵义创新治理力、技术创新力有待提升（见第三章）。从具体指标看，遵义在研发人力投入、开放创新、全社会研发投入等方面存在明显的短板。

排名	指标	类别
100	遵义创新能力指数 25.48	
100	全社会研发经费支出与地区生产总值之比 0.54%	创新治理力
86	财政科技支出占公共财政支出比重 1.18%	创新治理力
101	万名就业人员中研发人员 18.34人年/万人	创新治理力
71	万人普通高校在校学生数 174.27人/万人	创新治理力
100	人均实际使用外资额 0.50美元/人	创新治理力
14	基础研究经费占研发经费比重 10.31%	原始创新力
52	高层次科技人才数 0人	原始创新力
40	"双一流"建设学科数 0个	原始创新力
70	高水平科技成果数 0项当量	原始创新力
73	规上工业企业研发经费支出与营业收入之比 1.12%	技术创新力
97	上市科技型中小企业数 0家	技术创新力
92	高新技术企业数 221家	技术创新力
94	万人发明专利拥有量 3.94件/万人	技术创新力
84	技术输出合同成交额与地区生产总值之比 0.68%	技术创新力
67	技术输入合同成交额与地区生产总值之比 2.03%	成果转化力
93	国家级科技企业孵化器、大学科技园、双创示范基地数 4个	成果转化力
86	国家级科技企业孵化器、大学科技园新增在孵企业数 23家	成果转化力
91	高新技术企业营业收入与规上工业企业营业收入之比 23.41%	成果转化力
72	规上工业企业新产品销售收入与营业收入之比 18.03%	成果转化力
92	国家高新区营业收入与地区生产总值之比 0	成果转化力
81	人均地区生产总值 6.32万元/人	创新驱动力
66	地区生产总值与固定资产投资之比 1.41	创新驱动力
94	城乡居民人均可支配收入之比 2.50	创新驱动力
55	单位地区生产总值能耗 0.46吨标准煤/万元	创新驱动力
15	PM2.5年平均浓度 24微克/立方米	创新驱动力
84	居民人均可支配收入 4.05万元/人	创新驱动力

图 2-170 遵义创新能力指标数据及排名

（十一）昆明

2021年，昆明常住人口850万人，在101个创新型城市中排名居第34位；地区生产总值7223亿元，居创新型城市第32位。三次产业结构为6.3∶37.3∶56.4，与全国（7.3∶39.4∶53.3）相比，第二产业比重适中。规上工业企业营业收入5655亿元，在创新型城市中排名居第51位；人均规上工业企业营业收入6.7万元，是全国平均水平的71.5%。规上工业企业营业收入利润率6.7%，是全国平均水平的94.3%。昆明工业主要产业中（营业收入占全市比重较大），化工、烟草、食品加工等产业利润率高于全国平均水平（图2-171中颜色偏红板块），非金属制品、有色金属冶炼、燃料加工、钢铁等产业营利能力有待提升（图2-171中颜色偏蓝板块）。

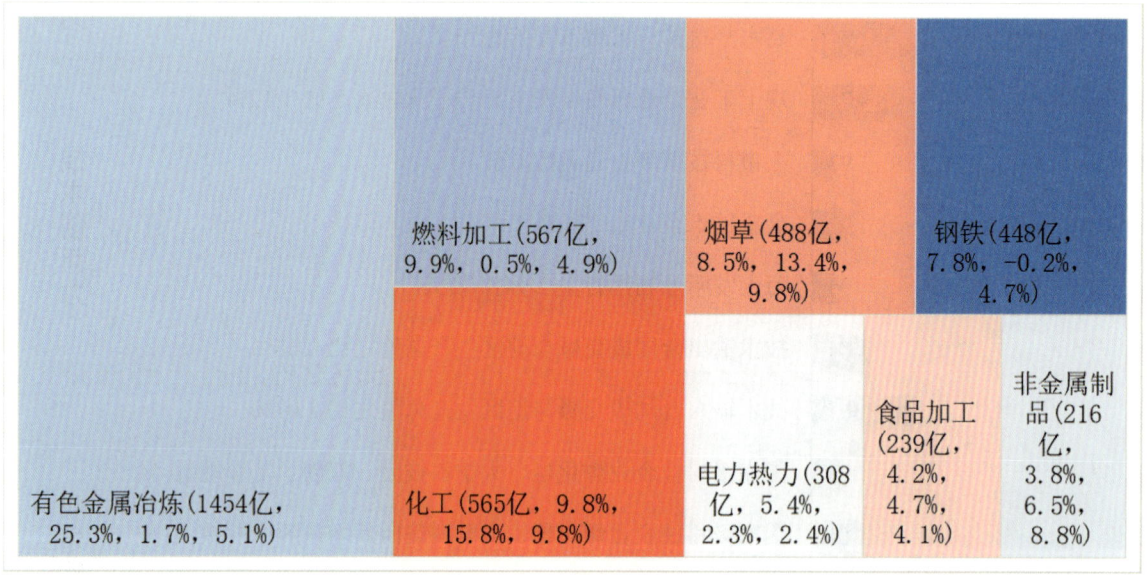

图2-171　昆明工业主要产业的营业收入、占全市比重、利润率、全国平均利润率情况

截至2022年底，昆明有上市公司30家，在铝、品牌化妆品、橡胶制品等细分领域营业收入规模较大，利润率超过细分领域平均水平；在疫苗、中药、无机盐、锂电专用设备、磷肥及磷化工、铜、通用设备、焦炭、底盘与发动机系统等细分领域营利能力有待提升。

昆明创新能力指数为56.17，在创新型城市中排名居第38位，属于创新策源地类别城市，在20个该类别城市中排名居第19位。从创新能力构成看，昆明创新治理力、技术创新力有待提升（见第三章）。从具体指标看，昆明在城乡协调发展、新产品开发、规上工业企业研发投入等方面存在明显的短板。

排名	指标	类别
38	昆明创新能力指数 56.17	
79	全社会研发经费支出与地区生产总值之比 1.78%	创新治理力
67	财政科技支出占公共财政支出比重 2.01%	
66	万名就业人员中研发人员 67.92人年/万人	
4	万人普通高校在校学生数 882.03人/万人	
66	人均实际使用外资额 84.92美元/人	
4	基础研究经费占研发经费比重 17.32%	原始创新力
19	高层次科技人才数 14人	
24	"双一流"建设学科数 2个	
26	高水平科技成果数 21.19项当量	
83	规上工业企业研发经费支出与营业收入之比 0.96%	技术创新力
43	上市科技型中小企业数 7家	
43	高新技术企业数 1419家	
51	万人发明专利拥有量 16.74件/万人	
82	技术输出合同成交额与地区生产总值之比 0.71%	
44	技术输入合同成交额与地区生产总值之比 2.89%	成果转化力
28	国家级科技企业孵化器、大学科技园、双创示范基地数 40个	
31	国家级科技企业孵化器、大学科技园新增在孵企业数 264家	
29	高新技术企业营业收入与规上工业企业营业收入之比 53.91%	
96	规上工业企业新产品销售收入与营业收入之比 8.61%	
55	国家高新区营业收入与地区生产总值之比 41.75%	
58	人均地区生产总值 8.51万元/人	创新驱动力
55	地区生产总值与固定资产投资之比 1.59	
99	城乡居民人均可支配收入之比 2.69	
33	单位地区生产总值能耗 0.34吨标准煤/万元	
15	PM2.5年平均浓度 24微克/立方米	
37	居民人均可支配收入 5.25万元/人	

图 2-172 昆明创新能力指标数据及排名

（十二）玉溪

2021年，玉溪常住人口224万人，在101个创新型城市中排名居第94位；地区生产总值2352亿元，居创新型城市第84位。三次产业结构为3.1∶36.6∶60.4，与全国（7.3∶39.4∶53.3）相比，第二产业比重适中。规上工业企业营业收入2033亿元，在创新型城市中排名居第90位；人均规上工业企业营业收入9.1万元，是全国平均水平的97.5%。规上工业企业营业收入利润率7.3%，是全国平均水平的1.0倍。玉溪工业主要产业中（营业收入占全市比重较大），铁矿、电力热力、烟草等产业利润率高于全国平均水平（图2-173中颜色偏红板块），食品加工、有色金属冶炼、金属制品、非金属制品、钢铁等产业营利能力有待提升（图2-173中颜色偏蓝板块）。

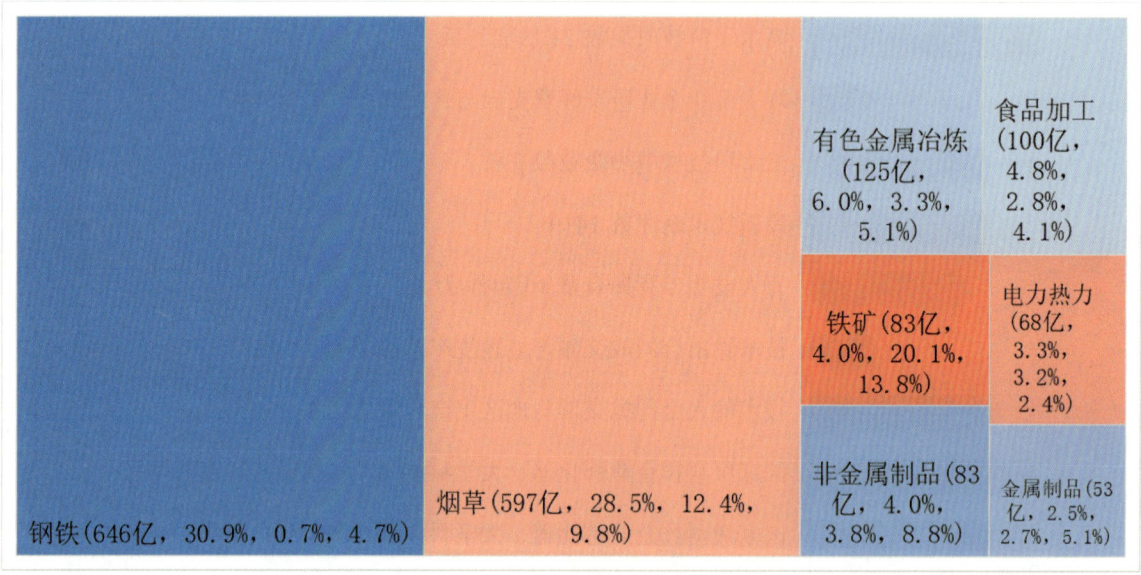

图2-173 玉溪工业主要产业的营业收入、占全市比重、利润率、全国平均利润率情况

截至2022年底，玉溪有上市公司1家，在电池化学品等细分领域营业收入规模较大，利润率超过细分领域平均水平。

玉溪创新能力指数为29.88，在创新型城市中排名居第94位，属于创新应用区类别城市，在33个该类别城市中排名居第21位。从创新能力构成看，玉溪技术创新力、创新治理力有待提升（见第三章）。从具体指标看，玉溪在高新技术企业培育、全社会研发投入、金融支持科技创新等方面存在明显的短板。

排名	指标	分类
94	玉溪创新能力指数 29.88	
98	全社会研发经费支出与地区生产总值之比 0.91%	创新治理力
75	财政科技支出占公共财政支出比重 1.88%	创新治理力
97	万名就业人员中研发人员 29.91人年/万人	创新治理力
93	万人普通高校在校学生数 105.72人/万人	创新治理力
96	人均实际使用外资额 2.68美元/人	创新治理力
59	基础研究经费占研发经费比重 1.58%	原始创新力
52	高层次科技人才数 0人	原始创新力
40	"双一流"建设学科数 0个	原始创新力
70	高水平科技成果数 0项当量	原始创新力
85	规上工业企业研发经费支出与营业收入之比 0.91%	技术创新力
97	上市科技型中小企业数 0家	技术创新力
99	高新技术企业数 159家	技术创新力
87	万人发明专利拥有量 4.92件/万人	技术创新力
89	技术输出合同成交额与地区生产总值之比 0.51%	技术创新力
39	技术输入合同成交额与地区生产总值之比 3.24%	成果转化力
90	国家级科技企业孵化器、大学科技园、双创示范基地数 5个	成果转化力
85	国家级科技企业孵化器、大学科技园新增在孵企业数 28家	成果转化力
83	高新技术企业营业收入与规上工业企业营业收入之比 29.60%	成果转化力
90	规上工业企业新产品销售收入与营业收入之比 11.24%	成果转化力
51	国家高新区营业收入与地区生产总值之比 44.33%	成果转化力
38	人均地区生产总值 10.48万元/人	创新驱动力
51	地区生产总值与固定资产投资之比 1.69	创新驱动力
92	城乡居民人均可支配收入之比 2.46	创新驱动力
72	单位地区生产总值能耗 0.56吨标准煤/万元	创新驱动力
8	PM2.5年平均浓度 21微克/立方米	创新驱动力
51	居民人均可支配收入 4.60万元/人	创新驱动力

图 2-174 玉溪创新能力指标数据及排名

（十三）拉萨

2021年，拉萨常住人口87万人，在101个创新型城市中排名居第101位；地区生产总值742亿元，居创新型城市第101位。三次产业结构为4∶47.6∶48.4，与全国（7.3∶39.4∶53.3）相比，第二产业比重较高。规上工业企业营业收入178亿元，在创新型城市中排名居第101位；人均规上工业企业营业收入2万元，是全国平均水平的22.0%。规上工业企业营业收入利润率1.0%，是全国平均水平的14.8%。拉萨工业主要产业中（营业收入占全市比重较大），医药、食品加工、橡胶塑料等产业利润率高于全国平均水平（图2-175中颜色偏红板块），非金属制品、食品制造、酒饮料茶、化工、电力热力等产业营利能力有待提升（图2-175中颜色偏蓝板块）。

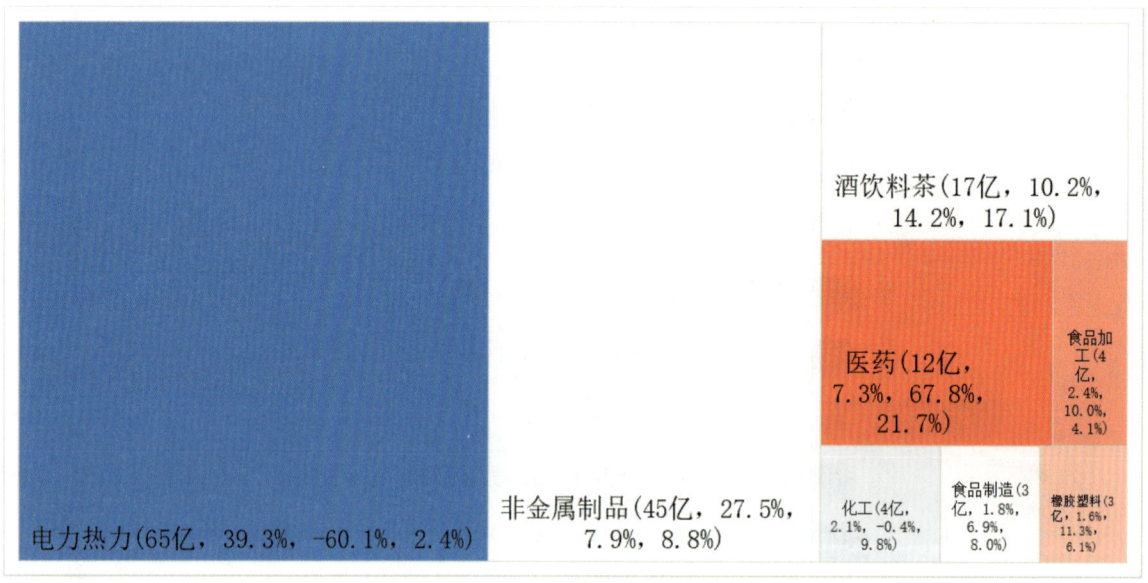

图2-175 拉萨工业主要产业的营业收入、占全市比重、利润率、全国平均利润率情况

截至2022年底，拉萨有上市公司17家，在铅锌、生物制品、食品及饲料添加剂、锂、化学制剂等细分领域营业收入规模较大，利润率超过细分领域平均水平；在民爆制品、水泥制造、啤酒等细分领域营利能力有待提升。

拉萨创新能力指数为37.25，在创新型城市中排名居第85位，属于创新应用区类别城市，在33个该类别城市中排名居第14位。从创新能力构成看，拉萨创新治理力、技术创新力有待提升（见第三章）。从具体指标看，拉萨在新产品开发、高新技术企业培育等方面存在明显的短板。

排名	指标	分类
85	拉萨创新能力指数 37.25	
101	全社会研发经费支出与地区生产总值之比 0.07%	创新治理力
97	财政科技支出占公共财政支出比重 0.73%	
93	万名就业人员中研发人员 34.17人年/万人	
99	万人普通高校在校学生数 61.48人/万人	
101	人均实际使用外资额 0美元/人	
9	基础研究经费占研发经费比重 14.86%	原始创新力
42	高层次科技人才数 1人	
27	"双一流"建设学科数 1个	
68	高水平科技成果数 0.48项当量	
94	规上工业企业研发经费支出与营业收入之比 0.71%	技术创新力
57	上市科技型中小企业数 4家	
101	高新技术企业数 90家	
71	万人发明专利拥有量 9.15件/万人	
97	技术输出合同成交额与地区生产总值之比 0.23%	
3	技术输入合同成交额与地区生产总值之比 8.94%	成果转化力
69	国家级科技企业孵化器、大学科技园、双创示范基地数 10个	
97	国家级科技企业孵化器、大学科技园新增在孵企业数 6家	
4	高新技术企业营业收入与规上工业企业营业收入之比 108.33%	
101	规上工业企业新产品销售收入与营业收入之比 0	
92	国家高新区营业收入与地区生产总值之比 0	
57	人均地区生产总值 8.52万元/人	创新驱动力
83	地区生产总值与固定资产投资之比 1.01	
80	城乡居民人均可支配收入之比 2.33	
1	单位地区生产总值能耗 0.13吨标准煤/万元	
1	PM2.5年平均浓度 10微克/立方米	
45	居民人均可支配收入 4.93万元/人	

图2-176 拉萨创新能力指标数据及排名

（十四）西安

2021年，西安常住人口1287万人，在101个创新型城市中排名居第9位；地区生产总值10688亿元，居创新型城市第24位。三次产业结构为13.7∶33.9∶52.4，与全国（7.3∶39.4∶53.3）相比，第二产业比重偏低。规上工业企业营业收入7466亿元，在创新型城市中排名居第36位；人均规上工业企业营业收入5.8万元，是全国平均水平的62.3%。规上工业企业营业收入利润率6.0%，是全国平均水平的84.2%。西安工业主要产业中（营业收入占全市比重较大），电子设备、铁路船舶航空航天、专用设备等产业利润率高于全国平均水平（图2-177中颜色偏红板块），非金属制品、医药、汽车、电气、电力热力等产业营利能力有待提升（图2-177中颜色偏蓝板块）。

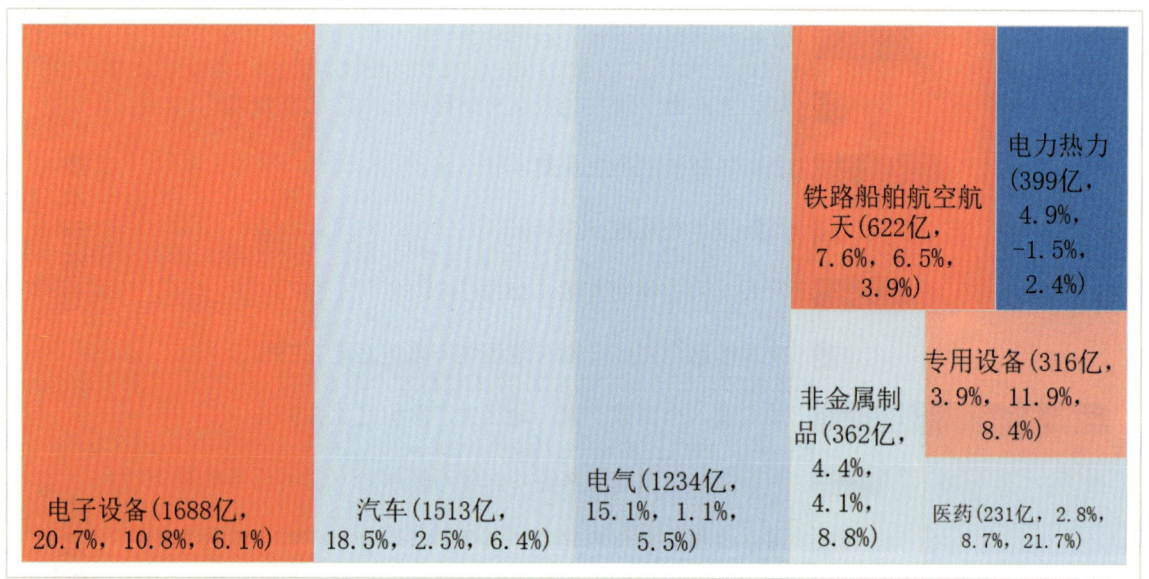

图2-177　西安工业主要产业的营业收入、占全市比重、利润率、全国平均利润率情况

截至2022年底，西安有上市公司60家，在地面兵器装备、合成树脂、通信线缆及配套、分立器件、钼、医疗耗材、光伏电池组件、电子化学品、航天装备等细分领域营业收入规模较大，利润率超过细分领域平均水平；在航空装备、中药、输变电设备、军工电子、纺织服装设备、锂电池等细分领域营利能力有待提升。

西安创新能力指数为72.55，在创新型城市中排名居第8位，属于创新策源地类别城市，在20个该类别城市中排名居第8位。从创新能力构成看，西安成果转化力、技术创新力优势明显，创新驱动力有待提升（见第三章）。从具体指标看，西安在技术输出、技术吸纳、高水平科研机构建设等诸多方面优势突出，在城乡协调发展等方面存在短板。

排名	指标	类别
8	西安创新能力指数 72.55	
4	全社会研发经费支出与地区生产总值之比 5.18%	创新治理力
34	财政科技支出占公共财政支出比重 3.89%	
24	万名就业人员中研发人员 139.38人年/万人	
16	万人普通高校在校学生数 634.71人/万人	
7	人均实际使用外资额 677.09美元/人	
32	基础研究经费占研发经费比重 5.95%	原始创新力
5	高层次科技人才数 59人	
7	"双一流"建设学科数 18个	
6	高水平科技成果数 122.33项当量	
5	规上工业企业研发经费支出与营业收入之比 2.57%	技术创新力
16	上市科技型中小企业数 29家	
13	高新技术企业数 7053家	
12	万人发明专利拥有量 47.02件/万人	
1	技术输出合同成交额与地区生产总值之比 20.67%	
2	技术输入合同成交额与地区生产总值之比 9.01%	成果转化力
10	国家级科技企业孵化器、大学科技园、双创示范基地数 105个	
15	国家级科技企业孵化器、大学科技园新增在孵企业数 448家	
3	高新技术企业营业收入与规上工业企业营业收入之比 118.45%	
29	规上工业企业新产品销售收入与营业收入之比 30.85%	
6	国家高新区营业收入与地区生产总值之比 93.52%	
60	人均地区生产总值 8.37万元/人	创新驱动力
54	地区生产总值与固定资产投资之比 1.59	
100	城乡居民人均可支配收入之比 2.70	
30	单位地区生产总值能耗 0.32吨标准煤/万元	
83	PM2.5年平均浓度 41微克/立方米	
48	居民人均可支配收入 4.69万元/人	

图2-178 西安创新能力指标数据及排名

（十五）宝鸡

2021年，宝鸡常住人口328万人，在101个创新型城市中排名居第78位；地区生产总值2549亿元，居创新型城市第81位。三次产业结构为10.4∶40.8∶48.9，与全国（7.3∶39.4∶53.3）相比，第二产业比重适中。规上工业企业营业收入3116亿元，在创新型城市中排名居第76位；人均规上工业企业营业收入9.5万元，是全国平均水平的1.0倍；规上工业企业营业收入利润率5.2%，是全国平均水平的73.1%。宝鸡工业主要产业中（营业收入占全市比重较大），铁路船舶航空航天、食品制造等产业利润率高于全国平均水平（图2-179中颜色偏红板块），非金属制品、煤炭开采、有色金属冶炼、汽车、通用设备、电力热力等产业营利能力有待提升（图2-179中颜色偏蓝板块）。

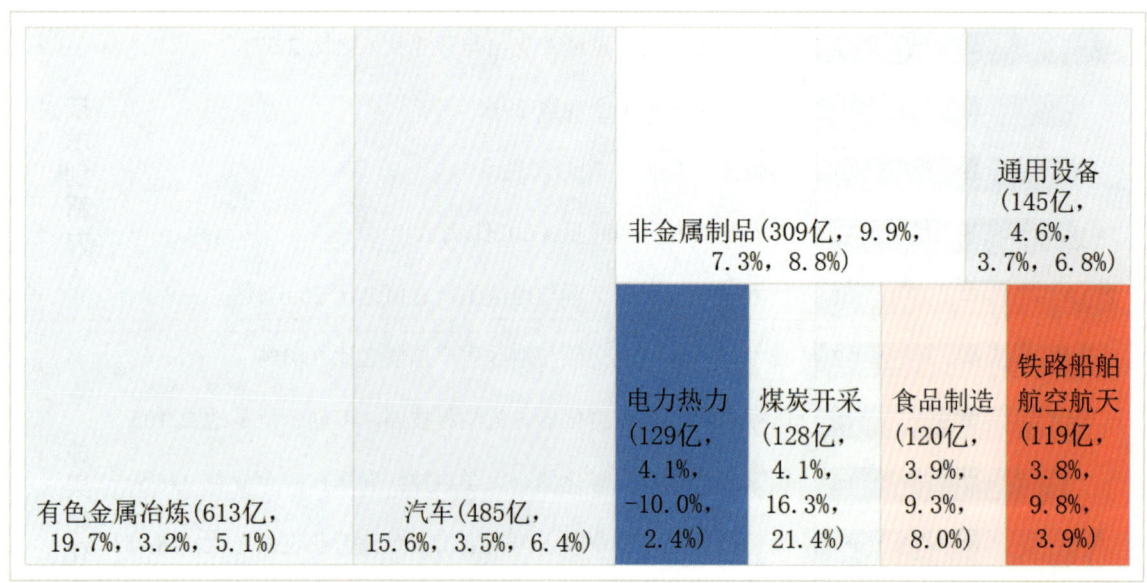

图2-179 宝鸡工业主要产业的营业收入、占全市比重、利润率、全国平均利润率情况

截至2022年底，宝鸡有上市公司5家，在机床工具、轨交设备、钛等细分领域营业收入规模较大，利润率超过细分领域平均水平；在航空装备、输变电设备等细分领域营利能力有待提升。

宝鸡创新能力指数为29.89，在创新型城市中排名居第93位，属于创新应用区类别城市，在33个该类别城市中排名居第23位。从创新能力构成看，宝鸡创新驱动力、创新治理力有待提升（见第三章）。从具体指标看，宝鸡在固定资产投资效率、财政科技投入、城乡协调发展等方面存在明显的短板。

排名	指标	维度
93	宝鸡创新能力指数 29.89	
93	全社会研发经费支出与地区生产总值之比 1.18%	创新治理力
94	财政科技支出占公共财政支出比重 0.86%	
82	万名就业人员中研发人员 48.96人年/万人	
74	万人普通高校在校学生数 161.42人/万人	
72	人均实际使用外资额 65.01美元/人	
71	基础研究经费占研发经费比重 0.89%	原始创新力
52	高层次科技人才数 0人	
40	"双一流"建设学科数 0个	
70	高水平科技成果数 0项当量	
84	规上工业企业研发经费支出与营业收入之比 0.94%	技术创新力
82	上市科技型中小企业数 1家	
85	高新技术企业数 348家	
90	万人发明专利拥有量 4.70件/万人	
66	技术输出合同成交额与地区生产总值之比 1.56%	
80	技术输入合同成交额与地区生产总值之比 1.53%	成果转化力
83	国家级科技企业孵化器、大学科技园、双创示范基地数 6个	
64	国家级科技企业孵化器、大学科技园新增在孵企业数 74家	
53	高新技术企业营业收入与规上工业企业营业收入之比 44.37%	
74	规上工业企业新产品销售收入与营业收入之比 16.43%	
5	国家高新区营业收入与地区生产总值之比 93.53%	
68	人均地区生产总值 7.72万元/人	创新驱动力
101	地区生产总值与固定资产投资之比 0.53	
93	城乡居民人均可支配收入之比 2.47	
48	单位地区生产总值能耗 0.39吨标准煤/万元	
78	PM2.5年平均浓度 40微克/立方米	
91	居民人均可支配收入 3.87万元/人	

图 2-180 宝鸡创新能力指标数据及排名

（十六）汉中

2021 年，汉中常住人口 319 万人，在 101 个创新型城市中排名居第 80 位；地区生产总值 1769 亿元，居创新型城市第 93 位。三次产业结构为 4.3∶49.5∶46.3，与全国（7.3∶39.4∶53.3）相比，第二产业比重较高。规上工业企业营业收入 1353 亿元，在创新型城市中排名居第 97 位；人均规上工业企业营业收入 4.2 万元，是全国平均水平的 45.6%。规上工业企业营业收入利润率 5.7%，是全国平均水平的 80.4%。汉中工业主要产业中（营业收入占全市比重较大），铁路船舶航空航天、非金属制品、医药等产业利润率高于全国平均水平（图 2-181 中颜色偏红板块），金属制品、食品加工、酒饮料茶、钢铁、有色金属冶炼等产业营利能力有待提升（图 2-181 中颜色偏蓝板块）。

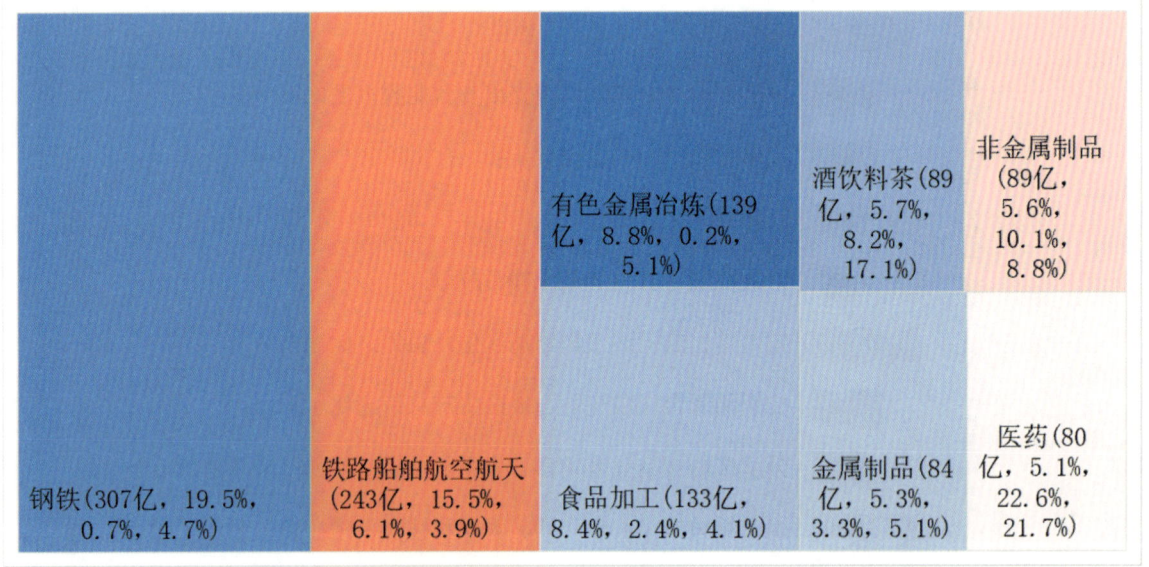

图 2-181　汉中工业主要产业的营业收入、占全市比重、利润率、全国平均利润率情况

截至 2022 年底，汉中有上市公司 1 家，在军工电子等细分领域营业收入规模较大，利润率超过细分领域平均水平。

汉中创新能力指数为 25.56，在创新型城市中排名居第 99 位，属于创新应用区类别城市，在 33 个该类别城市中排名居第 33 位。从创新能力构成看，汉中成果转化力、创新驱动力有待提升（见第三章）。从具体指标看，汉中在城乡协调发展、高新技术企业培育、研发人力投入等方面存在明显的短板。

排名	指标	类别
99	汉中创新能力指数 25.56	
86	全社会研发经费支出与地区生产总值之比 1.58%	创新治理力
87	财政科技支出占公共财政支出比重 1.17%	
100	万名就业人员中研发人员 27.98人年/万人	
79	万人普通高校在校学生数 153.61人/万人	
80	人均实际使用外资额 49.87美元/人	
81	基础研究经费占研发经费比重 0.55%	原始创新力
52	高层次科技人才数 0人	
40	"双一流"建设学科数 0个	
62	高水平科技成果数 0.98项当量	
20	规上工业企业研发经费支出与营业收入之比 2.04%	技术创新力
82	上市科技型中小企业数 1家	
100	高新技术企业数 110家	
101	万人发明专利拥有量 2.24件/万人	
90	技术输出合同成交额与地区生产总值之比 0.50%	
98	技术输入合同成交额与地区生产总值之比 0.59%	成果转化力
98	国家级科技企业孵化器、大学科技园、双创示范基地数 2个	
99	国家级科技企业孵化器、大学科技园新增在孵企业数 0家	
95	高新技术企业营业收入与规上工业企业营业收入之比 19.28%	
80	规上工业企业新产品销售收入与营业收入之比 13.25%	
92	国家高新区营业收入与地区生产总值之比 0	
93	人均地区生产总值 5.53万元/人	创新驱动力
85	地区生产总值与固定资产投资之比 1.01	
101	城乡居民人均可支配收入之比 2.80	
75	单位地区生产总值能耗 0.57吨标准煤/万元	
24	PM2.5年平均浓度 27微克/立方米	
95	居民人均可支配收入 3.71万元/人	

图 2-182 汉中创新能力指标数据及排名

（十七）兰州

2021年，兰州常住人口438万人，在101个创新型城市中排名居第66位；地区生产总值3231亿元，居创新型城市第75位。三次产业结构为7∶42∶50.9，与全国（7.3∶39.4∶53.3）相比，第二产业比重适中。规上工业企业营业收入2979亿元，在创新型城市中排名居第80位；人均规上工业企业营业收入6.8万元，是全国平均水平的73.0%。规上工业企业营业收入利润率4.8%，是全国平均水平的67.6%。兰州工业主要产业中（营业收入占全市比重较大），医药、有色金属冶炼等产业利润率高于全国平均水平（图2-183中颜色偏红板块），燃料加工、非金属制品、烟草、钢铁、化工、电力热力等产业营利能力有待提升（图2-183中颜色偏蓝板块）。

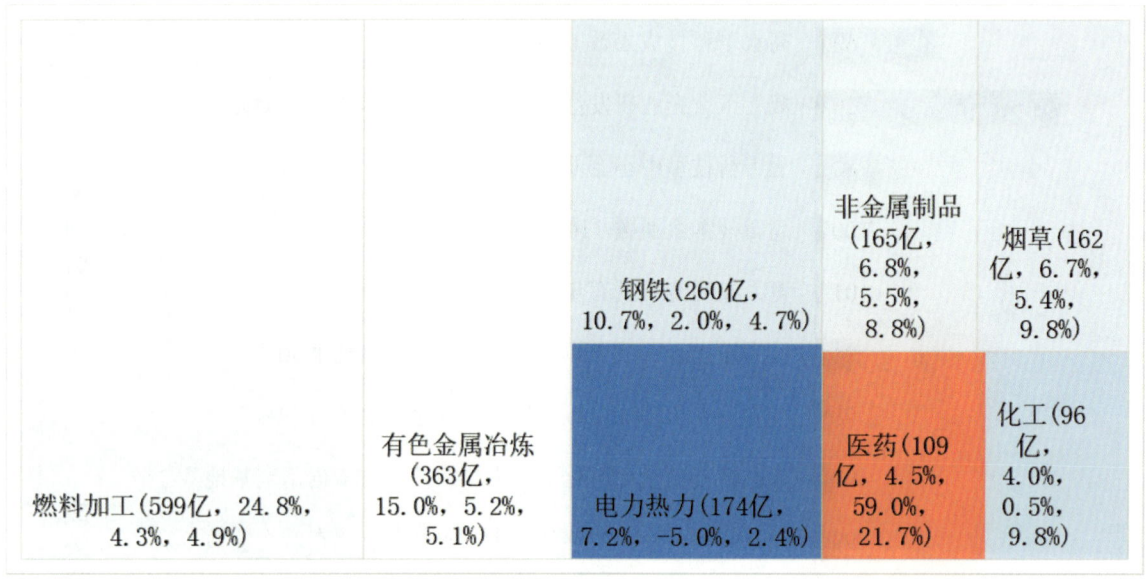

图2-183　兰州工业主要产业的营业收入、占全市比重、利润率、全国平均利润率情况

截至2022年底，兰州有上市公司20家，在水泥制造、中药、乳品等细分领域营业收入规模较大，利润率超过细分领域平均水平；在化学原料、能源及重型设备、输变电设备、啤酒、底盘与发动机系统等细分领域营利能力有待提升。

兰州创新能力指数为54.81，在创新型城市中排名居第42位，属于创新策源地类别城市，在20个该类别城市中排名居第17位。从创新能力构成看，兰州创新驱动力、创新治理力有待提升（见第三章）。从具体指标看，兰州在城乡协调发展、新产品开发、规上工业企业研发投入等方面存在明显的短板。

排名	指标	类别
42	兰州创新能力指数 54.81	
58	全社会研发经费支出与地区生产总值之比 2.19%	创新治理力
82	财政科技支出占公共财政支出比重 1.33%	
56	万名就业人员中研发人员 81.33人年/万人	
3	万人普通高校在校学生数 931.25人/万人	
90	人均实际使用外资额 15.07美元/人	
2	基础研究经费占研发经费比重 21.38%	原始创新力
16	高层次科技人才数 21人	
16	"双一流"建设学科数 4个	
24	高水平科技成果数 24.79项当量	
91	规上工业企业研发经费支出与营业收入之比 0.79%	技术创新力
72	上市科技型中小企业数 2家	
65	高新技术企业数 673家	
52	万人发明专利拥有量 16.04件/万人	
39	技术输出合同成交额与地区生产总值之比 2.88%	
33	技术输入合同成交额与地区生产总值之比 3.57%	成果转化力
33	国家级科技企业孵化器、大学科技园、双创示范基地数 35个	
22	国家级科技企业孵化器、大学科技园新增在孵企业数 321家	
41	高新技术企业营业收入与规上工业企业营业收入之比 48.55%	
95	规上工业企业新产品销售收入与营业收入之比 8.86%	
29	国家高新区营业收入与地区生产总值之比 67.68%	
76	人均地区生产总值 7.38万元/人	创新驱动力
34	地区生产总值与固定资产投资之比 2.07	
98	城乡居民人均可支配收入之比 2.67	
58	单位地区生产总值能耗 0.49吨标准煤/万元	
46	PM2.5年平均浓度 32微克/立方米	
64	居民人均可支配收入 4.32万元/人	

图 2-184 兰州创新能力指标数据及排名

（十八）西宁

2021 年，西宁常住人口 248 万人，在 101 个创新型城市中排名居第 91 位；地区生产总值 1549 亿元，居创新型城市第 95 位。三次产业结构为 5.1∶49.5∶45.4，与全国（7.3∶39.4∶53.3）相比，第二产业比重较高。规上工业企业营业收入 2032 亿元，在创新型城市中排名居第 91 位；人均规上工业企业营业收入 8.2 万元，是全国平均水平的 88.2%。规上工业企业营业收入利润率 4.1%，是全国平均水平的 58.1%。西宁工业主要产业中（营业收入占全市比重较大），电子设备、有色金属矿、钢铁等产业利润率高于全国平均水平（图 2-185 中颜色偏红板块），有色金属冶炼、非金属制品、电气、电力热力等产业营利能力有待提升（图 2-185 中颜色偏蓝板块）。

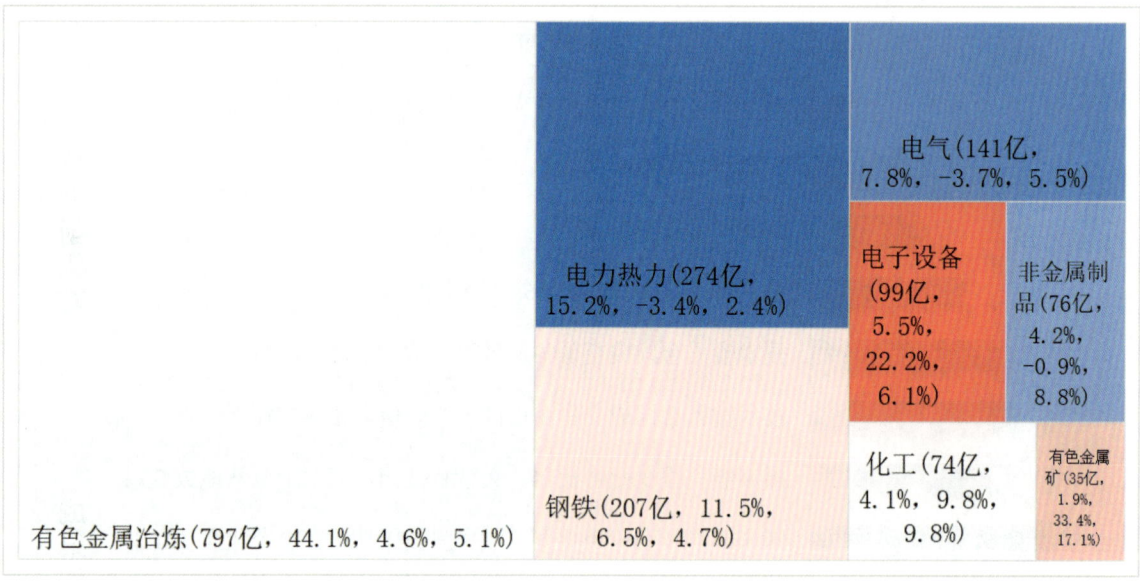

图 2-185 西宁工业主要产业的营业收入、占全市比重、利润率、全国平均利润率情况

截至 2022 年底，西宁有上市公司 7 家，在铜、无机盐、线缆部件及其他等细分领域营业收入规模较大，利润率超过细分领域平均水平；在特钢、保健品等细分领域营利能力有待提升。

西宁创新能力指数为 36.01，在创新型城市中排名居第 86 位，属于创新应用区类别城市，在 33 个该类别城市中排名居第 16 位。从创新能力构成看，西宁技术创新力、创新驱动力有待提升（见第三章）。从具体指标看，西宁在规上工业企业研发投入、节能降耗等方面存在明显的短板。

排名	指标	类别
86	西宁创新能力指数 36.01	
89	全社会研发经费支出与地区生产总值之比 1.42%	创新治理力
98	财政科技支出占公共财政支出比重 0.68%	
98	万名就业人员中研发人员 29.02人年/万人	
36	万人普通高校在校学生数 343.00人/万人	
99	人均实际使用外资额 1.26美元/人	
15	基础研究经费占研发经费比重 10.27%	原始创新力
35	高层次科技人才数 2人	
27	"双一流"建设学科数 1个	
53	高水平科技成果数 2.38项当量	
100	规上工业企业研发经费支出与营业收入之比 0.43%	技术创新力
97	上市科技型中小企业数 0家	
97	高新技术企业数 173家	
78	万人发明专利拥有量 7.28件/万人	
81	技术输出合同成交额与地区生产总值之比 0.74%	
45	技术输入合同成交额与地区生产总值之比 2.88%	成果转化力
51	国家级科技企业孵化器、大学科技园、双创示范基地数 19个	
48	国家级科技企业孵化器、大学科技园新增在孵企业数 131家	
82	高新技术企业营业收入与规上工业企业营业收入之比 29.71%	
98	规上工业企业新产品销售收入与营业收入之比 7.19%	
90	国家高新区营业收入与地区生产总值之比 4.59%	
82	人均地区生产总值 6.26万元/人	创新驱动力
25	地区生产总值与固定资产投资之比 2.41	
97	城乡居民人均可支配收入之比 2.63	
99	单位地区生产总值能耗 1.47吨标准煤/万元	
46	PM2.5年平均浓度 32微克/立方米	
87	居民人均可支配收入 3.93万元/人	

图 2-186 西宁创新能力指标数据及排名

（十九）银川

2021年，银川常住人口288万人，在101个创新型城市中排名居第86位；地区生产总值2263亿元，居创新型城市第86位。三次产业结构为9.5∶43.7∶46.7，与全国（7.3∶39.4∶53.3）相比，第二产业比重适中。规上工业企业营业收入2747亿元，在创新型城市中排名居第82位；人均规上工业企业营业收入9.5万元，是全国平均水平的1.0倍；规上工业企业营业收入利润率9.8%，是全国平均水平的1.4倍。银川工业主要产业中（营业收入占全市比重较大），化工、电子设备、燃料加工等产业利润率高于全国平均水平（图2-187中颜色偏红板块），电气、食品制造、煤炭开采、有色金属冶炼、电力热力等产业营利能力有待提升（图2-187中颜色偏蓝板块）。

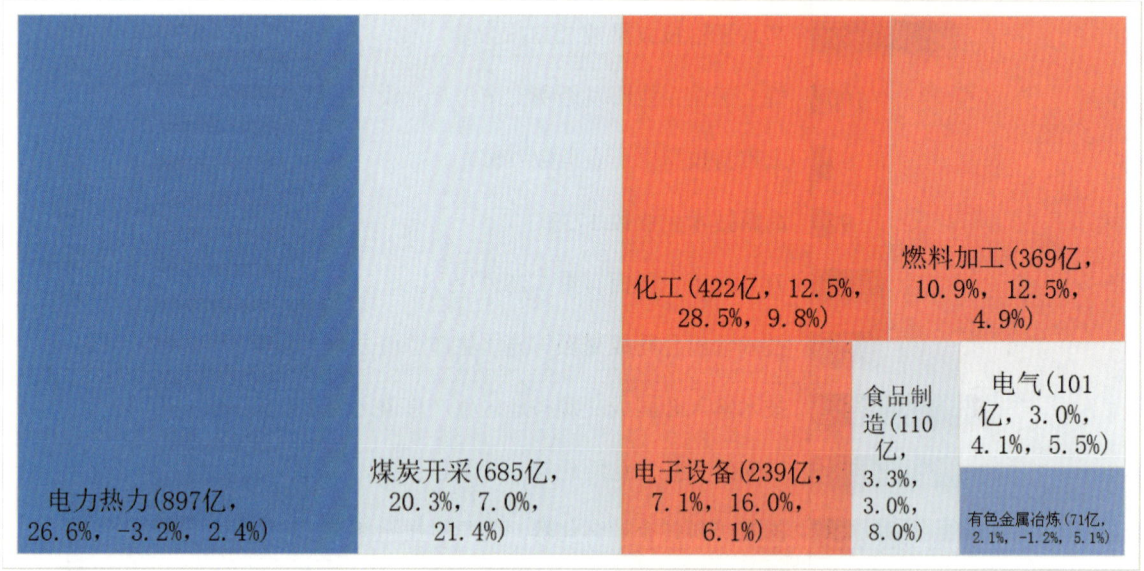

图2-187　银川工业主要产业的营业收入、占全市比重、利润率、全国平均利润率情况

截至2022年底，银川有上市公司11家，在机器人、煤化工、风电零部件、水泥制造等细分领域营业收入规模较大，利润率超过细分领域平均水平；在电池化学品、金属制品等细分领域营利能力有待提升。

银川创新能力指数为43.80，在创新型城市中排名居第68位，属于创新应用区类别城市，在33个该类别城市中排名居第10位。从创新能力构成看，银川成果转化力、创新驱动力有待提升（见第三章）。从具体指标看，银川在节能降耗、高技术产业发展、高新技术企业培育等方面存在明显的短板。

排名	指标	类别
68	银川创新能力指数 43.80	
68	全社会研发经费支出与地区生产总值之比 2.01%	创新治理力
52	财政科技支出占公共财政支出比重 2.67%	创新治理力
55	万名就业人员中研发人员 85.14人年/万人	创新治理力
28	万人普通高校在校学生数 448.14人/万人	创新治理力
84	人均实际使用外资额 40.94美元/人	创新治理力
37	基础研究经费占研发经费比重 5.37%	原始创新力
52	高层次科技人才数 0人	原始创新力
27	"双一流"建设学科数 1个	原始创新力
38	高水平科技成果数 9.18项当量	原始创新力
82	规上工业企业研发经费支出与营业收入之比 0.97%	技术创新力
57	上市科技型中小企业数 4家	技术创新力
96	高新技术企业数 182家	技术创新力
65	万人发明专利拥有量 10.47件/万人	技术创新力
80	技术输出合同成交额与地区生产总值之比 0.75%	技术创新力
29	技术输入合同成交额与地区生产总值之比 3.79%	成果转化力
59	国家级科技企业孵化器、大学科技园、双创示范基地数 14个	成果转化力
83	国家级科技企业孵化器、大学科技园新增在孵企业数 32家	成果转化力
97	高新技术企业营业收入与规上工业企业营业收入之比 15.20%	成果转化力
94	规上工业企业新产品销售收入与营业收入之比 10.01%	成果转化力
86	国家高新区营业收入与地区生产总值之比 8.10%	成果转化力
65	人均地区生产总值 7.88万元/人	创新驱动力
19	地区生产总值与固定资产投资之比 2.72	创新驱动力
81	城乡居民人均可支配收入之比 2.33	创新驱动力
101	单位地区生产总值能耗 1.84吨标准煤/万元	创新驱动力
24	PM2.5年平均浓度 27微克/立方米	创新驱动力
72	居民人均可支配收入 4.24万元/人	创新驱动力

图 2-188 银川创新能力指标数据及排名

（二十）乌鲁木齐

2021年，乌鲁木齐常住人口408万人，在101个创新型城市中排名居第68位；地区生产总值3692亿元，居创新型城市第65位。三次产业结构为7.5∶35.8∶56.6，与全国（7.3∶39.4∶53.3）相比，第二产业比重适中。规上工业企业营业收入3625亿元，在创新型城市中排名居第71位；人均规上工业企业营业收入8.9万元，是全国平均水平的95.5%。规上工业企业营业收入利润率6.7%，是全国平均水平的94.5%。乌鲁木齐工业主要产业中（营业收入占全市比重较大），非金属制品、化工等产业利润率高于全国平均水平（图2-189中颜色偏红板块），电力热力、钢铁、电气、燃料加工、煤炭开采等产业营利能力有待提升（图2-189中颜色偏蓝板块）。

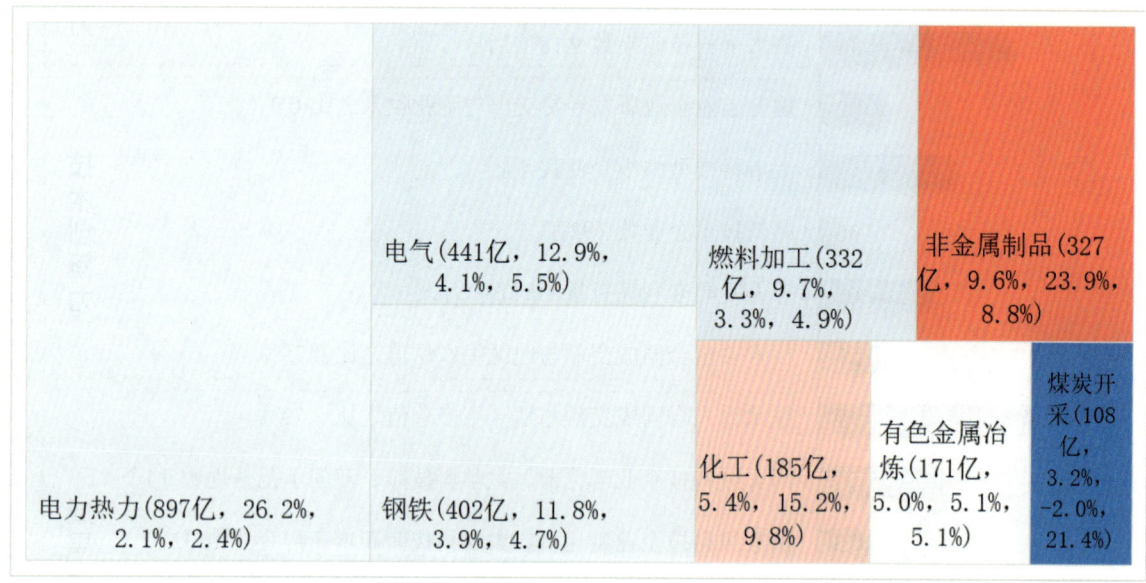

图2-189 乌鲁木齐工业主要产业的营业收入、占全市比重、利润率、全国平均利润率情况

截至2022年底，乌鲁木齐有上市公司34家，在畜禽饲料、民爆制品、铝、水泥制品、黄金、磨具磨料、乳品、农用机械等细分领域营业收入规模较大，利润率超过细分领域平均水平；在氯碱、纺织服装设备、化学制剂、安防设备、板材、红酒等细分领域营利能力有待提升。

乌鲁木齐创新能力指数为50.00，在创新型城市中排名居第54位，属于创新应用区类别城市，在33个该类别城市中排名居第1位。从创新能力构成看，乌鲁木齐技术创新力、创新治理力有待提升（见第三章）。从具体指标看，乌鲁木齐在规上工业企业研发投入、全社会研发投入、技术输出等方面存在明显的短板。

排名	指标	类别
54	乌鲁木齐创新能力指数 50.00	
97	全社会研发经费支出与地区生产总值之比 0.95%	创新治理力
61	财政科技支出占公共财政支出比重 2.25%	
78	万名就业人员中研发人员 52.25人年/万人	
17	万人普通高校在校学生数 606.37人/万人	
93	人均实际使用外资额 12.29美元/人	
3	基础研究经费占研发经费比重 20.29%	原始创新力
24	高层次科技人才数 7人	
20	"双一流"建设学科数 3个	
35	高水平科技成果数 10.39项当量	
99	规上工业企业研发经费支出与营业收入之比 0.47%	技术创新力
57	上市科技型中小企业数 4家	
80	高新技术企业数 392家	
73	万人发明专利拥有量 8.87件/万人	
95	技术输出合同成交额与地区生产总值之比 0.25%	
31	技术输入合同成交额与地区生产总值之比 3.75%	成果转化力
31	国家级科技企业孵化器、大学科技园、双创示范基地数 36个	
33	国家级科技企业孵化器、大学科技园新增在孵企业数 241家	
37	高新技术企业营业收入与规上工业企业营业收入之比 50.93%	
93	规上工业企业新产品销售收入与营业收入之比 10.33%	
3	国家高新区营业收入与地区生产总值之比 118.95%	
49	人均地区生产总值 9.08万元/人	创新驱动力
15	地区生产总值与固定资产投资之比 2.92	
25	城乡居民人均可支配收入之比 1.85	
87	单位地区生产总值能耗 0.85吨标准煤/万元	
78	PM2.5年平均浓度 40微克/立方米	
50	居民人均可支配收入 4.61万元/人	

图 2-190 乌鲁木齐创新能力指标数据及排名

四、东北地区

（一）沈阳

2021 年，沈阳常住人口 912 万人，在 101 个创新型城市中排名居第 29 位；地区生产总值 7250 亿元，居创新型城市第 31 位。三次产业结构为 0.9∶41.3∶57.9，与全国（7.3∶39.4∶53.3）相比，第二产业比重适中。规上工业企业营业收入 6832 亿元，在创新型城市中排名居第 38 位；人均规上工业企业营业收入 7.5 万元，是全国平均水平的 80.5%。规上工业企业营业收入利润率 7.6%，是全国平均水平的 1.1 倍。沈阳工业主要产业中（营业收入占全市比重较大），汽车、铁路船舶航空航天、专用设备等产业利润率高于全国平均水平（图 2-191 中颜色偏红板块），电气、金属制品、食品加工、电力热力、通用设备等产业营利能力有待提升（图 2-191 中颜色偏蓝板块）。

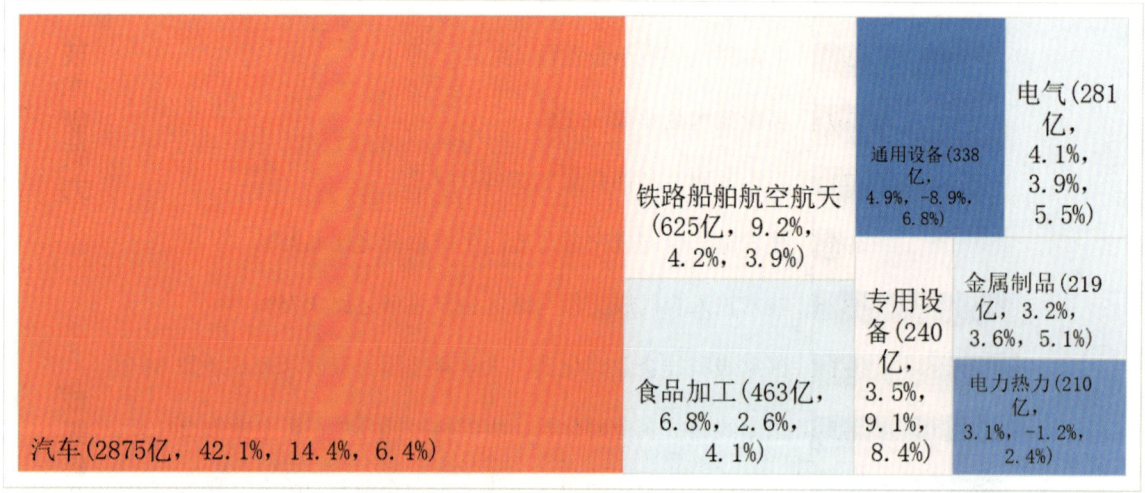

图 2-191 沈阳工业主要产业的营业收入、占全市比重、利润率、全国平均利润率情况

截至 2022 年底，沈阳有上市公司 28 家，在畜禽饲料、机器人、疫苗、车身附件及饰件、烘焙食品、化学制剂等细分领域营业收入规模较大，利润率超过细分领域平均水平；在机床工具、半导体设备、钟表珠宝、楼宇设备、军工电子、炼油化工等细分领域营利能力有待提升。

沈阳创新能力指数为 62.11，在创新型城市中排名居第 20 位，属于创新策源地类别城市，在 20 个该类别城市中排名居第 15 位。从创新能力构成看，沈阳原始创新力优势明显，创新驱动力有待提升（见第三章）。从具体指标看，沈阳在固定资产投资效率、高水平科技成果产出等方面优势突出，在城乡协调发展、空气质量改善等方面存在明显的短板。

排名	指标	类别
20	沈阳创新能力指数 62.11	
26	全社会研发经费支出与地区生产总值之比 2.97%	创新治理力
60	财政科技支出占公共财政支出比重 2.27%	创新治理力
23	万名就业人员中研发人员 142.34人年/万人	创新治理力
22	万人普通高校在校学生数 495.16人/万人	创新治理力
65	人均实际使用外资额 90.45美元/人	创新治理力
30	基础研究经费占研发经费比重 6.02%	原始创新力
16	高层次科技人才数 21人	原始创新力
20	"双一流"建设学科数 3个	原始创新力
8	高水平科技成果数 83.64项当量	原始创新力
55	规上工业企业研发经费支出与营业收入之比 1.45%	技术创新力
36	上市科技型中小企业数 9家	技术创新力
22	高新技术企业数 3360家	技术创新力
33	万人发明专利拥有量 25.48件/万人	技术创新力
17	技术输出合同成交额与地区生产总值之比 4.64%	技术创新力
58	技术输入合同成交额与地区生产总值之比 2.23%	成果转化力
25	国家级科技企业孵化器、大学科技园、双创示范基地数 43个	成果转化力
25	国家级科技企业孵化器、大学科技园新增在孵企业数 295家	成果转化力
44	高新技术企业营业收入与规上工业企业营业收入之比 48.09%	成果转化力
63	规上工业企业新产品销售收入与营业收入之比 21.18%	成果转化力
62	国家高新区营业收入与地区生产总值之比 26.29%	成果转化力
63	人均地区生产总值 7.97万元/人	创新驱动力
4	地区生产总值与固定资产投资之比 4.65	创新驱动力
82	城乡居民人均可支配收入之比 2.33	创新驱动力
35	单位地区生产总值能耗 0.35吨标准煤/万元	创新驱动力
73	PM2.5年平均浓度 38微克/立方米	创新驱动力
41	居民人均可支配收入 5.06万元/人	创新驱动力

图 2-192 沈阳创新能力指标数据及排名

（二）大连

2021年，大连常住人口749万人，在101个创新型城市中排名居第39位；地区生产总值7826亿元，居创新型城市第29位。三次产业结构为6.1∶42.5∶51.5，与全国（7.3∶39.4∶53.3）相比，第二产业比重适中。规上工业企业营业收入8719亿元，在创新型城市中排名居第29位；人均规上工业企业营业收入11.6万元，是全国平均水平的1.3倍；规上工业企业营业收入利润率6.8%，是全国平均水平的96.3%。大连工业主要产业中（营业收入占全市比重较大），电子设备、汽车、燃料加工等产业利润率高于全国平均水平（图2-193中颜色偏红板块），专用设备、通用设备、化工、食品加工、铁路船舶航空航天等产业营利能力有待提升（图2-193中颜色偏蓝板块）。

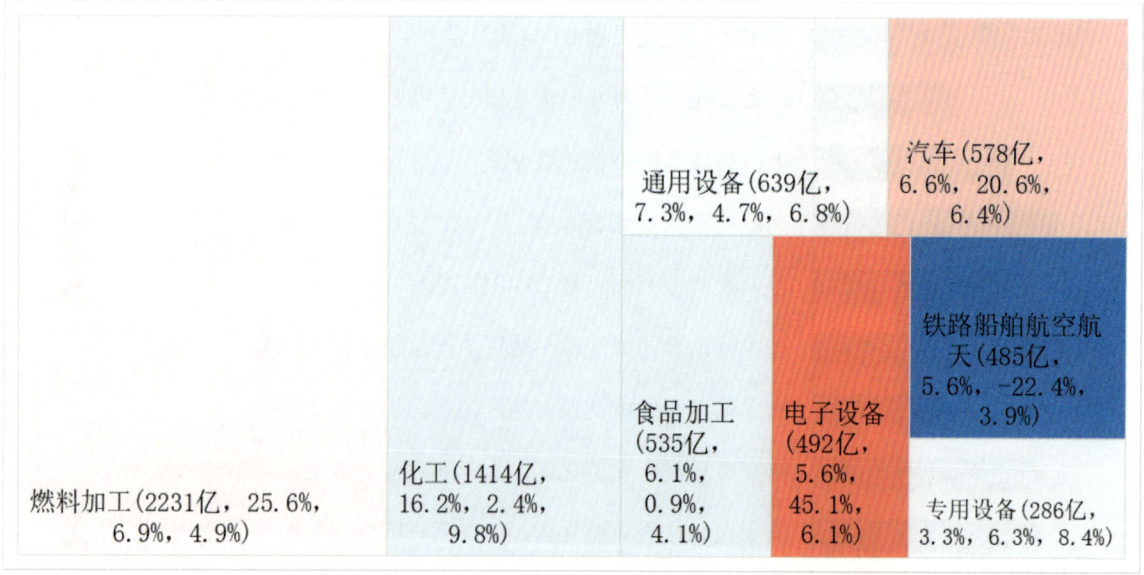

图2-193　大连工业主要产业的营业收入、占全市比重、利润率、全国平均利润率情况

截至2022年底，大连有上市公司30家，在机床工具、线缆部件及其他、农药、底盘与发动机系统、化学制品、预加工食品、锂电池等细分领域营业收入规模较大，利润率超过细分领域平均水平；在光伏加工设备、疫苗、能源及重型设备、炼油化工、制冷空调设备、自动化设备等细分领域营利能力有待提升。

大连创新能力指数为63.03，在创新型城市中排名居第19位，属于创新策源地类别城市，在20个该类别城市中排名居第14位。从创新能力构成看，大连原始创新力优势明显，成果转化力有待提升（见第三章）。从具体指标看，大连在固定资产投资效率、高水平科技成果产出等方面优势突出，在新产品开发、高技术产业发展等方面存在明显的短板。

排名	指标	分类
19	大连创新能力指数 63.03	
24	全社会研发经费支出与地区生产总值之比 3.02%	创新治理力
62	财政科技支出占公共财政支出比重 2.17%	
18	万名就业人员中研发人员 156.22人年/万人	
29	万人普通高校在校学生数 445.81人/万人	
46	人均实际使用外资额 224.93美元/人	
20	基础研究经费占研发经费比重 8.90%	原始创新力
13	高层次科技人才数 27人	
16	"双一流"建设学科数 4个	
10	高水平科技成果数 77.99项当量	
36	规上工业企业研发经费支出与营业收入之比 1.68%	技术创新力
36	上市科技型中小企业数 9家	
23	高新技术企业数 3056家	
30	万人发明专利拥有量 26.97件/万人	
21	技术输出合同成交额与地区生产总值之比 4.14%	
74	技术输入合同成交额与地区生产总值之比 1.83%	成果转化力
23	国家级科技企业孵化器、大学科技园、双创示范基地数 47个	
34	国家级科技企业孵化器、大学科技园新增在孵企业数 240家	
79	高新技术企业营业收入与规上工业企业营业收入之比 33.33%	
82	规上工业企业新产品销售收入与营业收入之比 12.82%	
49	国家高新区营业收入与地区生产总值之比 47.32%	
39	人均地区生产总值 10.48万元/人	创新驱动力
1	地区生产总值与固定资产投资之比 6.42	
62	城乡居民人均可支配收入之比 2.13	
63	单位地区生产总值能耗 0.50吨标准煤/万元	
29	PM2.5年平均浓度 28微克/立方米	
42	居民人均可支配收入 5.05万元/人	

图 2-194 大连创新能力指标数据及排名

（三）营口

2021年，营口常住人口231万人，在101个创新型城市中排名居第93位；地区生产总值1403亿元，居创新型城市第96位。三次产业结构为1.6∶51.7∶46.7，与全国（7.3∶39.4∶53.3）相比，第二产业比重较高。规上工业企业营业收入2593亿元，在创新型城市中排名居第88位；人均规上工业企业营业收入11.2万元，是全国平均水平的1.2倍；规上工业企业营业收入利润率5.2%，是全国平均水平的74.1%。营口工业主要产业中（营业收入占全市比重较大），橡胶塑料、燃料加工、钢铁、化工等产业利润率高于全国平均水平（图2-195中颜色偏红板块），食品加工、非金属制品、有色金属冶炼、电气等产业营利能力有待提升（图2-195中颜色偏蓝板块）。

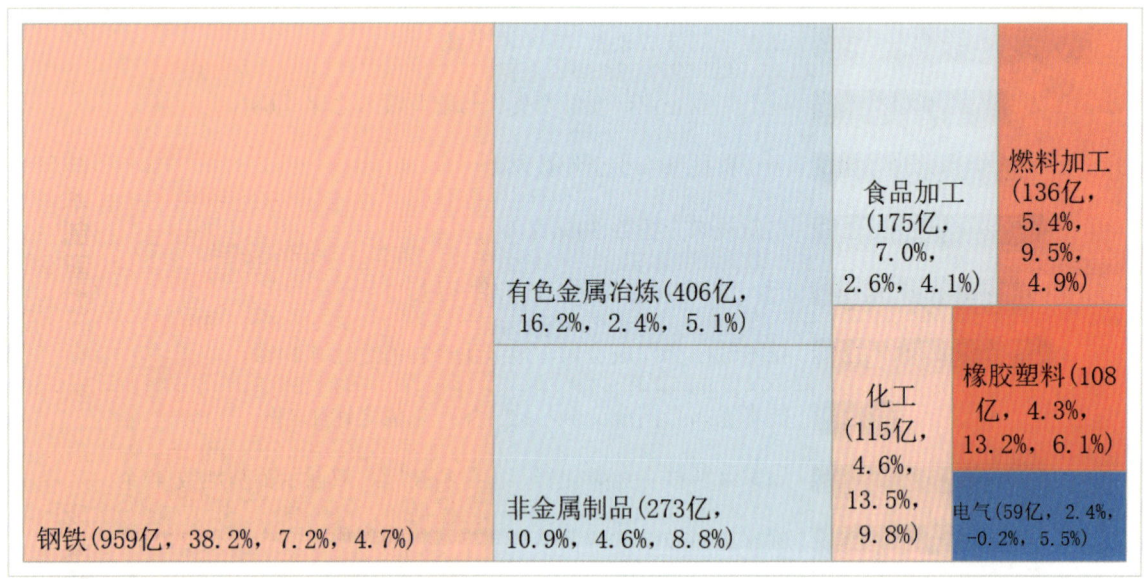

图2-195 营口工业主要产业的营业收入、占全市比重、利润率、全国平均利润率情况

截至2022年底，营口有上市公司3家，在化学制品等细分领域营业收入规模较大，利润率超过细分领域平均水平；在光伏加工设备等细分领域营利能力有待提升。

营口创新能力指数为27.98，在创新型城市中排名居第96位，属于创新应用区类别城市，在33个该类别城市中排名居第25位。从创新能力构成看，营口技术创新力、创新治理力有待提升（见第三章）。从具体指标看，营口在财政科技投入、研发人力投入、技术吸纳等方面存在明显的短板。

排名	指标	类别
96	营口创新能力指数 27.98	
76	全社会研发经费支出与地区生产总值之比 1.81%	创新治理力
101	财政科技支出占公共财政支出比重 0.31%	创新治理力
99	万名就业人员中研发人员 28.34人年/万人	创新治理力
84	万人普通高校在校学生数 140.06人/万人	创新治理力
89	人均实际使用外资额 17.96美元/人	创新治理力
96	基础研究经费占研发经费比重 0.22%	原始创新力
52	高层次科技人才数 0人	原始创新力
40	"双一流"建设学科数 0个	原始创新力
70	高水平科技成果数 0项当量	原始创新力
88	规上工业企业研发经费支出与营业收入之比 0.87%	技术创新力
82	上市科技型中小企业数 1家	技术创新力
86	高新技术企业数 338家	技术创新力
96	万人发明专利拥有量 3.84件/万人	技术创新力
87	技术输出合同成交额与地区生产总值之比 0.60%	技术创新力
96	技术输入合同成交额与地区生产总值之比 0.78%	成果转化力
93	国家级科技企业孵化器、大学科技园、双创示范基地数 4个	成果转化力
77	国家级科技企业孵化器、大学科技园新增在孵企业数 43家	成果转化力
67	高新技术企业营业收入与规上工业企业营业收入之比 39.88%	成果转化力
65	规上工业企业新产品销售收入与营业收入之比 20.97%	成果转化力
45	国家高新区营业收入与地区生产总值之比 49.79%	成果转化力
86	人均地区生产总值 6.05万元/人	创新驱动力
10	地区生产总值与固定资产投资之比 3.27	创新驱动力
31	城乡居民人均可支配收入之比 1.91	创新驱动力
94	单位地区生产总值能耗 1.18吨标准煤/万元	创新驱动力
69	PM2.5年平均浓度 37微克/立方米	创新驱动力
73	居民人均可支配收入 4.23万元/人	创新驱动力

图2-196 营口创新能力指标数据及排名

（四）长春

2021 年，长春常住人口 909 万人，在 101 个创新型城市中排名居第 30 位；地区生产总值 7103 亿元，居创新型城市第 33 位。三次产业结构为 4∶59.8∶36.1，与全国（7.3∶39.4∶53.3）相比，第二产业比重较高。规上工业企业营业收入 9727 亿元，在创新型城市中排名居第 26 位；人均规上工业企业营业收入 10.7 万元，是全国平均水平的 1.2 倍；规上工业企业营业收入利润率 8.7%，是全国平均水平的 1.2 倍。长春工业主要产业中（营业收入占全市比重较大），电子设备、医药、铁路船舶航空航天、汽车等产业利润率高于全国平均水平（图 2-197 中颜色偏红板块），非金属制品、化工、食品加工、电力热力等产业营利能力有待提升（图 2-197 中颜色偏蓝板块）。

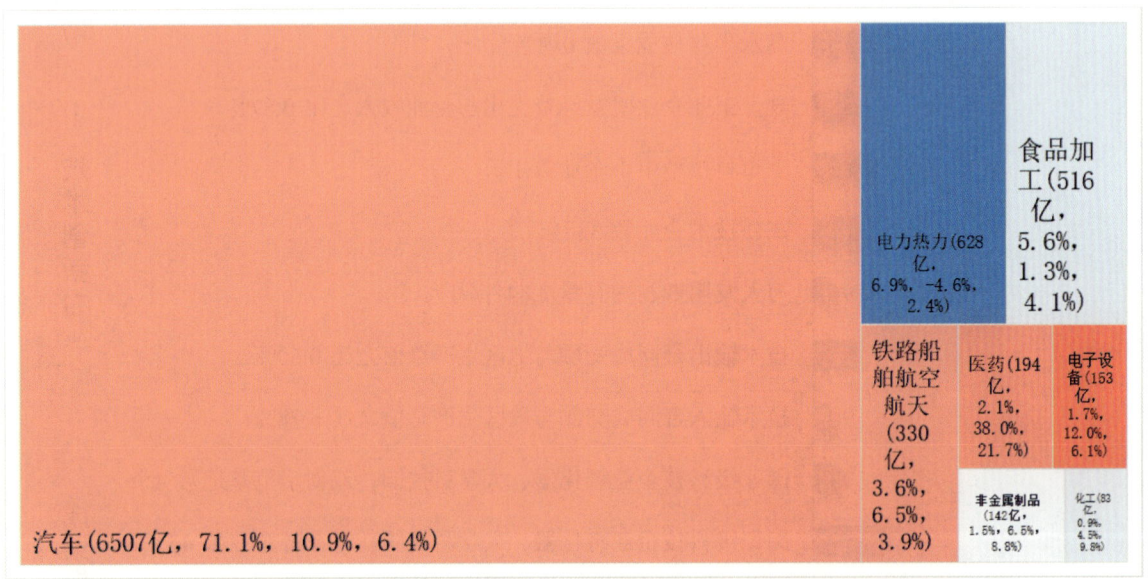

图 2-197　长春工业主要产业的营业收入、占全市比重、利润率、全国平均利润率情况

截至 2022 年底，长春有上市公司 29 家，在机器人、生物制品、轨交设备、调味发酵品、军工电子、锂电池等细分领域营业收入规模较大，利润率超过细分领域平均水平；在疫苗、车身附件及饰件、商用载货车、体外诊断、汽车零部件、软饮料、电网自动化设备、水泥制造、金属制品等细分领域营利能力有待提升。

长春创新能力指数为 59.65，在创新型城市中排名居第 26 位，属于创新策源地类别城市，在 20 个该类别城市中排名居第 16 位。从创新能力构成看，长春创新驱动力、创新治理力有待提升（见第三章）。从具体指标看，长春在居民增收、规上工业企业研发投入、开放创新等方面存在明显的短板。

排名	指标	分类
26	长春创新能力指数 59.65	
54	全社会研发经费支出与地区生产总值之比 2.26%	创新治理力
70	财政科技支出占公共财政支出比重 1.95%	
33	万名就业人员中研发人员 122.43人年/万人	
21	万人普通高校在校学生数 548.83人/万人	
78	人均实际使用外资额 51.94美元/人	
7	基础研究经费占研发经费比重 15.10%	原始创新力
14	高层次科技人才数 26人	
12	"双一流"建设学科数 12个	
23	高水平科技成果数 26.77项当量	
93	规上工业企业研发经费支出与营业收入之比 0.74%	技术创新力
41	上市科技型中小企业数 8家	
31	高新技术企业数 2281家	
43	万人发明专利拥有量 19.43件/万人	
42	技术输出合同成交额与地区生产总值之比 2.79%	
13	技术输入合同成交额与地区生产总值之比 4.79%	成果转化力
26	国家级科技企业孵化器、大学科技园、双创示范基地数 42个	
35	国家级科技企业孵化器、大学科技园新增在孵企业数 223家	
19	高新技术企业营业收入与规上工业企业营业收入之比 67.73%	
52	规上工业企业新产品销售收入与营业收入之比 25.26%	
17	国家高新区营业收入与地区生产总值之比 72.48%	
66	人均地区生产总值 7.83万元/人	创新驱动力
70	地区生产总值与固定资产投资之比 1.30	
51	城乡居民人均可支配收入之比 2.02	
20	单位地区生产总值能耗 0.28吨标准煤/万元	
41	PM2.5年平均浓度 31微克/立方米	
94	居民人均可支配收入 3.73万元/人	

图 2-198 长春创新能力指标数据及排名

（五）吉林

2021年，吉林常住人口355万人，在101个创新型城市中排名居第73位；地区生产总值1550亿元，居创新型城市第94位。三次产业结构为4∶60.4∶35.6，与全国（7.3∶39.4∶53.3）相比，第二产业比重较高。规上工业企业营业收入1901亿元，在创新型城市中排名居第94位；人均规上工业企业营业收入5.4万元，是全国平均水平的57.6%。规上工业企业营业收入利润率4.1%，是全国平均水平的57.5%。吉林工业主要产业中（营业收入占全市比重较大），有色金属冶炼等产业利润率高于全国平均水平（图2-199中颜色偏红板块），非金属制品、钢铁、化纤、化工、食品加工、汽车、电力热力等产业营利能力有待提升（图2-199中颜色偏蓝板块）。

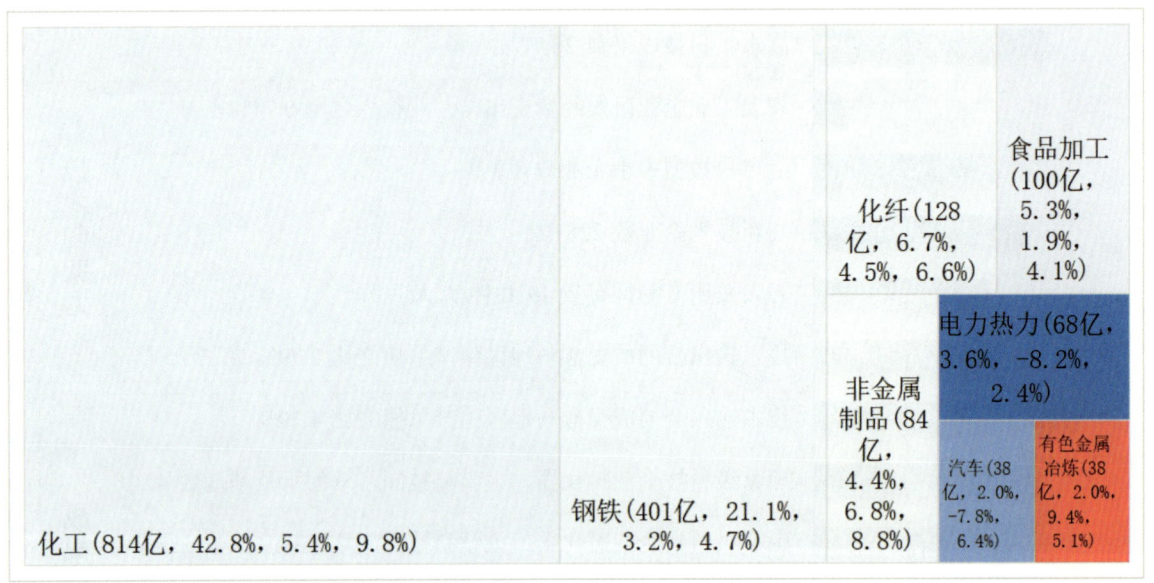

图2-199 吉林工业主要产业的营业收入、占全市比重、利润率、全国平均利润率情况

截至2022年底，吉林有上市公司9家，在化学制剂、化学纤维等细分领域营业收入规模较大，利润率超过细分领域平均水平；在分立器件、粘胶、钛白粉等细分领域营利能力有待提升。

吉林创新能力指数为26.25，在创新型城市中排名居第98位，属于创新应用区类别城市，在33个该类别城市中排名居第27位。从创新能力构成看，吉林技术创新力、创新治理力有待提升（见第三章）。从具体指标看，吉林在规上工业企业研发投入、居民增收、人均地区生产总值等方面存在明显的短板。

排名	指标	类别
98	吉林创新能力指数 26.25	
99	全社会研发经费支出与地区生产总值之比 0.63%	创新治理力
100	财政科技支出占公共财政支出比重 0.41%	创新治理力
87	万名就业人员中研发人员 41.25人年/万人	创新治理力
37	万人普通高校在校学生数 342.98人/万人	创新治理力
94	人均实际使用外资额 11.70美元/人	创新治理力
13	基础研究经费占研发经费比重 11.06%	原始创新力
52	高层次科技人才数 0人	原始创新力
40	"双一流"建设学科数 0个	原始创新力
70	高水平科技成果数 0项当量	原始创新力
101	规上工业企业研发经费支出与营业收入之比 0.27%	技术创新力
72	上市科技型中小企业数 2家	技术创新力
90	高新技术企业数 249家	技术创新力
88	万人发明专利拥有量 4.82件/万人	技术创新力
93	技术输出合同成交额与地区生产总值之比 0.42%	技术创新力
100	技术输入合同成交额与地区生产总值之比 0.43%	成果转化力
77	国家级科技企业孵化器、大学科技园、双创示范基地数 7个	成果转化力
80	国家级科技企业孵化器、大学科技园新增在孵企业数 41家	成果转化力
64	高新技术企业营业收入与规上工业企业营业收入之比 41.01%	成果转化力
81	规上工业企业新产品销售收入与营业收入之比 13.17%	成果转化力
46	国家高新区营业收入与地区生产总值之比 49.71%	成果转化力
100	人均地区生产总值 4.33万元/人	创新驱动力
3	地区生产总值与固定资产投资之比 4.76	创新驱动力
28	城乡居民人均可支配收入之比 1.88	创新驱动力
95	单位地区生产总值能耗 1.26吨标准煤/万元	创新驱动力
46	PM2.5年平均浓度 32微克/立方米	创新驱动力
100	居民人均可支配收入 3.35万元/人	创新驱动力

图 2-200　吉林创新能力指标数据及排名

（六）哈尔滨

2021年，哈尔滨常住人口989万人，在101个创新型城市中排名居第19位；地区生产总值5352亿元，居创新型城市第47位。三次产业结构为6.6∶45.4∶48.1，与全国（7.3∶39.4∶53.3）相比，第二产业比重较高。规上工业企业营业收入3041亿元，在创新型城市中排名居第78位；人均规上工业企业营业收入3.1万元，是全国平均水平的33.1%。规上工业企业营业收入利润率3.1%，是全国平均水平的44.3%。哈尔滨工业主要产业中（营业收入占全市比重较大），燃料加工等产业利润率高于全国平均水平（图2-201中颜色偏红板块），医药、食品加工、非金属制品、烟草、食品制造、通用设备、电力热力等产业营利能力有待提升（图2-201中颜色偏蓝板块）。

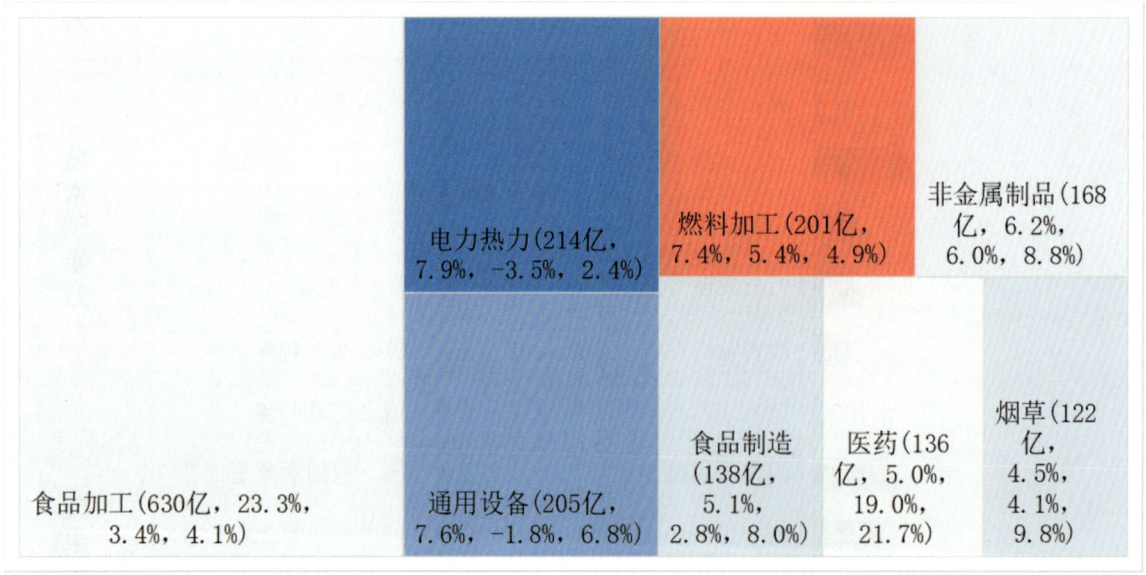

图2-201 哈尔滨工业主要产业的营业收入、占全市比重、利润率、全国平均利润率情况

截至2022年底，哈尔滨有上市公司32家，在面板、机器人、品牌化妆品、轨交设备、中药、定制家居、电网自动化设备等细分领域营业收入规模较大，利润率超过细分领域平均水平；在底盘与发动机系统、航空装备、制冷空调设备、汽车电子电气系统、化学制剂、军工电子、激光设备等细分领域营利能力有待提升。

哈尔滨创新能力指数为56.16，在创新型城市中排名居第39位，属于创新策源地类别城市，在20个该类别城市中排名居第20位。从创新能力构成看，哈尔滨创新驱动力、创新治理力有待提升（见第三章）。从具体指标看，哈尔滨在人均地区生产总值、固定资产投资效率、财政科技投入等方面存在明显的短板。

排名	指标	分类
39	哈尔滨创新能力指数 56.16	
41	全社会研发经费支出与地区生产总值之比 2.51%	创新治理力
90	财政科技支出占公共财政支出比重 0.98%	
41	万名就业人员中研发人员 109.59人年/万人	
15	万人普通高校在校学生数 635.35人/万人	
86	人均实际使用外资额 28.08美元/人	
11	基础研究经费占研发经费比重 13.49%	原始创新力
11	高层次科技人才数 33人	
12	"双一流"建设学科数 12个	
17	高水平科技成果数 48.47项当量	
69	规上工业企业研发经费支出与营业收入之比 1.18%	技术创新力
43	上市科技型中小企业数 7家	
36	高新技术企业数 1781家	
31	万人发明专利拥有量 26.83件/万人	
16	技术输出合同成交额与地区生产总值之比 4.92%	
57	技术输入合同成交额与地区生产总值之比 2.27%	成果转化力
29	国家级科技企业孵化器、大学科技园、双创示范基地数 39个	
21	国家级科技企业孵化器、大学科技园新增在孵企业数 333家	
21	高新技术企业营业收入与规上工业企业营业收入之比 65.30%	
64	规上工业企业新产品销售收入与营业收入之比 21.09%	
52	国家高新区营业收入与地区生产总值之比 44.28%	
94	人均地区生产总值 5.38万元/人	创新驱动力
90	地区生产总值与固定资产投资之比 0.93	
45	城乡居民人均可支配收入之比 1.99	
79	单位地区生产总值能耗 0.67吨标准煤/万元	
69	PM2.5年平均浓度 37微克/立方米	
68	居民人均可支配收入 4.27万元/人	

图 2-202 哈尔滨创新能力指标数据及排名

第三章 创新能力各维度及部分指标排名

一、创新能力各维度得分及排名

（一）创新治理力得分及排名

图 3-1 创新治理力得分及排名

（二）原始创新力得分及排名

图 3-2 原始创新力得分及排名

（三）技术创新力得分及排名

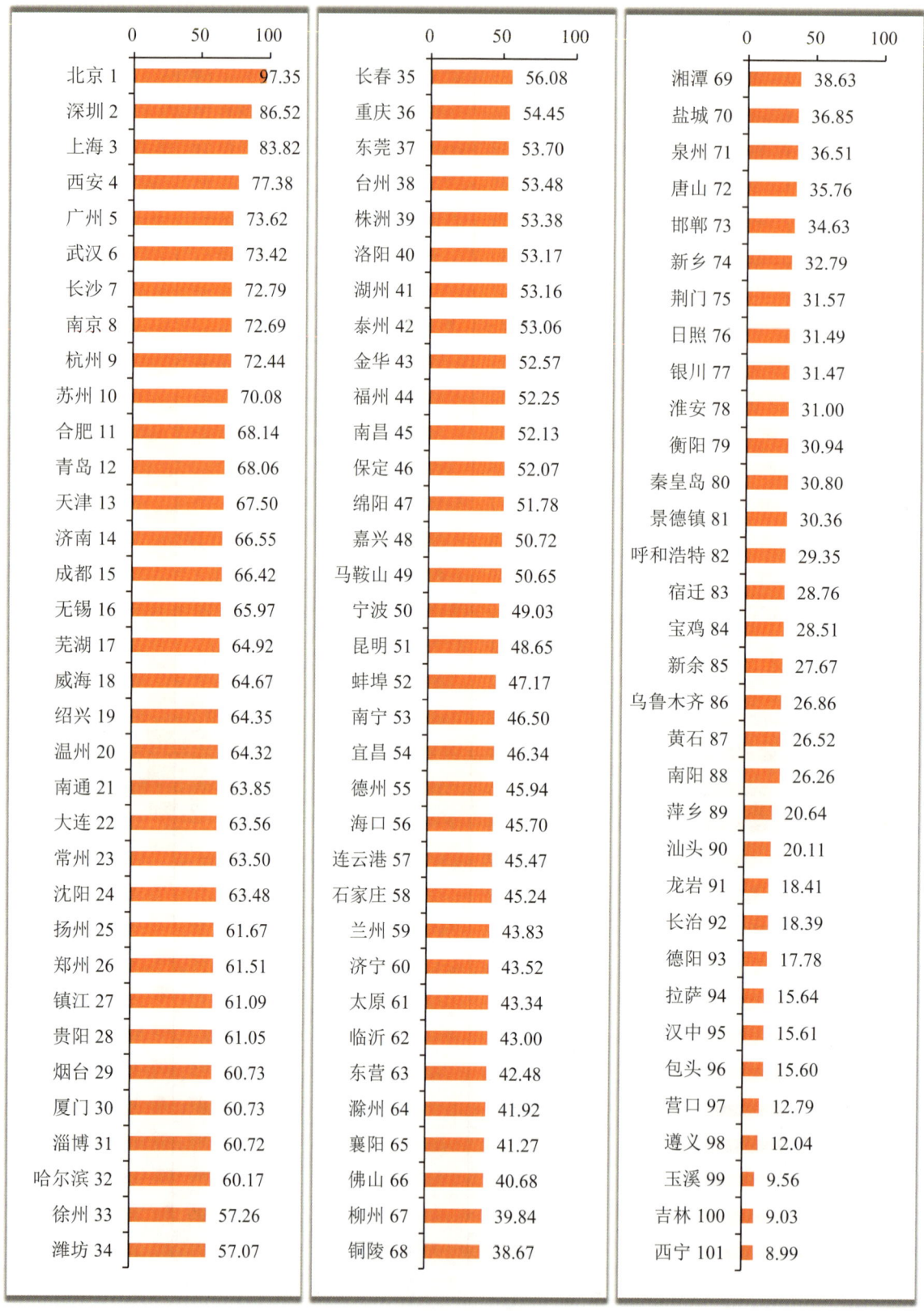

图 3-3　技术创新力得分及排名

（四）成果转化力得分及排名

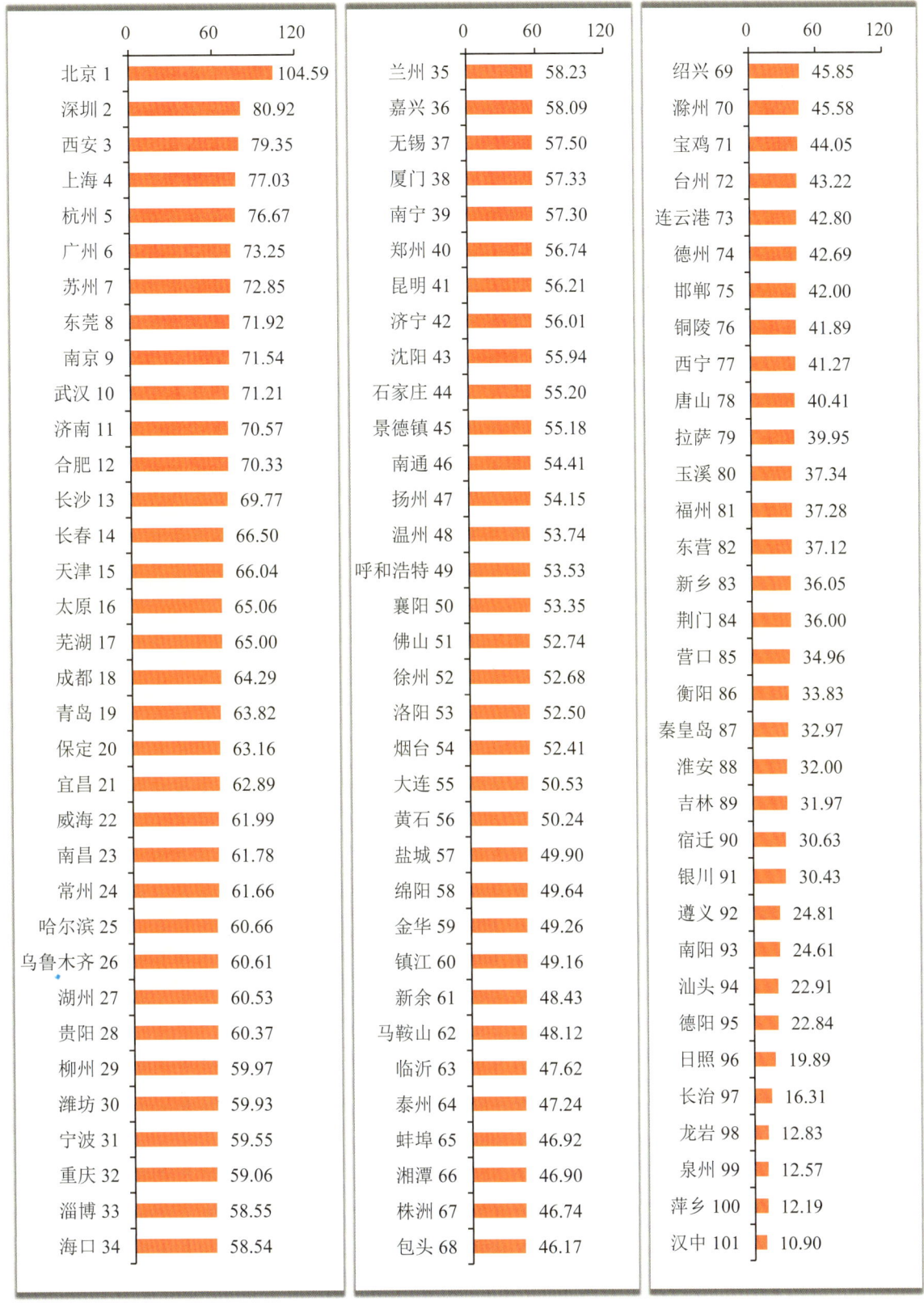

图 3-4　成果转化力得分及排名

（五）创新驱动力得分及排名

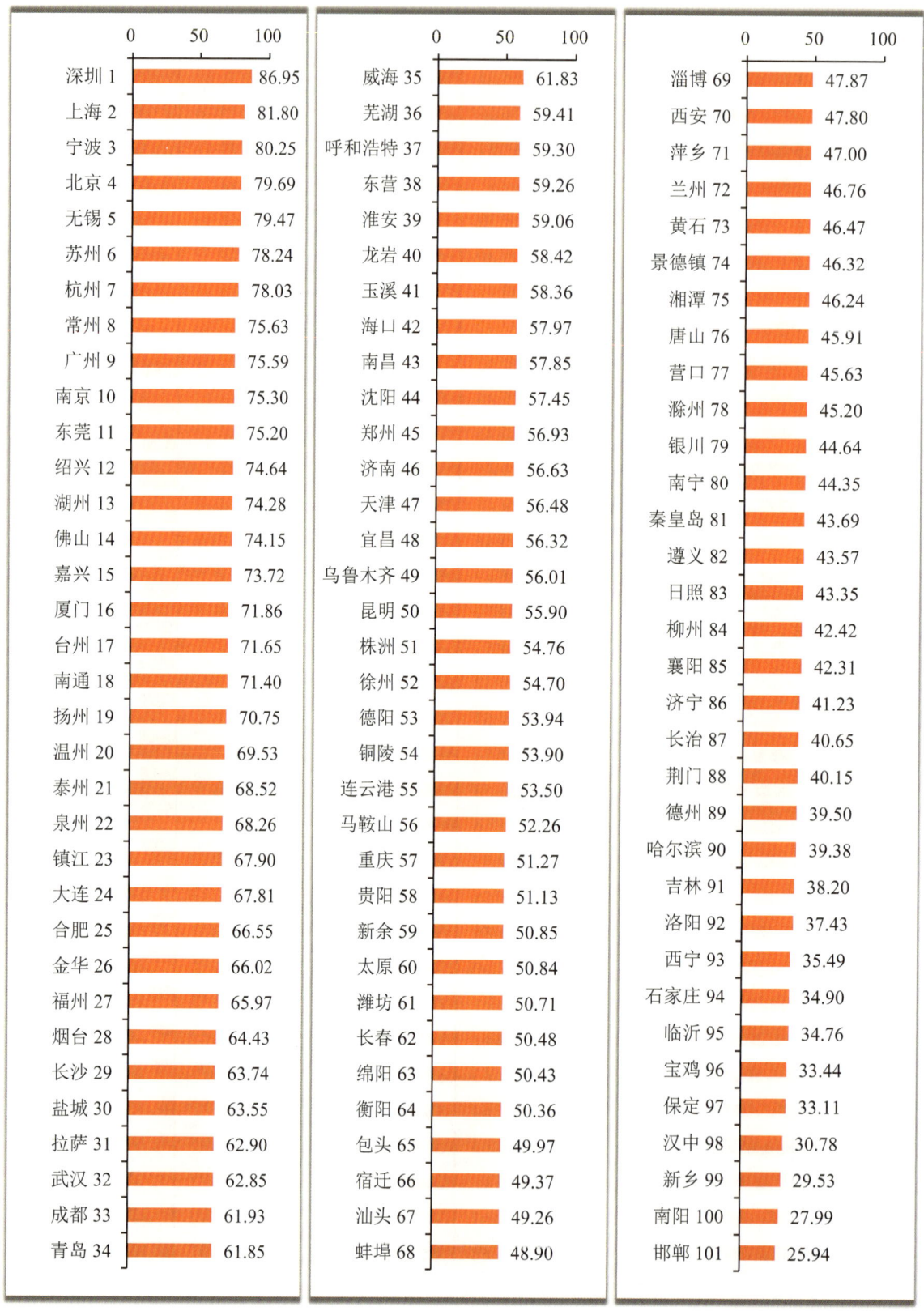

图 3-5 创新驱动力得分及排名

二、创新能力部分指标排名

(一)创新治理力部分指标排名

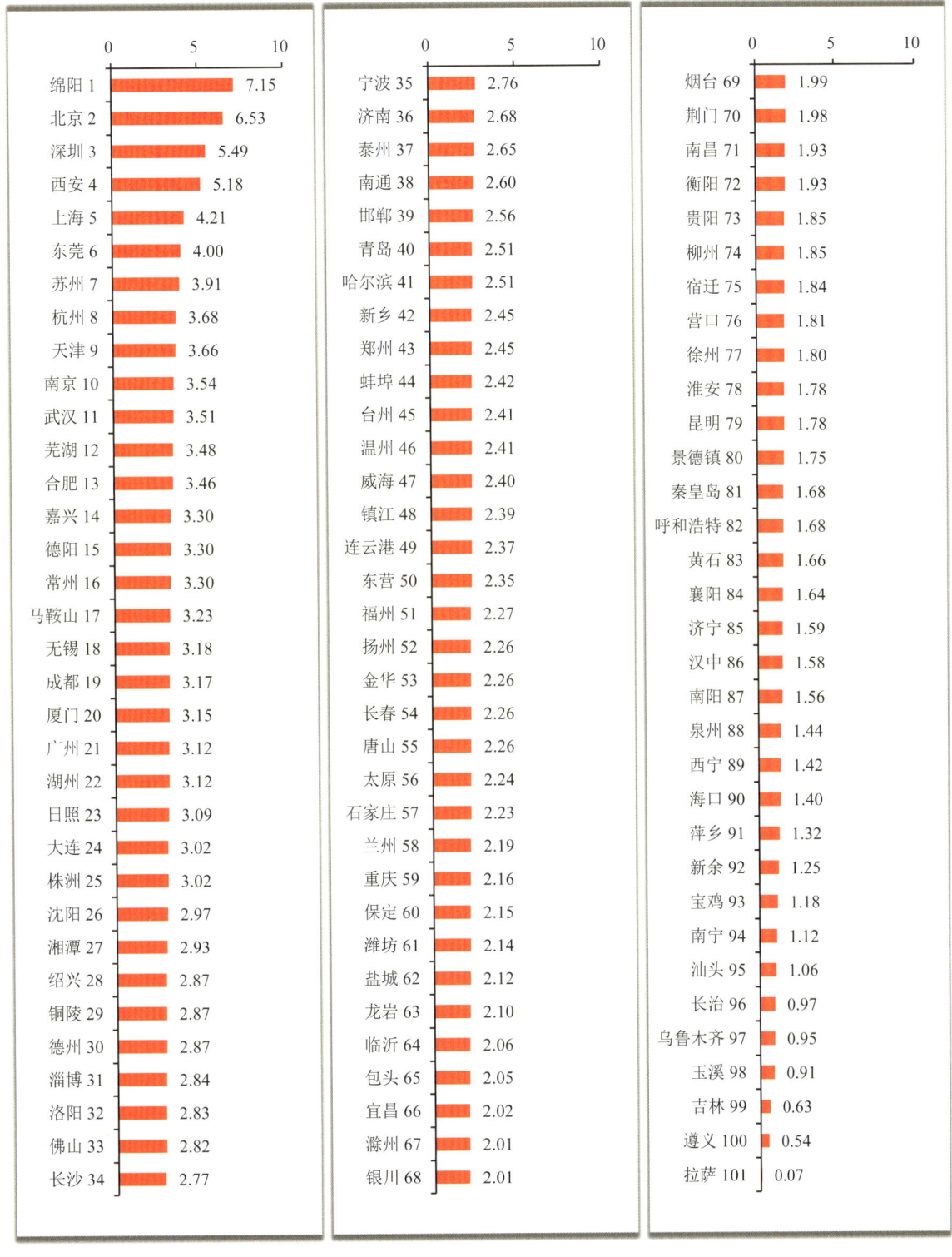

图 3-6 全社会研发经费支出与地区生产总值之比(单位:%)

图 3-7 财政科技支出占公共财政支出比重（单位：%）

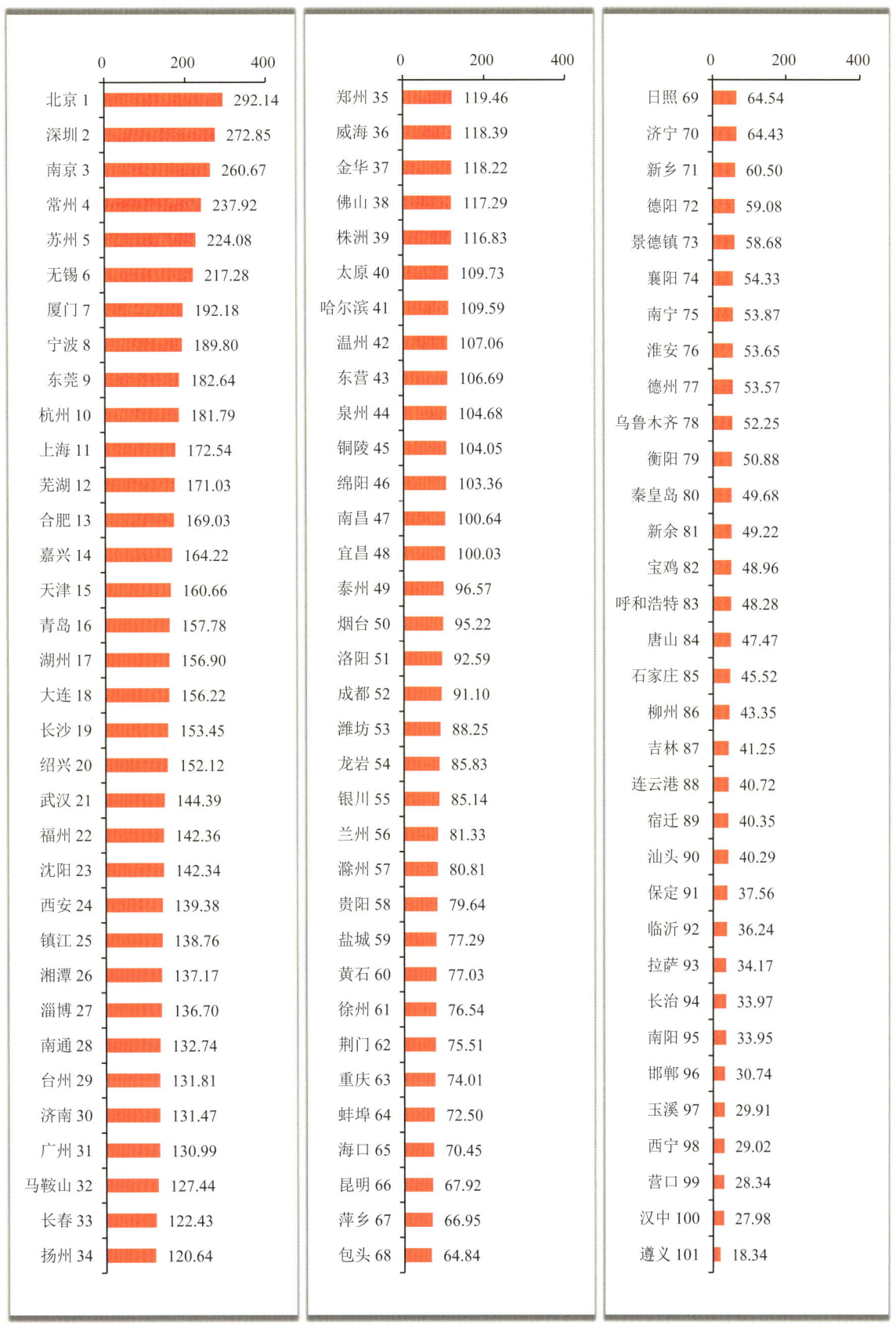

图 3-8 万名就业人员中研发人员（单位：人年/万人）

（二）原始创新力部分指标排名

图 3-9　基础研究经费占研发经费比重（单位：%）

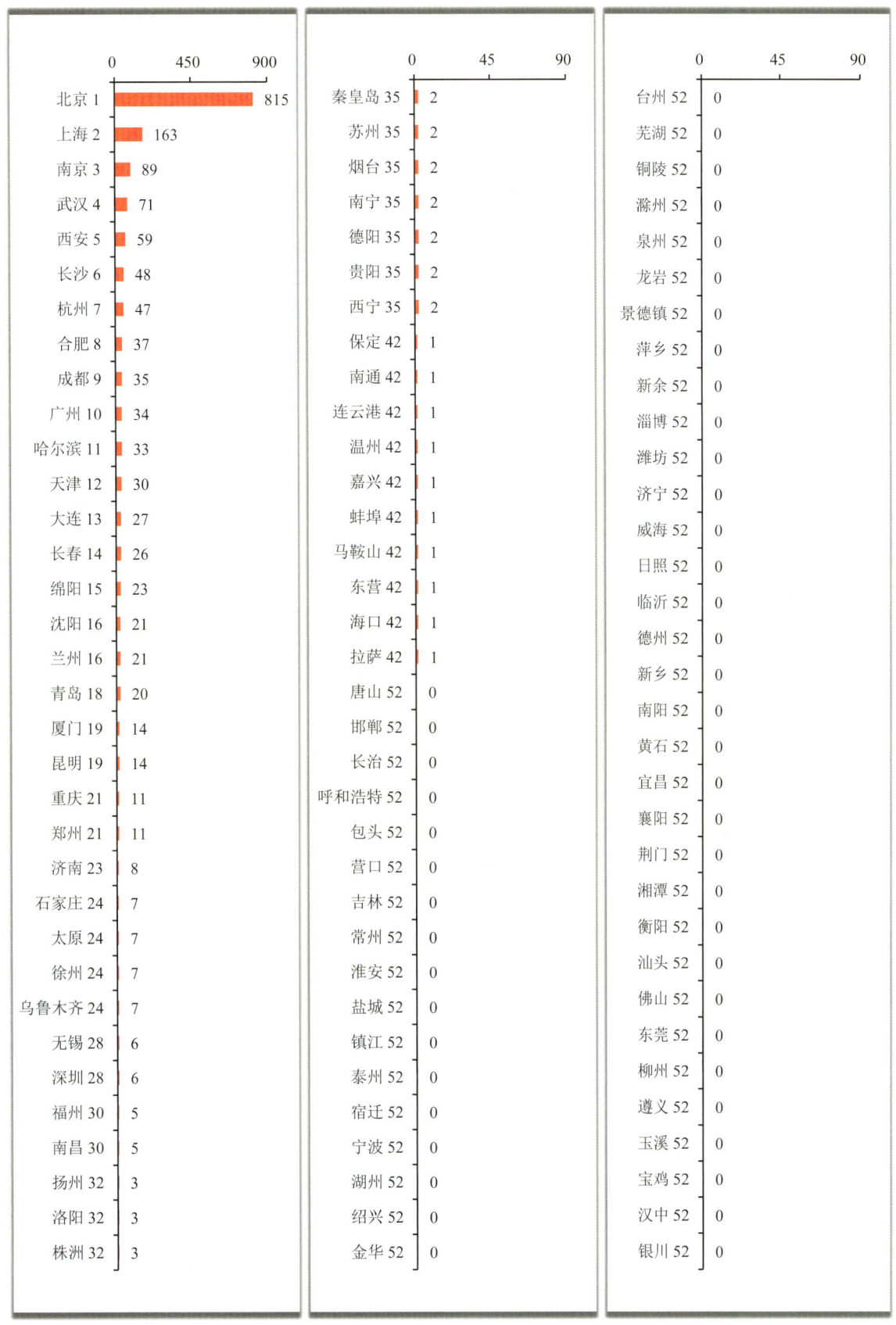

图 3-10 高层次科技人才数（单位：人）

（三）技术创新力部分指标排名

图 3-11 规上工业企业研发经费支出与营业收入之比（单位：%）

图 3-12 高新技术企业数（单位：家）

图 3-13 万人发明专利拥有量（单位：件/万人）

图 3-14 技术输出合同成交额与地区生产总值之比（单位：%）

（四）成果转化力部分指标排名

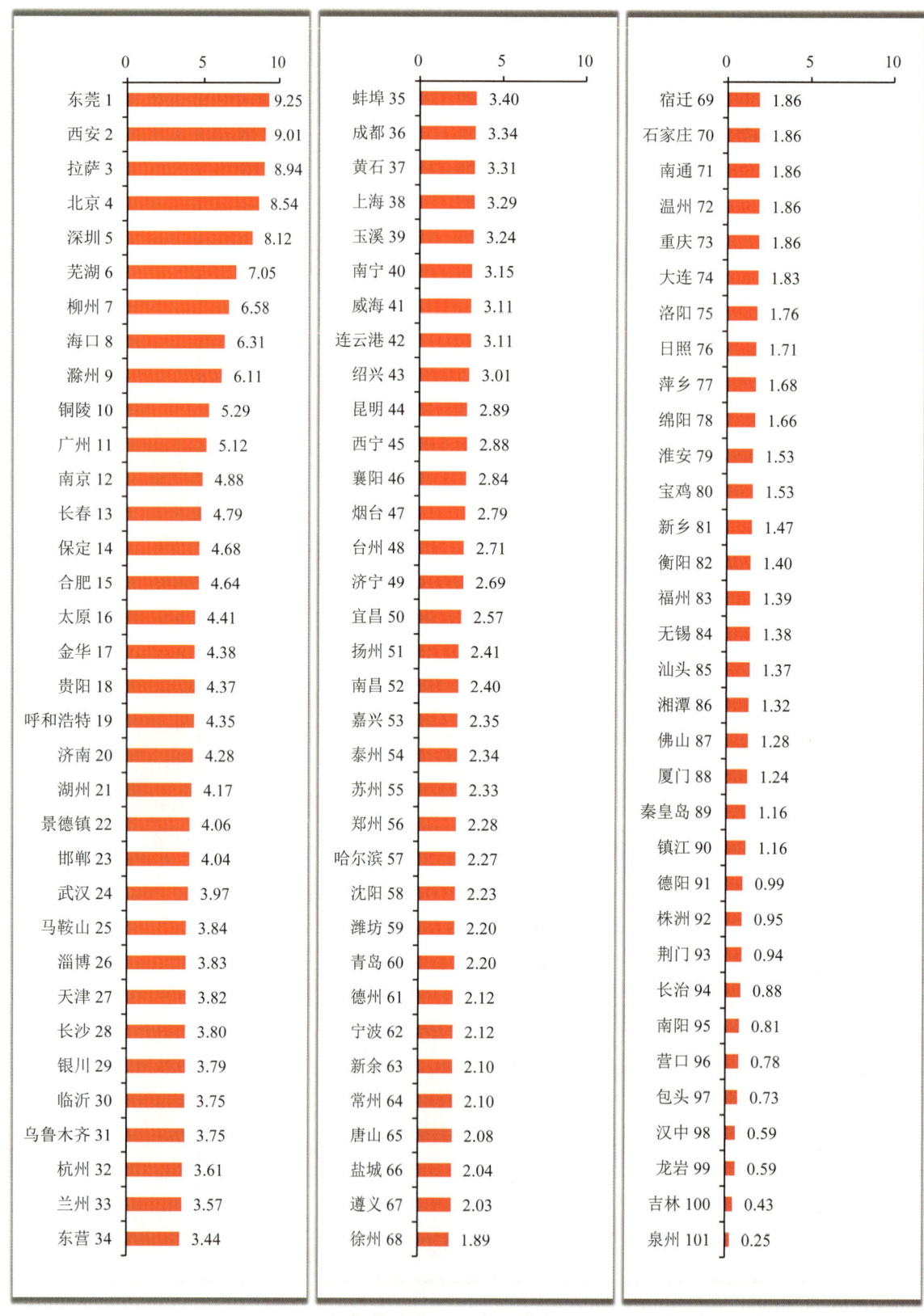

图 3-15　技术输入合同成交额与地区生产总值之比（单位：%）

图 3-16　国家级科技企业孵化器、大学科技园新增在孵企业数（单位：家）

图 3-17 高新技术企业营业收入与规上工业企业营业收入之比（单位：%）

（五）创新驱动力部分指标排名

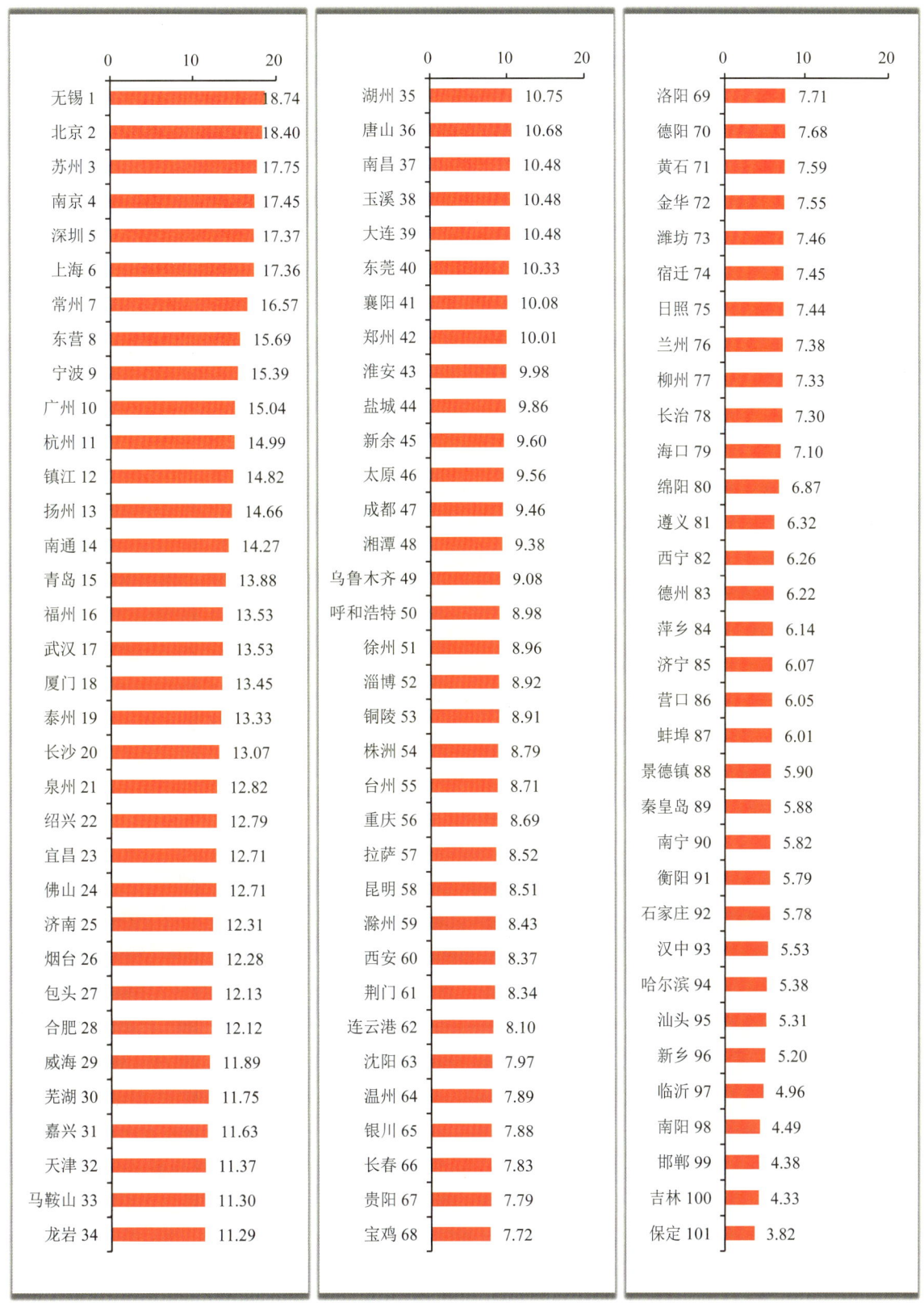

图 3-18　人均地区生产总值（单位：万元/人）

图 3-19　PM2.5 年平均浓度（单位：微克/立方米）

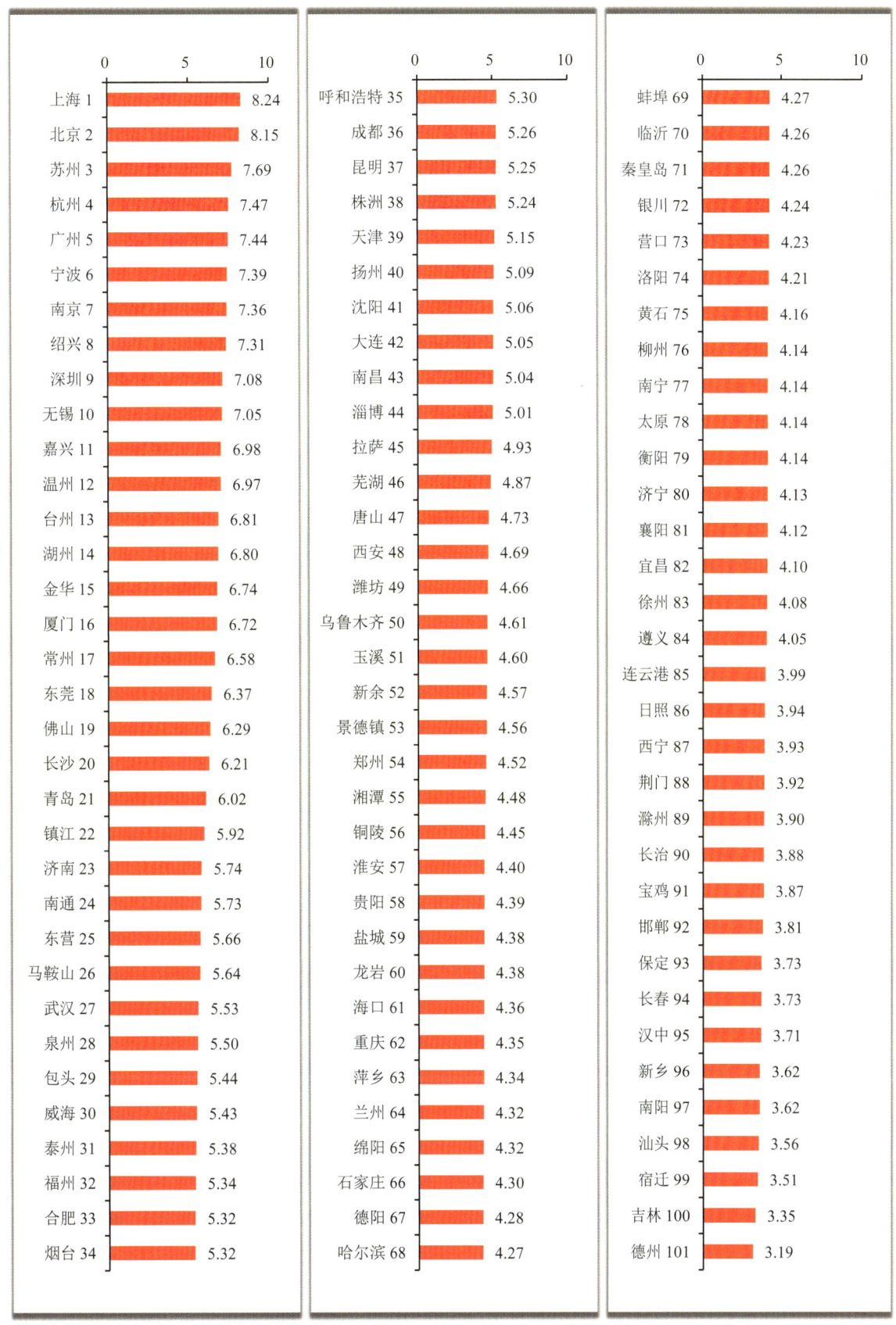

图 3-20 居民人均可支配收入（单位：万元/人）

第四章　创新发展典型经验

近年来，创新型城市以创新驱动高质量发展为主线，着力优化创新创业生态，着力加快关键核心技术攻关，着力强化科技赋能应用，把科技创新"关键变量"转化为高质量发展"最大增量"，探索各具特色的创新发展路径，取得了显著成绩，也形成了一批创新发展的好经验、好做法。

一、科技创新治理

（一）南通：市县一体深化科创委领导体制改革

南通市全面落实国家、省、市关于深化科技体制机制改革、推动高质量发展的重要决策部署，通过高位统筹、市县联动、全域协同方式，形成市县两级各具特色的科创委领导体制，充分释放创新发展活力。

1. 全市构建"123"统筹机制

"1"即"一委抓总"。南通市县全域成立科技创新委员会（科创委），市（县）科创委均由市（县）党政主要领导担任主任，通过主任高位配置、市县科创委协同联动解决科技管理市县上下不通畅难题；科技创新工作纳入职能部门的年度高质量发展考核指标，通过科创委统筹抓总、市级部门协同推动方式，解决创新资源分散、部门合力不够、上下联动不足的难题。

"2"即"双月推动"。南通设立全市科技创新双月例会制度，市政府主要领导每两个月召集各市级部门、县（市、区）政府主要负责人，围绕各板块科创项目招引、高新技术企业培育、平台载体建设、政策落实、指标争先进位等重点工作进行专题部署，会后督查督办。经过近两年的坚持不懈、不断完善，形成"目标导向、重点部署、限时办结、督查反馈"的闭环推进机制。

"3"即"三大举措"。一是统筹推进科技招商。强化科技招商推动科技创新的源头作用，聚焦重点产业及其细分赛道，着力构建科技招商工作机制，加快建设科技招商队伍、专业化科创载体、科技服务体系，组织形式多样的活动招商、基金招商、平台招商、机构招商，不断优化创新生态，加速集聚优质科技资源，形成机制灵活、运行高效、管理闭环的科技招商工作体系，打造一支高水平、高素质的科技招商"技术官"队伍，建成一批专业化、精细化的科创载体，招引一批高质量科创项目、科技领军人才、高新技术成果、科技平台，持续壮大"铺天盖地"的集群规模，塑造"顶天立地"的能级优势。2023年上半年，招引科创项目734个，创同期新高。二是高标准建设沿江科创带。成立由市委副书记任组长的领导小组，印发发展规划和工作要点，加强对县（市、区）的调研指导，实施协同联动"平台共建、资源共用、宣传共频、信息共享"四项机制，提升园区协同联动和资源集聚水平，推动创新资源向沿江科创带园区集聚。2022年，沿江科创带内上市企业、高新技术企业申报、科创项目招引、国家级省级孵化器众创空间、省级工程技术研究中心等新增数均超全市50%以上。三是积极开展改革探索。出台《南通市深化科技体制改革"63222"攻坚行动方案》，强化政策供给、要素配置、实现路径等关键核心，着力破除制约科技创新的思想障碍和制度藩篱，统筹推进一系列科技体制改革的探索与实践。

2. 县域探索各具特色

崇川区"三位一体"优化创新体制机制。作为省内首个设立科创委的县区，崇川区构建科创委（统筹抓总）、区级部门（承担具体工作）、市北高新区（打造创新主阵地）"三位一体"协同联动的工作机制，并通过主要领导担任科创委主任、理顺高新区与街道关系、健全科创委议事决策机制、重设科室新增编制等方式，形成推动全区创新发展的合力。

如皋市"双高"模式构建县域"大科创"格局。一是"高规格配置"科创委。作为南通科创委实体化运作最彻底的县级市，如皋除市委、市政府主要领导担任科创委第一主任、主任的基本配置外，还通过市委常委兼任科创办党组书记、科技科协合署办公方式，高规格配置工作力量，统筹推动县域创新发展。二是"高位统筹"推进科技创新工作。如皋建立科技创新五大常态化工作机制，通过每周六科技助理工作交流例会、市分管领导月度科技重点工作调度会、市科创委双月例会、市委常委会市政府常务会半年专题研究科技创新工作、全市年度创新发展大会方式，高位推进科技工作。

（二）成都：构建完善的科技金融服务体系

成都市不断创新财政科技投入方式，不断夯实"一套科技金融制度+一批科技金融产品+一个科技金融服务平台+一批科技金融资源"服务链条，构建符合区域定位完善的科技金融服务体系，将传统单一的"财政无偿拨款"创新转变为"投、贷、贴"相结合，撬动银行资金、创投资本、保险资金等多元化的金融活水，有力支撑了成都市科技企业的高质量发展。

1. 构建财金互动新机制，完善科技金融顶层设计

一是出台天使投资政策，建立"引导+让利"的股权投资引导机制，政府财政出资 4 年内可以保本退出，所享超额投资收益 100%让渡给社会投资者。加强天使投资引导资金和知识产权运营母基金的运营，聚焦"投早、投小、投新、投硬"，解决科技创新企业"最先一公里"的资金来源问题。二是出台债权融资政策，建立"增信+风险分担+补偿"的债权融资机制，设立债权融资风险补偿资金，政府帮助银行承担最高 50%的风险，帮助企业增信并利用企业信用、股权、知识产权获得银行贷款，解决轻资产科技企业的债权融资"首贷"问题。三是出台普惠扶持政策，建立"财政科技经费+社会资本"协同支持机制，转变传统科技项目立项模式，对获得银行贷款、创投投资、上市融资的科技企业，通过后补助的形式给予一定比例（额度）的配套资助，实现财政金融联动，降低企业融资成本。

2. 创新科技金融产品，满足企业全链式投融资需求

一是开发"科创贷"产品。运用 6.13 亿元债权融资风险补偿资金，引导 9 个区（市）县和 16 家银行、4 家担保公司、1 家保险公司、1 家科技小贷等金融机构，联合建立起信贷资金规模达 119.41 亿元的风险补偿资金池，撬动银行为科技型企业累计放款 8092 笔（2894 家）、238.17 亿元，财政资金放大倍数达到 19.48 倍。二是开发"科创投"产品。运用 4 亿元的天使投资引导资金，联合社会资本组建 19 支、24.21 亿元的天使投资基金；运用 3 亿元的知识产权运营母基金，联合社会资本组建 7 支、27.91 亿元的子基金。累计投资项目 216 个，投入资金 26.77 亿元。三是开发"科创贴"产品。运用 4.74 亿元专项补贴资金，对获得天使投资、债权融资、新三板挂牌、科技保险等融资的 5637 家（次）企业进行了配套资助，在天使投资补助方面，按照科技企业获得的天使投资额给予 10%最高 100 万元的配套补助，累计对 525 家科技企业补助

1.74 亿元，带动天使投资机构投资 43.05 亿元，财政资金的杠杆比例达到 25 倍。四是开发"科创保"产品。按照"重点引导类+一般引导类"方式对科技企业给予保险支持，对科技企业购买科技保险的费用给予最高 60%的补贴，引导保险机构开发首台（套）重大技术装备综合保险、企业研发损失保险、贷款保证保险等针对性险种。开展科技保险服务的保险公司从 2013 年的 6 家增加到 24 家，险种从 49 个增加到 321 个，已经累计为科技企业补贴 7219.56 万元。

3．搭建"科创通"科技金融服务平台，赋能资本与"知本"对接

升级"科创通"科技金融服务功能，建设"科创通"平台企业评价体系，完善科技企业数据画像功能，探索"科技企业创新积分""科技企业数据画像"的场景化应用实践，实现"让数据多跑路，让企业少跑腿"，推动资本与"知本"无缝对接。截至 2023 年上半年，平台汇聚超 4 万家科技企业（团队）、48 家银行机构、88 家股权投资机构、13 家科技保险机构，举办上千场"菁蓉汇"科技金融对接活动。

截至 2022 年底，成都市从财政科技经费中累计安排 4 亿元的天使投资引导资金、3 亿元的知识产权运营基金，组建总规模超 52 亿元的"科创投"系列基金群；累计安排 6.13 亿元的风险补偿资金，建立超 119.41 亿元的风险补偿资金池，帮助科技企业获得"科创贷"238.17 亿元；孵化培育 17 家科创板上市及过会企业。

（三）温州：探索"先投后股"新模式

温州市龙湾区开展"先投后股"试点工作，发挥政府资金引导功能，在科技成果转化初期，以科技项目的形式由地方政府先行投入资金，待试点项目企业进入正常发展轨道后，将所投资金形成的股份按照"适当收益"原则逐步退出，从而有效破解高能级创新平台在科技成果转化中面临的"不敢转""转得慢""缺钱转"难题，与科技成果转化企业共担失败风险，储备财政资金"流动蓄水池"，探索"科研成果从实验室走向生产线"资金支持新路径。

1．强化政府支持，为试点项目良性发展保驾护航

发挥政府组织引导作用，建立健全试点顶层设计，加强财政资金支持，全方位助力试点项目发展。一是强化试点顶层设计。加强试点工作组织谋划，建立先投后股工作专班，作为试点工作重大事项决策机构。出台《龙湾区"以先投后股方式支持科技成果转化"试点实施方案》，对试点项目筛选、项目管理、资金支持方式、财政资金退

出路径、保险风险补偿机制等做出明确规定。二是强化财政资金支持。设立总规模 2 亿元的试点专项资金"流动池"，在"先投"阶段，以科技项目资金补助方式给予科技成果转化试点项目资金支持，由区科技部门进行监管；在"后股"阶段，当触发预定的转股条件时，按约定将专项资金性质转换为投资资金，由区国投公司持有相应股权，试点企业以混合所有制企业形式进行管理。三是强化政策资源倾斜。立足企业实际个性化定制试点项目支持方案，优先推荐试点项目申报各级科技项目，使同个项目能够享受"政策扶持+投资支持"双重政策支持。例如，对承担首个试点项目的法拉第公司，推动高校资源向该企业倾斜，支持其获得国家级项目立项 2 项，并协调科创基金根据试点项目进度及资金需求做好供给准备，为试点项目技术研发转化提供了充足资金保障。

2. 强化风险保障，激发企业成果研发转化积极性

建立政府、企业、保险等多方参与的风险共担机制，分散创新风险，为企业和科研人员消除后顾之忧，激活了其创新创业的自主能动性。一是明确资金投入要求。强化企业作为创新主体和试点项目推进主体的地位，明确要求试点项目企业自有资金必须不低于项目资金需求总规模的 20%，同时明确企业法定代表人原则上为项目领衔人，最大化项目领衔人的责任意识，推动企业更好落实试点项目推进的主体责任。二是发挥保险保障作用。引入科技成果转化费用损失保险（"创新保"），鼓励企业对试点项目进行投保。支持企业申请科技金融贷款并给予最高 800 万元贷款额度的 5 年 LPR 50%贴息，对保险保障的科技金融贷款和财政资金部分给予全额保费补贴，降低企业自投资金损失风险。同时，为降低企业保费压力，推动试点项目保险费率从 10%降至 5%，极大增强了试点企业投保意愿。三是实行风险共担模式。鼓励发展良好的项目企业提早回购政府持有的股份，合作 3 年内回购股份的以政府原始投资额作为转让价格；项目企业无法回购股份的，政府以同股同权方式与企业风险共担，提升了企业开展研发创新和成果转化的积极性和自信心，给企业吃下一颗强劲的"定心丸"。

3. 强化机制优化，全方位保障改革试点落实落地

围绕改革试点阻碍因素，积极开展体制机制创新，有力保障试点工作顺利推进。一是创新项目评价机制。立足试点企业发展实际，为试点企业制定个性化的试点项目合作协议及项目进度监测指标，指导企业以目标为中心稳步推进试点项目。二是构建多元协同机制。组建涵盖行业专家、投资机构负责人等 146 人的专家库，采取投资机

构尽职调查、银行授信、政府部门评定和专家评审等多种模式相结合，在源头上强化试点项目遴选评估的科学性和精准性。三是优化股权退出机制。考虑到初期项目或企业因资金匮乏需要稀释股权换取融资导致控制权丧失的顾虑，明确控制政府出资比例不超过30%，且转股后国企不成为第一大股东，充分保障企业经营独立性。在试点项目企业步入自我发展阶段后，专项资金投资形成的股份按照"适当收益"原则逐步退出，由此形成财政资金"水循环"的长效支持机制。

截至2023年上半年，已设立2亿元试点专项资金，组建146人专家库，累计吸引20余个项目和团队参与申报，签约首批试点项目1个——"全自动稳频半导体激光产业化项目"，对该项目分批拨付400万元扶持资金，力争2023年底前实现转股；成功支持首个试点项目依托企业的2个重大项目获国家科技攻关项目立项。

（四）西安：探索推行"技术交易信用贷"

西安市立足城市技术交易活跃充沛的特点，着眼如何进一步有效拓宽轻资产科技企业融资渠道，为"技术流""资金流"融合创造场景，出台了基于技术交易合同的科技金融特殊增信政策，推出"技术交易信用贷"，通过遴选有技术合同的中小微科技型企业，经受托管理机构评价，政府辅以风险分担和贴息政策，让企业获得商业银行纯信用直接贷款，为科技型企业技术交易合同的运用提供了融资的应用场景。

1．建立指标体系，使技术交易"能评估"

在广泛调研有技术合同的科技型企业、合作银行的基础上，开发了"西安市技术交易信用贷融资评价系统"，从技术创新、成长经营、技术交易信用、辅助指标4个维度选取29项指标，对科技型中小微企业进行全面精准、有效量化评价。有融资需求的企业自行登录系统填报数据，第三方评价机构审计复核后出具评价意见，为银行深度、客观了解企业盈利能力和成长性、是否放贷提供了新的评判依据，有效缓解了科技型企业知识产权质押评估难、作价难和银行贷款反担保条件苛刻等矛盾。

2．简化贷款流程，让科技型企业"愿意贷"

相较传统科技金融贷款流程，"技术交易信用贷"无须担保机构做担保，节省了担保环节，只需科技型企业提出申请、第三方机构评审复核、市科技局出具推荐函，合作银行即可放贷，放贷时间最短可缩减至8天。这种申请流程少、周期短、放贷快的科技金融产品，大大降低了科技型中小微企业获得贷款难度和成本。

3. 政府增信分担风险，使银行"敢放贷"

科技型中小微企业普遍存在实物资产偏低、质押物少等情况，金融机构出于风险考虑，给这类企业贷款多有顾虑，"技术交易信用贷"通过设立政府专项风险补偿基金，在企业发生坏账损失时，可给予每家企业最高500万元的风险分担，通过政府承担适量信贷风险，强化风险协同共担效应，有效调动了银行放贷积极性。

4. 技术赋能企业融资，让金融支持"更精准"

"技术交易信用贷"作为基于技术要素的科技金融政策，以企业开展的技术交易为基础，利用技术合同赋能科技型企业，引导商业银行聚焦在最能展现企业成果转化的市场环节，开展融资服务，精准支持科技型企业大胆创新，逐步形成"支早支小支科技、投精投硬投创新"的良性发展趋势。

5. 实施贷款贴息补偿，帮企业贷款"降成本"

"技术交易信用贷"不但分担银行风险，也对企业贴息，每家企业最高补贴3次、每次贴息最高20万元，企业通过"技术交易信用贷"方式领取贴息补助后，综合融资成本均在3%以下，最低可至1.65%，是目前西安市科技金融服务体系中企业申报条件要求最低、获得信贷利息负担最轻的信贷产品。

截至2023年上半年，"技术交易信用贷"共签约中国银行、浦发银行等7家驻市银行，累计推荐帮助141家次科技型企业获得贷款授信6.48亿元，平均每家企业获得贷款459万元，个别企业最高达833万元。

（五）湘潭：开展知识价值信用贷款改革

湘潭市启动科技型企业知识价值信用贷款风险补偿改革，通过积极探索建立轻资化、信用化、便利化的科技金融新模式，让科技型企业凭借自身知识价值的信用换来"真金白银"，有效缓解了民营科技型企业"融资难""融资贵"问题。

1. 强化机制保障，让企业"容易贷"

一是建立风险补偿机制，促进银行积极贷。出台专项工作方案，省市共建5000万元风险补偿资金池，推动8家银行机构成为利益与共的合作者。二是实行限定利率机制，促进企业能够贷。通过签订合作协议，限定专项贷款上浮不超同期基准贷款利率20%，大幅降低企业融资成本。3家国有合作银行均按照同期基准利率放贷，5家其他银行贷款利率上浮均低于20%，有效提升企业贷款意愿和"首贷"规模。

2. 破解工作堵点，让企业"便捷贷"

针对调研发现的"银企信息不对称、无抵押银行审批周期长、科技部门金融专业力不足、部分银行把控客户"等实际工作堵点，专门召开系列专题会研究逐一击破。一是建立联动推进机制，加快供需有效对接。成立市专项推进办，形成横向市直六部门、县市区，纵向各银行市级分行与县（市、区）支行网点联动格局，协同开展政策解读和宣讲 20 余场次，走访摸排 1455 家企业、1400 余项贷款需求，逐一反馈银行施行"一对一"指导和前置评估。二是建立银行专项绿色审批机制，确保企业快速贷。依托省科技型企业知识价值评价体系，全市合作银行平均审批时间控制在 5 个工作日内，建设银行达到 3 个工作日并对部分优质客户实行 1 分钟适时放贷。三是建立专业备案审核机制，确保风险可控。选择潭城融资担保集团作为专业运营机构，完善备案初审推送，加快适时审核，并定期进行贷后调查和风险评估。四是建立银行规范竞争机制，促进市场化运行。专业运营机构依据实际放贷进行审核推送，有效解决部分银行无放贷提前注册备案把控客户问题，同时促进银行主动与企业协商降低贷款利率、增加有抵押贷款规模等举措吸引客户。

3. 按需精准服务，让企业"灵活贷"

一是推进"知识价值信用贷款+"联动放贷款模式，满足企业多元融资需求。针对部分企业生产经营大额资金需要，支持银行向科技型企业推进知识价值信用贷款加有抵押贷联动，有效推动 8 家合作银行向 1404 家科技型企业发放各类贷款 233.49 亿元，为相关企业发展提供了足额资金保障。二是支持银行跟进放款，为单个企业提供专项贷款服务。对银行先期放贷备案不足 500 万元的企业，支持银行结合备案余额跟进放贷超过 80 笔，占放款企业约 18％。

截至 2023 年上半年，累计发放知识价值信用贷款 667 笔、16.75 亿元，共惠及科技型企业 462 家，科技型企业惠及率 32％，超湖南省平均水平 11.5 个百分点，位居全省第一，形成稳企增效、精准纾困的良好科技生态。

（六）日照：探索"投贷联动"机制

日照市通过实施投贷联动机制，撬动银行信贷资源和社会资本力量，有力扶持了科技型企业快速成长，实现了科技、产业、金融的良性循环。

1. 搭建多方合作平台

制定出台《关于开展投贷联动助推科创企业落地日照发展的实施意见》，设立总规模 10 亿元的科技创投基金，搭建政府、企业、银行、投资机构多方合作平台，着力破解服务科创企业"力量散、聚不拢、不协同"的问题，改变过去"铁路警察各管一段"的局面。一是在投资方式上，坚持政策性引导。一方面，科技创投基金通过直接投资、与社会资本合作成立子基金等形式投资科创企业；另一方面，以财政资金和信用作背书，引导银行机构投放科技创新创业贷款，共同解决科创企业融资难题。二是在管理方式上，坚持政府主导和市场运作有机统一。政府在做好政策的宏观设计、战略规划，把好科技创投母（子）基金设立的政策性、合规性、程序性审核关，建立合理的绩效考核机制的基础上，将基金管理运营、投资决策等"中间"环节全部委托专业化投资机构运作，切实厘清政府与市场边界，激发市场主体活力。三是在收益分配上，政府坚持不以营利为目的、低享收益的原则。实行基金收益让利机制，将政府出资收益不低于 40%的部分用于奖励母（子）基金中的社会出资人和基金管理人，充分调动各方参与的积极性。降低了企业贷款门槛，有效化解了融资难题，降低了银行投资风险，推动了金融资源向科技创新领域倾斜。

2. 构建一体联动机制

通过推行投贷联动，政府借力银行机构、投资机构的资源优势、专业优势、资金优势，着力破解优质项目"找不到、看不准、引不来"的问题，开辟科创项目招引新路径。一是建立信息共享机制，拓展优质项目信息来源。投资机构市场嗅觉敏锐，对前景广、潜力大的科创项目保持着长期关注，手中拥有大量优质线索和资源。"投贷联动"机制将政府与投资机构紧密联结在一起，激发了投资机构主动提供项目信息、帮助争引项目的积极性。二是建立市场化遴选机制，科学决策选项目。设立投资决策委员会，政府、基金管理机构、银行机构各有一票表决权，共同会商做出基金投资决策，更加精准地筛选出经济效益、社会回报"双高"的优质科创项目。三是设立"小股权+大债权"融资机制，保护创新创业积极性。在推行投贷联动机制的过程中，日照市明确科技创投基金持股比例一般不超过 2%，合作银行按照股权投资金额 5~10 倍进行授信。对科创企业而言，这种方式既满足了资金需求，又避免了股权过早、过度稀释的问题，加大了科创项目落地吸引力。

3. 全面拓展服务范围

通过投贷联动机制，对科创企业的服务拓展到全周期、全链条、全方位，解决对科创企业服务"跟不上、靠不紧、不专业"的问题。一是提供全周期跟进式服务。政府联合银行机构，根据科创企业种子期、初创期、成长期不同发展阶段的特点和需求，提供"全生命周期"金融支持。二是提供全链条专业化服务。银行机构和投资机构充分运用产业资源、发挥"智库"优势，在广泛借鉴同类型企业发展经验的基础上，为科创企业提供金融辅导、金融管家、财务顾问等综合金融服务，积极撮合上下游资源为企业未来发展"出谋划策"，帮助企业解决发展中遇到的困难和问题。三是提供全方位降成本服务。全面优化审批服务流程，推出企业开办"零成本、半日办结"，开通贷款"快速审批、快速办理"绿色通道，为企业降低时间成本。搭建"惠企帮办"和"政策通"服务平台，实现惠企政策自动匹配、免申即享，积极引导银行机构合理确定贷款利率，全力为企业降低资金成本。

4. 构建可持续保障体系

围绕风险防控、免责认定、适时退出等完善保障措施，解决"不想投、不敢投、投不出"的问题，确保投贷联动机制良性循环、持续发展。一是建立科学有效风险防控机制。完善政府性融资担保体系，构建政府、银行、担保机构共同参与的风险分担机制，政府将投贷联动风险补偿纳入财政预算，主动"担一份风险"；引入市投融资担保集团为企业提供担保，对无法归还的贷款代偿追偿"分一份风险"。二是完善尽职免责机制。对程序合规、尽责履职做出的投资，如因先行先试、投早投新、不可抗力等因素导致投资亏损，给予决策机构、管理机构尽职免责认定。三是建立"投资—退出—再投资"的良性循环机制。明确规定，科创基金的退出，主要采取股权转让、份额转让、股票减持、减少资本及清算等方式，所得收益及时缴回基金专户，形成闭环、滚动发展。这样既保证了企业资金链延续、良性运转，又为科技创投基金转投其他科创项目畅通了渠道，确保"有钱可投"。

（七）南京：构建惠企政策直达机制

南京市构建惠企政策直达机制，建设"宁企通"惠企综合服务平台，"惠企政策一站汇聚、惠企服务一屏推送、惠企事项一次办理、惠企资金一笔拨付、惠企兑现一网监管"，有效解决企业获取政策"不及时"、理解政策"不准确"、申报政策"手续繁"等难题。

1. 以用户为中心，创新服务理念

坚持以用户为中心，突出用户思维，建设便捷、高效、透明的"宁企通"惠企综合服务平台。遵循"互联网+政务服务"理念，建设"3+3"平台体系架构，包括企业综合应用系统、政策综合管理系统、政策兑现审批协同系统，以及企业法人信息库、政策事项库、审批办件库。聚焦"惠企直达"服务，构建全市企业服务"总入口"，统一汇聚全市各类惠企政策和兑现申报事项申报入口，实现政策智能匹配、精准推送和一站直达。集聚国内先进经验，打造集"惠企政策、便企办事、利企服务、政企互动"于一体的综合性惠企服务平台。

2. 以需求为导向，破解企业发展难题

"宁企通"平台有效解决企业惠企政策了解难、惠企事项办理繁、惠企资金落实慢等现实问题。一是解决政策发布"不透明"，企业"不知道"问题，实现政策统一发布，平台主动推送；二是解决政策平台"多门跑"，企业"找不到"问题，实现政策统一平台，政策一站汇聚；三是解决政策标准"不统一"，企业"看不懂"问题，实现政策统一标准，结构化展示；四是解决政策申报条件"不清晰"，企业"报不了"问题，实现政策统一标签，为企业提供精准匹配；五是解决申报信息"重复报"，企业"申报繁"问题，实现申报统一表单，信息自动获取。

3. 以效能提升为目标，推进部门职能转变

建设"宁企通"惠企综合服务平台，一是解决部门政策制定"预测难"，企业需求不清的问题，实现政策制定前"精准预测"；二是解决部门政策"管理难"，政策台账不清问题，实现政策"一站统管"；三是解决部门兑现审批"核验难"，企业信息不全问题，实现兑现信息"一键核验"；四是解决部门政策成效"评估难"问题，实现政策成效"综合评估"；五是解决部门兑现过程"监管难"问题，实现政策兑现"全程监管"。

截至2023年上半年，"宁企通"汇聚全市企业法人数据共计1400万条，制定政策标签共8大类160余项，完成"独角兽企业""瞪羚企业""科技型中小企业""专精特新小巨人"等93个专业标签，共计47万条企业专业资质数据归集。累计汇聚国家、省级政策4000余条，上线市、区两级惠企政策590余条，惠企事项1350余个，已有340余个政策事项在"宁企通"平台全流程运行，440余个政策事项实现免申即享。

(八)湖州:打造基于"企业画像"的科技"奖—投—贷"平台

湖州市长兴县出台《长兴县科技侧"企业画像数"实施办法(试行)》,开发企业综合评分指标模型,依托长兴县一体化智能化公共数据平台,横向联动市场监管局、税务局、应急管理局、法院等部门和商业银行、风投机构等金融机构,实现跨业务协同,纵向贯通县、乡镇(街道、园区)、企业三级的数据闭环管理,通过智能分析形成科技型企业专属画像,并将画像结果有效运用于政策支持、科技贷款、基金投资和企业评选,解决中小微企业发展资金压力大、融资难等问题。

1. 融入创新能力评价,做实做足"奖"字文章

紧扣研发投入、创新载体等指标,建立企业创新能力评价体系,将规上企业评价分为Ⅰ、Ⅱ、Ⅲ、Ⅳ 4个类别,规下企业分为Ⅰ、Ⅱ、Ⅲ 3个类别,并实行差异化扶持政策。一是评价类别与政策兑现挂钩。对评价等次为Ⅲ类或以下的企业,在工业、科技政策兑现中,给予打7折、9折,甚至一票否决。2022年度共兑现科技补助资金5560万元,资金总额不变,由于评价等级问题,有57家企业打折享受政策,涉及核减资金132.98万元,有效强化了政策的正向激励和反向倒逼,引导全县企业着力提升创新能力和核心竞争力。二是评价类别与企业评选挂钩。根据企业规模和创新指数,在营收2亿元及以上的规上企业中综合遴选10家授予领雁奖;在营收2亿元以下企业中综合遴选10家授予新锐奖;在规下企业中综合遴选10家授予星火奖,并在全县科技创新大会上予以表彰,引导企业树立"重科技、强创新"的浓厚氛围。三是评价类别与贷款贴息挂钩。给予评价等次较好科技型企业基准利率25%的贴息补助,其中高新技术企业、高层次人才创业项目给予基准利率30%的贴息补助。

2. 导入基金招引项目,做实做足"投"字文章

一是强力吸引风险投资。坚持多跨共享,开发服务系统,横向联动商业银行、风投机构等金融机构,尽职调查掌握企业的经营状况、信用情况、科创潜力、风险指数等信息,为投资提供决策参考。2022年以来,已有近30家风投公司在线开展尽职调查400余家次。二是强力推动基金投资。2022年8月,设立总规模3亿元的长兴科启基金即天使科创人才基金,有效运用创新能力评价结果,专门投向拟落地或已落地本地且具有高层次人才属性的初创型、科技型中小微企业。

3. 植入科技型企业画像，做实做足"贷"字文章

一是优化贷款审批流程。依托服务系统，推动多部门和商业银行对高层次人才型企业、高新技术企业、科技小微企业的贷款资格开展跨部门联审，审批时长由15个工作日压减至4个工作日以内。服务系统将事项全部入网，企业只要在线填报资料和上传相关附件，核准后自动转入贷款贴息环节，真正实现了科技贷款"跑零次"。2022年以来，共放款7.2亿元，惠及112家企业。二是提升信贷产品质效。结合科技型企业贷款需求，创新开发专利质押贷款、股权质押贷款、订单质押贷款等科技信贷产品，不断为企业增进信用、分散风险、降低成本。例如，国家大学科技园针对部分在孵企业，联合金融机构组建科技信贷风险池，开展"科创贷"业务，平均贷款利率较上年下降0.14%。

（九）广州：打造"广州科技大脑"信息平台

广州市围绕"科学发现、技术发明、产业发展、人才支撑、生态优化"全链条创新发展路径，分类推进科技体制机制改革，全力推进"数字化"改革，集中力量打造"广州科技大脑"，聚焦创新服务能力提升，重建信息系统架构，再造科技业务流程，全面推进科技业务办理的"简化优化"。

1. 从底层逻辑出发，全面推进科技体制机制改革

一是从科技创新基本逻辑出发，重构科技计划体系。聚焦"科学发现、技术发明、产业发展、人才支撑、生态优化"全链条创新发展路径，厘清创新发展的底层逻辑。同时，根据创新的底层逻辑，重新搭建科技计划体系，形成基础研究计划、重点研发计划、企业创新计划、人才支撑计划和创新环境计划等五大计划共同构成推动创新发展的"四梁八柱"。二是从财政经费支出逻辑出发，优化科技资源配置。厘清财政科技经费支出的内在逻辑，对基础研究等市场完全失灵的领域采取财政科技经费"全额兜底"策略，以"前资助"方式，全力支持广州实验室、省实验室和大科学装置建设；对关键共性技术攻关等市场响应不灵敏、企业自身动力不强或能力不足的领域采取"引导激励"策略，坚持需求"企业"提出、投入"企业"主导，鼓励"产学研"合作的支持方式；对科技服务业、科技金融业等市场信息不对称、市场规范程度有待提升的领域，充分发挥财政科技经费"授信背书"的作用，通过组织创新创业大赛等形式，为优秀的科技服务机构和优质的中小微企业，提供奖励补助和融资贷款信用背书，

促进社会资本高效配置。三是从创新主体属性差异出发，分类制定改革方案。分类推进科技体制机制改革，制定出台《广州市科技计划项目全过程管理简政放权改革工作方案》，允许高校、科研院所按照自行制定的项目管理办法开展项目遴选和过程管理工作；不再对单个项目进行管理，不再给科学家逐个"记工分"，而是考核高校、科研院所的整体宏观绩效；同时，对纳入简政放权改革的项目全面实行科研经费使用"包干制"，项目申报取消预算编制。同时，面向社会企业建立"以科技金融为主线的市场化企业支持体系"，设立大赛天使投资基金，鼓励广州市科技成果转化引导基金相关子基金投资当年大赛企业，对相关子基金当年所投资大赛企业实际到账投资金额给予20%投资补贴；发挥广州市科技型中小企业信贷风险损失补偿资金池作用，对合作银行为科技型中小企业发放贷款所产生的贷款本金损失给予50%补偿，拓宽中小企业融资渠道。

2. 从服务创新发展的使命出发，推进数字化改革

一是重新锚定服务对象，从项目管理转向创新服务。将科技项目的选评审和结题验收等过程管理作为系统设计的核心主线，扮演科技项目管理工具的角色，而非服务创新发展的数字平台；依托"广州科技大脑"，将服务对象回归到从事创新活动的"人"——包括自然人和法人，将服务科技人才成长和科技型企业发展作为初心使命。二是重新搭建系统架构，全面提升数据互通共享能力。专门搭建底层"数据仓库"，基于"广州科技大脑"，与传统科技业务系统业务流程和数据管理紧密"捆绑"的架构不同，实现底层数据管理和表层业务应用相分离，并对"数据仓库"的数据进行全量标准化管理，大幅提升系统内外的数据互通共享能力。

截至2023年上半年，"广州科技大脑"已注册科研工作者近6万名，科研单位2万余个，推出了"一键检索""一键签章"等多个受科研人员好评的功能应用，为科研人员"减负松绑"，助科技创新加速前进。

（十）德州：打造"互联网+科技平台"

德州市积极探索"互联网+"模式，利用"互联网+科技平台"打造惠企精准服务体系，建设科技型企业服务云平台、科技情报"一站式"服务平台两个线上平台，为企业开展科技创新活动、掌握科技政策和信息动态提供精准服务。

1. 建设科技型企业服务云平台

科技型企业服务云平台利用大数据技术，建立科技型企业信息数据库，从宏观和微观角度分别为企业创新培育工作提供战略指导和决策分析。通过系统内实时更新的企业数据信息，动态分析知识产权、科技成果转化能力等指标，将区域内各类企业按地区、行业等维度分级建立科技型中小企业培育库、高新技术企业梯次培育库。建立科技政策信息库，实时更新国家、省、市各类科技政策，及时精准推送。建立高新技术企业自评模块，支持企业开展线上诊断，出具诊断报告，提供一体化解决方案。建立高新技术企业专业服务机构数据库，申报企业通过平台发布申报高新技术企业服务订单。

2. 建设科技情报"一站式"服务平台

科技情报"一站式"服务平台集成全球产品样本数据资源，利用大数据、区块链等技术，构建科技情报信息支撑系统，为市场主体的技术创新及时精准提供期刊、知识产权、学术论文等文献原文，帮助市场主体无障碍获取科技情报信息，提高科技创新层级和质量。主要包括通知通告、科技前沿动态、文献检索系统、特色产业技术推送、企业需求征集及专家线上答疑系统等。

截至2023年上半年，科技型企业服务云平台已入库科技型企业1900余家，入库科技服务机构36家，企业已申请2023年高新技术企业专用服务券249张；科技情报"一站式"服务平台注册用户1620余家，文献下载3400余篇。

二、科技人才"培、引、用"

（一）东莞：探索产教融合人才培养模式

为增强高层次人才培养能力，更好地满足经济建设和社会发展对青年科技人才的迫切需要，东莞市于2017年设立东莞市名校研究生培养（实践）基地（以下简称"研究生基地"），逐步建立起以实践能力培养为重点、以产学研融合为途径的研究生联合培养（实践）体系，在项目征集、企业对接、双导师、课程体系、过程管理等各项制度上做出了大胆的探索，探索出具有东莞特色的研究生联合培养模式。

1. 以产业应用为导向，强化校企精准对接

一是以项目为牵引推进产教融合。研究生基地从需求端出发，向全市企业发布项

目征集通知，挖掘企业的项目和人才需求，再对接研究方向合适的高校导师，以科研项目为牵引推进产教融合。双向匹配之后，联合培养单位参与研究生招生、研究生课程设置等各个培养环节，为企业量身定制高层次人才。通过人才联合培养和科研项目合作，增加校企交流机会，降低合作成本，推动科技成果落地。二是以双导师为抓手开展技术创新。研究生进入企业参与研发项目，为尽快实现从"科学语言"向"工程语言"转换，科学技术向工业应用转化，研究生中心实行了"高校导师+企业导师"双导师制。双导师共同合作，设置研究生培养特色课程，高校导师负责研究生的理论学习，企业导师负责研究生的技术应用。企业导师由长期接触市场与应用的企业研发总监担任，帮助研究生更快地将理论与实践结合起来，快速成长为应用研发型人才，形成"论文写在产品上、研究做在工程中、成果转在企业里"的高层次人才培养新路子。三是探索建立"东莞专项"研究生联合培养模式。2017年与电子科技大学开展深度合作，探索建立了"东莞专项"。"东莞专项"作为校地共建开展研究生培养的积极探索，被电子科技大学纳入高校招生简章，推动了企业支持设立"东莞专项"奖学金，成为东莞吸引高校人才的重要通道。

2. 建设项目人才需求库和导师信息库

为使研究生培养（实践）与东莞产业发展实现无缝对接，研究生基地开发了信息管理系统，建立了"项目人才需求库"和"企业导师信息库"两大核心数据库。一是收集全市大型骨干企业、倍增计划企业、高新技术企业、新型研发机构等项目需求，为研究生来莞联合培养（实践）提供丰富的项目资源保障。二是根据基地"高校导师+企业导师"双导师培养模式，通过认定各企业导师，建立基地导师信息库，为来莞实践研究生提供良好的实践指导和管理等相关支持，保障研究生培养（实践）的质量，也为促进校企项目合作奠定了坚实的基础。

3. 结合本土优势，创新课程设计

以校企双导师为依托，立足东莞城市定位与产业优势，依据高校教学与企业需求，为来莞联合培养研究生提供迅速适应东莞产业集群的课程体系。一是推出了一批紧贴产业实际的特色课程体系。为将研究生的联合培养与企业的研发活动紧密结合，研究生基地着力推动校企联合打造了一批特色课程，如东莞铭普光磁的"LLC架构磁性元件集成及优化设计"、东莞海新金属的"智能厨电技术实践"、广东技塑新材料的"热塑性弹性体生产技术"等一批特色课程体系陆续上线。二是设计了具有东莞特色的通识课程体系。基地为来莞培养的研究生提供粤港澳大湾区通识、东莞产业集群、企业工程创新、研发项目管理、创新创业及商业模式、研究生学位论文指导等精品课程。同步开发了研究生线上学习公共平台，包括思政教育、安全教育、职业教育、创新创业等6大模块，涵盖了780门课程。建立研究生学习训练营，邀请知名科学家和行业专家开展专题授课，促进跨学科、跨领域的沟通交流。

4. 创新学习服务保障体系，为培养全过程保驾护航

一是建立一批研究生专职管理机构。以新型研发机构为主建立了13家研究生在莞学习专职管理机构，每月开展一次的专业实践现场服务，每季度组织一次专业实践综合考评，做实全过程服务。二是提供全方位后勤保障。为在莞研究生提供180套人才公寓，实行统一管理，要求联培企业为研究生配备宿舍，提供生活保障。东莞市财政为联培研究生购置人身意外保险，给予适当的生活补贴和交通补贴。三是完善研究生毕业后服务。建立了研究生俱乐部，定期组织学术交流和文体活动，推送人才政策、创新发展、城市建设、就业创业等信息，开展创业培训、人才落户、企业联谊、子女入学等毕业后工作与生活服务。四是在莞学习全程信息化管理。研究生基地配备了16名专职工作人员与4200平方米场地，建立了在线综合业务系统，实现学生报到、签离、实践考核、考勤住宿、补助申领、信息发布、项目征集、导师认定等全过程信息化管理。

截至2023年上半年，研究生基地累计征集东莞市科技型企业和科研机构科研课题需求895个、人才培养需求5102人，共认定了355名企业导师，组织了449家东莞的企业与科研机构参与名校研究生联合培养工作，"东莞专项"参与高校已扩大至电子科技大学、中山大学药学院、广东工业大学、广东药科大学、华南农业大学5所，吸引了153所高校院所的3015名研究生来莞培养（实践）。

（二）南京：创新实施"宁聚计划"

南京市2018年出台《南京市青年大学生"宁聚计划"实施办法（试行）》，并与时俱进不断健全优化"宁聚"政策服务体系，注重创新施策、拓展空间、精准服务、优化生态，致力引聚各类青年人才在宁就业创业。

1. 落细落实就业扶持政策

持续优化实施青年大学生"宁聚计划"，完善构建覆盖筹岗位促对接、拓宽就业

渠道、扶持自主创业、见习培训实训、困难兜底帮扶、人才安居保障等就业创业全过程的"全链条"政策服务体系，为集聚青年人才在宁就业创业创造良好环境。持续落实好社保费"免减缓降返"、企业吸纳就业奖补、扩岗补助、"苏岗贷"等各类助企纾困政策，援企发展拓宽岗位供给。大力实施高校毕业生住房租赁补贴，对博士、硕士、学士（含高级工及以上）分别按每人每月2000元、800元、600元给予最长36个月的住房租赁补贴，政策实施以来已为27.09万名高校毕业生发放租房补贴29.1亿元。加大创业扶持，遴选优秀大学生创业项目相应给予10万～50万元的资助，发展前景好的可再给予最高300万元接力投资，初创项目5年内获得风险投资的可给予最高30万元的配套支持，累计资助大创项目1343个，金额2.72亿元（含股权投资）。

2. 多措并举拓宽就业渠道

一是深度挖掘多方筹岗。坚持政府、市场"两手并重"深度挖掘适合高校毕业生的岗位需求，大力开发公务员、事业单位、国企、民企、基层公共管理、科研助理等各类就业、见习、实践岗位，组织动员优质人力资源服务机构对接南京产业发展方向多方筹岗。2023年上半年，已面向高校毕业生筹集岗位27.1万个。二是密集招聘精准对接。综合运用24小时线上招聘平台和线下专场招聘，逐校对照在宁高校专业特点和求职需求，细分行业门类筛选组织适配岗位，"一校一主题"开展"小而精"的校园招聘，提升对接匹配实效，做到校校有专场、全覆盖。坚持"走出去、引进来"，连续17年开展"魅力南京"系列赴外招聘，组织南京地区重点企事业单位赴北大、清华等知名高校引进急需人才。2023年上半年，已举办各类招聘活动1255场。三是创新施策智慧面试。2022年毕业季期间，在全国首创"玻璃屏"隔间面试、"直通车"入校隔窗面试等见面不接触方式，有效破解疫情防控中高校毕业生求职面试存在的难点。

3. 优化就业平台载体服务

一是通过微信小程序精准"对接问需"。面向在宁高校毕业生，通过微信小程序开展就业需求问卷调查，针对性回收反馈需求后台自动推送适配岗位，力促精准对接，2023年上半年，对于提出需求的1.61万份问卷反馈，已累计推荐16.5万次匹配岗位。二是依托省人社一体化平台做优就业服务。聚焦青年大学生就业服务高频事项，优化网上服务流程和申报办理，加强数据信息共享比对，深化就业服务事项"打包办""提速办""简便办"，为高校毕业生办理就业创业手续提供便利。三是开发

"我的南京"APP便捷掌上服务。在"我的南京"APP设立大学生服务专区，梳理各项政策事项，拓展功能、简化流程、提升服务，为青年大学生就业创业提供掌上经办服务，实现相关补贴申领全程"不见面"。

4．创新举措加强就业指导

围绕毕业季大学生求职就业关切，常态化组织开展就业指导校园行、园区行、企业行及毕业生暑期实践等一系列活动，提高就业意愿与就业能力。一是组织感知体验。南京市、区人社部门积极联系动员在宁高校组织毕业生分批实地走访看园区、看企业、看创业，切身感知南京发展环境，激发留宁就业创业热情。2022年以来，已持续组织"感知体验行动"54批次。二是加强就业指导。联合南京电视台倾心打造"圆桌派"就业创业政策推介暨职业指导等主打栏目，覆盖应届毕业生求职就业全流程。录制就业创业典型和导师职业指导TED视频持续推送，引导树立正确择业观、传授实用求职技巧。每年发送致应届高校毕业生的一封信，随信推介线上招聘活动、就业创业政策、就业指导服务。针对求职中可能遇到的不法行为，及时发送提示提醒，有效警示告诫。三是开展见习实践。开展"宁聚服务行—乐业金陵"就业助推行动，举办实习就业实训营，指导高校毕业生提升就业能力。围绕南京市主导产业和相关产业链，为有意愿的高校毕业生提供就业见习，帮助提升适岗就业能力，见习后留宁就业率超70%。同时，针对高校毕业生需求特点，开展无人机操控、短视频运营、3D打印技术等数字技能类培训，促进专项技能提升。

5．大力支持创业带动就业

一是实施全要素创业扶持。发放开业补贴"扶上马"、创业成功奖励"送一程"、带动就业补贴"助发展"、创业失败补贴"有托底"，2018年以来共审核发放各类创业奖补逾2800万元，为大学生发放创业担保贷款504笔、9099万元，助力"大创"企业做大做强。二是加强创业载体建设。成立"青创佳"创业园区联盟，凝聚创业载体发展合力，提供咨询辅导、成果转化、跟踪扶持等一站式服务，截至2023年上半年，全市共建成各类创业园110家，其中大学生创业园59家。三是做优"宁创"特色品牌。以赛为媒汇聚优创项目，连续举办十届"赢在南京"青年大学生创业大赛，大赛影响力和覆盖面持续扩大。持续组织开展"创聚金陵""宁聚汇"、创业培训进校园等创业服务主题活动，举办入户式投融资对接、创业政策解读、创业辅导、创业经验分享、创业园区建设交流论坛等多形式、个性化的公共创业服务。每年举办"南京青年创业潜力新星"评选活动，大力培育选树和宣传推介优秀创业典型，不断营造创新创业浓厚氛围。

2018年以来，"宁聚计划"累计扶持大学生创业近4万人，为全市高质量发展提供有力支撑。在由市场权威机构组织的调查评选中，南京连续多年荣列"中国年度最佳促进就业城市"，在"2023中国城市人才吸引力"排名中列第6位。

（三）洛阳：建立全周期跟进人才扶持金融服务体系

洛阳市围绕以科技创新引领产业升级，持续深化人才"引育用服"体制机制改革，建立"人才基金引导、银行贷款服务、事后奖励支持、产业基金跟踪"的全周期跟进扶持金融服务体系，不断推动人才链、产业链、创新链、资金链深度融合，激活人才创新发展新引擎。

1. 突出"市场化"，打出"投投联动"金融"组合拳"

人才专项基金（以下简称"人才基金"）总规模为5亿元，重点投向符合《河洛高层次创新创业人才（团队）引育计划实施办法》支持条件的创新创业人才（团队）所在（创办）的企业，单个人才项目最高可获得5000万元股权投资支持。为适应人才创新创业项目周期长的特点，人才专项基金存续期长达10年（7年投资期+3年退出期），重点投向种子期、初创期、早中期人才项目，充分发挥政府和国有创投力量，解决市场失灵问题。

鼓励县区政府、产业集聚区、孵化载体、新型研发机构等参股设立"科创基金"以引导资金的跟进投资和参股投资，撬动社会资本投资，吸引优质科技型中小企业落户洛阳，并通过申报高层次人才项目，争取"人才基金"的联动投资。此外，洛阳市产业基金对已获得政策支持的高层次人才（团队）重点优质项目予以倾斜支持。

2. 突出"项目化"，创新人才项目评价、资金投入新机制

建立由第三方创投机构和用人单位等市场主体评价人才机制，将财政无偿扶持资金向市场化基金股权投资转变。构建创新创业人才评价指标体系，将人才遴选由政府主导向市场主导转变，基金管理机构作为评审主体，对人才项目的前瞻性、可行性和市场前景进行评价，采用前置审查、项目立项、项目预审、基金投决四级决策机制，通过对全方位的尽职调查，以市场化手段和专业能力实现人才团队及项目的高效挖掘。

变被动评审为主动"猎""投"。传统的人才项目评审程序主要是由申请人申报、

人才主管部门组织专家团队开展评审。人才专项基金采用双线评审，一方面洛阳本土的创新创业人才（团队）自主申报；另一方面基金管理公司对接全国创新创业人才（团队），以市场化方式对高层次人才早中期创业项目主动挖掘、推动转化。由基金管理人推荐的项目，直接进入前置审查阶段。实现"内培""外引"双轮驱动，开启城市与人才的"双向奔赴"，打造"人才强市"新高地。

3. 突出"专门化"，探索"投贷联动+事后奖补"新举措

一是出台专项"科技贷"政策。设立7000万元的"科技贷"风险补偿资金池，签约合作的11家银行联动支持科技型企业、科技项目和创新人才。人才专项基金与"科技贷"银行合作，对单个创新创业人才（团队）人才项目可提供最高2000万元额度的科创金融贷款，贷款方式鼓励采用纯信用贷款，采取抵押担保方式发放的抵押或担保比例原则上不超过贷款额度的50%，大大缓解了高层次人才（团队）组建的科技型轻资产企业在贷款融资方面的难题。

二是形成银行战略合作。选择一家或多家"科技贷"合作银行，为高层次创新创业人才（团队）项目"打包"设计金融支持方案，形成"河洛英才计划"人才（团队）与"科技贷"合作银行的战略合作，多措并举支持高层次创新创业人才（团队）健康发展。

三是提升人才补贴绩效。在人才专项基金和科技贷款支持人才项目基础上，按照项目完成绩效目标后研发费用的10%给予奖励，最高奖励200万元，由项目单位按贡献情况奖励相关人才；与此同时，实现全市人才政策联动，可享受洛阳市高层次人才个人奖励，既维护政策的稳定性、吸引力，引育高层次人才，又保障财政资金的正向循环，赋能优秀创新创业人才团队项目落地成长。

洛阳市通过设立人才专项基金，统筹基金、补贴设置的系统性、协同性、阶段性，以"投贷联动""投投联动""事后奖补"相结合的支持方式，实现政策互通联动，助推创新人才集聚赋能、助力优质项目落地见效，促进"人才链、产业链、创新链、资金链"外引内联、深度融合。

（四）嘉兴：优化海外人才招引生态

针对外国人来华工作时办证时间长、跨区域流动难的痛点，嘉兴市开展先行先试，建立"涉外综合体"，会同上海、江苏两地，率先在长三角生态绿色一体化发展示范区

实现外国高层次人才统一互认，不断提升对高端人才的吸引力。

1. 聚焦短流程服务，建立"涉外综合体"

建设并启用外国人"涉外综合体"，完善外国人来华居留工作许可、人才签证等综合性服务功能，为其提供出入境和居停留便利。一是全业务"一窗式受理"，打破政府部门间壁垒。将原分属于两个部门的外籍人才来华工作、居住受理事项窗口"合二为一"，并整合人社、商务、市监、税务等多家单位的人才补贴、住房券申请、外国人来华邀请函、涉税服务、个税证明等 19 项涉外事务服务事项，真正实现外国人来华业务全类别覆盖。二是全流程"一站式审批"，提升行政审批便利度。推动实现外国人来华业务"一站式"并、串联短流程审批和容缺受理，通过探索建立"一张表管理"机制，让企业一次性填报，实现了国际版的"最多跑一次"，将原来两部门串联审批的 30 个工作日办结时间缩减为 7 个工作日。三是全服务"一中心解决"，提升外籍人才归属感。根据涉外企业（机构）分布情况，将服务主体建到乡镇一级，在嘉善县姚庄镇建成全省首个"涉外综合体"，并在该县设立移民事务服务中心和外国人才服务中心，除核心业务版块外，结合地方特色举办端午民俗体验等活动，切实增强外籍人才来华认同感、幸福感。

2. 聚焦跨区域互认，破除"政策壁垒"

嘉兴作为浙江的试点会同上海、江苏两地，率先在一体化示范区实现外国高层次人才统一互认。一是先行探路。2020 年 7 月，在长三角生态绿色一体化发展示范区执委会的牵头推动下，沪苏浙"两省一市"率先发布《外国高层次人才工作许可互认实施方案》，明确在示范区建立外国高层次人才工作许可互认和服务制度，管理部门按照政策最优原则进行审批，外国高端人才（A 类）可给予最长有效期为 5 年的外国人工作许可证；同时，外国高层次人才在一体化示范区跨行政区域工作转聘，在新办外国人工作许可证时可免于提交工作资历证明。二是深化试点。2021 年 6 月，执委会印发了《外国专业人才（B 类）工作许可互认实施方案》，扩大了该项政策的收益人群。这一改革举措打通了外国高层次人才跨区域流动的"壁垒"，在简化流程、提供便利的同时，积极营造有利于外国人才合理流动的环境氛围。

3. 聚焦数字化管理，推动"集成改革"

上线"外国人才 e 件事服务系统"，搭建"一网两端三大应用"，构建"线上一网融合、线下一窗受理、证照一次发放、监管一并实施"的涉外管理服务新模式。一是从用户端看，外籍人士只需通过"浙里办"APP，进入统一办事入口，就能快捷办理来华工作许可、驾驶证、外商投资企业登记等6项审批类事项，以及社会保险、个人所得税、子女入学申请等6项服务类事项，后续根据外国人事项变更，将不断优化和调整相关服务模块。二是从管理端看，该系统拥有办事网点查询、服务资讯管理发布等功能模块，并接入外国人管理服务数据驾驶舱，以满足科技、公安、商务等涉外部门的管理服务数据上传、下载、共享、协同、管理运用等需求。

通过改革，嘉兴进一步优化了海外人才招引的生态，不断提升对于高端人才的吸引力，各项人才指标列浙江省第一方阵，其中省海外工程师入选数连续四年位居全省第一，2022年国家人才计划、省领军型创新创业团队、省人才计划入选数均列浙江省前三。

（五）绍兴：建设外国专家工作站

绍兴市聚焦外国专家工作站建设，不断强政策、重布局、优服务助力高端人才建设，大力引进高层次外国人才，带动相关领域和行业嵌入全球产业链、价值链、创新链，为绍兴的经济和社会发展提供人才支持。

1. 政策叠加，激发建站活力

鼓励支持集成电路、先进制造、新材料等战略性新兴产业企业设立外国专家工作站，设站企业可叠加享受外国专家工作站的相关政策，并优推国家级和省级成果评奖，激发企业建站动力。截至2023年上半年，全市企业已获批设立省级外国专家工作站74家，数量居浙江省前列。

2. 海外布点，赋能全球引力

在德国、澳大利亚和日本设立海外联络点，依托联络点收集海外人才信息与技术项目信息，赋能推进全省首个外国高端人才创新集聚区建设。开展"外国专家绍兴行"等系列活动，做实企业需求摸排、专家匹配推荐、项目推介路演等，确保站点供需端精准对接，活动累计引进外国专家近200名、技术项目100余项。集聚区引入英国、俄罗斯、南非等国15位外籍院士专家签约合作。

3. 优化服务，提升办事效能

以外专工作站为纽带，积极用好政策工具，开展外国人来华工作、居留许可"一件事"服务机制，推行"不见面办理"，办理时限缩短80%。2023年1—4月，累计服务 17 位外籍专家申请高端人才确认函，办理量占全省总数 1/3。

4. 拓展平台，构建发展空间

从绍兴科创大走廊列入浙江"十四五"规划纲要，到滨海新区入选"科创中国"浙江创新基地；从绍芯集成电路、鉴湖现代纺织、曹娥江新材料、浣江航空航天等四大实验室建设推进，到浙江大学等 35 家共建研究院强基提能造峰，都为外籍人才引进创设了更大的作为舞台。2023 年上半年，绍兴组织申报国家引才计划数量居浙江省首位，6 名外籍科技人才入围"西湖友谊奖"，居全省第二。

（六）威海：建设外国专家驿站

威海市打造山东省首家外国专家综合服务平台——山东省外国专家驿站，采用市场化手段，统筹各类资源，分层分类为外国专家提供全链条、专业化、打包式服务，为外国专家和用人单位营造了良好的营商环境。

1. 突出机制建设，构建驿站可持续发展模式

一是明确驿站功能定位。延伸服务链条、拓展服务外延、丰富服务内涵，赋予驿站引才引智、交流对接、成果转化、咨询服务等七大功能，将驿站打造成为外国人才技术引进、使用、交流、合作的综合服务平台。二是明确驿站目标任务。通过不断丰富完善服务举措、对接海内外引才资源精准匹配用人单位需求、搭建线上线下交流对接平台吸引人才项目、举办主题活动营造专家集聚氛围等 10 项具体任务，营造吸引外国专家创新创业的生态环境，争取更多人才项目落地，服务产业创新和经济社会发展，实现"以服务促集聚、以集聚促合作、以合作促发展"的目标。三是明确驿站建设模式。整合区域创新资源，采取"总站+分站（海外联络站）+工作室"的建设模式。总站负责外国专家驿站顶层设计和统筹推进；国内建设分站负责协助总站为辖区内外国专家服务，国外建设海外联络站作为链接海外高层次人才资源的纽带；工作室是外国专家服务威海产业发展的科技创新平台。四是明确驿站运营方式。发挥专业机构经验丰富、资源广泛的优势，采取市场化手段委托第三方服务机构运营，签订委托服务协议，健全管理机制，加强考核评估，确保取得实效。五是明确驿站运行保障机制。将外国专家驿站建设纳入全市科技创新和人才发展工作体系，加强制度保障，研究制定《外国专家驿站管理办法》《外国专家驿站运营机构管理办法》，市人才工作专项资金给予经费保障。

2. 突出服务实效,打造创新创业良好生态

一是实现专家服务"个性化"。整合公共资源,联合 29 个部门整合设计 24 项与外国专家工作生活息息相关的"一站式"服务事项,纳入驿站服务体系。分层分类为进站专家提供资料查阅、项目申报等 8 项普惠服务;为高层次外国专家提供海关出入境、旅游健身等 12 项绿色通道服务;为对接产业外国专家提供联络、食宿、翻译、交通等 4 项延伸服务。二是实现上门服务"常态化"。持续开展服务联系企业走访活动,统一设计制作《外国专家驿站服务手册》《外国专家政策实务手册》,点对点进行宣传解读,累计上门走访企业、高校 215 家,与 320 余名在威外国专家面对面沟通交流,协调帮助解决签证、教育、医疗、交通等八大方面问题 120 余项。组织开展外国专家中秋联谊会、高层次人才高尔夫邀请赛、韩国高层次人才迎新年联谊会等主题活动。

3. 突出合作对接,助力产业高质量发展

一是推动需求精准对接。通过微信公众号等网络公共服务平台,线上线下相结合,一方面收集发布威海市重点产业人才、技术、项目需求信息,积极对接国内外高校、科研院所和外国专家协会组织等资源;另一方面深入挖掘国外人才、项目和成果,定期向企业和驻威高校院所推送,供其选择合作。二是搭建招才引智舞台。举办中日科技创新合作大会、中韩创新创业大赛、中欧膜产业技术创新合作大会、高层次外国专家齐鲁行等国际人才交流合作品牌活动,搭建人才项目"联姻"舞台,促进国际优质创新资源交流合作,累计推动 100 余个项目落户。三是打造服务特色品牌。立足威海产业发展实际,设计打造了"云上荟""主题行""大讲堂"三大品牌活动,搭建专家与企业、园区交流对接的平台,采取企业"点单"、驿站"派单"、专家"接单"的方式,分产业、小批次、精准性组织人才资源匹配、创新资源对接、企业园区走访、前沿技术讲座等各类活动,充分发挥高层次外国专家的专业领域优势,与企业家、科技人才进行互动交流,激发创新创业活力。

外国专家驿站试点建设有效解决了外国专家的实际困难,共为全市推介海外人才项目 520 多项,组织产业对接活动 63 场,达成合作意向 130 项,促成合作 23 项,得到了外国专家和用人单位的高度认可。

三、创新平台载体建设

（一）南京：建设紫金山实验室

南京市不断深化紫金山实验室体制机制改革，提升科研效率，释放科研人才创新活力，打造成近悦远来的"科研特区"和"人才特区"，锻造国家战略科技力量。

1. 坚持党的领导，深化实验室管理机制

成立紫金山实验室党委，江苏省委常委、南京市委书记任第一书记，坚持党对实验室建设的统一领导。理事会由江苏省委常委、南京市委书记和分管副省长担任理事长，江宁开发区领导在实验室兼职参与建设，加快向服务保障领导小组转型，形成了省、市、区一体化的服务保障领导体系。设立实验室知识产权办公室，实行科研成果全周期管理。出台实验室重大任务凝练管理办法、重大任务管理办法，瞄准国家需求、坚持问题导向进行制度固化，优化完善科研管理体系。

2. 赋予领军科学家更大自主权，优化重大任务运行机制

实验室理事会面向全球选聘顶尖科学家担任首席科学家，实行首席科学家负责制，充分赋予技术路线决策、科研队伍组建和科研经费调剂等自主权。分类推进科技攻关，基础研究方面，以应用牵引，从经济社会发展和国家安全面临的实际问题中凝练科学问题，弄通"卡脖子"技术的基础理论和技术原理。关键技术攻关方面，围绕事关发展全局和国家安全的基础核心领域，瞄准未来科技和产业发展的制高点，前瞻部署一批战略性重大攻关任务。创新链产业链融合方面，围绕行业重大问题和共性需求，发挥企业出题者作用，与大院大所、龙头企业合作建设创新联合体和产业生态，提高科技成果转移转化成效。

3. 推动创新链资金链人才链深度融合，建立高效成果转化和产业化机制

出台促进科技成果转化管理办法，对科研团队自主转化职务科技成果给予最高90%的收益奖励；成立实验室成果转化平台公司，打通成果转化"最后一公里"。南京江宁经济开发区实行属地化成果转化保障，向科技型企业提供从初创到上市全周期的市场化资金支持，以及载体、税收和创业指导等全方位服务。江宁开发区指导协助对接政府、产业、人才等资源，进一步促进实验室成果转化和科技型企业培育孵化。

4. 聚天下英才而用之，探索引才用才留才灵活机制

一方面，江苏省出台支持省实验室科技人才发展的若干政策措施，允许紫金山实验室自主确定高层次人才引进标准，对引进的国际一流人才及团队实行"一事一议"、特事特办。实验室团队领军科学家经相应程序纳入省级人才计划，优先推荐申报国家重点人才工程。实验室与国内外知名高校、科研院所、龙头企业建立"双聘制""访问学者"等灵活通畅的人才流动使用机制，加强协同创新和产学研合作。另一方面，经江苏省专业技术人员职称（职业资格）工作领导小组批准，紫金山实验室组建工程系列、自然科学研究系列高级职称评审委员会，自主制定评价标准，自主开展高级职称评审和聘任。制定实验室薪酬管理办法，经理事会批准后，可以根据人才层次、紧缺程度、市场行情，自主设定科研人员薪酬。实验室将职务科技成果作为特殊国有资产管理，积极推动科技成果所有权、经营权和收益权相分离，支持创业公司采取股权、期权、分红等方式激励科技人才。

5. 保障人才安心科研，建立稳定支持机制

根据科研任务和人才发展需要，提出实验室年度经费预算，经理事会批准后，由省市财政和共建单位安排专项资金，稳定支持实验室运行发展。对实验室获得国家立项的重大项目和任务，省级采取"一事一议"的方式予以支持；对实验室瞄准国家战略、围绕省未来产业需求组织的重大自主科研项目，统筹省级科技计划资金予以配套支持。南京市出台实验室人才安居政策，协助解决住房保障、子女就学、配偶就业等多方面的实际问题。

截至 2023 年上半年，紫金山实验室在网络、通信、安全等领域取得了一系列国际领先的重大成果，如原创性提出服务定制和确定性网络体系架构，在国家大科学装置"未来网络试验设施"（CENI）中成功验证；研制大网级网络操作系统，在全球近 400 个城市 1100 多个节点的大规模骨干网中稳定运行，处于业界领先水平。

（二）常州：建设科教城

为了解决产业对创新的需求问题，常州以科教城为实践载体，产学研合作为突破口，打造"教育、科技、人才"三位一体开放创新生态，开创性地探索出一条在科教实力相对薄弱地区集聚优质资源、构筑发展优势的区域创新之路。

1. 创新机制，实现产教深度融合

科教城集聚了常州大学和 5 所省属高职院校，在校大学生近 10 万名，持续推进特色鲜明的高水平地方领军型大学、高水平高职教育园区的建设，集聚整合校所企优质资源，建成集约育人共享平台，首创资源跨界"共建、共管、共享"新机制和"校—所—企"全方位协同育人新路径。6 所高校与企业共建国家级、省级联合研发中心、工程中心、工程研究中心等协同创新平台，这些平台让校企之间的研发合作更加紧密、资源共享更加便利。积极推行"学院+"发展模式，常州大学—阿里云大数据学院、常州信息职业技术学院—数梦学院、常州工业职业技术学院—比亚迪集团新能源产业学院等一批校企共建学院相继成立，围绕行业人才培养、应用技术研发、公共技术服务等方面推进校企深度合作。

2. 集聚平台，研发机构集群支撑产业创新

抓住产业对技术的旺盛需求，主动作为，由市领导带队开启"科技长征"，赴高校院所开展对接交流，引进中国科学院和国内知名大学的研究院所；帮助大院大所的科技成果与本地企业紧密对接；打造高能级平台，常州市把智能制造龙城实验室放在科教城，打造以龙城实验室为核心的研发机构集群。科教城以《关于支持常州科教城公共研发机构高质量发展的若干政策》等系列文件的扶持和奖励为牵引，深化科研院所"一所（院）两制"改革，着力破除体制机制障碍，大力实施股权激励、项目经理、合同科研等创新制度；持续建设技术转移体系，建立科教城技术经理人队伍，打通科技成果商业化、产业化的"最后一公里"。

3. 开展国际合作，强化开放创新引领

着力搭建有助于交流的国际化渠道，以中德创新园区、中以常州创新园为重点，努力集聚国际科技创新和优质教育资源，先后创成国家级中德创新园区、国家海外高层次人才创新创业基地、国家级留学人员创业园，引进了德国弗劳恩霍夫研究所等海外机构 4 家，璞跃中国等国际创新服务平台 3 家。

4. 集聚人才，培育未来产业

长期聚焦新一代信息技术、智能制造、新能源、新材料等方向，集聚高层次创新创业人才；依靠人才，培育产业，坚持一以贯之的支持人才创新创业；帮助创新创业企业配置创新要素，降低创新创业成本，打造"一楼宇一产业一服务链条一支撑平台"的服务体系。服务体系上，科教城通过举办双创大赛、项目路演、"三杯茶"等活动，

优化创业辅导、知识产权、科技金融等服务，营造良好的创新创业氛围。科教城先后建立国家级知识产权维权援助中心和知识产权保护中心，聚焦机器人及智能硬件、新能源等领域，围绕企业创新开展全链条的知识产权保护工作。

5. 持续优化环境，打造一流创新生态

建设人才和企业全过程的服务体系。科教城公共服务中心和智慧园区服务平台上线运营，为入驻企业办理项目备案、工商变更登记、退房审批等审批手续和项目政策咨询、费用收缴、安全环保等"全流程一体化"服务。此外，科教城不断完善生活、教育和医疗配套设施，打造激发创造力的优美环境及能够留住科研工作者的生活环境。

经过20年的发展，常州科教城实现了从跟学模仿到自主创新的华丽蝶变。截至2023年上半年，已引育龙城实验室在内的公共研发机构近50家，涌现出一批面向世界科技前沿和国家战略需求的重大成果，累计引育各类人才总量超2.2万人，为常州经济发展提供了强有力的支撑。

（三）长春：建设"长春芯光产业园"

长春市借助长春理工大学在光电子科研领域的资源优势和净月国家高新区的创新生态优势，以科技型企业孵化培育为抓手，强化科技成果的本地化转化水平，围绕主导产业搭建光电数字领域专业化载体"长春芯光产业园"，合力探索打造产研同构、协同创新的产业创新平台。

1. 聚焦特色优势领域，助推科技成果转化跑出"加速度"

聚焦光电信息、智能感知、半导体等前沿技术领域，引入长春理工大学光谱芯片及光谱大数据、特种相机研制与生产、半导体激光器设计制造与封装、CMOS传感器应用模组与系统、北斗精确位置服务、微创手术导航医疗设备、医用检测设备研发生产、大气光传输应用和柔性线束机器人产业化等项目。通过研发生产集聚整合和政策扶持，加速企业成长和成果转化，打造光电智能感知产业链条。

2. 依托高质量科技创新平台，为园区建设提供有力支撑

借助长春理工大学"特种电影技术及装备国家地方联合工程研究中心""空间光电技术国家地方联合工程研究中心"和"精密制造及检测技术国家地方联合工程实验室"3个国家级，以及"吉林省大数据科学与工程联合重点实验室""吉林省空间光电技术工程中心"等6个省级科研平台资源，打造以光电和IT技术为核心

的园区公共技术服务平台,为园区及数字经济产业园提供研发、检测、中试等人才、设备和技术支撑服务。

3. 打造专业特色孵化器(众创空间),为产学研深度合作做好科技服务

引入长春理工大学特色科技成果和光电技术初创企业入园孵化,应用领域包括医用内窥镜、系统仿真及数字影视制作、玉米秸秆多糖提取、保护性耕作装置、精密微加工装置、深透射光氧治疗仪和碳纤维复合材料激光 3D 打印装置等。培育优势特色微小企业,在光电和数字产业业态生成上起到汇聚和孵化作用。建设聚焦细分产业领域、服务实体经济的众创空间,为高校、科研院所及外部创业者提供研发设计、检验检测、中试加速和产业化等支撑条件,孵化科技型创业群体和创客团队。

"长春芯光产业园"围绕光电类智能感知技术领域进行产业集聚,在企业培育、人才引入、资本引进和生态活化上成效显著,已逐渐成为长春自创区建设、产学研协同创新和成果本地化转化模式探索的重要载体。截至 2022 年底,园区入驻企业 31 家,其中高新技术企业 7 家、小巨人企业 2 家,专精特新企业 1 家,在孵企业年主营业收入近 2 亿元,年纳税 547 万元。

(四)潍坊:高新区科技体制"加减乘"改革

潍坊高新区践行"发展高科技、实现产业化"初心使命,做好优化科技服务的"加法"、为科研人员松绑的"减法"和攻坚核心技术的"乘法",积聚起创新发展的充足动能,企业研发投入占比达到 6.8%,重大科技成果持续涌现。

1. 勤于做"加法",以七科服务打造高能级科创集群

开展"4+1"主题走访调研企业,做好科技服务的"加法",深入全区科技型企业,主动宣讲高新技术企业、瞪羚企业、双招双引和高质量发展科技政策,征集企业在提升营商环境方面的意见建议,在高新技术企业申报、科技平台搭建、科技项目申请等方面给予手把手、一对一的专项辅导,用服务专员的"反复跑"换取企业"不用跑",建立"一对一"服务企业群 134 个,实地调研各类企业超过 500 家,解决企业急难棘手问题 180 余项。

2. 勇于做"减法",科技体制改革构建创新"生态链"

坚持"让科研人员心无旁骛搞研发"的理念,从简化科研经费流程和减轻科研人员负担入手,拿出更大的勇气推动科技管理职能转变,科技体制机制改革勇于做

"减法",让科研单位和科研人员从烦琐、不必要的体制机制束缚中解放出来,解放和激发科技作为第一生产力所蕴藏的巨大潜能,形成科技创新体系良性循环的创新"生态链"。一是扩大科研经费使用自主权。简化科研资金拨付流程,完善科研经费管理机制,制定出台《潍坊高新区科技发展计划项目暂行管理办法》和《潍坊高新区科技发展计划项目科研诚信管理办法》,建立以信任为基础的项目管理机制,允许项目承担单位和项目负责人根据实际需求自主调整研究方案和技术路线,赋予项目承担单位更多的项目经费管理使用自主权。二是消除科研人员不合理负担。制定出台《潍坊高新区科技发展计划项目综合绩效评价工作规范》,建立科技项目一次性综合绩效评价验收制度,建立全区统一的评价验收体系,取消区级科技计划项目验收审批环节,精简检查考评次数,项目跟踪调度由季报改为年报,让科研人员少跑腿、少报表,切实有效减轻科研人员负担。

3. 善于做"乘法",破解关键核心技术"卡脖子"难题

聚焦主责主业,围绕产业风口、产业需求和产业短板,瞄准产业前沿领域"卡脖子"技术,善于做"乘法",探索实施"揭榜挂帅",形成了攻克一项核心技术,带动一个高端产业的"乘数效应",引导激励潍柴动力、天瑞重工、力创科技等企业持续攻坚"卡脖子"技术,涌现出一批以高价值创新引领高质量发展的科技成果。落实"放管服"要求,研究高新区开展项目经费使用"包干制"试点方案,继续推进技术攻关和成果转化项目"揭榜挂帅"制度,2023年新征集"揭榜挂帅"项目8项,揭榜金额1200万元。

(五)南宁:市校"联姻"打造产教融合基地

南宁市积极探索教育链、人才链、产业链、创新链协同发展新模式,畅通产教供需对接渠道,与桂林电子科技大学合作共建桂电南宁研究院,形成了教育和产业同频共振、融合互动的发展格局。

1. 突出机制保障,在优化服务上发力

一是协调机制到位,构建市领导挂帅、市直单位协调、国企参与建设、城区配合的四级协调联系机制。在项目建设期间,统筹解决桂电南宁研究院基础设施建设、教研等各类问题12个。二是政策落实到位,出台《大力促进桂电南宁研究院服务南宁产业发展的工作方案》,围绕产学研、毕业实习、创新创业三大方面实施专项

举措 14 条，并落实专责单位进行精准对接服务。三是经费保障到位，连续 5 年给予研究院共 1.2 亿元的运营经费支持，用于研究院的日常运营和科研团队建设等。其中，按照每人每年 7500 元的标准，为在院研究生提供科研学习和生活补助。

2. 突出人才培养，在校企协同上聚力

一是教学活动校企联合，实施校内导师和企业导师相结合的"双导师制"，鼓励企业导师进课堂，开展教学活动和举办讲座。从广西交通设计集团、广西路桥工程集团等行业企业共遴选聘任了 123 名企业高管或业务骨干为校外导师。二是科技攻关校企联手，学校科研团队带领学生主动对接企业，参与企业项目技术研发，帮助企业攻克解决重点技术难题。共与广西交科集团、南宁富联富桂精密工业有限公司等 70 多家企事业单位开展科研合作项目 120 余项，涉及合同金额 1.63 亿元。三是实训基地校企联建，聚焦南宁新能源汽车及零配件、电子信息制造等重点产业发展需求和人才缺口，与南宁产业投资集团有限责任公司等重点企业共建人才培养基地 6 个，输送学生 300 余次参与科研交流。

3. 突出产业需求，在引育留人才上用力

一是引进高层次人才。"带土移植"引进桂电卫星导航定位与位置服务等高层次创新创业人才团队 10 余个。二是培育产业人才。将计算机与信息安全学院、电子工程与自动化学院、信息与通信学院、光电工程学院等 1700 多名研究生从桂林迁移至南宁，按照校内实验技能训练与校外实战应用相结合的实践创新能力模式进行"厚土培植"。三是留用优秀人才，大力宣传南宁市就业创业和人才政策，为学生求职与企业招聘牵线搭桥，促成 400 多名学生与 90 多家单位达成实习或科研合作。

桂电南宁研究院成立以来，累计从桂林成建制引进 1708 名研究生，为南宁产业发展和科技创新提供强有力的人才支撑和智力支持。

（六）西宁：打造科技"服务型"农业科技园区

西宁国家农业科技园区以"高原冷凉特色农业"为园区发展主题，坚持"典型引领，示范带动"的产业发展理念和"不求所有，但求所用"的人才使用理念，加快构建以企业为主体、产学研深度融合的创新体系，打造方式灵活、供给多元、精准高效的服务体系，"服务型"园区建设迈上新的台阶。

1. "规划引领",把稳产业发展"方向盘"

编制印发《青海西宁国家农业科技园区总体发展规划（2021—2025年）》，明确以"高原冷凉特色农业"为园区发展主题，确定了构建农业科技研发体系、成果转化体系、推广体系、服务体系等重点建设任务，园区重点产业发展方向进一步明确。配套出台《西宁市农业科技园认定管理办法》等一系列文件制度，启动市级农业科技园培育认定工作，搭建园区"百名专家工作站"，开展多个层面的科技服务。

2. "组团式服务",搬开科技创新"绊脚石"

围绕园区"高原特色种业""高原果蔬""高原特色资源精深加工""城郊现代畜牧业""中藏药产业"等特色主导产业特点，进一步提升服务质量和效率，组建了大田作物种植及加工、果蔬作物种植、畜牧养殖及动物疫病防控、中药材种植及加工、浆果类精深加工和畜产品精深加工等6个组团式服务专家组，每组由5名业内资深技术专家组成，遴选确定了61家企业为重点服务对象，制定"一企一策"服务计划，及时解决企业在生产过程中所遇到的技术难题，帮助企业优化产业结构，改进生产方式，2022年为企业开展技术精准服务182次，助推企业发展提质增效。

3. "远程式咨询",及时化解农业生产"棘手事"

对园区微信公众号进行升级改版和服务迁移，开发了"专家在线""线上大讲堂"等线上远程服务功能，将专家服务工作转移至线上开展，累计为涉农企业提供相关技术咨询指导服务225次，及时解决了生产企业阶段性的急难愁盼技术问题。

4. "揭榜式攻关",驱除产业发展"拦路虎"

园区服务中心及专家服务团队，经常性深入园区企业开展调查研究，对技术需求、生产经营情况、新产品开发方向等提出合理化意见建议，从生产经营、技术培训、人才培养、产品质量控制等方面给予全方位指导，对关键共性技术瓶颈问题开展"揭榜式攻关"服务，为企业的发展壮大、示范引领铺平了道路。

5. "精准化培训",培养急需本土"田秀才"

围绕企业技术需求和园区经营管理等重点内容，先后组织企业负责人、技术骨干走出去，到山东寿光、江苏南京、陕西杨凌、安徽合肥、重庆渝北等现代农业发达地区、兄弟园区开展学习交流、观摩考察，共开展专题讲座、现场观摩、考察学习10余次，培训300余人（次），按照缺什么补什么、需什么补什么的要求，开阔视野、增长见识，精准培养本土"田秀才""土专家"。

6. "特色化培育",打造园区特色"软实力"

聚焦园区特色产品品牌建设,发挥专家掌握标准、熟悉流程等优势,从企业现有的基础条件出发,有针对性地协助企业开展绿色食品、有机农产品和地理标志农产品认证申报工作,为绿色有机农畜产品输出地建设提供有力支撑。

(七)福州：打造科创走廊

福州市以科创走廊建设为抓手,推动各片区跨区域合作和协同发展,促进上下游产业链重塑,全面优化升级产业结构。

1. 落实五个坚持,机制不断完善

坚持晾晒比学,每个月收集工作进展情况、建设亮点、量化成效等信息予以通报,并通过市政府办公厅电子屏幕晾晒;坚持现场推进,定期召开现场办公会,专题研究科创走廊建设具体事项,推进各片区科创走廊建设;坚持督查指导,定期深入各片区,指导推进载体建设,引导孵化项目落地;坚持动态监测,搭建信息化管理平台,制作科创走廊"一张图",动态监测科创走廊建设情况,展示科创走廊建设成效。

2. 做到五个注重,特色优势明显

注重模式探索,鼓励各片区创新建设模式,晋安区探索"国企+政府+企业"联合模式打造数字内容产业园,仓山区通过布局科创驿站服务创新主体;注重成果转化,通过持续举办科学城"成果转化直通车"推介会,建立首席科技顾问制度等,推动产业链创新链双向融合;注重细分赛道,编制《福州市科创走廊新赛道体系研究》,统筹全市科创走廊产业差异化发展;注重就业创业,发布高校毕业生创新创业线上地图,持续开展"好年华聚福州"活动,为自主创业的高校毕业生提供多项优惠政策。

3. 坚持典型引领,打造科创品牌

积极探索工作新模式、新举措,发挥典型引领作用,定期梳理典型案例,通过主流媒体、公众号等多种形式,广泛宣传建设成效及典型案例,尤其是抓重点平台的重点宣传,分别在新华网主网、人民日报客户端等央媒平台,推出"以科创走廊作答'产城融合'"等重头宣传。开展"特色科创园区""未来之星企业""科创走廊logo"征集活动,对科创走廊建设创新、典型案例进行集中宣传,营造比学赶超、对标竞进的浓厚氛围。

4．打造海创高地，共享溢出效应

制定《福州市打造海洋经济科创高地实施方案》，指导鼓楼区编制《鼓楼区建设海洋经济科创高地实施方案》，完成《打造海创高地培育蓝色未来新赛道的研究》的修改、完善工作，依托科创走廊鼓楼片区打造海洋经济科创高地，在沿海布局建设海洋经济科创成果落地转化的集中区，统筹陆海，形成城市中心海洋科技创新高地与沿海海洋经济产业集中区的"里+外"有机衔接，发展海洋产业新赛道。

截至 2023 年上半年，科创走廊"一城四区，十片多点"空间格局基本形成，建成创新创业载体 140 个、研发公共服务平台 288 个，集聚国家高新技术企业 1800 家、省科技小巨人企业 104 家。

四、创新主体培育

（一）无锡：打造"高能级"新型研发机构

华中科技大学无锡研究院（以下简称"研究院"）面向区域大中小企业、产业链融通发展的服务需求，积极探索"平台公司+联盟单位+网络服务"的运营模式，推动实现科技、产业的互促共进，打造出校地、院地战略合作、区域协同创新的新样板。

1．实施"合同科研"为主的研发和服务模式

研究院以"合同科研"合作方式为企业提供服务，不断探索产业技术的转化和服务进行全面拓展，在服务与创新的同时推动自身发展的空间，从主动去"敲"企业大门为企业定制技术解决方案的"技术外援"角色渐渐地发生转变，由"合同科研"转变为"合作伙伴"，从局部探索走向深度融合，探索了院企协同发展的最佳路径，研究院提供的高端合同科研服务，促进越来越多的当地中小企业成长为行业"小巨人"，实行的"先合作开发，后成果转移转化"的合作模式成为产学研用的典范。

2．推动以专利转让+技术入股的多元化成果转化模式

以"股份制"建立科技成果利益分配关系，通过吸引社会资金参与投资，通过股份制模式进行转化，科研团队的创新项目转化为科技成果，从技术转让所得的净收入中提取不低于 30%～70%的比例，最大限度地保证研发人员的利益，从而提高创新的

积极性。科技成果转移转化中无论转让、许可、作价投资，均参照政策上限、团队意愿给予足额、全员的股权奖励。

3．建立以"公司+联盟+网络"的平台运营模式

实施核心工业软件自主可控、核心工艺装备"卡脖子"补短板、数字化转型智能化升级三大工程，按照"公司+联盟+网络"的新型模式组建，突出"江苏特色"，整合汇聚全链条创新资源，打造国家-省地制造业创新中心协同建设发展模式，形成从应用研究、技术研发到成果转化及产业化的国家级创新链。一批重要工艺装备和工业软件在国家重大工程与重点型号中进行工程应用验证，打造产学研用深度融合的协同创新网络和生态体系，促进长三角一体化战略实施。

4．构建以"科研+资本+孵化"的高科技产业创新生态

探索将"研发作为产业、技术作为商品"的发展模式，从政策、载体和人才等方面，鼓励一所一司、一所多司，探索公司化组织形式，试行技术研发、管理运营两支团队"合资＋合智"，实行"双规制"协同创新并交由实践检验，支持融合整合，构建促进产业技术研发与转化的创新生态体系。通过市场化机制，培育一批以技术研发与转化、提供技术解决方案和技术服务为主营业务的研发公司，持续向江苏产业提供技术支撑。

截至2023年上半年，研究院累计申请知识产权400余项，授权知识产权250余项，其中发明专利91项；实现专有技术、知识产权转让、许可近200项，总经费超6000万元，科研成果转化率近30%。

（二）长沙：提升科技型企业核心竞争力

长沙市构建科技型企业梯队，加快组建新型研发机构，支持企业牵头开展关键技术攻关，推动科技金融融合，以科技支撑企业提升核心竞争力。

1．坚持四个80%的导向，强化创新主体地位

实现研发投入、科技项目、技术交易、创新平台80%安排在企业或来自企业。构建"科技型中小企业—高新技术企业—科技领军企业"梯队，组建以企业为主体的创新联合体、技术创新战略联盟等，相继出台《关于促进我市企业"升高"工作的有关措施》《长沙市打造具有核心竞争力的科技创新高地三年行动方案（2021—2023年）》，以奖代补对认定高新技术企业给予奖励，争取省级研发奖补，落实研发加计扣除政策，

培育壮大科技型企业梯队。2020—2022年，发放高新技术企业奖补5.8亿元，为5000多家企业争取省级研发奖补超12亿元，企业研发费用加计扣除总金额达672亿元，年均增长超30%。

2. 支持科技型企业参建创新平台，提升创新力

发挥创新平台在提升科技型企业关键技术研究、高层次人才引育、公共服务平台打造等方面积极作用。瞄准产业技术前沿，对标国家实验室高标准建设岳麓山实验室，与岳麓山工业创新中心、湘江实验室、芙蓉实验室形成四大实验室体系，支撑企业创新。支持企业参与创新平台建设，探索构建由创新研究院、工业技术研究院、技术创新中心为主体的新型研发机构体系。出台《长沙市技术创新中心管理办法》，备案认定211家市级技术创新中心，力争实现中小企业创新平台全覆盖。

3. 支持科技型企业开展技术攻关，形成竞争力

实施自然科学基金、重点研发计划、科技重大专项、"揭榜挂帅"项目四大项目体系，支持企业实现技术突破。坚持重大技术攻关需求来自企业，2020—2022年，每年发布100项自主可控技术清单，形成了"揭榜挂帅"项目、科技重大专项、重点研发计划有效衔接的技术攻关链条。截至2023年上半年，累计承担国家级、省级重大技术攻关项目254项，实施市级"揭榜挂帅"项目、科技重大专项71项，涉及资金超23.5亿元，突破关键核心技术278项，获得专利4308件，在长转化的科技成果6773项，新增产值近900亿元。

4. 加大科技型企业政策激励，维持研发优势

成立市委书记任主任的市科技创新委员会，相继出台近50个创新政策，探索形成"政府引导+政策保障+金融支撑+全链条服务"科技创新"长沙模式"。持续加大新投入，2020—2022年，财政科技投入从49.25亿元增长到79.8亿元，增长62%，市本级科技发展专项资金16.6亿元，获上级科技资金超50亿元。构建"成果转化基金+知识价值信用贷款"多元化投入体系，成立首期3亿元成果转化母基金、1亿元的长沙市科技型企业知识价值信用贷款风险补偿资金，累计发放贷款超80亿元，2023年将风险补偿资金池从1亿元增资到2亿元，安排1.5亿元专项资金保障转化基金运营，针对5家创新研究院的重点研发领域，筹划设立创新院科技成果转化子基金，为科技型企业发展消除后顾之忧。

（三）济南：搭建企业创新积分平台

济南市高新区从完善创新积分评价体系出发，优化积分指标体系，搭建积分数据管理平台系统，精准识别出创新能力强的企业，加强和银行等金融机构的合作，提升政策效能和科技金融合作水平，发挥各项政策、资金对中小企业技术创新的精准支持作用。

1. 完善积分评价指标体系

结合高新区产业发展实际，增加地方特色指标，精准识别创新实力强的科技型企业。在核心指标基础上，济南高新区增加了 9 项地方特色指标，确定了"技术创新、成长经营、辅助指标、逆向指标" 4 大类 29 项指标的积分评价指标体系，根据企业营收规模对不同类型企业实行差异化评价，实现对科技型企业的精准画像。

2. 搭建积分数据管理平台系统

搭建"企业创新积分制信息管理系统"，实现企业基础数据采集、积分数据计算、积分结果展示、政策精准匹配等功能。在数据采集方面，整合现有高新技术企业库、科技型中小企业库、高新技术企业培育库等多元企业数据，通过抓取公开数据、导入政府各部门数据和企业自主填报部分数据这 3 条途径共同采集企业基础数据，以政府有关部门提取的数据为主体，以公开抓取数据和企业填报数据为补充，实现了对企业基础数据的采集；在积分数据计算方面，根据积分评价指标体系建立积分计算模型，可通过灵活调整不同积分指标的权重对积分计算模型进行优化，不断提高积分计算结果的准确度；在积分结果展示方面，可按照积分排名对本区域企业进行综合排序，形成百强榜单发布展示，可按照企业类型、成长阶段、所处领域对企业进行评价画像，实现企业积分指标的统计分析；在实现政策精准匹配方面，通过建立企业创新积分指标和适用政策的映射模型，为积分企业精准匹配各类科技政策，在申报节点对企业进行精准推送。

3. 实现科技政策精准支持

以积分平台分析评价结果为参考，为积分企业精准匹配推送各类科技政策，对优秀积分企业分级分类，2022 年主要针对区内 2000 余家高新技术企业和科技型中小企业来开展，联合知识产权、税务等部门，筛选出拥有知识产权、研发投入高、科技人才实力强的 1200 余家企业参与首次积分评价，其中营业收入在 1 亿元以下的企业占比近 90%，营收 2000 万元以下的企业占比超过 50%，符合企业创新积分制"挖掘、培育科技中小企业"的政策导向。一是对拟认定高新技术企业、拟入库科技型中小企业的企业进行精准辅导和培训，2023 年上半年，高新区打造"高企周周见"品牌形象，持续推动平台系统内企业实现向高新技术企业发展，已举办专题培育会 20 余场，惠及企业千余家次。二是精准支持企业开展关键技术攻关，为科技型企业提供政策、资金、人才等要素保障，让企业沉下心开展基础研究和关键技术攻关。三是针对企业不同发展阶段企业多层次开展成果转化行动，推动中小科技型企业通过产学研合作实施创新能力提升工程行动，推动龙头实施重大创新工程带动关键核心技术突破。四是通过积分平台智能筛选，向符合条件的积分企业在申报享受研发财政补助和技术交易补助过程中开展精准服务与指导。

4. 探索引导金融要素助力科技型企业创新发展

与工商银行、中国银行等金融机构对接合作，工商银行高新支行落地成立济南市银行业首家科创企业金融服务中心，联合中国银行济南分行等金融机构开发济南高新区"企业创新积分贷"等科创金融类产品。针对积分企业开展山东省科技成果转化贷款风险补偿和科技成果转化贷款贴息等科技金融政策宣讲活动。

截至 2022 年，累计超过 150 家高成长、高研发科技型中小企业获各类金融机构贷款金额超 7 亿元，通过积分系统筛选出的 200 余家科技型企业，经过科技部门重点辅导，在 2022 年顺利获得高新技术企业资质。

（四）淮安："四项举措"推进高新技术企业培育

淮安市积极探索"抓早、抓小、抓实"工作思路，持续做好政策激励，完善培育体系，开展精准服务，优化科技金融支持，引导企业加大创新，推进高新技术企业培育和高新技术产业发展，引导高新技术企业进一步做大做强。

1. 制定高新技术企业体系化政策

制定《关于深化科技体制机制改革推动高质量发展的实施意见》《促进科技创新高质量发展建设国家创新型城市的若干政策》《关于推动制造业高质量发展的实施意见》等系列政策文件，为高新技术企业发展提供全方位、系统性地支持。同时积极指导各县区制定相应配套落实措施，形成了市、县完善的政策支撑体系。2019—2022 年兑现高新技术企业认定奖补资金 27329.31 万元，兑现市级高新技术企业培育库入库奖补资金 2545 万元。探索性开展研发投入财政奖补，2021 年、2022 年兑现财政奖补资金 8000 多万元，惠及企业 500 多家。

2．创新做好高新技术企业培育服务

一是设立高新技术企业培育联动机制，成立淮安市高新技术企业认定管理工作协调小组，细化科技、财政、税务、应急、生态环境、市场监管等部门职责分工，加强全市高新技术企业认定管理工作的统筹协调，会商解决高新技术企业培育申报过程中的困难问题。二是开展高新技术企业培育攻坚专项行动，全面落实"企业挂钩服务、企业主体责任压实、申报预评审"等 5 项机制，组织高新技术企业申报培训、开展调研服务，强化企业创新主体意识，提高积极性。三是实施"一张服务网格"与"三级责任清单"科技助企"1+3"工作机制，深入企业释疑答惑、现场指导，协调解决问题，服务企业 1000 多家。四是及时做好税收政策落实。2022 年，全市共 860 户企业申报享受研发费用加计扣除优惠政策，加计扣除总额 45.72 亿元，折合减免税 11.43 亿元。

3．构建高新技术企业培育梯队

按"科技型中小企业、市高新技术企业培育库入库企业、高新技术企业、创新型领军企业"培育梯队模式，构建高新技术企业培育服务平台，建立市高新技术企业培育库，设立"预诊断系统"和"智能申报系统"，通过大数据手段，对照高新技术企业标准条件，分析定性指标，制定精准培育计划。利用平台对入库企业进行动态监测、管理、预警提醒及服务。建立市局、专家、县区 3 个层次的预评审梯队，通过高新技术企业培育服务平台开展"预评审"工作，帮助企业补缺补差，提升培育质量。开展市级创新型领军企业评价和发布，出台相关工作指引，给予首批企业财政奖补 900 万元。

4．强化高新技术企业金融支持

一是建立科技型企业常态化融资对接机制，举办"政银企信贷融资对接会暨银企签约活动""股权融资对接会""企业投融资路演培训""知识产权融资一站通""鑫智力杯创新创业科技型企业评选""金融助企腾飞大赛"等各类活动，加大金融对科技型企业支持力度。二是探索设立"淮科贷"，对高新技术企业贷款给予贴息贴保，缓解企业融资贵、融资难等问题。三是印发《淮安市科技贷款贴息贴保工作指引（试行）》，签约"淮科贷"合作银行 15 家，备案金融产品 69 个。截至 2022 年底，为全市 663 家企业发放"淮科贷" 884 笔，授信额度合计 40.89 亿元。

2020—2022 年，淮安科技型中小企业由 946 家增至 2104 家，增幅 122%；高新技术企业由 561 家增至 670 家，增幅 19%；高新技术企业工业总产值 1240.59 亿元，同比增长 25%。

（五）包头：实施科技体检、科技特派员服务企业工作

包头市坚持问题导向、需求导向和目标导向，精心组织、精细部署、精准对接，主动服务全市规上工业企业，统筹开展科技体检、科技特派员工作，为企业创新驱动发展"把脉开方"，取得良好效果。

1. 强化服务，传递真心，提升意识

编制《包头市工业企业科技体检工作实施方案》，成立工作专班、召开工作部署会，组建了由市区（旗县）两级科技局、科技服务机构、行业专家组成的 10 支科技体检工作组，同时制定《包头市企业科技特派员实施方案》《包头市企业科技特派员管理办法》，组织建立技术服务型、科技服务型企业科技特派员工作站 19 家。坚持把体检工作作为与企业联系紧密再紧密的有效途径，对企业提出的政策支持、高新技术企业申报、研发费用加计扣除、科技型中小企业备案等需求，科技特派员进行详细宣讲和申报辅导。

2. 精细排查，摸准需求，找准路径

通过对企业知识产权、研发投入、产品指标、营收状况等指标综合体检，帮助企业详细挖掘梳理创新需求，认清自身行业发展水平，找到问题堵点，从专业角度为企业发展提出"量身定制"的解决建议。根据体检梳理的创新需求，工作组先后向企业推荐了西安交通大学、浙江大学、上海交通大学、东南大学、北京有色金属研究总院、中国科学院金属研究所等 56 家高校院所的 97 个专家团队、146 位科研专家、115 项科技创新成果，为解决企业创新需求提供了有效资源路径。

3. "调""研"并重，边"检"边"解"，突出时效

通过技术服务型企业科技特派员对接企业技术难题，针对企业提出的中水回用、坩埚涂层及光催化制氢等共性技术需求，分别举办 8 场"科创会客厅"专题对接活动，参加企业近 200 家。此外，积极引入西安交通大学、中国科学院等市外专家团队深入企业生产一线"一对一"解决个性需求。

截至 2023 年上半年，累计派出 1100 余人次深入 462 家企业现场开展科技体检，帮助企业梳理挖掘需求 627 条，出具体检报告 462 份，导入专家 129 人、对接科技成

果 96 项，达成合作签约意向 27 项，科技创新与产业发展的契合度逐步提高。

五、科技攻关

（一）沈阳：建立"卡脖子"关键核心技术攻坚制度

沈阳市积极探索以"揭榜挂帅"方式践行关键核心技术攻关的新型举国体制，按照"需求导向、任务引领、重点集中、目标集成、力量集聚、联合攻关"的总体路径，形成了"卡脖子"关键核心技术攻坚制度，以沈阳"325"模式，攻克"卡脖子"关键核心技术问题。

1. 聚焦 3 个重点明确主攻方向

综合考虑国际、国内产业格局和沈阳创新优势，对国家经济社会发展和产业安全的支撑和保障能力等因素，选定重点产业链。按照经济体量、行业地位、国内影响等，选定链上具有"卡脖子"攻关实力的重点科技领军企业。通过国家产业布局、企业构成、核心产品、关键部件等 4 个层面，找准"卡脖子"的整机、部件及附件产品，遴选"卡脖子"重点产品，层层递进、重中选重，确定开展关键核心技术攻关的主攻方向。

2. 把握 2 个维度凝练技术卡点

从关键技术受制于人和进口产品国产替代两个维度，梳理出技术封锁、贸易封锁、进口依赖三大类外国"卡脖子"问题。按照"一卡就死"标准，联合重点科技领军企业和高校院所、业界专家，以"卡脖子"产品或功能部件为单位，逐一梳理技术卡点，形成重点产业链外国"卡脖子"关键核心技术问题清单，并进一步提炼出 2~3 年内沈阳能攻克的攻关清单。

3. 抓实 5 项举措推进攻坚突围

在找准"卡脖子"问题基础上，形成需要国家和省、市多个层面合力攻克的关键核心技术清单。一是对于涉及面广、技术复杂、难度较大、投入较多的重大技术攻关项目，鼓励企业牵头承担国家科技重大专项、重点研发计划等科技计划项目，为实现科技自立自强贡献"沈阳力量"；对于技术内容比较单一，投资强度相对较小的技术攻关项目，通过省市级科技计划进行立项支持。二是对于整机产品和相关零部件需要进行整体开发、配套实施、联合攻关的项目，支持龙头企业联合产业链上下游企业组建创新联合体，协同开展关键核心技术攻关。三是对于目前企业依靠自身研发能力难以解决的"卡脖子"技术问题，通过建立完善产学研合作机制，联合高校院所、新型研发机构等协同作战，共同攻关。四是对于国内目前尚不具备研发能力的"卡脖子"技术问题，坚持通过开放创新，积极引进国外高端人才或通过"企业收购""技术兼并""专利买断"等形式，实现技术的引进、消化、吸收和再创新。五是对于因基础理论和应用工艺方面不足导致的"卡脖子"技术问题，支持企业联合高校院所开展基础性研究、新理论方法研究，用新理论研究成果支撑技术创新需求。

2022年以来，组织驻沈高校院所、龙头企业解决"卡脖子"关键核心技术问题80项，其中，集成电路前道晶圆加工用物理清洗机设备等4项实现国产化替代、15项处于国内领先、13项达到国际先进水平，新增产值29.6亿元、利税1.5亿元。

（二）佛山：创新科技攻关模式

佛山市聚焦"璀璨行动"重大战略实施，以攻克新型显示制造装备领域核心技术、实现关键装备国产替代为目标，强化部省市联动，支持行业优势机构牵头组建新型显示创新联合体，突出"企业主体""用户评价"，创新项目组织攻关模式和管理机制，突破一批引领性前沿技术，攻克一批受制于人的关键技术、核心零部件和重大装备。

1. 组建专项领导小组，统筹推进项目组织实施

专项领导小组是"璀璨行动"最高领导机构，负责协调行动过程中的重要事项。坚持工程化管理原则，建立行政总指挥和技术总指挥"两总"系统，负责行政与技术攻关事务的决策和执行，提高项目组织实施效率。

2. 采用"业主制"，压实业主单位主体责任

由季华实验室作为业主单位统筹推进"璀璨行动"组织实施。探索财政资金管理和使用新模式，通过省市财政资金牵引，争取科技部、工信部等重大项目和重点地市配套支持，引导企业自筹和基金投资。

3. 强化产业化导向，推动骨干企业深度参与

推动行业优势企业深度参与装备研制全过程，并承诺优先采购研制的装备，以市场化机制撬动更多社会资本参与项目攻关和产业化，提高成果孵化与转化效率。

4. 突出集团化运营，提升成果转化水平

季华实验室牵头成立季华装备公司作为"璀璨行动"成果转化和产业化平台，打

造显示制造装备"集团化运营"体系，并建设验证线提供测试验证公共服务。引导用户企业深度参与装备研制全过程，推动项目承担单位规模化生产，同时拨投联动，建立政企投入的"捆绑"机制，以市场化手段撬动社会资本投入，提高成果转化效率。

5．创新攻关组织模式，强调整机乃至整线的统筹作用

强调整机乃至整线的统筹作用，综合运用"揭榜制""赛马制""定向择优"等科技攻关方式，推行技术总师负责制，深入参与该装备关键核心技术、关键器/部件项目的咨询论证及组织实施全流程，把支撑整机装备完成上线验证作为攻关任务成败的关键考核环节。

2021年以来，季华实验室已与大族激光、海目星激光等40余家信息装备领域骨干企业签订意向合作协议。

（三）青岛：探索发展"云端研发"新模式

青岛市聚焦中小企业创新需求，发起企业创新资源整合模式革命，探索形成"云端研发"新模式，通过企业大数据平台、工业互联网等方式集聚各类创新要素，帮助广大中小企业云上链接外部创新资源，解决中小企业研发条件薄弱、研发意识不强等问题。

1．研发服务"云端化"

针对线下投资研发机构创新贵、创新难问题，组织设计"云端研发"模式，让企业登陆云端便可对接使用外部资源，导入研发解决方案，提供研发运营服务。一是优化上云资源，实现创新生态系统构建。发挥市场化运营的中小企业工业互联网平台资源优势，汇集100多家高校院所、1万多名专家、7万多家企业、5万多项技术成果，搭建"政产学研金服用"各类创新要素快速整合、深度融合的创新生态系统，让企业研发活动更开放、更活跃。二是优化云端功能，实现创新需求全国张榜。"云端研发"服务团队接收企业研发需求后，第一时间开展综合分析、拆解需求要素，通过平台面向全国"张榜"，征集技术难题攻关团队，上云企业70%以上研发行为由产学研合作促成，80%以上需求一周内就可得到响应，快的仅需几分钟，供需对接时间成本降低90%以上。三是优化云上服务，实现创新数据精准对接。通过挖掘特征、加注标签等方式，为每一项企业研发需求精准画像，帮助企业按图索骥寻找技术供给方。例如，围绕中小企业降本增效，储备进口替代、机器替代、管理提升、质量提升等领域普适

性较强的成熟技术 1000 余项，通过技术专场对接会等形式，帮助企业快速对接，稍加改造就能转化应用，可满足 80% 以上中小企业需求，让资源对接效率更高、成本更低。

2. 资源匹配"定制化"

针对市场主体创新意识、创新能力、创新本领不强等问题，结合企业不同发展阶段、基础条件、不同需求，对症下药、精准滴灌，为企业创新提供定制化服务。一是助推企业开拓视野，解决"不想"创新的问题。对于依赖传统发展路径、无法提出明确研发需求的企业，通过"云端研发"同行业借鉴、新技术推荐等方式，让企业在"云上"接触更多创新案例，激发企业家的创新意识。二是助推企业嫁接资源，解决"不会"创新的问题。对于能主动提出创新需求，但缺少人才、场所、经验等创新资源的企业，通过"云端研发"全方位对接，引导企业更快开展广泛寻源、更好链接创新资源，优化研发布局，加快科技创新和转型升级步伐。三是助推企业降低风险，解决"不敢"创新的问题。对有一定发展规模和实力，却担心投入成本和研发风险的企业，通过"云端研发"跨界协作、产学研融合，降低企业创新成本，免去企业思想负担，推动企业做大做强。

3. 推动创新赋能"平台化"

"云端研发"运用平台思维，叠加各类资源要素，放大创新赋能效应，促进信息共享、优势互补、协同发展，搭建具有市场开拓力、可持续创新、与企业伴生成长的"线上＋线下"科创服务平台。一是"平台＋高校院所"，促进成果转化。联合高校院所开设"窗口"，建立高校院所工作站，一端连接专家，一端连接企业，实现校企协同创新、双向奔赴。二是"平台＋产业链"，增强场景赋能。联合条件成熟企业打造应用场景，将企业生产线作为中试基地开放给专家和中小企业。三是"平台＋金融"，破解融资难题。联合金融机构打造供应链金融平台，为中小企业提供"量体裁衣"的金融产品。四是"平台＋平台"，放大融合功能。联合其他各类平台，构建平台生态网络，增强资源辐射能力。五是"平台＋标准化"，规范研发活动。联合中国工业互联网产业联盟，共同制定全国首个云上研发中心团体标准，通过明确步骤、规范模式、统一逻辑，促进"云端研发"标准化、规范化发展，引导企业科学设定研发课题，合理归集研发费用，养成良好研发管理习惯，促进中小企业群体技术研发路径的颠覆性创新与跨越性变革。

4. 推动政策举措"体系化"

从挖掘企业需求着手，通过体系化设计、集成化推进，推动"云端研发"从单一链接资源的"被动式"输送到"主动式"服务转变。一是强化政策引导，让"云端研发"快落地。坚持结果导向，突出绩效激励，充分发挥政策驱动作用，对于注册使用云上研发中心并实际开展研发活动的企业，每年遴选不超过500家给予资金奖补，提高企业积极性、主动性，推动更多中小企业探索"云上"科研活动，让"云端研发"模式落地。二是强化服务引路，让"云端研发"广覆盖。依托市场化运营平台，通过坚实的工业互联网基础、海量的科创大数据资源、强劲的运营维护团队，提供精准、专业、定制、深度的线上、线下融合服务内容，平台服务人员带着专家、技术、成果，挨家挨户走访企业。三是强化转型引领，让"云端研发"见实效。通过"云端研发"，各类创新主体找准角色定位，中小企业开始更加积极开展研发活动，完成由传统制造企业向科技型企业的转型；高校院所开始链接产业需求，完成从科学研究机构向科技输出机构的转型；政府以服务链接企业为己任，不怨不扰，完成从管理型向服务型政府转型，创新创业生态更加优化，创新创业沃土加速形成。

"云端研发"模式实施以来，注册云上研发中心企业超过3200家，发布企业创新需求1400余项，对接创新资源12300余项，开展线上线下产学研对接近1500场次，推动产品升级175项、工艺改进512项、生产线改造373项，形成小试、中试等产业化成果30项。

（四）保定：打造"揭榜挂帅"保定样板

保定市实施科技项目"揭榜挂帅"，聚焦产业发展中的关键、核心、共性技术和科技成果转化项目，以公开征集、公开发布、公开支持的方式，引导社会力量揭榜攻关，在全国范围内聚集创新资源，为促进经济社会发展提供强大科技支撑。

1. 高位推动，加强宣讲

以市政府名义出台《保定市科技科技项目"揭榜挂帅"工作指引》，较之于由部门推动，不仅有利于提升政策的约束力和社会影响力，更有利于体现"揭榜挂帅"的本质要义，在更大范围内征集揭榜方。编印《保定市科技项目"揭榜挂帅"全观察》资料汇编，对"揭榜挂帅"的创新点、制度机制体系和工作流程等进行了全面的展示，发布"'揭榜挂帅'政策解读三十问"，对政策进行了详细的解读。在此基础上，多措并举，建立专项"培训指导制度"，通过确定"媒体发布、会议宣讲、线上培训、专家咨询、上门指导"多种手段宣传机制，提高了政策知晓率，扩大了参与度和政策受惠面。

2. 两级统筹，并联实施

建立"工作两级并推、资源两级并用、绩效两级并保"的"揭榜挂帅"服务机制。一方面，由市科技部门牵头统筹安排全市"揭榜挂帅"工作，并由市政府以政策文件的形式对各县（市、区）和开发区开展"揭榜挂帅"工作提出明确要求；另一方面，放手各县（市、区）、开发区依托市级平台，自主提出符合当地实际的支持举措。允许县（市、区）通过签署"委托服务协议"的方式，由市科技部门依申请为县级单位提供从项目征集到榜单的审查和发布、揭榜审核和榜单评审等工作的"订单式"服务，市科技部门既是县级单位工作的指导者也成为工作推动的服务者。

3. 全流程规范，容错免责

确定"揭榜挂帅""十项标准化工作流程"，从征榜、建榜、审榜、发榜、揭榜、评榜、批榜、示榜、奖榜、监榜，各工作流程环环相扣，工作更加科学、严谨。制定"联合评估工作规范"，着眼于"揭榜挂帅"项目的"卡脖子"特质，对"揭榜挂帅"项目评估的组织、评估的流程、评估的原则、评估意见的形成等方面进行了明确，在制度和机制上强化了项目支持的科学性和准确性。建立可操作的科研"容错"机制，创造性地提出了"容错"五原则和"四看一免""容错"情形研判方法，在政策上降低了企业技术创新的风险，更加有利于提出和攻克那些探索性更强、风险性更大的"卡脖子"技术难题。

4. 放权企业自主，滚动推进

科技部门作为主管部门对技术需求榜单的提出、技术目标参数的设定、揭榜方的选择与确定等均不做干预，一切以法律法规为准绳，一切由相关参与方洽谈决定。政府的责任是搭建揭、发榜合作的桥梁，政府的权力是通过评估择优给予支持，并依靠财政专项资金支持优势项目的导向。采用"滚动推进、分批支持"的方式，较传统科技项目管理模式，程序设定层级明显增多，科技部门的工作量明显增大，显示出对管理者的要求更加严格，但对"揭榜挂帅"的创新参与方而言，却显得更加宽松。这种做法更好地体现了"放、管、服"结合，真正让创新者"轻装上阵"。

2021年以来，先后发布5批共计159项榜单，涵盖先进制造、新能源、新一代信息技术、食品药品、新材料、节能环保等多个行业领域，成功揭榜并签订技术合作协议74项，得到财政专项资金支持的项目32项。财政专项资金的拉动作用均超过1∶10，较传统科研管理模式下的立项支持对研发投入的拉动作用明显增强。

六、科技成果转化

（一）合肥：打造集成性科技成果转化系统

合肥市聚焦科技成果供给不足、交易机制不完善、转化体系不健全、就地应用存在障碍等问题，持续探索构建全链条、闭环的科技成果转化应用体系，加快科技成果就地交易、就地转化、就地应用，推动科技成果从"实验场"加速走向"应用场"，形成有服务保障、有转化链条、有应用生态的集成性科技成果转化系统。

1. 聚焦"转什么"，完善服务保障体系

一是重大事项一盘棋调度。依托市委科技创新委员会建立"三就地"统筹调度机制，及时协调、研究解决科技成果"三就地"过程中遇到的重大问题。创新市委常委会分工，安排1名市委常委负责科创工作，并兼任市委科技创新委员会执行副主任，强化常态化调度服务。二是政策扶持全流程贯穿。构建"1+N"政策服务体系，"1"是《进一步加强科技成果转化的若干措施》，"N"是《种子基金管理办法》《可转化科技成果评价办法（试行）》《高质量新型研发机构分类支持管理细则》《加快科技企业孵化器众创空间建设发展行动方案》《新技术新产品新模式认定及推广实施方案（试行）》等若干配套政策，服务保障贯穿成果"发现、评价、转化、应用、产业化"等全部环节。三是科技成果常态化捕捉。建立有组织的科技成果转化体系。在肥成立实体化运作的长三角G60科创走廊科技成果转化促进中心，促进跨区域成果落地转化。成立5个市级科技成果转化专班，常态化对接省内外重点高校院所，开展项目发现、挖掘、策划、转化和服务工作，已捕捉高校院所科技成果2767项，推动成立企业401家。紧盯大装置、大平台、大机构等加强对接服务，推动成果"沿途下蛋"、就地转化。四是转化前景专业化研判。建立可转化科技成果评价体系，支持建设5家概念验证中心，细化概念验证工作机制和研判机制，对专班摸排重点项目转化前景进行研判，打通科技成果转化的"最初一公里"。

2. 聚焦"谁来转",畅通成果转化链条

一是打造千亿科技大市场。依托安徽创新馆,集聚全省创新资源,助力打造安徽科技大市场科技成果转移转化基地、国家技术转移人才培养基地,做到"线下月月有活动、线上天天有交易"。二是发展专业服务机构。持续提升科技成果转化概念验证中心、中试基地、孵化器和众创空间、科技成果产业化基地等成果转化全链条平台载体体系。三是培育成果承接主体。引导项目、政策、资金等要素向企业汇聚,加快打造"国家科技型中小企业—国家高新技术企业—科技型骨干企业—科技领军企业"培育梯队,2022年全市净增国家高新技术企业1834户,平均每天诞生5户,总数达到6412户,实现两年翻番。

3. 聚焦"怎么转",创优转化应用生态

一是搭建创新促转平台。合肥国家实验室挂牌运行,已建、在建、预研大科学装置12个。搭建"科里科气·科创荟"科技成果转化路演品牌,采取"线下路演+线上直播+线下线上互动"的形式,推进高校院所成果与投融资机构、产业链上下游企业精准对接。二是集聚转化关键要素。成立市科创集团,专注运营市级投资的创新平台资源,已为近300家次企业提供路演、融资等服务。建设合肥"科创大脑",汇聚近3000家高校院所、超万家企业数据,累计发布技术需求232项,成功实现揭榜129项,成交金额5.5亿元。健全科技金融服务体系,推动"科技—产业—金融"良性循环,全国首创设立国有股权直投、总规模5亿元、风险容忍度高达50%的市种子基金,投早、投小、投科技,支持优质高校院所成果团队项目就地转化,截至2023年上半年投资项目47个,投入资金9050万元。三是搭建供需对接桥梁。鼓励企业与高校院所等合作实施"揭榜项目"攻关,择优给予单个项目最高1000万元资金支持。成立"场景创新促进中心",持续"为产品找场景、为场景找产品",常态化开展科技型企业"双需"对接,挖掘场景超400个。首批认定50个"三新"产品,举办合肥市"三新"产品推广暨双需对接系列活动,持续开展政策宣讲、宣传推广、展览展示、项目路演、双需对接等活动,加快科创产品就地应用。

(二)深圳:加速科技成果产业化

为有效解决科技和经济"两张皮"问题,建立完善的科技成果产业化体系,深圳市从深化科技成果产业化体制机制、创新科技成果落地转化模式、健全科技成果转化

服务体系、加强应用场景建设和新产品推广应用等多个方面，为加速科技成果产业化提供了"深圳方案"。

1. 深化科技成果产业化体制机制

一是完善优化科技成果产业化政策工具包。深圳市充分利用特区立法权，系统谋划、持续优化完善适应全过程创新链的成果产业化政策工具包，打出一套"条例+措施+方案"组合拳，出台《深圳经济特区知识产权保护条例》《深圳经济特区科技创新条例》《深圳市关于进一步促进科技成果产业化的若干措施》《深圳市促进科技成果转移转化实施方案》《深圳市技术转移和成果转化项目资助管理办法》等制度文件，构建市科技创新委牵头，涵盖市发展改革委、工业和信息化局等多个部门参与的全方位、全过程、全领域科技成果转化工作体系。

二是探索职务科技成果赋权改革。组织实施赋予科研人员职务科技成果所有权或长期使用权，印发《赋予科研人员职务科技成果所有权或长期使用权的实施方案（试行）》，为开展赋权改革提供有力保障。探索"先确权后转化""先评估后买断""先授权转化再确权"等多种职务科技成果转化新模式。2023年上半年，驻深高校院所应用研究科技成果以转让、许可、作价投资和产学研合作等4种方式转化项目1135项，合同总金额9.15亿元。

2. 创新科技成果落地转化模式

一是建立科技成果"沿途下蛋"高效转化机制。依托综合性国家科学中心先行启动区，布局建设一批重大科技基础设施，设立工程和技术创新中心，构建"楼上楼下"创新创业综合体，推动更多科技成果沿途转化，形成"科研—转化—产业"的全链条企业培育模式。深圳工程生物产业创新中心依托合成生物领域全球首个大型基础设施——"合成生物研究重大科技基础设施"，目前已落地36家优质初创企业，入驻企业融资总额13.8亿元。

二是打造产学研深度融合新型大学科技园区。深圳虚拟大学园创新采用"一园多校、市校共建"模式，通过整合成员院校科技资源，与高校和业界共同孵化创新型企业，成为新技术、新产品和新企业的策源地。截至2023年上半年，聚集了68所国内外知名院校和科研机构，依托成员高校在深设立研发机构238家，累计孵化企业1709家。

三是形成新型研发机构成果产业化深圳路径。深圳清华大学研究院建立"实验室（研发中心）+产业化公司""发明人带头投入+投融资专家参与""研发团队+管理团队分享股权"机制，形成产学研深度融合科技创新孵化体系，累计孵化企业 3100 多家，培育上市公司 30 家。

3．健全科技成果产业化服务体系

一是推进概念验证中心、中小试建设。2022 年 7 月印发《深圳市概念验证中心和中小试基地认定资助管理办法》，截至 2023 年上半年，累计建设概念验证中心 17 家，中小试基地 29 家，有力地支撑光明科学城、河套深港科技创新合作区、前海深港现代服务业合作区和西丽湖国际科教城成果转化迫切需求。

二是支持各类创新主体开展技术转移和成果转化。实施技术转移和成果转化科技计划，对提供技术转移服务的机构予以资助。截至 2023 年上半年，技术转移入库备案机构 106 家，其中国家级技术转移机构 11 家、市级机构 95 家，累计资助 27 个项目共 2115 万元。

三是统筹科技资源开放共享。建立科研设施开放共享服务机制，设立大型科学仪器设施资源共享管理中心，推进重大科研基础设施与科研仪器开放共享。深圳市大型科学仪器共享平台注册大型科研仪器总数量 4933 台（套），总原值 84.22 亿元，开放率 100%。

（三）大连：构建科技成果本地转化全链条促进机制

大连市英歌石科学城突出"科研+产业"双轮驱动，通过打造高水平开放性创新平台、"一站式"集聚性转化平台和复合性服务平台等"三大平台"，构建一套推动创新链、产业链、资金链和人才链深度融合的科技成果本地转化全链条促进机制，加速成果转化、赋能产业升级。

1．打造高水平开放性创新平台

一是市政府出台《关于英歌石科学城规划建设的实施意见》，明确了市级在科研创新、规划建设、资金筹集、人才引进等方面的支持政策，印发《关于支持辽宁实验室建设的配套措施》《关于支持大连实验室建设若干政策的通知》，明确了对辽宁实验室、大连实验室的资金保障、政策倾斜、科研管理、协同机制等内容，为高端平台汇聚高端人才打牢坚实的政策基础。二是推行理事会管理下的实验室主任负责制和"首席科学家制"，全面建立"容错机制"，探索职务科技成果混合所有制改革、科技人员个人所得税优惠政策及科研人员六项自主权，包括科研条件自主确定、科研方向自主选择、科研人才自主选聘、科研经费自主使用、科研攻关自主联合、成果转化自主适用。

2. 建设"一站式"集聚性转化平台

一是以市场化机制为基础、以促进科技成果本地产业化为导向，推动英歌石科技公司和海创集团等加快组建体系化、任务型科技创新综合体，汇聚高校院所、科技型企业、科技服务机构、金融机构和科技人才创新创业团队等各类创新主体，全面实施"揭榜挂帅""赛马制"等科研项目承接机制，形成"一端在实验室、一端连市场"，"企业出卷、科研机构答卷、市场判卷"成果转化新格局。二是加快形成成果转化"六个有"市场化机制，即研究内容有价值评估、成果展示交易有公共平台、科研人员有价值持有、成果转化有基金支持、项目落地有政策扶持、创新创业有孵化资源，加速科技创新成果转化为现实生产力。三是围绕以洁净能源为主线，向智能制造、生命健康、海洋工程、新一代信息技术等领域深化拓展的科研方向，大力引入央企和头部企业建设开放共享型企业研发中心、新型研发机构，支持民营科技领军企业、"专精特新"中小企业参与关键技术研发转化，将中试环节前移至研发端，为技术创新、孵化育成、熟化转化、商业量产提供一体化平台载体。

3. 构建复合性服务平台

一是搭建交易平台精准服务。依托上海技术交易所大连服务中心，构建"AI+云端应用+线下专业科创平台"成果转化交易体系，加速创新要素融合对接，集聚技术转移、检验检测认证、科技咨询、法律财务等领域科技服务功能，开展成果发布与交易撮合、投融资对接与成果路演等活动，探索成果期权等科技成果证券化实践。积极推进概念验证中心和大企业创新平台共享机制建设，推进国家洁净能源产业知识产权运营中心建设，开展专利导航和专利预警服务，探索"先用后转""先赋权后行权"等创新性机制。二是实现"一案一策"分类精准施策。建强科技经纪（经理）人队伍，实施"科技特派员""一对一"跟踪服务，梳理高校院所成果清单、制定转化方案，为项目转化提供全过程服务。采取"奖补免减投"多种形式支持科技研发、成果转化和科技型企业发展，按照亩均税收和亩均研发投入对各类创新主体给予差异化、精准化的政策支持。三是推动金融"活水"精准"滴灌"。积极组建英歌石科学城基金，构建全生命周期基金体系，通过股权投资或组建产业（创业）子基金等方式，带动社会资本参与科学城重点项目研发和转化。依托技术交易平台深化拓展知识产权质押融资、知识产权保险、"人才贷"、"转化贷"等综合性科技金融服务。在部分具备条件的实验室探索横向科研项目结余经费出资科技成果转化，试行科研成果期权等科技金融创新制度。四是加速围绕"1+X"研究领域精准招商。全面落实"调度""赛马""考核"等三项机制，依托大连高新区特色产业集群和央地合作发展模式，形成更具比较优势的招商引资政策体系，开展全创新链、全产业链招商引资。构建"英歌石科学城创新—分园转化"的产业集群生态圈，充分发挥科学城的创新策源外溢效应，赋能大连精细化工、海洋工程、智能制造等优势产业升链，新能源、新材料、生命健康等新兴产业建链。

2022年，全市登记技术合同成交额超过400亿元，增长19%，在连高校院所科技成果本地转化率达40%，辽宁滨海实验室、辽宁黄海实验室分别与恒力石化、鞍钢集团、国创氢能和大连机床、瓦轴集团、深圳欣旺达等企业开展实质性转化合作。

（四）武汉：探索科技成果转化联络员制度

武汉市深入实施成果转化加速行动，探索建立科技部门与高校院所常态化对接协作机制，全力做好高校院所科技成果转化服务工作，选派科技成果转化联络员进驻武汉地区重点高校院所和各区产业园区，做好校地对接"联络员"、成果收集"侦察兵"、院士专家的"服务员"、成果转化"经纪人"。

1. 坚持精挑细选，建强工作队伍

2020年印发《武汉市科技成果转化联络员工作实施方案（试行）》，选派20名干部担任科技成果转化联络员，进驻中国科学院武汉分院、武汉大学、华中科技大学、武汉理工大学等20所高校院所现场办公，长期驻点开展科技成果转化对接工作，推动"政产学研金服用"一体化高效协同。2021—2023年，从各区科技管理部门，以及科技中介机构、产业园区、孵化器等机构中遴选、新增300名需求端成果转化联络员，全市联络员队伍扩展到320名。

2. 创新工作机制，实施转化对接

总结提炼出"五盯""五找""四跟踪"等工作方法，指导联络员建立和完善"七库""七台账"，全方位服务科技成果转化工作。依托武汉科技成果转化平台，开发科技成果转化联络员服务宝和智能匹配模块"科创助手"，实现工作台账快捷录入、工作数据智能统计、成果需求自主匹配。建立以企业需求为导向，以市、区联络员为纽带，聚集高校院所、企业、中介机构、创投机构等各方要素，通过线上线下方式开展科技成果的交流、对接与撮合工作机制。

3．强化工作指导，开展以赛促训

举办联络员业务培训 29 场，累计培训市、区联络员 1400 余人次。创新开展高校科技政策系列培训 1 期（武汉大学），组织举办 2021 年、2022 年科技成果转化联络员技术经纪暨能力提升专题培训班 6 期，组织武汉地区企业及联络员代表赴厦门、兰州等地区开展科技对接活动。组织联络员参加 2022 年第二届长江中游城市群技术经纪人大赛， 26 位联络员（团队）参加初赛，有 9 位联络员（团队）晋级湖北赛区决赛，并在湖北赛区决赛中获得 3 个金奖和 5 个银奖。

4．创新工作手段，赋能成果转化

依托武汉科技成果转化平台，开发科技成果转化联络员服务宝。截至 2023 年上半年，平台累计发布科技成果 19308 项、技术需求 3308 项，入驻高校院所 155 家、企业 5600 家、服务机构 224 家、技术专家 1339 人，举办线上科技成果推广对接活动 8 场、线下活动 231 场。开展联络员"进百园联千企"活动，以联络员为枢纽搭建高校院所与企业园区供需桥梁，组织校企对接。在"进百园联千企"活动中，联络员对联系的园区、重点企业、高校院所进行"一对一"送政策上门，宣传各项支持实体经济发展的政策和措施，先后有 3047 人次参与宣讲科技政策。联络员深入对口产业园区（孵化器）、重点企业，挖掘凝练企业有效技术需求，搭建起连接校企、融合创新与产业间的桥梁和纽带。

5．突出从严从实，加强跟踪管理

建立健全规章制度，从联络员工作实施方案、年度考核、市区联络员队伍建设与管理、"进百园联千企"、技术经纪人培训等方面出台 10 余个文件，为有力有序开展科技成果转化联络员工作提供制度遵循。注重绩效考核，围绕市、区联络员工作的主要职责，每个月及时收集掌握工作进度，对联络员工作开展情况进行跟踪问效。督促联络员严格遵守组织纪律、工作纪律、保密纪律，认真履职尽责。对开展成果转化业绩突出的优秀联络员给予表彰，对工作不合格的联络员及时进行调整。

截至 2023 年上半年，市派联络员共拜访院士专家团队 2329 次，考察项目 1683 次，联系对接行业龙头企业 1312 次、金融机构 482 次、服务机构 1195 次，参与促成组织院士专家团队与行业龙头企业、金融机构、服务机构对接 1381 次，采集整理的重点科技成果 689 个。各区联络员共拜访企业 2190 次，挖掘企业技术需求 1449 项。

（五）厦门：开展科技成果所有权或长期使用权试点

按照"分类指导、稳步推进"及以点带面的思路，厦门市制定了《赋予科研人员职务科技成果所有权或长期使用权试点实施方案》，通过赋予试点单位科研人员职务科技成果所有权或长期使用权实施产权激励，形成可复制、可推广的经验，从而推动完善相关制度措施，着力破除制约科技成果转化的障碍和藩篱。

1. 明确赋权成果范围

实施赋权的职务科技成果包括专利权、计算机软件著作权、集成电路布图设计专有权、植物新品种权，以及生物医药新品种和技术秘密等。实施赋权的职务科技成果应具备权属清晰、应用前景明朗、承接对象明确、科研人员转化意愿强烈等条件。对可能影响国家安全、国防安全、公共安全、经济安全、社会稳定等事关国家利益和重大社会公共利益的成果，不得纳入赋权范围。

2. 赋予成果完成人（团队）更大自主权

赋予成果完成人（团队）科技成果所有权的，实施单位与成果完成人（团队）可以约定共同共有或者按份共有。其中，约定按份共有的，成果完成人（团队）持有的份额不低于70%。实施单位与成果完成人（团队）约定不进行分割确权的，可以赋予成果完成人（团队）不低于10年的无偿职务科技成果长期使用权。对尚未申请知识产权的科技成果，实施单位可以赋予成果完成人（团队）知识产权共同申请权。

3. 完善科技成果决策尽职免责机制

实施单位承担科技成果转化有关国有资产管理的主体责任，对口主管部门承担监管职责。实施单位或其资产管理公司开展科技成果作价投资，经履行勤勉尽责义务仍发生投资亏损的，按照规定经集体决策后报对口主管部门审核同意即可免责办理对外投资损失核销并做账务处理，不需报财政部门审批。

截至 2023 年 5 月，试点单位厦门医学院已通过"赋权转化"办法促进 9 项成果实施转化。

（六）哈尔滨：探索科技成果转化新模式

哈尔滨市围绕产业链布置创新链、资金链和服务链，激发各类主体参与科技成果转化积极性，进行了一系列改革创新和实践探索，着力破解科技成果就地转化质量不高的问题，推动了一大批科技成果高质量就地转化。

1．健全政策支撑体系

为激发校所输出成果、企业承接成果、服务机构参与推动成果转化积极性，相继出台了"支持新型研发机构建设""鼓励校企定向研发、定向转化""鼓励校所科技成果转化、支持企业承接科技成果"的引导政策，制定了"支持科技服务业推动成果转化"的奖励措施，实施"哈尔滨市科技成果产业化行动计划"，建立了科技成果转化全链条政策引导体系。

2．创新市校合作新机制

为破除市校管理体制机制障碍，探索新发展阶段市校合作新机制，与在哈重点高校建立了干部双向挂职制度，以市政府名义成立市校合作领导小组，签订"市校合作协议"，组建哈工大科技成果转化工作专班，为推进以哈工大为试点的校所科技成果转化工作提供机制保障。

3．壮大科技成果转化市场主体

深入实施科技型企业三年行动计划，构建"科技型中小企业—高新技术企业—创新型领军企业"培育体系，高新技术企业数量连续3年"井喷"式增长。2020—2022年，全市高新技术企业数量分别增至1182家、1751家和2302家，分别净增370家、569家和551家，同比增长45.6%、48.1%和31.5%。

4．探索科技金融新机制

破解优质科技型企业因融资难而加速外流现状，与哈尔滨股权投资协会合作建立"龙江人才双创发展基金"，吸引社会资本参与科技成果转化；发挥财政资金"四两拨千斤"作用，以"贷款贴息"方式，降低贷款成本，提高科技型企业信贷授信额度和贷款成功率。2022年以来助推科技成果落地转化55项，培育高新技术企业18家。

5．打造科技成果产业化示范基地

以国家自主创新示范区和新一代人工智能创新发展试验区建设为契机，加快体制机制创新步伐，出台《支持哈大齐国家自主创新示范区建设若干政策措施》、《哈尔滨市建设国家新一代人工智能创新发展试验区若干政策》和《哈尔滨环大学大院大所创新创业生态圈建设实施方案》，引导平台、项目、人才等资源集聚，打造科技成果转化和产业化基地。

截至2023年上半年，推动哈工大等校所与哈电集团、建龙集团、北大荒集团等龙头企业围绕高端装备、智能制造、绿色食品等重点产业领域开展定向研发、定向转化，促成技术合作开发签约金额 4.7 亿元，近百项校所重大科技成果在哈产业化。

七、科技支撑经济社会高质量发展

（一）杭州：聚焦校地融合发展"高校经济"

杭州市西湖区紧密围绕"四个面向"，立足于老文教区优势，探索校地合作模式，全力构建以发展"高校经济"为抓手的高质量发展新机制新模式，高校经济发展经历了从大学科技园 1.0 版，到特色小镇 2.0 版、大学城 3.0 版，再到打造环大学创新创业生态圈，形成了具有首创性、全域性、可持续性特色的"高校经济"西湖经验。

1. 强化顶层设计，深化战略合作

西湖区将发展"高校经济"工作列入"十四五"规划和 2035 年远景目标。区级层面成立了以区委书记、区长为双组长，33 个重要区属部门、各镇街平台为成员的领导小组。从顶层设计着手，提出打造"1+3"高校经济集聚区和"一区一带一大道"的工作蓝图，并于"北强、南启、中兴"的高校经济圈中布局 24 个各类重要产业园、众创空间、产学研基地、研发中心等创新载体。区领导"点对点"联系高校，"一个中心、四个专项组"落实常态化对接合作，形成"高层互动、中层联动、个体主动"的三级联动机制。

2. 坚持分类实施，创新合作模式

坚持把拓展空间作为推进高校经济的关键一环，边行边试，摸索出了具有西湖辨识度的高校经济发展"四种模式"。以杭电科创园、浙商大、浙师大创业园等为代表的"资产盘活+资源协同"模式，激活闲置校产带动空间升级；以脑机智能研究中心为代表的"技术领衔+市场驱动"模式，以新研机构带动前瞻产业发展；以西湖大学城为代表的"区校共建+产城共融"模式，目标打造科创前沿新高地；以紫金科创小镇、三墩产学研服务中心为代表的"多元服务+创新载体"模式，通过建设孵化器、众创空间、楼宇改造提升等多种方式承接高校院所科研成果转化。截至 2023 年，西湖区通过多种模式，落地创新载体 66 个，拓展产业合作空间 50 余万平方米。

3. 注重产研联动，推动成果转移转化

坚持转化关键环节上的模式创新，串联科技成果研发—转化—落地全链条，全力推动一批优质高校经济项目落地。立足高校二级学院优势学科，创新"一链一院一基地"发展模式，以教授专家为引领，先后成功打造了石虎山机器人创新基地、浙大智能电气基地等 6 个新型产学研基地。探索建立区科技成果转化中心、技术转移中心、概念验证中心等科技成果转化公共服务平台，用好高校院所专利开放许可一站式服务机制，精准链接成果和市场两端需求，推动高校项目实现"0 到 1"的就地孵化。

4. 强化机制赋能，构筑全周期服务体系

围绕区校合作发展关键环节、区域主导产业，聚焦成果研发、项目转化、人才引育等关键环节，构建全链式全周期的创新创业服务体系。先后两轮出台高校经济专项政策，设立西湖科创直投基金、科技金融风险池基金等科技金融体系，累计审批投资企业 60 家，带动社会融资总额 37 亿元，在空间建设、创新载体建设、科技成果转化、优质项目融资等方面保驾护航。以"西湖英才计划"为抓手，协助高校和科研院所招引培育领军人才、尖端人才。设立"区校合作月"，与高校联合集中举办形式丰富、主题鲜明的论坛、项目路演、产学研对接等高校经济活动，全力营造常新创业浓厚氛围。

2020 年以来，西湖区政府先后与 12 家高校院所签署战略合作协议，各镇街平台（部门）与 9 个高校二级学院合作共建产学研基地，累计落地高校经济项目 651 个，孵化出西湖大学超级血液细胞等产学研项目 100 余个，累计促成产学研合作项目 376 个，年度技术交易额达 190 亿元以上。

（二）苏州：建设创新联合体

苏州市把创新联合体建设作为强化企业科技创新主体地位的关键抓手，坚持优中选优、强强联合，充分发挥科技型骨干企业引领支撑作用，大力支持龙头企业承担起科技创新"出题者""答题者""应用者"职责，积极牵引相关主体协同创新，打造具有苏州特色的产学研深度融合新生态。

1. 明确生态融合型创新联合体特征

认真分析相关省、市创新联合体建设的做法和经验，仔细研究创新联合体的组织形式、动力来源、投入机制、分享机制等问题，明确了战略牵引型、市场驱动型、平台支撑型三类创新联合体组建模式。凝练提出生态融合型创新联合体的基本特征：以大企业孵化器为依托，以技术、资本、人才等要素为支撑，实现"技术攻关—成果转化—创业孵化—产业培育"全链条内循环，推动创新要素实现空间上集聚，行动上协同。进一步完善了"以生态融合型为引领，多种类型协同发展"的创新联合体集群建设培育体系。

2. 多措并举建设生态融合型创新联合体

一方面，充分摸排潜在企业清单，重点关注苏州市自主品牌大企业与领军企业，以及拟上市企业、独角兽企业、专精特新企业等研发投入高、创新意愿强的科技领军企业清单，通过集中宣讲、一对一上门指导等方式，做好政策宣介和辅导。另一方面，支持已立项创新联合体升级，指导2022年13家创新联合体牵头企业布局推动大企业孵化器建设工作。秉持"成熟一批、发展一批"的原则，2023年上半年首批立项生态融合型创新联合体12家。

3. 着力完善培育建设支持体系

突出分级分类管理，明确生态融合、战略牵引、市场驱动、平台支撑4个建设方向，根据建设基础和运行情况，给予A（最高200万元）、B（最高100万元）、C（培育）分档支持、梯度培育，并定期进行动态调整。实施伙伴计划，发挥政府创新资源配置作用，有效组织大院大所、国资创投、外资研发中心等参与创新联合体建设，助力企业组建高能级创新联合体。

4. 积极争取省级支持

以国家重大科技战略突破为导向，积极推动市级创新联合体在争创省级试点中提档升级。截至2023年上半年，3家单位牵头的创新联合体获批省创新联合体试点，占全省比重达30%；4家单位牵头的创新联合体获评省级人才创新联合体，占全省比重达15%。

截至2023年上半年，多家创新联合体在关键技术攻关取得"精准突破"，有力促进产业创新集群高质量发展。其中，苏大维格新型显示上游器件与关键技术创新联合体，攻克高性能激光直写装备的关键技术瓶颈，开发面向产业应用的关键3D光刻工艺，填补国内空白；长光华芯在业内首次推出最大功率超过66W的单管芯片，是迄今已知报道的条宽在400微米以下高功率激光芯片的最高水平。

（三）温州：探索创新联合体"瓯海模式"

温州市瓯海区结合本地实际，充分发挥政府作为创新组织的引导推动作用和企业作为技术创新的主导地位，由华中科技大学温州先进制造技术研究院（以下简称"华中院"）协同龙头企业中电海康、产业链上下游企业等创新资源组建温州光电产业创新中心，把握"平台+人才+模式+资本"四大要素，孵化形成一批科技型企业，让"科技成果"转变为"硬核产品"，打通科技成果产业化路径，助力光电、新材料、物联网等新兴产业培育发展。

1. 立足"三大需求"

一是企业关键技术难以突破、受制于人，有强烈的补链需求。二是科研院所成果转化难以突破，产出不高，缺乏市场化运营模式，与市场需求脱节，有强烈的技术转化需求。三是地方产业转型难以突破、新兴产业培育难度大、投入产出不平衡，有强烈的转型发展需求。如中电海康在光电材料上游产业链存在缺口，受到国外制约；华中院科研成果始终难以走出"实验室"，与市场结合度不高；瓯海区存在新兴产业"从无到有"培育困境。

2. 实施"三方联合"

一是龙头企业，基于补链需求，向高校院所精准出题，提出"卡脖子"清单。龙头企业帮助创新平台迅速拓展市场，打通上下游链条，并有效带动社会资本投资。二是高校院所，基于技术转化需求，为企业无缝解题。在这个过程中，高校院所主要起技术支撑作用，提供大量的基础研究成果及人才团队支撑。三是地方政府，基于转型发展需求，助力双方共同答题。重点承担梁柱作用，帮助对接大中型企业和社会资本，同时提供人才政策，营造良好创新生态。

3. 推行"三项举措"

一是成果转化。华中院出技术、龙头企业做市场、地方政府优环境，打通"核心技术→科技成果"市场化路径，让"科技成果"转变为"硬核产品"，最终进入"产品市场"。二是链路牵引。龙头企业作为链主，通过发现自身链路缺口，摸清市场需求，精准牵引华中院基础研究方向，指导开展应用研究，实现上下游链路协同。三是创新赋能。发挥龙头企业的专业化运营能力，帮助企业快速成长。例如，中电海康帮助联合体初创企业找准核心定位，做好公司业务设计、架构设计、股权设计等，提升市场竞争力和资本吸引力。

4．达成"三重绩效"

一是实现企业孵化。引导龙头企业投资科研平台研发项目，孵化出更多具有竞争实力的成长型企业。二是实现财富效应。迅速提升研究成果价值，科学家、研发人员实现财富积累。三是实现产业集聚。探索龙头企业市场化引领、产学研用有效衔接、产业链协同发展的创新模式，形成企业增值发展的马太效应，最终在温州打造良性、可持续发展的高科技产业高地。

通过创新联合体探索实践，中电海康已投资孵化华中院5家企业，吸引森马、正泰等温州本地龙头企业参与合作；科研人员通过技术入股实现财富积累，企业估值已达千万元；瓯海区以此为依托，迅速崛起光电材料和器件产业。

（四）烟台：构建产业创新创业共同体

为解决传感器核心器件依赖进口、智能应用少、产研用脱节等问题，烟台市以明石创新产业技术研究院有限公司为建设主体，联合各要素核心成员单位，启动建设"山东省微纳传感技术与智能应用创新创业共同体"（以下简称"共同体"），致力于实现多种传感器的国产化替代，并为制造业重点领域提供传感器核心器件和解决方案，推动制造业向智能化发展升级。

1．完善体制机制，构建协同创新模式

共同体形成完善的整体架构，组建理事会、专家委员会及独立法人的多股东核心运营机构。共同体核心成员单位46家，在"产"的方面集合烟台、济南、青岛的骨干企业，在"学"和"研"方面联合西安交通大学、天津大学及中国船舶科学研究中心等知名高校和院所，在"用"的方面集合医疗器械、工业、石油化工等重点领域省内领军企业，在"金"的方面按照全产业链、全创新链设计部署，以成员单位自有资本带动创投基金和社会资本，孵化培育科技型企业和新型研发机构，聚集各要素资源，进行"资本赋能+科技赋能"，培育上市公司。

2．融合创新链，攻关技术难题

一是立足全产业链，梳理技术难题。2019年启动建设以来，共同体组织编撰了《智能制造领域先进微纳传感技术产业研究报告》，围绕传感器核心器件、材料与工艺、系统与仪器、解决方案等四大领域梳理产业关键技术难题56项，聚焦需求、找到资源，解决干什么、谁来干的问题。二是共建创新平台，丰富创新供给。共同体通过与重点高校合作共建等方式，组建覆盖产业链主要环节的公共研发平台：依托天津大学纳米国际中心进行材料研发，依托上海交通大学研究中心开展控制系统与算法研发，依托西安交通大学国家重点实验室进行传感器结构和制备工艺研发，依托共同体的传感器封装测试平台进行工程化封装和标定测试。新培育院士工作站、新型研发机构等21个省级以上创新平台。三是强化协同创新，攻关技术难题。共同体围绕梳理的技术难题，组织成员单位参与省级以上科研项目21项，申报发明专利111项。四是深入应用场景，满足企业需求。共同体组织开展的智能应用研发项目带动制造业智能化升级，已为六大行业领域提供智能应用解决方案。

3．融合人才链，招引高层次人才

与院士专家形成紧密合作。共同体通过与高校共建研究院、联合实验室、研发中心及院士工作站等创新平台，柔性引进了4支国内外院士领衔的科研团队。在共建的创新平台上，高校院士专家与企业人员联合任职、共同攻关，形成紧密合作。共同体以多种方式开展人才联合培养，在西安交通大学国家重点实验室举办常态化进修学习，与天津大学合作开展长期的研究生定向培养，为山东省培养专业研发技术人才。"赛坛会"系列活动提升人才吸引力。由中国机械学会主办、共同体承办的"中国大学生微纳传感技术与智能应用大赛"入选"全国普通高校学科竞赛排行榜"，是教育部认可的57项全国性大学生竞赛项目之一，每年固定在山东举办全国总决赛，目前已举办3届，成为业界最具权威性的大赛，与同期举办的院士论坛、学会论坛所组成的"赛坛会"系列活动，在全国打造山东影响力。

4．融合产业链，加快成果转化

"链长"引领，加速成果转化。共同体通过对产业链上下游进行梳理，形成了材料、传感器、集成应用3个"创新组团"，贯通创新链和产业链上下游，研发和产业化同步，实现了核心器件的进口替代，上下游企业都找到了新的市场增长点，构建了从材料、芯体、器件到终端应用的产业链。构建完整产业链，打造产业园区。共同体按照行业先进的CIDM模式，逐步形成了涵盖研发设计、封装测试、系统应用的全链条产业化能力。共同体建设的1万平方米"智能传感器封装测试平台"立足MEMS器件和MEMS微模组，为行业提供工程批到中小批量的一站式解决方案。占地118亩共同体产业化基地（一期）已于2020年投产运行；二期占地188亩已启动建设，列入省"十四五"规划重点项目。

2019 年以来，共同体围绕传感器核心器件、材料与工艺、系统与仪器、解决方案等四大领域，已开展其中 33 项技术攻关项目，其中"500Pa 微压传感器"等实现 Pin2Pin 进口替代，"量子电压基准仪"等填补国内空白。柔性引进省级以上人才 16 人，新建 3 个山东省院士工作站和"山东省载人压力容器工程实验室"等 14 个省级创新平台，孵化各类企业、新型研发机构 19 家。

（五）宁波：打造"科教产共同体"

宁波市聚焦科教资源薄弱、科产城融合不充分等短板，以迁校至慈溪市的宁波大学科学技术学院为试点，探索"科教产共同体"建设，推动科教人才资源与产业资源的跨界纵横协同，构建环大学创新创业生态圈，赋能县域经济高质量发展。

1. 共育共享，搭建"血缘式"现代产业学院

深入桥接企业，以企业捐赠、品牌冠名等模式，打造品牌化育人载体，引导学院学生提前与企业"结缘"。相继成立"公牛学院""慈星智能产业学院""新海学院""小家电新电商学院""芸济无人机学院""福山创意学院"等产业学院，"长华班""力玄班""方太电商精英班""尤尼研学旅行班""宁波市小家电智能制造产教融合联盟"等产业班和产教融合联盟，创新实施合同契约制、理事会制、院长高配制、自治协调制、"2+2"分段制、"四共"保障制等六大运营机制，瞄准与县域经济、宁波湾发展等结合点，不断调整战略方向，优化专业结构，增强人才培养活力。

2. 教研结合，形成"实战化"人才培养模式

采用"项目"驱动办学模式，整合双师型教师和企业资深技术工程师形成联合导师团队，采用企业标准项目管理方式完成项目课程实践教学，即前 2 年完成原专业课程，经选拔后 2 年进入产业学院后完成"专业+精益管理"的双学位培养，将市场走访、进驻企业、精益实战工具学习、企业参访、高管分享、企业实习等众多实战工具融入大学课程理论体系，为企业打造人才储备站。

3. 立地研发，深化"接地气"产学研合作

面向县域产业转型升级、科技需求强烈问题，创新科研管理体制，推动"战略+科研"双轮驱动。战略层面，成立国内首个湾区经济研究院——宁波湾区经济研究院，集聚人才和智力优势，开展战略性、前瞻性决策咨询研究，获批宁波市社会科学研究

重点基地。研发层面，成立应用技术研究院，联合阿里云计算有限公司打造宁波仅有的家电可信制造行业平台，携手宁波中大力德智能传动股份有限公司和宁波天生密封件有限公司分别成立"智能制造应用联合实验室"和"密封结构设计与性能测试实验室"，联合区域内高校院所组建132名联企特派员队伍，下沉企业与车间，在生产线上找课题、解难题，协同攻克行业关键技术。

4. 就地创业，完善"校政企"协同孵化体系

"校政企"合作共建大学生创业园和专业型产业园，建有2500平方米的众创空间"沁园·智科慧创"，形成"大学校园—大学生创业园—专业型产业园"三园融合、联动发展的应用型本科创新创业人才培养新体系。其中，"三园"各自打破壁垒、开放资源、联动发展，企业、行业、产业反哺创新创业人才培养。

通过"科教产共同体"建设，培养出一批符合产业需求的创新人才，如公牛学院首届毕业生全部获得由企业行业认定颁发的"精益人才认证卡"，就业率100%；每年组建创业团队200余个，助力孵化注册企业300余家；与英国、美国、韩国、日本及我国台湾地区的40余所高校（机构）建立合作关系，带动一大批优质创新资源、创业人才到慈溪落地。

（六）金华："教科人"一体化支持高质量发展

金华市以产贸高质量发展需求为牵引，深化集成性、突破性、引领性的改革举措，开展"教科人"资源一体化配置工作，面向国内外配置教育、科技、人才资源，破解打造世界先进制造业基地道路上的突出难题。

1. 构建高效协同推进的工作机制

在浙江省金华市深入实施"八八战略"强力推进创新深化改革攻坚开放提升领导小组领导下，成立试点工作专班，负责整体推进。聚焦"科产贸融合创新、教育科技人才一体配置"，在《金华建设高水平科产贸融合国家创新型城市综合试点的总体方案》基础上，制订科产贸融合优化创新资源配置试点实施方案，集成科技、教育、人才、产业、商务政策，出台试点指导意见。

2. 建设高水平"科教人产贸"发展平台载体

一是建设"510"重大科创平台。完善技术创新中心、新型研发机构、重点实验室、企业研究院、孵化器等科创体系。重点打造浙中实验室、浙江大学金华研究院等

科技"塔尖重器"和重大科技基础设施，推动浙江大学—金华联合创新概念验证中心、中国技术交易所金华中心落地建设，产出实效。二是建设高效产教融合平台。支持浙江师范大学建设国家大学科技园，浙江师范大学中非国际商学院、浙江大学国际医学院等"走出去"共建"一带一路"国际科技教育合作平台；推动金华职业技术学院建设实体化产教综合体新平台、省级产教融合示范基地、安防（应急）现代产业学院；新建一批现代产业学院，推动双龙人才科创中心争创省级特色产业工程师协同创新中心，加强"高校育才、平台引才、柔性用才"。三是建设高能级产业平台。加快建设金华数字经济产业平台、双龙人才科创中心、重庆大学兰溪镁材料研究院等，积极创建区域集聚型未来产业先导区，创建光电产业国家级工程师协同创新中心。四是建设高水平贸易平台。推进建设浙江自贸区联动创新区、义乌国际贸易综合改革试验区，谋划建设跨境技术贸易平台，打造跨国技术交易区域中心，力争连续举办国际科技开放合作大会。

3. 探索"贸产需求牵引、教育科技人才一体配置"体制机制

一是创新产教融合机制。探索企业与高校合办二级学院、合作办班、共建实习实训基地、共建实验室、协同创新中心等校企合作模式，健全校地合作共建产业公共技术服务平台、中试基地等合作机制。二是完善人才流动机制。围绕产业、企业需求，健全产教人才双向流动，支持高校聘请科技型企业家担任产业教授，支持高校教师到企业兼职并担任技术、管理顾问；深化科技特派员、百博入企制度，推进精准匹配、主动派遣、组团服务等新模式；创新推进外国人来华工作、居留"一件事"办理改革。三是健全企业需求主导的资源配置机制。服务产业转型需求，着力推动"数字五金"等数字化平台建设，打破条块分割、各行其道的信息"孤岛"，加快实现研发、生产、贸易等数据融合共享；面向企业技术需求，凝练发布重大科技攻关项目，深化"揭榜挂帅""赛马制"方式，有效链接高校院所和人才团队资源。四是积极推广科技成果"先用后转"模式机制。搭建与金华主导产业相匹配的高校院所优势学科专业对接渠道，完善企业委托技术开发、技术交易奖补机制，支持企业积极试用高校院所科研成果。

4. 开展特色鲜明的创新资源一体化配置的场景实践

一是建设优化现代五金产业贸易牵引科技产业迭代升级的应用场景。围绕现代五金产业在国际产业链供应链中生态位跃迁需求，在现有基础上，支持脉链、聚杰等行业组织、链主企业牵头，建设"科产贸"一体化应用场景，为中小微企业提供研发测

试制造资源、高校院所人才团队资源、品牌渠道资源、国际贸易供需对接等服务。二是建设芯光电产业新技术应用场景。依托金义新区信息技术应用创新产业平台、义乌智能显示材料产业平台等"万亩千亿"新产业平台，围绕芯光电技术产业化需求，发布建设新技术概念验证、小试中试、公共技术服务、技术交易等新场景建设机会清单，引进芯光电产业新技术新成果在金华应用、试验、落地产业化。三是提供"一带一路"科教贸合作案例。依托浙江师范大学非洲区域国别学院、中非科技合作与发展研究基地、浙江省"一带一路"研究智库联盟，建设中非科技合作战略策源地、中国科技领域对非合作咨询中心、中国科技型企业走出去的服务基地，谋划建设中非国际联合实验室，以教育科技合作，带动对外贸易和产业链供应链合作，配置"两种资源"，拓展"两个市场"。

2022 年，金华新引进大学生 12.3 万人，人才科技"揭榜挂帅"云平台获评浙江省优秀应用，国家高新技术企业从 2020 年的 1368 家增至 2022 年的 2294 家。

（七）德阳："五大模式"助力转型发展

德阳市什邡市以"五大模式"助力"五大提升"，科技创新驱动能力全面彰显、全面突破，实现从资源支撑到科技赋能的发展"蝶变"。

1. "领航+保姆"模式，提升创新"新什力"

针对企业主体创新能力不足问题，公开竞选产业发展"领航员"，帮助企业定路子、选技术、找专家、谈"伙伴"，精准培育高新技术企业、专精特新等创新主体。推行企业培育"保姆"式，通过购买第三方专业级服务等方式，解决好企业全生命周期需求，形成"微成长、小升高、高壮大"梯次成长模式。

2. "融入+飞地"模式，提升协同"开放度"

针对地处成渝地区双城经济圈边缘，人才、资金被虹吸等问题，着力主动融入、借智借力，变"虹吸"为"虹桥"。与相邻地带"融合"发展，共建蓉北产业圈、创新圈，和彭州共建跨区域资源转化合作试验示范区、产业转型先行区，创新"管委会+平台公司"运作模式。与各级各类创新高地"飞地"合作，打破地缘限制，和金牛区明确装备制造、生物医药、人工智能等 11 个合作领域，构建"联席会议+工作专班"合作机制，创新"公司+园区"合作模式，实现"创新在金牛、转化在什邡"。此外，还将飞地虹桥向国际延伸，与新西兰、古巴、多米尼加等国在猕猴桃、雪茄等领域合作。

3. "迭代+换代"模式，提升产业"含新量"

针对传统工业强市转型的老大难问题，重点加快传统产业工艺"迭代"、技改升级，做好土地资金等要素保障，促进产业转型提质、长链集群、强链升链，装备制造、食品饮料等四大百亿产业集群成型成势。做好新兴产业招引"换代"，突出科技"含金量"，优中选优引进一批新兴产业，通航、新材料等新兴百亿产业集群稳步推进。依托成都北部最具起飞条件的通航机场，建成西南无人机适航审定联合研究中心，并获得全国首个大型无人机"准生证"。

4. "固本+破题"模式，提升增长"绿动能"

针对产业发展与生态保护的统筹难题，印发《中共什邡市委关于以实现碳达峰碳中和目标为引领打造千亿级绿色制造产业集群的决定》，聚焦"双碳"大局，坚持生态"固本"，以科技创新夯实可持续发展根基。食品饮料、现代医药等绿色供应链已初步形成，化工、建材等传统产业实现降能耗、增能级。坚持创新"破题"，探索出全国首创的"稻渔种养循环"模式，试验区稻谷重金属含量降低70%以上，水稻效益提升27%，实现一田双收、一园多业。特别是针对磷石膏治理难题，打造了"废渣变原料、渣山变青山、堆场变公园"的全国样板。

5. "公转+自转"模式，提升创新"普惠度"

针对基层创新力量薄弱问题，以"公转"赋能，构建"市县镇村"四级创新体系，以省、市级科技特派员为核心，建立特派员工作站4个，用好"四川科技兴村在线"平台，将人才、成果、技术延伸到镇村。以"自转"夯基，着力基层挖潜，因地制宜培育科技龙头、壮大集体经济，敢于先行先试，在湔氐镇太乐村开展德阳市创新型试点村建设，实施"科技特派团+产业龙头+科研基地+区块链平台+农户"科技服务模式。

2022年，什邡市高新技术企业达47家，高新技术产业营业收入达145.5亿元，规上工业企业上报研发经费突破12亿元，技术合同成交额达1.25亿元，获评四川省县域经济发展先进县。

（八）蚌埠："所地合作"助推经济高质量发展

蚌埠市积极支持驻蚌科研院所深化体制机制改革、创新企业经营模式、搭建创新平台、加强创新人才引进、加快重大科技攻关，全力促进"所地合作"，助推经济高质量发展。

1. 完善政策体系，加大引导支持力度

一是出台《蚌埠市深化科技创新体制机制改革 加快科技成果转化应用体系建设实施方案》，引导支持驻蚌科研院所设置科技成果转化机构，开展成果应用推广，对科研人员、从事科技成果转化人员进行分类激励，对从事科技成果转化人员实行单列考核和评价。二是推进顶层沟通，开展先行先试。省、市领导多次拜访兵器工业集团、电子科技集团、中国建材集团，积极争取更多资源向蚌集聚，赋予驻蚌科研院所更多自主权，开展科研成果在蚌产业化。例如，兵器工业集团与安徽省政府签署战略合作协议，围绕成果产业化，共同支持兵器工业214所在蚌开展离职创业、员工持股、薪酬激励等方面改革，共同建设传感器产业集聚区，积极打造院地合作样板。三是从驻蚌科研院所选派多名优秀专业干部，到市发改委、科技局、商务局等市直有关部门挂职，充分利用驻蚌科研院所人才、智力和科技优势，促进驻蚌科研院所与地方经济结合，助力全市产业高质量发展。四是出台《蚌埠市产业政策扶持清单》等文件，引导企业加强与科研院所合作。对企业开展产学研合作，购买技术或委托开发的给予实际成交额20%补助；对科技型中小企业发放20万元创新券，用于支持企业与科研院所开展产学研合作，降低企业与科研院所合作成本。

2. 组织科研攻关，突破产业链核心技术

一是支持驻蚌科研院所发挥技术优势组建各类研发平台，全力推进玻璃院重组浮法玻璃新材料国家重点实验室、北方研究院组建省重点实验室，成功组建安徽省传感器产业共性技术研究中心、癌症转化医学安徽省重点实验室、蚌埠市增材制造工程研究中心。二是支持驻蚌科研院所围绕产业链核心技术组织实施OLED显示用玻璃基板关键技术研究开发、面向新一代超声诊疗的高性能MEMS换能器芯片关键技术研究、基于5G通信的云化视觉检测系统研发等69项科研攻关项目，争取省级科研资金6425万元，市级配套支持3410万元。

3. 强化成果转化，促进产业转型升级

一是加强与驻蚌科研院所合作，着力推进科技成果产业化园区建设，依托玻璃院建成占地2180亩玻璃新材料产业园、依托中电科41所建成占地410亩依爱电子产业园、依托北方研究院建设占地2100亩智能传感器产业园。二是组建新一代信息技术、智能传感器等产业基金，规模突破30亿元，以资本的力量促进科技成果产业化。采取股权激励、基金参股、贷款贴息等方式，全力支持科研院所成立成果转化公司在蚌进行成果产业化。三是实行期权股权激励等中长期激励政策，科技成果转化收益用于奖励重要贡献人员和团队的比例首期可达90%。科研机构转化职务科技成果以股权或出资比例形式给予科研人员的奖励，获奖人享受递延至取得分红或转让时适用20%税率征税优惠。鼓励驻蚌科研院所研发团队成员参股成果转化项目，市政府给予跟进参股支持。

截至2023年上半年，驻蚌科研单位在蚌关联企业达25家，转化科研成果1500余项。2022年驻蚌科研单位及在蚌子公司实现营业收入123.2亿元，实现产值98.6亿元。

（九）兰州：探索科技创新引领产业升级新路径

兰州新区坚持把科技创新作为高质量发展的战略支撑，以贯彻落实"强科技"行动牵引经济社会发展质量变革、效率变革、动力变革，探索"产业发展带动科技创新、科技创新引领产业升级"的差异化、特色化创新发展新路径。

1. 加快培育战略科技力量

建成以中国科学院近代物理所离子加速器及质量检验检测实验室、甘肃省同位素实验室为代表的大科学装置，项目投运后将是国内一流医用重离子加速器性能和安全专业检测实验室及民用标准辐射计量站，将为全国治疗阿尔法医用同位素量产和靶向同位素药物研发提供国内领先平台支撑。加快建设海亮新能源材料研究院、德福企业技术中心，支持宝武炭材料研究院、道氏研究院在新区设立技术研发中心。支持500强企业、省内外高校和科研院所等在新区设立研发机构，享受省级按照新增研发设备投入的10%、给予最高2000万元的资金支持。加快专精特新化工科技产业孵化基地建设，打造新区首个专精特新"科创谷"和国家级化工产业专业孵化器。支持职教园区大学生创新创业基地、"西部药谷"产业园等建设省级孵化平台和科技成果转化加速器，构建全链条创新创业孵化载体。

2. 系统推进技术创新升级

支持化工企业建立技术创新中心，开展新产品、生产工艺等技术研发，强化科技创新在化工企业安全、环保等领域的应用，助力打造绿色环保化工产业集聚区，累计引进产业项目超160个，总投资突破400亿元，落地产品达700余种，其中填补空白、替代进口、弥补短缺化工产品百余种。支持宝航、海亮、德福等加强负极材料、铜箔技术研发和产业化，加快建设海亮新能源材料研究院，全球最大高档铜箔生产基地加速形成，双零铝箔、超薄铜箔等一批产品国内领先，以科技创新为先导的"负极之谷"加速行成。支持兰石、兰州电机等加强装备技术研究与产业化应用，以科技创新驱动装备制造产业工艺技术进步，12000米海洋钻机、四合一加氢反应器、3万吨薄板压机、全液压四辊卷板机等一批产品达到世界一流水平，装备制造产业规模、质量、效益同步提升。加快西部药谷生物医药产业基地建设，支持佛慈、和盛堂、原子高科等生物医药企业技术创新，成药转化能力不断提升。加快重离子装备制造基地二期项目建设，打造国内首个医用重离子加速器生产基地，加快超高温熔盐泵、超高温氯化物熔盐净化装置研发，为国家能源安全提供了解决方案。

3．积极构建绿色制造体系

加快智能制造和绿色制造体系建设，支持5G+工业互联网创新应用，在新材料、绿色化工、生物医药等企业创建一批数字化车间、智能工厂、绿色工厂。支持武汉众宇氢能及燃料电池产业园建设，支持兰石、广通等加大新能源技术和装备研发。积极参与全国一体化算力网络国家枢纽节点、兰州国家级骨干直联点保障中心和监测系统建设，加快建设中国电信新区大数据中心、国网云数据中心二期等项目建设。

4．强化人才"引培育用"

围绕"335＋X"产业倍增行动，以产聚才、以才促产、产才融合，聚焦人才培养、引进、流动、激励、服务等全链条，出台《兰州新区高层次人才引进培养扶持办法》《兰州新区促进人才聚集奖励扶持办法》《兰州新区领军人才选拔管理办法》《兰州新区化工产业人才引进培养扶持办法》，形成了"纵向覆盖从国家级人才到技能人才各个层次、横向覆盖各个产业"，具有吸引力和竞争力的人才制度体系。坚持"破四唯"与"立新标"并举，健全以创新能力、质量、实效、贡献为导向的人才评价体系和收入分配机制，以实绩论英雄，以贡献取报酬，让为新区做出贡献的各类人才"名利双收"，举办兰州新区创新创业大赛及系列主题赛，加快选拔和培养一批创新能力强、科技含量高、发展前景好的优秀企业，培育一支富有活力、具备潜力、具有影响力与号召力的科技人才队伍。截至2023年上半年，新区人才资源总量达到14.74万人，占人口总数的比例达29.5%，现有两院院士、国家杰出青年、享受国务院政府特殊津贴、省领军人才等国家级、省级人才100余人，博士300余人，大学本科以上学历人才超过5万人。

5．加快促进成果转移转化

制定《兰州新区科技揭榜挂帅制项目管理办法》，调动全社会智力资源和科技力量，攻克绿色化工、新材料、装备制造等领域关键核心技术。组织实施"储能超高温熔盐泵及测试装置开发、退役锂电池电解液回收及高值化再利用、5G 通讯用 12 微米反向处理铜箔（RTF）开发与产业化"等科技重大专项项目，落实项目资金 1300 余万元，引导企业增加研发经费投入，实现科技创新与产业发展共同提高，财政科技支出占本级财政支出的比重连续 5 年保持在 3.5%以上。

（十）玉溪：推动生物医药产业集聚发展

玉溪市聚焦"打造生物医药高地"目标定位，充分发挥产业基础优势，成立了全产业链专班，全力推进玉溪生物医药及医疗器械产业快速发展。

1．谋布局，全面掌握产业底数

对全市生物医药企业进行横向到边、纵向到底深度调研，做到企业底数一清二楚，发展路径一目了然，项目进展台账清晰。坚持高起点规划、高标准建设"1+2+3"生物医药产业体系。其中，"1"为生物技术药；"2"为中药民族药和天然健康产品（药食同源）；"3"为医疗器械、仿制药原料药、实验动物繁育。着力打造全国高端疫苗生物技术药基地，建设全国中成药创新发展示范区，构建大健康产业新体系，打造云南省高端医疗器械产业基地，推动原料药和仿制药迈上新台阶，打造我国西南地区实验动物繁育基地。构建以玉溪高新区为核心，红塔区、易门县、华宁县等为主要组团的"一核心+多组团"新格局。

2．绘图谱，全面梳理产业重点

按照立足现状、前瞻未来的思路，对产业链上中下游进行全面分析，研判产业发展方向、急需解决的技术瓶颈和需要引进的配套和互补性产业环节，形成清晰的生物医药"产业链图"和"招商地图"。绘制了全产业链图谱和生物技术药、产业招商等 9 个子图谱；梳理了 16 户龙头企业清单、14 户主要配套企业清单、22 个药品锻长板重点领域清单、9 项补短板突破环节清单、18 项关键产品技术攻关清单、23 户省外头部企业清单、11 户省内外科研机构清单、5 个重点产业布局区域清单、21 个重点项目清单等，精准发力推动产业发展。

3．强服务，全面建立项目台账

着眼提升产业能级，围绕"项目早日达产，形成新增量"的目标，对重点企业重点项目实行清单化管理，建立完善协调推进机制，优先支持在建项目建设，全面跟进新开工项目，建立了月报、周报等强有力的动态管理机制，将各个重点项目逐条逐项建立工作台账，以日盘点、周对照、月分析的形式定工作表，画路线图，全力攻坚克难。实行重点项目"一对一"专项服务，市委、市政府主要领导亲自挂帅，定期听取重点项目推进情况，研究解决遇到的困难问题。落实项目跟踪联系责任，专班定期了解企业生产经营状况、市场行情及存在的困难和问题，主动上门为企业提供"保姆式"服务。建立重点项目领导挂钩机制，市生物医药产业发展领导小组成员每年深入挂钩联系企业不少于4次，帮助企业"定目标、出思路、寻路径、解困难"，跟踪推动项目完成。

4. 增优势，全面发挥产业特色

打造生物技术药产业发展核心。立足发展疫苗、单抗、免疫球蛋白等生物制品，实施了一批产业化项目，推进了一批重点产品的研发，开展一批关键技术攻关，努力将玉溪打造成全国知名高端疫苗研发生产基地。沃森生物自主研发的全国首个、全球第2个13价肺炎疫苗，打破了美国辉瑞公司的垄断。嘉和生物英夫利西单抗、泽润生物2价HPV疫苗获批上市。扩大中药（民族药）品牌影响力。充分发挥玉溪发展中医药资源的独特优势，全力做大中药（民族药）大品种、独家特色品种，努力推进中药（民族药）产业健康、跨越发展，提升中药全产业链质量控制水平，建立药材种植、研发、生产加工、销售一体化的产业链条。"血塞通系列"产品和独家品种"恒古骨伤愈合剂"等产品销售覆盖境外多个国家及国内多数省市。培育天然健康品原料"冠军"企业。着眼建设一流天然健康产品研发生产基地，支持龙头骨干企业、中小微企业在天然健康产品重点领域精耕细作。芦荟精深加工技术国内领先，芦荟丁类、粉类产品分别占国内市场35%和60%，出口到40多个国家和地区；建成全国唯一一条半合成法辅酶Q10原料药生产线，产品占国内市场40%；冰片产销量国内领先，市场占有率约40%，具有主导地位。

5. 全面抓实招商引资扩增量

全面梳理分析招商引资工作情况，巩固好各项招商成果，筛选重点目标企业强化跟踪对接；强化建链、补链、延链、强链式招商，瞄准生物医药产业龙头企业，以及京津冀、长三角、珠三角等区域行业领军企业，积极开展精准招商；发挥好链主企业自身在产业链中的独特地位，探索以企业为主，政府为辅的"链主招商"和以商招商新模式；深化沪滇合作，积极争取上海相关企业、院所研究成果到玉溪产业化和成果转化，推动产业链向上游延伸、向下游拓展。

2022 年，生物医药全产业链实现产值 154 亿元，同比增长 27.17%；工业增加值 40.4 亿元，同比增长 30.1%，在全市 10 个产业链中增速排名第一。

八、开放协同创新

（一）广州：实施科研用物资跨境自由流动试点改革

广州市积极探索开展科研设备、耗材跨境自由流动，简化研发用途设备和样本样品进出口手续，大大缩短了研发用进口物品的货期，保证了科研活动顺利实施，进一步降低了创新主体研发成本，提升了创新主体科技创新积极性。

1. 科学选定试点单位

广州实验室是我国聚焦呼吸疾病与预防领域部署的重要战略科技力量，也是广州市重点打造的"2+2+N"科技创新平台体系的领头雁，承担国家及市重大科研攻关任务。香港科技大学（广州）是《粤港澳大湾区发展规划纲要》发布以来获批设立的首个具有法人资格的内地与香港合作办学机构，对于探索港澳科技合作和规则衔接机制、推进科技体制机制改革具有较强示范意义。两家单位均有较大的科研物资跨境需求，且具有相关物品使用全流程追溯的信息管理系统，具备与研发业务相匹配的研发技术、质量管理体系和项目经验，已建立健全生物安全管理内控制度和应急处置方案，且科研信用良好，风险基本可控。

2. 结合实际制定正面清单

经过广泛调查研究发现，目前广州市一般科研仪器设备通关速度已经较快，通关障碍较大的主要是特殊物品及动植物源性生物材料。特别是 A 类、B 类风险的特殊物品及一级、二级风险的动植物源性生物材料需要较为复杂的风险评估业务，面临科研物资跨境前置审批手续繁杂等问题，亟待解决。根据上述实际情况，本着循序渐进、科学、安全推进试点工作的考虑，经多次与试点单位和相关职能部门沟通，并通过科技部报请相关国家部委核准，最终选定 15 项物资纳入第一批正面清单。

3. 针对性出台便利化通关措施

首先是对于纳入正面清单的物品，广州海关建立快速通关机制，优先办理检疫审批、单证审核、检查等业务；可直接向海关申报通关，无须办理《药品进口通关单》；如需出具《最终用户和最终用途说明》，商务部门将加快处理相关申请；列入清单的动物源性生物材料，符合海关总署《进境生物材料风险级别及检疫监管措施清单》要求的，以及海关总署授权广州海关实施的，可享受免于提供国外官方检疫证书等系列检疫监管便利化措施。其次，针对免税手续办理流程长的问题，海关部门建立重点辅导机制，试点单位可通过无纸申请方式上传委托书扫描件，或在首次办理有纸申请时提交委托书原件备查，此后在委托书有效期内只需提供复印件；委托书期限可由试点单位自行确定等。最后，市科技局还牵头建立协同推进工作机制，根据试点单位需要及时给予政策指导，研究解决试点过程中的相关问题。

自开展试点工作以来，推动试点单位实际享惠进口货值约3亿元，实际减免税额约3000万元。推动香港科技大学（广州）成功纳入第二批享受"十四五"科技创新政策高等院校名单，助其进口设备1个工作日内完成海关减免税审核确认手续。

（二）芜湖：打造"科创飞地"

芜湖市以产业互补为合作基础，以互利共赢为合作动力，以市场政府联动为合作方向，在创新政策共通、人才柔性引留等体制机制方面持续探索创新，引导更多芜湖企业走上"异地研发孵化、本地成果转化"的借梯登高、借力创新之路，打造集双向流通、资源共享、研发集聚、产业培育、"双招双引"为一体的新型"科创飞地"。

1. 加速创新资源融通

以"政策互联、人才互通、技术互享"为出发点和落脚点，积极推进"飞出地"与"飞入地"深层次协同合作。针对地方重点发展的产业方向和创新环节，引导科创团队入驻"科创飞地"，并为其提供创新孵化服务，待团队的核心技术研发成熟后，地方政府通过提供资金、市场、生产空间等支持条件，吸引科创团队的核心成果在本地转化、量产，实践"研发在上海、产业化在芜湖"产业协同模式，进一步打通创新项目在大城市孵化与本土产业化联动发展的通道，实现区域创新资源与产业结构的优势互补。充分发挥上海高校和科研院所创新源和知识库作用，加强"政学研企"之间的信息共享与合作交流，支持企业、高校和科研机构在"科创飞地"建立重点实验室、工程研究中心、企业技术中心等创新平台，构建"科研—转化—产业"良性循环的创新生态链。

2. 强化区域政策协同

"科创飞地"建设运营以政府为主导,突出特色化、专业化、集成化发展方向,高度匹配芜湖市战略性新兴产业,有组织、精准化导入核心要素,引进优质项目与高端人才。通过"科创飞地"引进的企业和人才,可以同时享受上海松江区与芜湖市的招商政策、创新政策、人才政策等,入驻飞地的企业还可以通过"抱团效应"获得更多的奖补支持,支撑实现高质量发展。探索构建以政策协同为基础,以政府为主导,以科研机构、企业等为主体的区域联合创新平台,结合区域产业基础和资源禀赋,以产业转型升级、科技和模式创新需求为导向,实现产业链、价值链、创新链的深度融合,不断扩大溢出效应,提升区域产业配套能力和科技实力。

3. 深化开放合作发展

打造科创要素对接服务平台,推动"科创飞地"与研发创新平台创新要素跨区域流动共享,推进"科创飞地"与研发创新平台人才、团队跨区域合作交流。一方面,充分发挥上海高端人才和科研机构集聚的优势,芜湖本地企业通过"科创飞地"引进人才和团队,开展技术攻关,并与上海科研机构开展密切合作,有效破解因城市量级不足导致的高端人才难引难留困局;另一方面,有效利用芜湖产业特色鲜明、要素联系紧密的优势,入驻"科创飞地"的上海本地企业,可以将生产制造基地设在芜湖,从而解决城市空间不足导致的企业规模难以扩展的问题,提升"双招双引"质效。同时,对"科创飞地"和研发创新平台实施以重奖励、严考核为核心的管理模式,形成"能者上、优者奖、庸者下、劣者汰"的激励机制,打造创新平台"重点班",培育创新产业"尖子生",不断推动"科创飞地"合作共建模式、运行机制和管理模式的创新,进一步打破行政区划限制,削弱行政壁垒,促进区域协同开放创新和一体化高质量发展。

截至2023年上半年,已有20余家芜湖本地龙头企业在上海"科创飞地"设立研发机构,涉及车联网、自动驾驶、新能源汽车、航空电子等产业,通过飞地招引近百名海内外高端人才为芜湖企业服务。

(三)新余:探索"研发飞地"新模式

新余市通过"研发飞地"的形式,推动企业在高端人才集聚度高的发达地区建立研发子公司,或同科研院所合作共建实验室,探索出"人才在外地,科研为新余;项目在异地,产业在新余"的科技人才集聚新模式,因地制宜招才引智,推动创新链服务产业链，引领产业升级发展。

1. 创新人才招引，打造"飞地"新样板

2017年，江西赣锋锂业与中国科学院宁波材料所产生合作意愿，但因两地区位条件、生活配套存在较大差异，难以全职引进中国科学院宁波材料所的人才团队。新余市坚持问题导向，立足本地市情，转变用人观念，创新引才方式，提出全新合作模式——建立"研发飞地"：赣锋锂业在宁波成立全资子公司，引进中国科学院宁波材料所薛群基院士及其团队，在宁波完成前期实验，待项目成熟后再到新余实施产业化推广。依托中国科学院宁波材料所的技术、人才优势和赣锋锂业的资金支持，赣锋锂业吸纳了130余名科技人才，率先建成了国内首条固态锂离子电池生产线，产能达到2亿瓦时，被人力资源社会保障部授予国家级"锂电新材料及应用产业专家服务基地"。

2. 优化政策环境，形成"飞地"新常态

出台《关于深入实施新时代人才强市战略服务新余高质量跨越式发展的若干措施》《新余市支持"研发飞地"建设的实施办法（试行）》等政策，为招才引智营造良好政策环境，助力"研发飞地"跑出加速度，实现了人才为新余所用，在技术创新、成果转换等方面取得实质性成效。

3. 聚集精细管理，塑造"飞地"新面貌

打造精细化管理模式，推动"研发飞地"质优效增。一是提供精细化服务。支持飞地人才申请市级人才工程和市级科技项目，帮助飞地人才申报国家级、省级人才工程和科技项目。支持飞地人才列入新余市科技特聘专家库，参与科技咨询、项目申报等工作，且可通过"研发飞地"总部在新余申报职称。二是用好考核"指挥棒"。为推动"研发飞地"的人才引进培养、人才激励、科技研发、成果转化、科研平台建设等，给予财政资金支持，依据考核结果分批拨付，第一年拨付30%；两年后中期评估合格，拨付30%；管理期满验收评估合格，拨付40%。

截至2023年上半年，全市共建立"研发飞地"22个，集聚各类科技人才500余人，共申报重点科研项目168个，研发新产品487个，累计研发投入3.8亿元，取得综合经济效益42亿元。

（四）马鞍山：建设"研发飞地"

马鞍山市以产学研融合为切入点，鼓励企业跳出马鞍山，在上海、北京、南京、合肥等高端人才集聚度高的发达地区建立研发子公司或研究院，探索"研发在市外，转化在马鞍山"的科技成果转化新模式。

1．转变思路，培育科技成果转化"新引擎"

为破解科技资源不足、高端人才引进难、研发人员难以落地生根、科技成果转化不足等问题，马鞍山市在支持企业将人才"请进来"的同时，鼓励企业主动"走出去"，把目光更多地投向上海、南京等科技创新资源"富集区"，积极与创新资源富集地区高校、科研院所合作，建设"研发飞地"，不求"所有"，但求"所用"，通过"柔性"引进人才，促进科技成果转移转化。截至2023年上半年，马鞍山市通过"研发飞地"建设，集聚高层次人才50人，其中，博士、硕士共36人，高级以上职称14人，申请发明专利160余项。

2．定制政策，激发科技成果转化"内动力"

制定出台《马鞍山市支持"研发飞地"建设实施办法（试行）》，将"研发飞地"建设由原来的"企业行为"，上升到"政府行为"，通过"有形之手"进一步畅通科技成果转化应用通道，有效提升产学研融合的效率。同时，拿出真金白银，量身订制优惠政策，对利用研发飞地新引进博士、高级职称等高层次人才的企业最高给予40万元奖补，进一步鼓励企业集聚优质创新资源。截至2023年上半年，马鞍山市已先后在上海、北京、南京、合肥等地建立"研发飞地"18个，投资金额超1亿元。

3．概念延伸，打造科技成果转化"试验田"

一方面鼓励企业在市外设立研发机构、集聚平台和产业孵化基地，助力企业引育高端人才、开展技术研发、促进科技成果转化；另一方面通过研发飞地，加强与发达地区科技人才交流与合作，延伸拓展区域协同创新内容和范围，构建"双向流通、资源共享、研发集聚、产业培育、合作交流"的新模式。近年来，马鞍山加大与先进发达地区高校院所的合作力度，先后引进建设东南大学国家大学科技园双创基地、北京交通大学长三角研究院（马鞍山）轨道交通分院、苏博未来创新研究院、南京航空航天大学国家技术转移中心当涂分中心等新型研发机构14家、技术转移分中心2家，每年转移转化科技成果100余项。

附 录

一、国家创新型城市名单

序号	地区	城市（区）
1	北京	海淀区
2	天津	滨海新区
3	河北	石家庄市、唐山市、秦皇岛市、邯郸市、保定市
4	山西	太原市、长治市
5	内蒙古	呼和浩特市、包头市
6	辽宁	沈阳市、大连市、营口市
7	吉林	长春市、吉林市
8	黑龙江	哈尔滨市
9	上海	杨浦区
10	江苏	南京市、无锡市、徐州市、常州市、苏州市、南通市、连云港市、淮安市、盐城市、扬州市、镇江市、泰州市、宿迁市
11	浙江	杭州市、宁波市、温州市、嘉兴市、湖州市、绍兴市、金华市、台州市
12	安徽	合肥市、芜湖市、蚌埠市、马鞍山市、铜陵市、滁州市
13	福建	福州市、厦门市、泉州市、龙岩市
14	江西	南昌市、景德镇市、萍乡市、新余市
15	山东	济南市、青岛市、淄博市、东营市、烟台市、潍坊市、济宁市、威海市、日照市、临沂市、德州市
16	河南	郑州市、洛阳市、新乡市、南阳市
17	湖北	武汉市、黄石市、宜昌市、襄阳市、荆门市
18	湖南	长沙市、株洲市、湘潭市、衡阳市
19	广东	广州市、深圳市、汕头市、佛山市、东莞市
20	广西	南宁市、柳州市
21	海南	海口市
22	重庆	沙坪坝区
23	四川	成都市、德阳市、绵阳市

续表

序号	地区	城市（区）
24	贵州	贵阳市、遵义市
25	云南	昆明市、玉溪市
26	西藏	拉萨市
27	陕西	西安市、宝鸡市、汉中市
28	甘肃	兰州市
29	宁夏	银川市
30	青海	西宁市
31	新疆	乌鲁木齐市、昌吉市、石河子市

二、指标解释及数据来源

（一）创新治理力

1. 创新治理体系和治理能力现代化水平

反映党委、政府加快科技管理职能转变，加强创新体系顶层设计，出台实施创新驱动发展战略的决定或意见及其配套政策的行动和成效。

2. 全社会研发经费支出与地区生产总值之比

全社会研发经费支出是指调查单位在报告年度内用于内部开展研发活动的实际支出，包括用于研发项目（课题）活动的直接支出，以及间接用于研发活动的管理费、服务费、与研发有关的基本建设支出和外协加工费等。计算公式：全社会研发经费支出/地区生产总值×100%。数据来源：国家统计局。

3. 财政科技支出占公共财政支出比重

财政科技支出是指用于科学技术方面的公共财政支出，包括科学技术管理事务、基础研究、应用研究、技术研究与开发、科技条件与服务、社会科学、科学技术普及、科技交流与合作等。公共财政支出是指地方财政将筹集起来的资金进行分配使用，以满足经济建设和各项事业的需要。计算公式：财政科技支出/公共财政支出×100%。数据来源：财政部。

4. 万名就业人员中研发人员

研发人员数是指调查单位内部从事基础研究、应用研究和试验发展3类活动的全时人员加非全时人员按工作量折算为全时人员数的总和。就业人员是指16周岁及以上，从事一定社会劳动并取得劳动报酬或经营收入的人员。计算公式：研发人员数/就业人员数×10000。数据来源：国家统计局。

5. 万人普通高校在校学生数

普通高校是指通过国家普通高等教育招生考试，招收高中毕业生为主要培养对象，实施高等学历教育的全日制大学、独立设置的学院、独立学院和高等专科学校、高等职业学校及其他普通高教机构。计算公式：普通高校在校学生数/常住人口数×10000。数据来源：国家统计局。

6. 人均实际使用外资额

实际使用外资额是指批准的合同外资的实际执行数，包括外国投资者根据批准外商投资企业的合同（章程）的规定实际缴付的出资额和企业投资总额内外国投资者以自己的境外自有资金实际直接向企业提供的贷款。计算公式：实际使用外资额/常住人口数。数据来源：国家统计局。

（二）原始创新力

1. 基础研究经费占研发经费比重

基础研究是指为了获得关于现象和可观察事实的基本原理的新知识（揭示客观事物的本质、运动规律，获得新发展、新学说）而进行的实验性或理论性研究。基础研究经费是指用于基础研究的实际支出。计算公式：基础研究经费/全社会研发经费支出×100%。数据来源：国家统计局。

2. 高层次科技人才数

高层次科技人才是指中国科学院院士、中国工程院院士等国家最高学术机构认定的高层次科技人才。数据来源：中国科学院、中国工程院等。

3. "双一流"建设学科数

"双一流"建设学科是指教育部、财政部、国家发展改革委按照《统筹推进世界一流大学和一流学科建设实施办法（暂行）》认定的世界一流学科。数据来源：教育部。

4．中央级科研院所数

中央级科研院所是指中国科学院、央企、农业农村部等国家部委所属科研院所。数据来源：科技部。

5．高水平科学与工程研究类科技创新基地数

高水平科学与工程研究类科技创新基地是指国家实验室、全国重点实验室、省部共建全国重点实验室等高水平科学与工程研究基地。数据来源：科技部。

6．高水平科技成果数

高水平科技成果数是指获得国家自然科学奖、国家科学技术进步奖和国家技术发明奖的科技成果按照奖项的等级（以各等级奖项所颁发的奖金金额确定等级权重）和参与单位的排序（排在前面的单位权重较高）的加权平均数。数据来源：科技部。

（三）技术创新力

1．规上工业企业研发经费支出与营业收入之比

营业收入是指企业从事销售商品、提供劳务和让渡资产使用权等生产经营活动形成的经济利益流入。计算公式：规上工业企业研发经费支出/规上工业企业营业收入×100%。数据来源：国家统计局。

2．上市科技型中小企业数

上市科技型中小企业是指在上海证券交易所科创板、深圳证券交易所创业板和北京证券交易所主板上市的企业。计算公式：上海证券交易所科创板上市企业数+深圳证券交易所创业板上市企业数+北京证券交易所主板上市企业数。数据来源：上海证券交易所、深圳证券交易所、北京证券交易所。

3．高新技术企业数

高新技术企业是指按照《高新技术企业认定管理办法》获得认定的，持续进行研究开发与技术成果转化，形成企业核心自主知识产权，并以此为基础开展经营活动，在中国境内（不包括港澳台地区）注册的居民企业数量。数据来源：科技部。

4．高水平技术创新类科技创新基地数

高水平技术创新类科技创新基地数是指国家技术创新中心、国家工程技术研究中心、国家临床医学研究中心等高水平技术创新基地。数据来源：科技部。

5. 万人发明专利拥有量

发明专利拥有量是指调查单位作为专利权人在报告年度拥有的、经国内外知识产权行政部门授权且在有效期内的发明专利件数。计算公式：发明专利拥有量/常住人口数×10000。数据来源：国家统计局。

6. 技术输出合同成交额与地区生产总值之比

技术输出合同成交额是指技术市场管理办公室认定登记的、技术转让方为当地企业或机构的技术合同的合同标的金额的总和。计算公式：技术输出合同成交额/地区生产总值×100%。数据来源：科技部。

（四）成果转化力

1. 技术输入合同成交额与地区生产总值之比

技术输入合同成交额是指技术市场管理办公室认定登记的、技术受让方为当地企业或机构的技术合同的合同标的金额的总和。计算公式：技术输入合同成交额/地区生产总值×100%。数据来源：科技部。

2. 国家级科技企业孵化器、大学科技园、双创示范基地数

国家级科技企业孵化器是指依据《科技企业孵化器管理办法》认定的，以服务大众创新创业、促进科技成果转化、优化创新创业生态环境、培育企业家精神为宗旨，面向科技型创业企业和创业团队，提供物理空间、共享设施和专业化服务的科技创业服务载体（含众创空间）。国家大学科技园是指依据《国家大学科技园认定和管理办法》认定的，以具有较强科研实力的大学为依托，将大学的综合智力资源优势与其他社会优势资源相结合，为推动高等学校产学研结合、技术转移和科技成果转化、高新技术企业孵化、战略性新兴产业培育、创新创业人才培养、服务区域经济提供支撑的平台和服务的机构。双创示范基地是指根据《国务院办公厅关于建设大众创业万众创新示范基地的实施意见》确定的，集聚资本、人才、技术、政策等优势资源，探索形成区域性的创新创业扶持制度体系和经验的示范基地。数据来源：科技部、国家发展改革委。

3. 国家级科技企业孵化器、大学科技园新增在孵企业数

国家级科技企业孵化器、大学科技园新增在孵企业数是指当年入驻国家级科技企业孵化器、大学科技园且尚未毕业的企业数量。数据来源：科技部。

4. 高新技术企业营业收入与规上工业企业营业收入之比

高新技术企业营业收入是指高新技术企业经营主要业务和其他业务所确认的收入总额。计算公式：高新技术企业营业收入/规上工业企业营业收入×100%。数据来源：科技部。

5. 规上工业企业新产品销售收入与营业收入之比

新产品是指采用新技术原理、新设计构思研制、生产的全新产品，或在结构、材质、工艺等某一方面比原有产品有明显改进，从而显著提高了产品性能或扩大了使用功能的产品。计算公式：规上工业企业新产品销售收入/规上工业企业营业收入×100%。数据来源：国家统计局。

6. 国家高新区营业收入与地区生产总值之比

国家高新区营业收入是指国务院批准成立的国家级科技工业园区的营业收入。计算公式：国家高新区营业收入/地区生产总值×100%。数据来源：科技部。

（五）创新驱动力

1. 人均地区生产总值

地区生产总值是指一个地区所有常住单位在一定时期内生产活动的最终成果。计算公式：地区生产总值/常住人口数。数据来源：国家统计局。

2. 地区生产总值与固定资产投资之比

固定资产投资是指城镇和农村各种登记注册类型的企业、事业、行政单位及城镇个体户进行的计划总投资500万元及以上的建设项目投资和房地产开发投资。计算公式：地区生产总值/固定资产投资。数据来源：国家统计局。

3. 城乡居民人均可支配收入之比

居民可支配收入是指居民可用于最终消费支出和储蓄的总和，即居民可用于自由支配的收入。计算公式：城镇居民可支配收入/农村居民可支配收入。数据来源：国家统计局。

4. 单位地区生产总值能耗

能源消费总量是指一定地域内，国民经济各行业和居民家庭在一定时间消费的各种能源总和。计算公式：能源消费总量/地区生产总值。数据来源：国家统计局。

5. PM2.5年平均浓度

PM2.5年平均浓度是指一个城市在一个完整的自然年内每日PM2.5浓度的算术平均值。数据来源：生态环境部。

6. 居民人均可支配收入

居民可支配收入是指居民可用于最终消费支出和储蓄的总和，即居民可用于自由支配的收入，本报告中的居民仅指城镇居民。计算公式：被调查居民可支配收入总额/被调查居民数。数据来源：国家统计局。

三、工业行业大类简称对照表

序号	工业行业大类名称	简称
1	煤炭开采和洗选业	煤炭开采
2	石油和天然气开采业	石油开采
3	黑色金属矿采选业	铁矿
4	有色金属矿采选业	有色金属矿
5	非金属矿采选业	非金属矿
6	开采专业及辅助性活动	采矿服务
7	其他采矿业	其他采矿
8	农副食品加工业	食品加工
9	食品制造业	食品制造
10	酒、饮料和精制茶制造业	酒饮料茶
11	烟草制品业	烟草
12	纺织业	纺织
13	纺织服装、服饰业	服装
14	皮革、毛皮、羽毛及其制品和制鞋业	皮革制鞋
15	木材加工和木、竹、藤、棕、草制品业	木材加工
16	家具制造业	家具
17	造纸和纸制品业	造纸
18	印刷和记录媒介复制业	印刷
19	文教、工美、体育和娱乐用品制造业	文体用品
20	石油、煤炭及其他燃料加工业	燃料加工
21	化学原料和化学制品制造业	化工

续表

序号	工业行业大类名称	简称
22	医药制造业	医药
23	化学纤维制造业	化纤
24	橡胶和塑料制品业	橡胶塑料
25	非金属矿物制品业	非金属制品
26	黑色金属冶炼和压延加工业	钢铁
27	有色金属冶炼和压延加工业	有色金属冶炼
28	金属制品业	金属制品
29	通用设备制造业	通用设备
30	专用设备制造业	专用设备
31	汽车制造业	汽车
32	铁路、船舶、航空航天和其他运输设备制造业	铁路船舶航空航天
33	电气机械和器材制造业	电气
34	计算机、通信和其他电子设备制造业	电子设备
35	仪器仪表制造业	仪器仪表
36	其他制造业	其他制造
37	废弃资源综合利用业	资源回收
38	金属制品、机械和设备修理业	修理
39	电力、热力生产和供应业	电力热力
40	燃气生产和供应业	燃气
41	水的生产和供应业	水